Signaturen der Gegenwartsliteratur

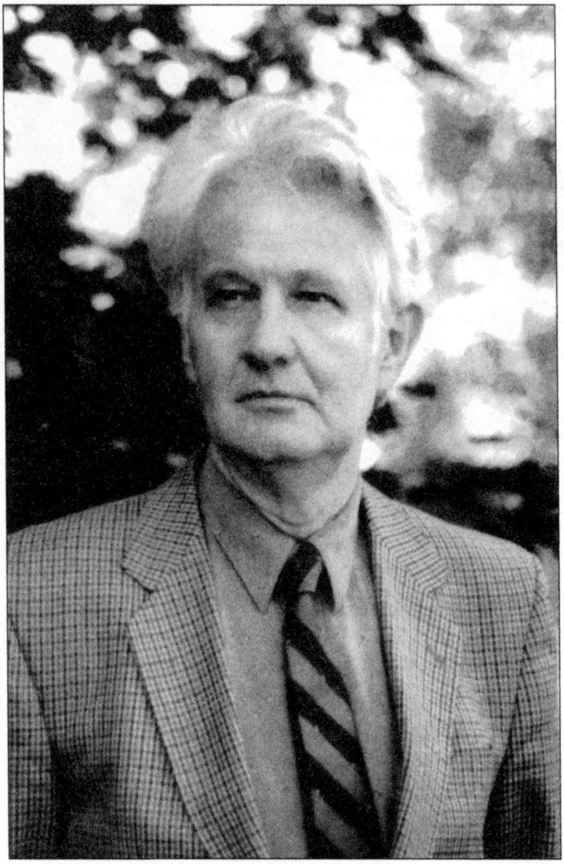

Dieter Borchmeyer (Hrsg.)

Signaturen der Gegenwartsliteratur

Festschrift für Walter Hinderer

Königshausen & Neumann

Die Deutsche Bibliothek — CIP-Einheitsaufnahme

Signaturen der Gegenwartsliteratur: Festschrift für Walter Hinderer / Dieter Borchmeyer (Hrsg.). – Würzburg : Königshausen und Neumann, 1999
 ISBN 3-8260-1835-4

© Verlag Königshausen & Neumann GmbH, Würzburg 1999
Gedruckt auf säurefreiem, alterungsbeständigem Papier
Umschlag: Hummel / Lang, Würzburg
Umschlagfoto: Regine Corngold
Bindung: Rimparer Industriebuchbinderei GmbH
Alle Rechte vorbehalten
Auch die fotomechanische Vervielfältigung des Werkes oder von Teilen daraus (Fotokopie, Mikrokopie) bedarf der vorherigen Zustimmung des Verlags.
Printed in Germany
ISBN 3-8260-1835-4

Inhalt

Dieter Borchmeyer:
Vorwort 9

Harald Hartung:
Deukalion 11

Günter Kunert:
Sestri Levante/Ligurien II
mit einer Übersetzung ins Englische von Reinhold Grimm 12

Dieter Krusche:
Einstein Street. Princeton 14

Volker Braun:
Nach dem Massaker der Illusionen 15

Friederike Mayröcker:
o.T. 16

Elisabeth Borchers:
Alles ist immer schon viele Jahre her 17

Reinhold Grimm:
Gedichte von Walter Helmut Fritz
für Walter Hinderer ins Englische übersetzt 18

Walter Sokel:
Bei unserem vergessenen Vater. Eine Traumerzählung aus der
Weltnacht – Februar 1942 29

Egon Schwarz:
Die japanische Mauer 37

Marcel Reich-Ranicki:
Adorno-Reminiszenzen 45

Guy Stern:
W.H. und die Kurt-Weill-Stiftung 49

Giuseppe Bevilaqua:
Ein Autor, der keiner ist. „Bobi" alias Roberto Bazlen 53

Claudio Magris:
Un piccolo erede di Joyce
mit einer Übersetzung ins Deutsche von
Nathalie Martin und Marius Meller 63

Peter Wapnewski:
Poeta Exul. Zu dem Abschiedsgedicht von Hans Sahl 69

Iring Fetscher:
Bertolt Brecht: Mystik und symbolische Unsterblichkeit 75

Reinhard Baumgart:
Wieder eine Kindheit verteidigt. Eine Kritik zu Martin Walsers
„Ein springender Brunnen" mit fünf späteren Zwischenreden 83

Hartmut Steinecke:
„Schriftsteller sind, was sie schreiben": Barbara Honigmann 89

Jan Lüder Hagens:
Aesthetic Self-Reflection and Political Consciousness in
Schlöndorff's „The Tin Drum" 99

Alois Wierlacher:
Günter Grass: Über die Toleranz. Zu literarischen Toleranzreden in
Deutschland und zum Verhältnis von Literatur und auswärtiger
Kulturpolitik bei Grass 113

Peter Uwe Hohendahl:
Splitter: Zu Hans Magnus Enzensbergers „Aussichten auf den
Bürgerkrieg" 125

Dieter Borchmeyer:
Hans Joachim Schädlich. Portrait eines Möglichkeitsdichters 131

Todd Kontje:
Botho Strauß' „Der junge Mann". Cultural Memory,
National Identity, and the East 141

Inhalt

Paul Michael Lützeler:
Hans Christoph Buch und Heinrich von Kleist. Verlobung, Hochzeit
und Scheidung in St. Domingo 155

Walter Hinck:
Eichendorffs Gedicht „Sehnsucht", gelesen im Zeitalter
des Naturschutzparks 167

Alexander von Bormann:
Im Dickicht des Nicht-Ich. Durs Grünbeins Anapäste 171

Gerhard Neumann:
Patrick Süskind: „Das Parfüm". Kulturkrise und Bildungsroman 185

Ingrid und Günter Oesterle:
Der Imaginationsreiz der Flecken von Leonardo da Vinci
bis Peter Rühmkorf 213

Robert E. Norton:
„Schlafes Bruder – Sinnes Schwund": Robert Schneider
and the Post-Postmodern Novel 239

Stanley Corngold:
„Fürsorge beim Vorlesen": Bernhard Schlink's Novel „Der Vorleser" 247

Ernestine Schlant:
Postmodernism on Both Sides of the Atlantic 257

Mark Roche:
The Tragicomic Absence of Tragedy 265

Wilhelm Voßkamp:
Deutsche Zeitgeschichte als Literatur. Zur Typologie
historischen Erzählens in der Gegenwart 277

Stéphane Moses:
Zur Poetik des Witzes 297

Wolf Lepenies:
Der Killervirus oder: Ein Mittel gegen Festschriften 309

Schriftenverzeichnis von Walter Hinderer 313

Vorwort

Festschriften sind eine umstrittene Gattung. Die Eitelkeit eines Gelehrten erkennt man am sichersten daran, daß er zu der gegebenen Zeit *keine* Festschrift für sich will, fürchtet er doch, daß man ihm auf die Schliche kommen und ihn für das halten könnte, was er wirklich ist. Als Freunde und Schüler von Walter Hinderer sich entschlossen, ihm – ohne sein Wissen – zu seinem fünfundsechzigsten Geburtstag diese Festgabe zu widmen, war ihnen klar, daß er sie nicht von sich weisen würde, denn Walter Hinderer ist durchaus frei von jener verschobenen und verschrobenen Eitelkeit, die sich zur selbstverständlichen Freude eines Gelehrten an sich selber, an seiner Leistung und Wirkung nicht bekennen will – und doch als vis a tergo oft nur um so unangenehmer hervortritt. Warum sollte er sich von seinen Freunden nicht beschenken und ehren lassen? Wenn ihm Eitelkeit zukommt, dann in jenem schönen Sinne, von dem Goethe in einem Gespräch mit Riemer am 13. August 1810 sagt: „Die Eitelkeit ist ungefähr das, was beim Essen der gute Appetit ist, das Wohlschmecken, das Innewerden des Genusses. Ohne diesen frißt man sich nur voll wie das Tier." Dazu freilich ist unser Jubilar zu sehr Kulinariker!

Walter Hinderers intellektuelle Beziehungen reichen so weit, umspannen mindestens zwei Kontinente, daß eine Beschränkung des Teilnehmerkreises dieser Festschrift vonnöten war, wenn ein verlegerisch kalkulierbares Buch daraus werden sollte. Und so sind hier nur persönliche Freunde und unmittelbare Schüler versammelt. Gewiß liegt der Schwerpunkt von Walter Hinderers Forschungen im 18. und frühen 19. Jahrhundert, heißt sein Haupt- und wohl auch Lieblingsautor Friedrich Schiller, aber er hat doch von dieser ‚seiner' Epoche immer wieder die Brücke in unser Jahrhundert, ja bis in die unmittelbare Gegenwart geschlagen. Das Bild seiner Gelehrtenpersönlichkeit bliebe unvollständig, wenn man seine engen Beziehungen zu zeitgenössischen Autoren außer Acht ließe, die er vielfach nach Princeton eingeladen hat und die nicht zuletzt mit seinem Engagement für die Erich Fried-Gesellschaft in Wien verknüpft sind, deren Präsident er seit 1996 ist.

Daher bot sich an, diese Festschrift auf das Thema der Gegenwartsliteratur zu konzentrieren, denn so konnten Dichter und Schriftsteller, denen er nahesteht, selber zu Wort kommen und der eine oder andere Gelehrte seine heimliche Schriftstellerschaft offenbaren. Eine Festschrift dagegen, deren Beiträge sich um das Jahr 1800 gruppierten, hätte auf die eigenen Beiträge von Wieland, Schiller oder Büchner verzichten müssen, so gern diese gewiß dem sensiblen Interpreten Walter Hinderer, der sich ihrer Werke so liebevoll und kundig angenommen hat, ihre Aufwartung gemacht hätten. So ergaben sich die „Signaturen der Gegenwartsliteratur" als das wünschenswerte Thema, und auf dieses Thema verpflichteten sich alle Beiträger, die nicht ohnehin Repräsentanten dieser Literatur sind, damit ein wirkliches Buch, nicht eine beziehungslose Buchbinder-Synthese entstehen konnte.

Walter Hinderer ist am 3. September 1934 in Ulm geboren, machte in seiner Heimatstadt das Abitur, studierte in Tübingen und München und promovierte hier mit einer Dissertation über Hermann Brochs *Tod des Vergil*. In den frühen sechziger Jahren leitete er die wissenschaftliche Abteilung des Piper-Verlags in München und gewann mit divinatorischem Gespür so manchen heute berühmten Autor für das Programm dieses Verlags. Doch dann zog es ihn wieder zur Universität zurück – und in die Ferne. Seit 1966 lehrte er zunächst an den Universitäten von Pennsylvania und Colorado, dann sieben Jahre lang an der Universität von Maryland, ehe er 1978 den Ruf nach Princeton annahm. Von hier aus hat er so viele Brücken zwischen Literatur und Gesellschaft in Amerika und über die Kontinente hinweg geschlagen, daß ohne ihn die internationale Germanistik wesentlich ärmer wäre. Seine inspirierende Intellektualität, sein Organisationstalent, seine Fähigkeit, Gelehrte verschiedenster Art für gemeinsame Projekte zu gewinnen, aber auch seine Liebenswürdigkeit und Herzenswärme haben ihn, dem in den letzten zwanzig Jahren viele Auszeichnungen in Amerika, Israel und Deutschland zuteil geworden sind, zu einem literarischen und wissenschaftlichen Vermittler ersten Ranges werden lassen. Dafür statten ihm seine Freunde und Schüler hier ihren poetischen und wissenschaftlichen Dank ab. Eine Festschrift, die so viele verschiedene ‚Textsorten' von Gedicht und Erzählung über Essay und Feuilleton bis zum wissenschaftlichen Traktat enthält, wird man nicht leicht finden. Gerade diese Fülle der Gattungen aber spiegelt anschaulich die Universalität Walter Hinderers, seiner persönlichen Verbindungen wie seiner Interessen wider. Als ein solcher Spiegel möge ihm das vorliegende ‚liber amicorum' gefallen, zum „Innewerden des Genusses" förderlich sein.

Heidelberg, im Mai 1999   Dieter Borchmeyer

Harald Hartung

Deukalion

Nur einmal vermutlich haben wir
eine Bitte frei

wie Deukalion der seine
Bücher hinter sich wirft

daß sie vermodern
und es wachsen Asterixe nach

und Fußnoten für einen Plan
der sich betreten läßt

oder eine künftige Flut
welche die Fläche tränkt

Schlamm der trocknet
Grün das schimmert
wie nah sind im Wortspiel

Volk und Stein

Günter Kunert

Sestri Levante / Ligurien II

Leer die Hotelhalle. Bis auf
Herrn Andersen, Gefangener des Bildschirms.
Deine aufrechten Zinnsoldaten, Hans Christian,
fallen noch immer unentwegt schlachtreif,
weil es auf Erden so märchenhaft zugeht.

Und wo ein neuer Gast die Rezeption belagert:
Gediegene Leibesfülle doch
eines Haarschnitts bedürftig:
Bon Giorno, Signore Goethe, auch wieder hier?

Und sogleich und triefend
steigt und hinkt Lord Byron
an Land, Rekordschwimmer wie ehedem
olympisch.

Darum bestellt der tüchtige Geist
des Ortes einen Fotografen:
Du sollst mir ein Bild machen
von der ruhmreichen Trinität.
Auf daß der Tourist
sich vor Ehrfurcht verzehre
und seine Mahlzeit ergeben dazu.

Sestri Levante / Liguria II

The hotel foyer empty. Except for
Mr. Andersen, prisoner of the TV screen.
Your steadfast tin soldiers fall, Hans Christian,
still incessantly ready for killing
because things on earth keep going so fabulously.

And where a new arrival besets the reception:
Distinguished corpulence, yet
in dire need of a haircut:
Buon giorno, Signor Goethe, back here again?

And at once and dripping wet
Lord Byron emerges, limping
ashore, a record swimmer, olympic
as before.

That's why the city's efficient spirit
has asked a photographer to come:
Thou shalt make unto me an image
of this glorious trinity.
So that all tourists
will wallow in awe
and humbly swallow their meals to boot.

Trans. Reinhold Grimm
(From Kunert's typescritpt)

Dietrich Krusche

Einstein-Street. Princeton
Für Walter Hinderer

Das Weltall ausgerechnet haben
und dann in diesen Straßen
verlorengehen!

Das Fragen auf der Wache
– auch das vergessen! –
nach der Nummer des Telefons

Die sei, sagen die Tölpel
geheim – zum Schutz
des großen Mannes

Ja, aber
ich bins doch selbst!
Da lacht der Riese

von einem Sergeant
eine Lawine aus Husten
Worten Lachen:

Schon wieder einer
der Albert sein will
Albert, immer wieder Albert!

Volker Braun

Nach dem Massaker der Illusionen

Guevara unter der Rollbahn mit abgehackten
Händen, „der wühlt nicht weiter" wie
Wenn die Ideen begraben sind
Kommen die Knochen heraus
Ein Staasbegräbnis AUS FURCHT VOR DER AUFERSTEHUNG
Das Haupt voll Blut und Wunden Marketing
GEHT EINMAL EUREN PHRASEN NACH
BIS ZU DEM PUNKT WO SIE VERKÖRPERT WERDEN
Waleri Chodemtschuk, zugeschüttet
Im Sarkophag des Reaktors, kann warten
Wie lange hält uns die Erde aus
Und was werden wir die Freiheit nennen

Friederike Mayröcker

o.T.

die Kübel voll mit Matrizen Makrelen nackten Narzissen
habe schon FRÜHLING gewittert der mich einschnürt *oben in
Kehle*, wünsche mir soll noch Winterhimmel bleiben, am
liebsten, im Dreizack des Heiligen Jahrs, so sagt man, offene
Poesien, suche, finde nicht Vibration. Jene nämlich die mir die Schrift
lenkt : dirigiert : diktiert?, habe Träne vergossen über *Schund
von Lektüre* in TIERSCHUTZ ZEITUNG, seltsam genug, springt 1
wollenes Lamm, ruft dennoch hervor Schreckbild von Ratte als
ich mich umschaute. Dieser Buschen (Brennesselwald) in grün
so neben dem Bett aufgeschlagen der Schutzumschlag eines
Buches über Meina Schellander, duftend in Bettnische, so bengalisch!
bin osmotisch bin Zucht- oder Sucht Person, aber schließlich las
ich ganz langsam in diesem Buche (Bashô), dasz ich das Ende
hinauszögern könne

5.1.99

Elisabeth Borchers

Alles ist immer schon viele Jahre her

auch gestern und heute und morgen
und du und ich
die Lebenden und die Toten.
Wie das Wort das ich gegeben und genommen habe
wie der verspätete Zug, das Schlaflied, die Pflaumenbäume
das Grün von Zedern und Reben
grüner als das Grünzeug der Hoffnung
heller als die Lichter jenseits der Grenze.
Schwärzer als der Sturz ins Schwarz
fahren wir dahin wie ein Schatten, ein Schlitten.
Jung wie die Jugend von Joseph Conrad.
Das bricht mir das zerbrochene Herz.
Und nach vielen Jahren verlasse ich den Ort mit diesem Gedicht.

Reinhold Grimm

Gedichte von Walter Helmut Fritz
für Walter Hinderer ins Englische übersetzt

Für einen Augenblick

An diesem kühlen Tag
im Frühling, an dem alles
so groß ist, alles so klein,
an dem das Licht
einen Maskenball gibt

an dem du dich jetzt
den Hang herunter
mit leichten Schritten
dem Haus näherst,
weiß der Mantel, die Mütze weiß

bist du für einen Augenblick
eine Schneeflocke
vor diesem weiten Horizont,
der vertieft ist in seine
Zusammenarbeit mit den Wolken.

Walter Helmut Fritz:
Gesammelte Gedichte 1979-1994. Hamburg 1994, S. 26

For a Moment

On this cool day
in springtime, when everything
ist so big and yet so small,
when the light
is staging a masquerade,

when down the slope
you're now
approaching the house
with easy steps,
white your coat, your cap as white,

you are for a moment
a snowflake
dancing before that enormous horizon
which is engrossed in its
collaboration with the clouds.

Nach grauen Wochen

Nach grauen Wochen
sah ich heute

als der Himmel
kurz aufriß

und der Februar
in den Hecken verschwand

wie die Schnalle
deines Gürtels

die Sonnenstrahlen
rasch einfing.

a.a.O., S. 129

Wie nie zuvor

Während du der Taube zusiehst,
die ihre Flügel klatschend
über dem Rücken zusammenschlägt,
ehe sie auffliegt
gegen die Dämmerung,
die aufhört, Dämmerung zu sein,
und zu einer schwebenden Architektur wird

sehe ich, wie schön du bist
in deiner Selbstvergessenheit
und verstehe wie nie zuvor
die Kostbarkeit jedes Augenblicks.
Ein Taumel, so ein Abend,
vor dem Berg der Vergangenheit,
der sich hinter uns erhebt.

a.a.O., S. 133

After Gray Weeks

After gray weeks
I saw today

when the sky for a moment
had opened up

and February
vanished between the hedges

the clasp
of your belt

instantly catching
the rays of the sun.

As Never Before

While you are watching that pigeon,
as it folds its wings
across its back with a flap
ere it soars up
toward the dusky sky
that ceases to be a dusky sky
and changes into a floating architecture,

I realize how lovely you are,
steeped in your self-forgetfulness,
and I understand as never before
the preciousness of each moment.
A frenzy, such an evening
in front of the peak of the past
that continues to rise behind us.

Wie kam es

daß ein Wort – kaum war es da –
wieder verschwand

und eine Aprikose wurde,
die plötzlich auf dem Tisch lag

oder ein Jahr,
das einem Findelkind glich

oder ein Fluß,
den ich dir mitbrachte

oder der langsam erwachende,
schweigsame Morgen

oder die Katze,
die sich zu putzen begann

oder die von ersten Sternen
besuchte Pappel.

a.a.O., S. 202

Schlaflos

Oft sind auch Fragen
schlaflos, Teil der Dunkelheit.
Warum beginnt der Weg erst
– gegen alle Übereinkunft,
allen Augenschein –
wenn man das Ziel
endlich erreicht hat?

a.a.O., S. 242

How Did It Happen

that a word – no sooner here
than vanished again –

turned into an apricot
that suddenly sat on the table,

or into a year
that resembled a foundling,

or into a river
that I brought along for you,

or into the taciturn morning,
slowly awakening,

or into the cat
that started preening itself,

or into the poplar tree
visited by the first stars.

Sleepless

Oftentimes even questions
are sleepless, are part of the overall dark.
Why does the way begin
– contrary to all tacit agreements,
to all appearances –
only when at last
one has reached the destination?

In Cézannes Atelier

Hocker, Körbe und Töpfe,
die Weinkaraffe, die Staffelei.
Verlacht, verleumdet, taumelt er
manchmal vor Glück,
wenn die Arbeit gelingt.
Wer wird es jemals malen,
fragt er seinen Besucher,
dieses Licht, dieses Licht
über die Welt hin – das wäre
die Seelengeschichte der Erde.
Wesen und Dinge, wir alle
sind nichts als ein wenig
gespeicherte Wärme der Sonne,
ihr Andenken, glühender Phosphor.
Sagt es, nimmt Rucksack,
Maltasche und Hut,
macht sich auf seinen Weg,
auf dem er den Wacholder
begrüßen wird, die Agave
und die Steineiche
mit ihrer grauschwarzen Rinde,
den behaarten Zweigen.

a.a.O., S. 208

In Cézanne's Studio

Baskets, stools and pots,
the wine carafe, the easel.
Ridiculed, slandered, he sometimes
reels with happiness
when he succeeds in his work.
Who will ever paint it,
he asks his visitor,
this light, this light
all over the world – that
would be the history of the earth's soul.
Things and beings, we all
are nothing but a little
stored-up warmth from the sun,
a keepsake, a glowing phosphorus.
Says so, grabbing his knapsack,
his painter's bag and his hat,
and gets on his way
where he will soon
greet the juniper, the agave
and the chestnut oak
with its grayish black bark,
its hairy branches.

Nichts sonst

Auch nach Jahren
sind wir uns unbekannt.
Deshalb erkennen wir uns.
Deshalb Zärtlichkeit
und ihr Wortlaut.
Deshalb voller Gedächtnis
Hände und Lippen.
Nichts sonst taugt
gegen Tod und Verderben.

a.a.O., S. 131

Nothing Else

Even after years
we're ignorant of each other.
That's why we recognize
each other. That's why there is
tenderness and its wording.
That's why hands and lips are
replete with memories.
Nothing else is proof
against death and decomposition.

Walter H. Sokel

Bei unserem vergessenen Vater

Eine Traumnovelle aus der Weltnacht – Februar 1942

Von meinem Vater, der in unserer Heimatstadt zurückbleiben mußte und vergeblich auf sein amerikanisches Visum wartete, haben wir seit Kriegsausbruch nichts mehr vernommen. Er gehört jetzt rettungslos einer Welt an, die wir in Trümmern zurückgelassen haben bei unserer Flucht und an die zu denken uns Grauen bereitet. Es ist nicht verwunderlich, daß wir unseren Vater fast vergessen haben. Er war ein alter, mürrischer Mann, der sich wohl für seine Familie aufgeopfert hat, aber wenig Freude brachte. Gelächter und Unterhaltung verstummten in seiner Gegenwart, und wir Kinder schlichen wie Schatten um ihn herum. Deshalb haben wir ihn auch leichter vergessen können. In bösen, angstgejagten Träumen aber besucht er uns gelegentlich und erinnert uns daran, wie schrecklich nahe unser Leben mit dem Todesabgrund verknüpft ist. Natürlich verschweigen wir uns diese Träume, und da wir tagsüber sehr beschäftigt sind, kommen wir auch leicht hinweg darüber.

Er aber, in unserer verlassenen Heimatstadt, hat nichts als seine Gedanken an uns, seine einst hoffnungsstarke und jetzt verblassende Erinnerung, und manchmal reißt ihn seine Hoffnungslosigkeit zu einem Fluch auf uns hin. Das freilich bereut er gleich und betet zum lieben Gott, daß er ihm verzeihe und seine blaß gewordene Hoffnung, zu uns nach Amerika zu kommen, vielleicht doch noch erfülle. Den ganzen Tag brütet er über diesen faszinierenden Einfall, wie er nach Amerika entfliehen könnte. Er hofft auf irgendein Wunder, obwohl er auch gut weiß, daß es kein Entkommen geben kann. Er betet auch noch immer, die heiligen Gebetsriemen auf Arm und Stirn, wie in den guten alten Tagen, obwohl er von bitteren Zweifeln zerrissen ist und kaum mehr ernstlich glauben kann, daß es Gerechtigkeit im Himmel gibt. Und sein Zweifel hat ihm den letzten Halt geraubt. Sein ganzes erfolgreiches Leben hindurch war er, der vermögende Bankier, ein Freund Gottes gewesen, hatte mit ihm Zwiesprache gehalten, wie die Patriarchen der Bibel und in den Talmudbüchern über ihm gewacht. Wie mürrisch er auch zu den Menschen sein mochte, zu Gott stand mein Vater in einem zärtlichen Verhältnis. Er streichelte und küßte die heiligen Bücher und fühlte sich bei ihnen gut geborgen. Umso trostloser ist nun sein Alter. Es kam wie ein leicht nagendes Gift in sein Denken und fraß immer tiefere Löcher hinein. Nie hätte er das Furchtbare für möglich gehalten, daß er, als ganz alter Mann, noch irre und sündig werden sollte an dem, was er als starker, junger Mann so fromm und ehrfürchtig geglaubt. Es war dies ein langsamer Prozeß gewesen, der sich über Jahre seines geschäftlichen und körperlichen Niedergangs hinzog. Als wir, seine Kinder, vor Hitler flüchteten und ihn allein zurückließen, drückte er seiner Schwester gegenüber tränenerstickte Zweifel am Dasein Gottes aus. Heute, da seine letzte Hoffnung, die, zu uns nach Amerika zu kommen, vernichtet ist, heute flucht er Gott und spuckt das Gebetbuch an. Seine fromm gebliebene Schwester schlägt ihm auf die Hände: „Bruder, was tust du? Willst du dich so versündigen? Denk an deine Kinder in Amerika drüben. An denen wird der Ewige deine Sünden strafen." Da bricht mein Vater zusammen und weint. Er kniet vor meiner Tante und küßt ihr schwarzes Witwenkleid. „Schwester, bis hundert Jahr, du hast recht, ich werd' mich nicht versündigen. Das Herz ist mir nur so schwer, oh, wie schwer ist mir das Herz! Wenn Gott nur wüsst..."

„Gott weiß alles" sagt meine Tante und mein Vater trocknet sich die Tränen. Er ist beruhigter.

Zwischen solchen Szenen streichen die endlosen Tage hin, die mein Vater in der Wohnung seiner Schwester verlebt. Sie warten auf nichts mehr, als vielleicht ins ‚Schulungslager' nach Polen geschafft zu werden, und doch wagen sie nichts Entscheidendes zu tun. Die Frage des Selbstmords verläßt meinen Vater eigentlich nie. Tag und Nacht hockt sie in seinem Hirn, erschreckt ihn und fasziniert ihn. Besonders in den grauenhaften, schlaflosen Nächten, wenn er sich im Bett herumwälzt und die Augen nicht schließen kann, zieht der Gedanke ihn mächtig an. Es wäre ein leichtes, von seiner Schwester unbemerkt, in die Küche hinauszuschleichen und sich das Messer in die Gurgel zu stoßen. Mein Vater hätte auch den Mut dazu. Nie in seinem Leben war er ein selbstsüchtiger Mann gewesen. Selbstschonung war ihm von seiner harten, polnischen Jugend an fremd gewesen. Was ihn im Bett zurückhält, ist eher eine unverwüstliche Stärke in ihm. Er hofft eben irgendwie auf das Wunder.

Gewiß, er kann sich nicht vorstellen, wie es kommen könnte. In seiner Lage, auf Rettung zu hoffen, ist ja auch phantastisch. Aber von seiner ganzen religiösen Vergangenheit her steckt das Phantastische noch in seiner Seele. Die Märchen vom Roten Meer, das sich geteilt, um das Volk durchzulassen, die wunderbare Errettung aus Hamans Händen, warum sollte sich solches nicht wiederholen? Auch wenn mein Vater an Gott zu zweifeln begonnen hat, widerlegt hat ja diese Dinge noch niemand. Und in seinen schlaflosen Nächten hofft mein Vater, daß der Krieg plötzlich aufhören wird, daß Hitler die Juden plötzlich freigeben, daß er auf einmal Mitleid mit ihnen haben wird, daß wir, seine Kinder, auf Engelsflügeln zu ihm kommen und ihn in das Land der Freiheit führen werden.

Und seltsamerweise steht mein Vater von seinen schlaflosen Nächten gekräftigter auf und ist bereit, den monotonen Tag wieder aufzunehmen. Für seine Schwester, die an den Füßen schwer krank ist, stellt er sich mit der Einkaufstasche bei den Marktbuden an, um etwas Brot, einen Tropfen Milch und eine Hand voll Gemüse. Fleisch gibt es schon seit langer Zeit nicht mehr. Für das bißchen Essen, das man bekommt, ist die große Einkaufstasche aus früheren besseren Jahren geradezu ironisch überflüssig. Die SS-Leute, die den Judenmarkt patrouillieren, lachen auch meinen Vater gehörig aus. Einer erschreckt ihn sogar, indem er sich ganz nah an ihn heranstellt und ihm ins Gesicht brüllt: „He, Saujud, willst den Staat ausrauben mit deiner Taschen?" Und mit dem Stiefel schupft er die Tasche hinauf, daß die Milch drinnen verschüttet. Mein Vater ist bleich, aber er lächelt demütig, als verstehe er, daß dies nur ein netter Spaß des jungen Herrn sei. „Der Herr SS-Mann sind heute sehr liebenswürdig, ist ein schöner Tag heute, sehr schön, ja – " Mit vielen Bücklingen geht mein Vater rasch von den Marktbuden weg. Seitdem nimmt er die Einkaufstasche nicht mehr mit, sondern steckt das bißchen Essen, das er bekommt, in die Manteltaschen.

In der Wohnung ist es kalt, da man keine Kohle bekommt, aber wenn man im Mantel sitzt, ist es auszuhalten. Meine Tante sitzt auf einem Stockerl in der Küche und kocht das bißchen alte Gemüse auf. Mein Vater schreibt im Wohnzimmer Briefe an uns nach Amerika, die er nie abschicken kann. Aber es ist ihm ein Trost, diese Briefe zu schreiben, sie zu zerreißen und immer wieder neu anzufangen. Eine andere Lieblingsbeschäftigung dieser inhaltslosen Tage ist es, das Geld zu zählen, das wir ihm noch vor dem Krieg geschickt haben, und sich auszurechnen, wie lange seine Schwester und er damit auskommen werden. Auf drei Monate wird es wohl noch reichen und bis dahin kann schon irgendein Wunder geschehen sein. Aber mein Vater ist nicht zufrieden, bloß die Zahlen der Monate auszurechnen, er teilt die Ausgaben nach Wochen und Tagen ein und berechnet ganz genau, bis zu welchem Tag es reichen wird. Natürlich kommt er immer auf andere Resultate, die er dann seiner Schwester in die Küche hinausruft. Diese Beschäftigung mit Bleistift und Zahlen verschafft ihm einigen Ersatz für seinen schwer vermißten Bankiersberuf. Und selbst während des Essens arbeitet er an seinen Zahlen weiter, wie er in der früheren guten Zeit an den Börsenkursen zu arbeiten pflegte, worüber sich meine Mutter immer geärgert hatte.

Am gemütlichsten wird es, soweit man in meines Vaters Lage von Gemütlichkeit sprechen kann, gewöhnlich am Nachmittag, wenn die alten Kusinen meines Vaters zu Besuch kommen. Auch andere alte jüdische Frauen des Mietshauses schließen sich an. Man sitzt um die Tischlampe herum, hat die Vorhänge fest zugezogen, obwohl das Fenster ohnehin nur in einen Lichthof hinausgeht, hüllt sich in die Mäntel ein und spricht über die drohende Polenaktion, über den Krieg, über die Verwandten in Amerika. von denen man nichts hört. Hoffnungsträume werden ausgesponnen, viele ‚vielleichts' und ‚wenns' vorgebracht, mein Vater spricht meistens und die alten Frauen um ihn hören ihm bewundernd zu. Diese kläglichen Nachmittage bereiten ihm Befriedigung. Einen Schimmer seines früheren Ansehens als erfolgreichen Geschäftsmanns hat er sich unter diesen alten Frauen erhalten. Seine Meinung über den Krieg, über den Wahrscheinlichkeitsgrad einer Deportation nach Polen, seine Hoffnungsaussprüche, daß Hitler eines Tages die Juden alle nach Amerika ziehen lassen wird, – alles was mein Vater sagt, wird von den Frauen als autoritativ und entscheidend aufgenommen. Sie glauben meinem Vater auf's Wort, diese verängstigten kleinen Jüdinnen, mit ihren traurigen Augen hängen sie an seinen Lippen, als käme das Wort Gottes von dort. Welchem Mann würde das nicht schmeicheln? Diese

Nachmittage sind für meinen Vater eine Quelle innerer Kraft. Hätte er sie nicht, würde er vielleicht schon längst Schluß gemacht haben. Denn an den Nachmittagen suggeriert er sich und den Frauen das Wunder, das ihm über die schlaflosen Nächte hinweghilft.

In letzer Zeit freilich sind die Hoffnungen äußerst gering geworden. Der Krieg zieht sich immer mehr in die Länge und die Deportationen nehmen ihren unerbittlichen Fortgang. In der Wohnung meiner Tante traut man sich nicht, laut darüber zu sprechen. Selbst mein Vater hat sich an das Tuscheln gewöhnt. Angeblich, so erzählt die eine der beiden Kusinen meines Vaters, hätten sie bereits die ganze Gasse bis zum Haus meiner Tante von Juden geleert. Gestern nacht wären wieder Hunderte nach Polen geschickt worden. Aber mein Vater winkt mit der Hand ab. „Das sind lauter so Gerüchte, man soll sie nicht einmal in den Mund nehmen, diese dummen Gerüchte, die machen einem nur das Herz schwer, ich glaub nicht daran!" Und da dies mein Vater so energisch sagt, geht ein Aufatmen der Erleichterung durch die Gruppe der abgehärmten, verängstigten Frauen um den Tisch. Aber jetzt beginnt meine Tante zu weinen und flüstert von ihrem seligen Mann, wie die Gojim, diese Rosches, ihn zu Grunde gerichtet, da kann man sich keinen Begriff machen. „Ein Bündel Fleisch hab'n se mer geschickt – A Bündel totes Fleisch und a Urn – Solche Hund, solche Rosches –" Sie ballt die schwache, blasse Faust gegen die Decke des Zimmers und starrt hinauf, als wäre es der Himmel. Mein Vater ist nervös und zischt sie an: „Hör auf, ich bitt dich – hör auf mit diese alten Sachen!" Da schluchzt meine Tante auf und wirft das Gesicht in die Hände. Die alte Kusine fängt wieder an: „Man sagt, die Rosches haben Stacheldraht dort und ka Jud darf heraus. Verhungern müssen sie dort, nebbich –" Mein Vater schlägt mit der Faust auf den Tisch. „Hörts schon auf, hab ich gesagt, hörts auf, um Gottes willen!" „Pscht, pscht" deutet die andere Kusine meines Vaters mit ihrem Greisenfinger zur Tür, da mein Vater in sein früher so geliebtes Schreien zurückgefallen ist. „Scho gut" winkt er wieder flüsternd und verärgert. Die sonstige anheimelnde Stimmung läßt sich heute nicht erzwingen. Alle sitzen mürrisch und schweigsam um den Tisch. Nur meine Tante schluchzt noch immer.

Da zucken sie auf einmal erschreckt auf. An der Eingangstür klopft es dreimal scharf und befehlend. Sie sehen sich geisterbleich vor Furcht an. Das kann nicht einer der Ihrigen sein. Sie alle klopfen nur einmal und leicht. Sie wollen sich ja nicht gegenseitig erschrecken. „Wer kann das sein?" stößt mein Vater wider seinen Willen heraus. „Ist das am Ende – ". Er vollendet den Satz nicht. Meine Tante sagt, sie wird nicht öffnen, soll kommen, was will. Die Kusinen haben die Augen in unmenschlichem Entsetzen aufgerissen. Wieder klopft es dreimal hart und ungeduldig an die Tür. Jemand versucht, die Tür mit dem Fuß zu öffnen. „O, Schema Jisroel, schema Jisroel, grosser, grosser Gott hilf uns – " schreit die eine Kusine und beginnt, sich selbstvergessen zu schütteln und hebräische Gebete herunterzuleiern. Aber mein Vater packt sie fest am Arm und rüttelt sie. „Schrei doch nicht so, beherrsch dich – ". Dann blickt er stolz und sorgenvoll auf die Frauen um sich. „Ich geh öffnen, ihr bleibts ruhig hier sitzen. Es wird euch nichts geschehen, verlassts euch auf mich." Alle sehen es jetzt, mein Vater ist ein richtiger mutiger Mann, er war nie feig in seinem Leben. Und während die Frauen ihm ehrfürchtig und verschüchtert nachblicken, geht er gefasst zur Tür.

Ein eleganter Herr mit Monokel und im Zivilanzug tritt ins Zimmer und grüßt herablassend, aber höflich. An der Krawatte hat er ein silbernes Hakenkreuz, sonst ist er aber ganz in Zivil gekleidet und das beruhigt. Er hat auch Glacéhandschuhe an, wie sie die Kavaliere in der guten, alten Zeit zu tragen pflegten, und wirft sie nachlässig auf den Tisch. Mit einer ebenso nonchalanten Handbewegung gebietet er den alten Frauen, die aufstehen wollten, auf ihren Sitzen zu bleiben. Mein Vater setzt sich die Brille auf, die ihm ein würdiges Aussehen verleiht. Sein Gesicht ist sehr blaß und abgemagert, es sieht in diesen wenigen Minuten um viele Jahre gealtert aus. Man sieht jetzt erst, wie eingefallen seine Wangen sind. Der abgemagerte Hals paßt gar nicht mehr in den weiten Kragen. „Bitte schön, Herr Beamter, nehmen Sie Platz." Der Beamte sagt kurz „Danke" und setzt sich mit übereinandergeschlagenen Beinen an das Breitende des Tisches, wo vorher mein Vater gesessen. Mein Vater setzt sich neben ihn, wo vorher meine Tante war, die sich jetzt aufs Bett niedergelassen hat. Der fremde Herr sieht geradeaus vor sich hin, keinen hier würdigt er eines Blicks. Auf ihn aber sind alle Augen gerichtet, voll Staunens, Angst und leiser Hoffnung. „Um die Sache kurz zu machen" sagt er in leicht näselndem aristokratischem Tonfall. „Ich komme im Auftrag des Staates. Sie müssen bis Frühjahrsbeginn, das ist in genau sechs Wochen, die Stadt verlassen haben. Das betrifft nicht nur Sie hier, sondern alle Ihre Rasseangehörigen in unserer Stadt, wenn Ihnen das ein Trost ist. Es wird nicht diskriminiert, jeder Einzelne Ihrer Rasse ist davon betroffen. Sie müssen ja nicht unbedingt nach Polen, Sie können vielleicht auch nach Breslau oder eine andere ostdeutsche Stadt gehen, aber hier müssen Sie heraus. Es werden weder Verzögerungen noch Ausnahmen geduldet. Ich warne Sie davor!"

Niemand wagt, laut zu atmen. Gebannt starren die Frauen auf den Mann, der ihnen eben das längstgefürchtete, unerbittliche Verbannungsurteil verkündet hat. Nur mein furchtloser Vater traut sich, seiner Bedrückung Ausdruck zu geben. Er blickt vor sich auf den Tisch und stöhnt schwer auf. „Das ist schrecklich, daß es soweit gekommen ist –" murmelt er. Der fremde Herr fragt kurz: „Ist noch irgendetwas unklar? Die Regierung will möglichst human sein und ist durch ihre persönlichen Vertreter zu Auskünften bereit." Jetzt sieht ihn mein Vater verzweifelt an. Wenn der Beamte jetzt weggeht, wird alles verloren sein. Unbedingt muß er ihn halten, durch Fragen hinhalten, vielleicht wird hier ein Wunder möglich sein, denn der Beamte ist Zivilist, ein Herr der alten Zeit, mit Monokel und guten Manieren, kein grober, uniformierter SS-Junge. Vielleicht wird er menschliches Mitleid mit ihnen haben. In meinem Vater dämmert eine ferne, blasse Erinnerung aus guten, alten Tagen auf. Er hatte diesen eleganten Herrn mit dem Monokel schon früher gekannt, diese gelben Glacéhandschuhe, wo war es nur gewesen? Diesen fernen Hauch aus der alten Zeit will mein Vater mit aller Kraft zurückhalten, wenn der Herr fortgeht, bleibt nichts als der leere Abgrund, fortgeschickt zu werden wie das Vieh.

Mein Vater fragt, wohin sie denn gehen könnten, sie wüßten, daß sie ihre Heimatstadt verlassen müßten – aber wohin sollten sie sich wenden? Sie könnten doch nicht einfach so auf die Landstraße? Wohin? Der Gnädige Herr würde ihre Lage gewiß verstehen, könnte er vielleicht noch ein wenig konkretere Anweisungen geben –. Der Beamte antwortet höflich: „Oh, ins Umsiedlungsgebiet nach Polen können Sie gehen oder auch vielleicht nach Breslau oder in eine andere ostdeutsche oder polnische Stadt, bis zu einem gewissen Grad wird Ihnen Wahlfreiheit zugestanden. Nur nach Osten müssen Sie, das verlangt der Staat bei aller Humanität schon." Eine merkliche Hebung der Stimmung ist aus den Gesichtern abzulesen. Das ist wenigstens ein Mensch, mit dem man ein Wort reden kann, der einen nicht gleich niederschlägt oder ‚Saujud' schimpft. Und dann, wenn sie sogar nach Breslau gehen können, wenn es von ihrer Wahl abhängt, werden sie ja vielleicht nicht einmal in eines der berechtigten ‚Umschulungslager' müssen, wo man hinter Stacheldraht verhungert. Mein Vater fühlt sich besonders ermutigt: „Sagen Sie, Gnädiger Herr, wenn mir uns zum Beispiel in Breslau niederlassen sollten, wovon werden wir dort leben können? Werde ich einen Beruf ausüben dürfen, sagen wir als Kaufmann oder so etwas – ?" Der Beamte ist ein bißchen ungeduldig geworden, aber er behält noch seine Höflichkeit bei. „Oh ja, als Kaufmann werden Sie dort vielleicht arbeiten dürfen. Aber Sie müssen das mit den dortigen Behörden ausmachen. Jedenfalls müssen Sie in sechs Wochen aus unserer Stadt draußen sein. Verstanden?" Mein Vater nickt mehrmals eifrig. Auf seinem eingefallenen Gesicht ist wenigstens ein kleiner Schimmer von Freude. Er und alle anderen in dem Zimmer klammern sich an die Hoffnung an, nicht ins Umschulungslager zu müssen. Mein Vater aber vergißt sich in dieser plötzlichen Freude und drückt die Hand des Beamten, die dieser ihm befremdet entzieht. „Und sagen Sie, außer Kaufmann, darf ein Jude dort noch etwas anderes tun? Ich war Bankier, wissen Sie, und vielleicht läßt sich etwas im Finanzgewerbe tun – irgendetwas –. Es ist ja jetzt soviel zu tun – ".

Mein Vater geht zu weit. In der plötzlichen Freude der Erleichterung hat er die Vernunft verloren. Die Frauen starren ihn entgeistert an. Was ist mit ihm? Ist er wahnsinnig geworden? Er bringt sie mit diesem sinnlosen Fragen alle ins Verderben. „Und darf man am Abend ausgehen in Breslau, darf ein Jude dort ins Kino gehen?" Mein Vater beugt sich in unverschämt-intimer Weise zu dem Beamten vor und lacht ihn an. Der Beamte lehnt sich entschieden von ihm fort und seine Stimme ist ungemein streng: „Hören Sie, ich verstehe Sie gar nicht. Sind Sie nicht bei Sinnen oder machen Sie Witze mit mir? Ich gebe Ihnen den Ausweisungsbefehl aus unserer Stadt, in der Sie Ihr ganzes Leben verbracht haben, und Sie fragen mich, ob Sie in Breslau ins Kino gehen dürfen? Hat euere Rasse denn gar keinen Ernst, versteht ihr noch immer nicht, um was es geht? Kaum lockert man die Fesseln ein bissel, werdet ihr schon saufrech!"

Mein Vater sinkt unter den lauten strengen Worten des Beamten wie unter Schlägen zusammen. Sein Gesicht hat sich mit einer aschgrauen Farbe überzogen und zieht sich in Falten zusammen, als ob er weinen wollte. Mit kindischem Heimlichtun nimmt er seine Brieftasche heraus und fängt an, Hundertmarknoten zu zählen. „Sie haben vollkommen recht, Gnädiger Herr, Sie sind ein Engel. Bestrafen Sie mich nur für meine Ungebührlichkeit. – Aber hier," und er streckt dem Herrn 1000 Marknoten hin „nehmen Sie das als Zeichen der Dankbarkeit von uns. Ein kleines Zeichen unserer Dankbarkeit für Ihre Güte – Nehmen Sie nur ungeniert – " Da der Beamte sich weigert, das Geld anzurühren, versucht mein Vater, es ihm in die Tasche zu stecken. Jetzt geht es dem Beamten zu weit. Er springt auf und stößt meinen Vater rauh zurück. „Lassen Sie meine Taschen in Ruh! Ich weigere mich, Ihre dreckige Judenbestechung anzunehmen, das sehen Sie doch." Mit einem Hieb haut er die Geldscheine auf den Boden.

Mein Vater ist in tödlicher Verzweiflung. Der Herr darf nicht weggehen, wenn er weggeht, sind sie keine Menschen mehr, dann werden sie wie das Vieh nach Polen verschickt. Auch mein Vater steht auf. „Gnädiger Herr, es fällt mir ein, wir kennen uns ja von früher, wir kennen uns geschäftlich, nicht wahr? Erinnern Sie sich nicht mehr? Ich war Bankier – Wir kennen uns ganz bestimmt!" Der Herr nimmt seine Glacéhandschuhe und schreitet zur Tür. „Hören Sie endlich auf, mich zu beleidigen! Ich bin das jetzt satt. Übrigens werde ich Ihr unverschämtes Benehmen bei geeigneter Stelle vormerken. Und jetzt adieu – " Mein Vater versperrt den Weg und stellt sich vor den Beamten hin. „Kennen Sie mich wirklich gar nicht mehr? Gar nicht – nicht ein bißchen?" Meine Tante springt vom Bett auf und stürzt sich auf ihn. „Du, was tust du, was fällt dir denn ein?" Doch mein Vater schüttelt sie von sich ab. Der Beamte versucht, zur Tür zu kommen, aber mein Vater umarmt ihn und hält ihn mit unglaublicher Kraft fest. „Gehen Sie nicht, Gnädiger Herr, gehen Sie bitte, bitte, noch nicht. Haben Sie Mitleid mit uns. Ich werde Ihnen dreitausend Mark geben, wenn Sie mir einen Tipp geben – meine Kinder sind in Amerika – Gehen Sie noch nicht. bitte, bitte, bleiben Sie noch einen Augenblick, nur einen kleinen Augenblick –" Mein Vater brüllt, würgt und schüttelt den Beamten. „Bleiben Sie noch ein bißchen, Sie haben's ja nicht so eilig – Oh, bleiben Sie noch, Sie sind ein Engel für uns Juden –" Der Beamte wehrt sich verzweifelt, aber er kann sich nicht mehr befreien. „Das – werden – werdet – ihr – büßen – ihr – ihr –" Sein Röcheln wird immer schwächer und schließlich unhörbar. Mein Vater brüllt in einem fort: „Sie sind ein Engel für uns Juden, Sie sind ein Engel – " Während er ihn würgt, küßt er seine feinen, glatten Wangen, die von elegantem Rasierwasser und teurer Seife riechen. Das Wunder, das langersehnte, ist gekommen, den Engel des Herrn hält er in seinen Händen.

Die Frauen können vor Entsetzen kein Wort hervorbringen. Nur meine Tante kauert am Boden bei den verstreuten Hundertmarknoten und wimmert vor sich hin. Bald wird ihre Wohnung umzingelt sein und das Blut von ihnen allen wird in Strömen fließen. Da blickt sie zur Decke auf, als wäre sie der Himmel. Ihre zitternden Hände verkrampfen sich ineinander. „Schema, Jisroel, Adoneu, Elauhenu –" Ihr schrilles, verzweifeltes Beten klingt eintönig von den Wänden wieder. „Grösster, grösster Gott, erlös uns von den Rosches, schlag sie, mach sie blind, laß ein Wunder sein – "

Egon Schwarz

Die japanische Mauer

Unsere Ankunft in Japan brachte es mit sich, daß wir uns sofort mit der Rückfahrt beschäftigen mußten. Denn das erste, was uns erreichte, war die Nachricht, daß das Schiff, auf dem wir sie gebucht hatten, aus dem Verkehr gezogen worden war. Das Geld für die vorausbezahlten Plätze sollten wir zwar später zurückbekommen, aber was half uns das jetzt, wir mußten uns sofort um die Rückreise kümmern. Andere Schiffe gab es nicht, es blieb also nur übrig, zu fliegen, und zu unserem Schrecken ergab sich, daß so kurzfristig bestellte Flugkarten außerordentlich teuer waren. Wir dachten an einen Charter-Flug, aber wie den in einem fremden Land beschaffen? Dorle, die praktische, nahm den Hörer ab und rief bei der deutschen Botschaft an, obwohl wir ja als amerikanische Staatsbürger gar nicht dorthin gehörten. Aber daß man von der amerikanischen Vertretung keine Hilfe bekam, wußten wir aus mancher Erfahrung. Und in der Tat, ein freundlicher deutscher Konsular- oder Botschaftsangehöriger gab uns eine Adresse, wo wir das Gewünschte bekommen würden.

Und so begann schon am Ankunftstag unser erstes japanisches Abenteuer. Da wir japanisch weder lesen noch verstehen, geschweige denn schreiben konnten, waren wir schlimmer daran als jeder Analphabet, der sich wenigstens mündlich verständigen kann. Aber das war nicht die einzige Schwierigkeit. Unsere Unkenntnis der Sitten und Gebräuche, im Verein mit unserem sprachlichen Versagen, sollte uns noch in manche aufregende, doch letzten Endes humoristische Begebenheit verwickeln. Schon auf dieser ersten Suche nach dem Reisebüro machten wir die Entdeckung, daß es in Japan keine Straßenadressen gab. Jedes Büro- oder Geschäftshaus hat einen Namen, dazu bekommt man noch denjenigen des Stadtteils, und damit wird man losgeschickt. Wir mußten mit der Untergrundbahn fahren und sogar umsteigen, aber die Leute waren zuvorkommend, und in den großen Städten findet man immer jemand, der englisch kann, manchmal sogar deutsch, und so erreichten wir den Stadtbezirk und fragten uns zu dem betreffenden Gebäude durch.

Das Reisebüro war in zwei wenig einladenden und vertrauenerweckenden Zimmerchen untergebracht. Aus Tucholskys „Song" wußten wir „In Japan ist alles so klein" und waren nicht sonderlich überrascht. Wichtig schien uns nur, daß man unseren Wünschen sofort entgegenkam, man versprach uns, die Flugkarten noch am gleichen Abend ins Hotel zu bringen, der Preis war halb so hoch wie der eines gewöhnlichen Linienflugs. Aber als wir die immer noch große Summe bar vorausbezahlen sollten, wurde uns doch etwas mulmig zumute. In Südamerika oder Indien hätten wir uns auf ein solches Geschäft nicht eingelassen, aber vielleicht war man in Japan zuverlässiger, und außerdem hatte uns ja jemand in der Deutschen Botschaft diese Agentur empfohlen. Lange vor der Zeit saßen wir schon im Foyer und harrten des Kommenden, was natürlich unsere Spannung nicht verminderte. Bereits mit dem Schlag Sieben, der abgemachten Stunde, setzte unsere Ungeduld ein und steigerte sich mit jeder vergehenden Minute. Um halb acht war sie auf den Höhepunkt gestiegen. Aber da kam auch schon der Angestellte strahlend durch die Drehtür und händigte uns unter Bücklingen die Flugkarten aus. Es hatte alles geklappt, die Rechtmäßigkeit des Reisebüros hatte sich erwiesen, Japan seine erste Prüfung bestanden.

Unsere Rückreise war nun gesichert, und so konnten wir unsere japanischen Erforschungen antreten.

Um unserer Reise ins Innere Japans ein wenig Halt und Richtung zu geben, hatten wir uns vorgenommen, nicht nur berühmte Kunst- und Kulturstätten wie Kyoto, Nara und Kamakura aufzusuchen, sondern den Spuren des Schriftstellers Lafcadio Hearn zu folgen, der 1890 nach Japan ausgewandert war. Bis dahin hatte sich der Sohn einer griechischen Mutter und eines irischen Vaters als Journalist in der Welt herumgetrieben. Aber nachdem ihn die berühmte Zeitschrift „Harper's Magazine" nach Japan geschickt hatte, war er durch und durch Japaner geworden, hatte eine Japanerin geheiratet, einen japanischen Namen und die japanische Staatsbürgerschaft angenommen und sich in den Auseinandersetzungen zwischen Modernisten und Traditionalisten passioniert auf Seiten der letzteren engagiert. Obwohl freilich, wie jeder weiß, die Modernisierer die immer stärkere Öffnung Japans zum Westen durchgesetzt hatten, wurde Hearn noch immer sehr verehrt, und an manchen Orten, wo er, wie Mallarmé in Frankreich, als Englischlehrer tätig gewesen war, hatte man Gedenkstätten oder kleine Museen errichtet, die wir aufsuchen wollten. Mir war er zuerst in meinen Studien des europäischen Fin-de-siècle begegnet, in dem er mit seinen kenntnisreichen Beschreibungen Japans und vor allem mit seinem Buch „Kokoro", was Herz bedeutet, Ruhm erworben hatte.

Einstweilen mußten wir aber noch in Tokio bleiben, weil wir von der deutsch-japanischen Gesellschaft empfangen werden sollten. Ein sehr freundlicher Herr holte uns ab und zeigte uns einige der Sehenswürdigkeiten, die von Tokio leicht erreichbar waren, unter vielem anderen die berühmte Riesenstatue Buddhas in Kamakura. Am zweiten Tag statteten wir unter seiner Führung einer der privaten Universitäten Tokios einen Besuch ab, Begegnungen, die uns die Chance gaben, bei unseren Kollegen alle möglichen Erkundigungen über Japan einzuziehen. Das Deutsch unseres Führers war freilich ein wenig sonderbar, denn er war nie in einem deutschsprechenden Land gewesen und hatte bis zu unserer Ankunft die Sprache nur zu seinen literarischen Studien verwendet. Viel schlimmer waren aber unsere eigenen, der kulturellen Verschiedenheit anzukreidenden *faux pas*. Zum Beispiel, als uns unser Begleiter nach ein paar Stunden *sight seeing* eröffnete, er habe den Auftrag, uns in ein französisches Restaurant einzuladen, reagierten Dorle und ich ganz spontan und gleichzeitig dagegen: Warum nicht lieber in ein japanisches!? Sein momentanes Zögern belehrte uns sofort, daß wir mit diesem Vorschlag gegen die Etikette verstoßen hatten. Dennoch wurden wir durch ein köstliches, wenn auch endlos scheinendes Mahl reinsten japanischen Stils belohnt. Es war uns lieb, daß wir ein Zimmer für uns allein hatten, denn so mußten wir unsere hilflosen Versuche, halb Flüssiges mit Stäbchen zu essen, nicht vor fremden Augen ausführen. Es genügte, daß die Bedienerinnen über unsere Ungeschick lächelten, besonders als sie sahen, wie ungeschlacht wir auf dem Boden saßen und nicht wußten, wo wir unsere Beine lassen sollten. Es wurde uns klar, daß wir auf Schritt und Tritt durch unser Aussehen und Benehmen, wenn schon nicht Anstoß, so doch Aufsehen erregten. Sonderbar kam es uns vor, wenn zum Beispiel Kinder in Lokalen oder in der Bahn über uns kicherten und von ihren Müttern zurechtgewiesen werden mußten.

Nach zwei Tagen in der Obhut der deutsch-japanischen Gesellschaft und ihres Delegierten hinderte uns nichts mehr, nun auf unsere eigenen Reisekünste angewiesen, den Alleingang durch das fremde Land anzutreten. Unser erstes Ziel war die Stadt Matsué, einer von Lafcadio Hearns Wohnorten. Zunächt mußten wir uns dem Schinkansén, Japans superschnellem Zug anvertrauen. Unentwegt raste er durchs Land, aber was uns wunderte, war, daß es gar kein Land zu geben schien, sondern daß wir stundenlang, von Tokio bis Osaka, durch eine nimmerenden-wollende Megalopolis fuhren und daß zwischen den Häusern und Industrieanlagen kaum je ein freies Erdfleckchen auftauchte. Schließlich erreichten wir Matsué, quartierten uns in einem Hotel westlichen Stils ein, wo das Zimmer nicht viel größer war als zu Hause ein Kleiderschrank und eine graphisch deutliche Gebrauchsanweisung für das Klo angeschlagen war, die uns sehr amüsierte. Von da an zogen wir traditionelle japanische Unterkünfte vor, schließlich wollten wir uns ja mit japanischen Lebensgepflogenheiten vertraut machen. Aber auch das erforderte manche Anpassung, etwa an die Notwendigkeit, die Schuhe abzulegen, das Schlafen auf dem Boden mit einem steinharten Kissen unter dem Kopf, die gemeinsame Badestube für alle Hotelgäste und dergleichen mehr. Nachdem wir uns ein wenig erfrischt hatten, ließen wir uns bei der Anmeldung die Adresse des Lafcadio-Hearn-Museums auf japanisch aufschreiben, stiegen in ein Taxi und hielten dem Fahrer den Zettel unter die Nase. Das hatte aber nur zur Folge, daß er uns in der Landessprache eine lange Rede hielt, die er, als er unser Unverständnis bemerkte, lauter wiederholte. Als auch das nichts fruchtete, schlug er eine Lache an, zuckte die Achseln und fuhr endlich los. Erst als wir am Ziel angekommen waren, begriffen wir, was der gute Mann uns hatte sagen wollen: Das Museum war heute geschlossen!

Ein wenig frustriert schauten wir uns um und sahen, daß die gegenüberliegende Straßenseite von einem Graben gesäumt war, über den eine gewölbte Brücke führte. Da wir nun einmal hier waren, schritten wir hinüber und standen alsbald vor einer mehrere Meter hohen Mauer, hinter der sich ein Schloß erhob, dessen Dachfirst gerade noch sichtbar war. Es gab da auch ein verschlossenes Tor mit einem Täfelchen, auf dem die Einlaßzeiten angegeben standen. Wir waren auch hier ein paar Minuten nach Torschluß angekommen. Durch die Eisenstäbe sahen wir, wie der Schloßwächter auf der anderen Seite des Geländes in ziemlicher Entfernung die letzten Besucher hinauskomplimentierte. Die Mauer vor uns war aus Steinquadern zusammengefügt, aber mit Zwischenräumen, groß genug, um bequem einen Fuß hineinschieben zu können. Und ich, zum zweitenmal an der Erfüllung unserer Wünsche gehindert, begann wie auf einer Leiter hinaufzusteigen. Oben angelangt, bot sich mir ein wundervolles Bild. Der Hof und das luftig geschwungene Schloß vor mir waren über und über von der Abendsonne vergoldet, was unbedingt zur Besichtigung einzuladen schien, ein märchenhafter Anblick, den ich Dorle nicht vorenthalten wollte. Ich rief ihr also zu, es mir gleich zu machen, sie erreichte den oberen Rand und beide schwangen wir uns über die Balustrade. Wir gingen um das Schloß herum, sahen uns alle Teile an, lasen das am Eingang angebrachte Gedicht, das unser Lafcadio Hearn über das reizende Gebilde verfaßt hatte, und merkten, daß nunmehr die Sonne im Untergehen begriffen war. Ich wollte also den Rückzug über die Mauer antreten, aber meine liebe Reisegefährtin weigerte sich. Das Abwärtsklettern schiene ihr zu gefährlich, ich solle doch den Wächter suchen und ihn bitten, uns auf zivilisiertere Weise ins Freie zu lassen. Wir gingen also zu dem Wächterhäuschen, in dem wir ihn hatten verschwinden sehen, und gehorsam rief ich meinen Wunsch auf englisch durch die papierenen Wände, hinter denen der Schatten des Bewohners erkennbar war. Aber statt unserem Begehren Folge zu leisten, sah ich ihn an einem Kasten herumkurbeln, der mir einem Telefon verdächtig ähnlich sah. Ich äußerte meine Befürchtung, daß der Ordnungshüter im Begriff stehe, die Polizei zu verständigen. Aber Dorle ließ sich nicht so leicht erweichen und bedeutete mir, es noch einmal zu versuchen. Ich wiederholte also meine Bitte auf deutsch und französisch, aber immer mit dem gleichen Mißerfolg, nur daß das Kurbeln heftiger wurde. Die Furcht, die Nacht in Polizeigewahrsam verbringen zu müssen, verlieh mir ungeahnte Kräfte, ich ergriff Dorles Hand und schleppte die halb Widerstrebende zurück zur Mauer. Inzwischen war es stockdunkle Nacht geworden, wir warfen alles, was wir in Händen hielten – Regenschirm, Reiseführer, Photoapparat – in die Tiefe und machten uns an den halsbrecherischen Abstieg. Heil unten angelangt, klaubten wir unsere Sachen wieder auf, und kaum hatten wir den Staub von unseren Kleidern geklopft, da war die Polizei auch schon da! Vier Mann schwangen sich aus einem Auto, das keine zehn Schritte von uns gehalten hatte, stürmten auf uns zu, leuchteten uns mit Scheinwerfern ins Gesicht – ich sah mich schon in einer Gefängniszelle – und liefen an uns vorbei! Ich aber riß Dorle hinter mir her in die entgegengesetzte Richtung und ließ nicht locker, bis wir im Menschengewühl, das man in japanischen Städten glücklicherweise nie lange zu suchen braucht, verschwunden waren. Erst jetzt konnte ich nachdenken und kam zu dem Schluß, daß die Polizisten nicht imstande gewesen waren, in dem bieder aussehenden, weißhaarigen europäischen Ehepaar die verbrecherischen Eindringlinge zu erkennen, zu deren Verhaftung sie gerufen worden waren. Und während wir den Weg zu unserem Hotel suchten, malte ich mir das Gespräch zwischen ihnen und dem Schloßwächter aus, in dessen Verlauf das Mißverständnis sich herausstellen mußte.

Die japanische Mauer

Kyoto war einer der Höhepunkte unserer Japanreise. Wenn ich die Stadt mit zwei Wörtern zu charakterisieren hätte, würde ich sie als „voll" und „bezaubernd" bezeichnen. Die Gärten, Tempelbezirke, Einkaufszentren waren immer von wallenden Menschenmengen angefüllt. Im Umkreis der bedeutenderen Sehenswürdigkeiten wie Wallfahrtsstätten, Jahrmärkte und Museen konnte man sich in den Leibermassen kaum fortbewegen. Dutzende Touristengruppen, alles freilich Japaner, bewegten sich durcheinander, und damit sich die einzelnen Schäfchen in dem Gewühle nicht verlören, reckten die jeweiligen Hirten oder Hirtinnen farbige Fähnchen in die Höhe, um die sich die Dazugehörigen scharen konnten. In einem Museum wurde die europäische Kunstsammlung Armand Hammers gezeigt, aber nach vergeblichen Versuchen, ohne Brachialgewalt zu den Bildern vorzudringen, um die sich dichte Menschentrauben drängten, verzichteten wir lieber und schoben das Vergnügen bis zu einem Besuch in Los Angeles auf, wo wir dann in der Tat dieselben Werke in tiefster Verlassenheit betrachten konnten.

Eine japanische Kunst bewunderten wir sehr: Die Fähigkeit des Verbergens. So waren viele Gärten in der Art angelegt, daß man nichts von dem sie umgebenden Häusermeer zu sehen bekam. Ein Sandhügel, eine Hecke, ein kleines Stück Mauer verdeckte die Aussicht auf alle jene modernen Scheußlichkeiten, die das ästhetische Empfinden in anderen Teilen der Welt so empfindlich stören und den Genuß von sonst untadeligen Anlagen beeinträchtigen. Rührend anzusehen waren auch die kleinen Blumentöpfchen und Pflänzchen, die aus Platzmangel vor den Türen und Fenstern auf den Gehsteigen standen und die Häuser zierten oder die fleißigen Parkpflegerinnen, die in langen Reihen sich fortbewegend jedes dürre Blatt mit Reisigbesen in ihre geflochtenen Körbe fegten, bis die Rasenflächen einen manikürten Anblick boten. Und so erforschten wir die Stadt, besuchten die kaiserlichen Paläste, die Parks und botanischen Gärten, die Kunsthandwerkstätten, oder wir streunten einfach durch die Straßen, stellten Beobachtungen an und ließen das Fremdartige auf uns wirken. Mit den Mahlzeiten gingen wir sparsam um, weil für unsere Begriffe alles enorm teuer war, ein Kaffee drei Dollar, eine kleine Melone auf dem Obstmarkt zehn. Dafür waren in den Auslagen der Speisehäuser getreue Plastikmodelle aller Gerichte zu sehen, so daß es genügte, mit dem Finger auf dasjenige zu zeigen, dessen verzehrbares Original man bestellen wollte.

Besondere Hervorhebung verdient unser Besuch in dem berühmten Silbertempel. Eine in St. Louis lebende japanische Bekannte hatte uns ans Herz gelegt, uns ja bei ihrer mit einem Mönch des Silbertempels verheirateten Tante zu melden, sobald wir in Kyoto wären, und so wurden wir zu einem Abendessen eingeladen. Die Tochter des Hauses, die in einem Reisebüro arbeitete und gut englisch konnte, holte uns im Hotel ab, was unser Prestige beim Personal sichtbar hob. Sie brachte uns in die Wohnung ihrer Eltern, wo die Mahlzeit zunächst in Gegenwart von Mutter und Tochter, aber in Abwesenheit des Hausherrn begann, und zwar mit einer Süßspeise, die bei uns allenfalls als Dessert gedient hätte. Nach und nach wurden andere wohlschmeckende, aber durchaus undefinierbare Dinge aufgetischt, alles begleitet von einem giftgrünen dickflüssigen Getränk, das wahrscheinlich japanischer Tee war, sich aber sehr von dem Tee in einem unserer heimischen japanischen Restaurants unterschied.

Mitten im Essen gesellte sich plötzlich der Familienvater zu uns, ein hochgewachsener Mensch mit einem so markanten Gesicht, daß Dorle mir zuflüsterte, „den möchte ich photographieren". Offenbar war die Bemerkung etwas zu laut ausgefallen, denn sogleich eilte der Gemeinte zu einer Kommode, der er eine Ladung Bilder und Zeitungsausschnitte entnahm. Er konnte natürlich kein Deutsch, aber das Wort „photographieren" hatte er offenbar verstanden. Auf den Photos war er nun in allen möglichen eindrucksvollen Posen mit Pfeil und Bogen abkonterfeit, denn er war Zen-buddhistischer Priester und kultischer Bogenschütze. Unter den Blättern, die er uns unterbreitete, erkannte ich zu meinem Erstaunen den „St. Louis Post-Dispatch", unsere amerikanische Tageszeitung, und im Verfasser des betreffenden Artikels unseren St. Louiser Nachbarn, einen Mitarbeiter der Zeitung, der, wie sich bei der Lektüre herausstellte, bei unserem Gastgeber Unterweisung im zeremoniellen Bogenschießen bekommen hatte.

Wie klein die Welt ist, wurde uns ebenfalls bei unserer Abreise aus Kyoto eingeprägt. Frühmorgens auf dem Weg zum Bahnhof marschierten zwei junge Frauen, offenbar Ausländerinnen, vor uns her, von denen sich die eine umdrehte, als sie unserer Stimmen gewahr wurde. Mt vor Staunen aufgerissenen Augen sah sie mich einen Moment an und rief dann aus: „I didn't know that you were in Japan, Professor Schwarz!" Es war eine Studentin unseres literaturwissenschaftlichen Seminars, die selbst zu nipponischen Studienzwecken ein Jahr in Tokio verbrachte und nur zufällig zur selben Zeit wie wir einen Ausflug nach Kyoto gemacht hatte.

Und so durchstreiften wir das Land einen Monat lang mit unseren Rucksäcken, allerdings nur die mittlere der drei großen Hauptinseln, Honschu. Kyuschu und Hokkaido mußten wir für einen späteren Besuch aufheben. Wir sahen eine der bedeutenden Perlenfischereien mit ihren Taucherinnen und glitzernden Waren, wir machten Bekanntschaft mit den Kaffeestuben, wo das kostbare Getränk durch ein Gewirr von Destillationsröhren läuft, ehe man es sich einverleiben darf, wir beobachteten eine politische Demonstration mit bedrohlichem Chorgebrüll und erinnerungsträchtigem Armerecken, konnten aber nicht herausfinden, worum es ging. Auch sonst machte sich die sprachliche Unkenntnis vielfach bemerkbar, zum Beispiel als mich ein uniformierter Mensch – Polizist? Soldat? oder bloß Postbote? – auf der Straße anhielt und meinen Paß verlangte, den er inspizierte und zurückgab, ohne daß ich mich vergewissern konnte, ob er die geringste Befugnis für seine Neugier hatte, oder im Hospital, wo wir einer Grippe Dorles wegen einen stummen halben Tag verbrachten; in einer Bank, wo ich, unfähig, die Aufschrift zu lesen, die Empfangsdame nach einem Zimmer fragte, weil ich mich in einem Hotel wähnte, oder in einem Busbahnhof, wo wir unverrichteter Dinge wieder abziehen mußten, denn da waren zwanzig gleichaussehende Gefährte, deren Schilder wir nicht entziffern konnten.

Auf der Halbinsel Ise-shi wollten wir dem Koya-san, dem Heiligen Berg, einen Besuch abstatten, wo die frommen Japaner ihren Totenkult betreiben. Die erste Überraschung erlebten wir bereits in der Zahnradbahn, die uns in die Höhe

Die japanische Mauer

brachte und deren Lautsprecher unerwarteter- und für unsere Begriffe unpassenderweise Wiener Walzer entströmten. Hotels gibt es auf dem Heiligen Berg nicht, und so wurden wir in einem der Klöster untergebracht. Es war November und empfindlich kalt, zur Heizung diente ein Kohlenbecken, das aber erst nach einem verzweifelten Gestenspiel herbeigeschafft wurde. Ähnlich verhielt es sich mit dem Essen. Seiner Kuriosität wegen muß ich aber noch einen weiteren, in Reisebüchern selten besprochenen Gegenstand berühren, die Bedürfnisanlage. Einem unabweisbaren Drang nachgebend machte ich mich zu dieser Örtlichkeit auf und war gerade dabei, nach Männerart vor einer Wand stehend, mein Geschäft zu verrichten, als eine japanische Dame die Tür öffnete und zu meiner Verlegenheit nahe an mich herantrat. Wie sich in einer Situation verhalten, die in meiner Kinderstube nicht vorgesehen war? Es verlief aber alles ganz harmlos und gesittet. Die Dame verneigte sich zierlich vor mir, ich erwiderte die Verbeugung, so gut es in meiner Lage ging, und sie verließ meinen Gesichtskreis. Offenbar war ich lediglich Zeuge einer der vielen Höflichkeiten geworden, die den Verkehr mit den Menschen dieses Landes so angenehm gestalten. Aber auch sonst hatte sich der Ausflug auf den Koya-san gelohnt, denn wir durften den Zeremonien beiwohnen, mit denen die japanischen Pilger die Asche ihrer Vorfahren ehrten und die in einem zauberhaften Hain gelegenen heiligen Stätten pflegten.

Ein aufregendes Abenteuer erlebten wir aber noch gegen Ende unseres Aufenthalts in diesem Land, das uns wahrscheinlich weniger rätselhaft erschienen wäre, wenn wir uns besser hätten verständigen können. Eines Abends erreichten wir ein elegantes Hotel namens „Blue Sky", ein Name, der aber falsche Hoffnungen auf leichte Verständigungsmöglichkeiten eröffnete. Es wurde uns ein schönes Zimmer angewiesen, dessen Terrasse eine weite Aussicht auf das makellos blaue Meer bot. „Hier bleiben wir", stieß meine Reisebegleiterin begeistert hervor, und dieser Ausruf sollte sich bald als eines jener legendären letzten Worte erweisen, die Zeugnis von der menschlichen Ohnmacht ablegen, die Zukunft zu bestimmen. Wir verbrachten eine geruhsame Nacht, und am nächsten Morgen wurde uns ein aus den verschiedensten Gerichten bestehendes Frühstück ins Zimmer serviert, von denen uns aber nur der Reis und das Ei vertraut vorkamen. Gerade als wir die bedauerliche Entdeckung machten, daß das Ei roh war, stürzte ein Mann herein, in dem wir den Empfangschef vom Vortag erkannten, und hielt uns eine von erregten Handbewegungen begleitete Rede, die uns leider unverständlich blieb. Soviel wurde aber deutlich, daß er uns Wichtiges mitzuteilen hatte. Seine einseitigen Beschwörungen dauerten eine Weile fort, ich ging ins Nebenzimmer, um ein Kleidungsstück zu holen, und als ich zurückkehrte, war meine Frau mit dem Mann verschwunden. Vergeblich versuchte ich herauszufinden, wohin. Bei der Anmeldung bekam ich immer nur die eine Antwort: Solly, no english. Nach einer besorgten Wartezeit erschienen die beiden wieder, und Dorle berichtete, der Hotelmanager habe sie zu einem mehrere Kilometer entfernten Bahnhof gefahren, ein Telefongespräch geführt und ihr dann den Hörer übergeben. Am anderen Ende der Leitung habe sich ein Bahnbeamter in Osaka gemeldet, mit der Bitte, langsam zu sprechen, weil er sich zum ersten Mal im Leben telefonisch der englischen Sprache bediene. Und nun lüftete sich das Geheimnis: Ein Bahnstreik sei für den nächsten Tag angesagt, und uns stünden drei Möglichkeiten frei, auf dieses Ereignis zu reagieren: Das Ende des Streiks im Hotel abzuwarten, ein Auto zur weiteren Beförderung zu mieten oder sogleich abzureisen. Ich entschied mich für das letztere. Das Abwarten schien mir zu riskant, und bei der Erwägung, die Reise in einem Mietauto fortzusetzen, hatte ich die Vision einer Straßenkreuzung mit drei Wegweisern in japanischer Sprache, die in drei verschiedene Richtungen zeigten. So blieb als vernünftigster Ausweg nur übrig, dem hübschen Hotel noch in selbiger Stunde Ade zu sagen. Wir kamen am Abend in Osaka an und dann war es mit dem Bahnfahren vorbei. Wie nun nach Tokio kommen, da nicht nur alle Züge, sondern auch alle Fähren- und Buslinien vom Streik betroffen waren? Also fliegen! Aber auf diesen Gedanken waren auch die Tausende und Abertausende verfallen, die außer uns nach Tokio wollten. Und so irrten wir in der fremden Stadt von einem Reisebüro zum anderen, ohne eine Buchung vornehmen zu können, weil uns andere Reisende längst zuvorgekommen waren. Endlich, nach langen Agonien, erbarmte sich unser ein Angestellter der staatlichen Reiseagentur, wir bestiegen das Flugzeug und kamen knapp rechtzeitig in Tokio an, um den Rückflug nach den USA anzutreten. Wir waren schon mehrere Wochen zu Hause, als wir erfuhren, daß der japanische Bahnstreik endlich beigelegt werden konnte.

Marcel Reich-Ranicki

Adorno-Reminiszenzen

I.

In den sechziger Jahren gab es in der Bundesrepublik eine Diskussionsreihe, die sich „Das literarische Kaffeehaus" nannte. An den Gesprächen, die stets vom Hörfunk und bisweilen auch vom Fernsehen ausgestrahlt wurden, nahmen nur drei Personen teil: Hans Mayer und ich und ein Gast. Zu den Gästen gehörten: Böll, Frisch und Dürrenmatt, Grass, Walser und Enzensberger, Bloch, Augstein und Hans Werner Henze. Am 6.Juli 1966 hieß unser Gast Theodor W.Adorno. Mit Rücksicht auf dessen zahlreiche Verpflichtungen mußte die Aufzeichnung in Frankfurt stattfinden und um zehn Uhr morgens.

Adorno kam pünktlich und war überaus höflich, aber er überraschte uns mit der traurigen Mitteilung, er sei kaum imstande, an dem Gespräch teilzunehmen. Der vorangegangene Tag sei für ihn äußerst anstrengend gewesen, um die Seminare und Prüfungen überstehen zu können, habe er sich sogar mit einem Aufputschmittel nachhelfen müssen. Nun sei er leider gänzlich übermüdet, er bitte daher die Herren, es doch gütigerweise allein zu machen, er werde sich auf einige Stichworte und gelegentliche Bemerkungen beschränken. Das klang wie die Ankündigung eines großen Sängers, er werde in der Generalprobe den Lohengrin nur markieren.

Wir, Mayer und ich, waren fest entschlossen, dem leidenden Gelehrten menschenfreundlich beizustehen. So stellte ich dem Unpäßlichen eine Frage, die ihm willkommen sein mußte: Wer nichts von ihm gelesen habe, kenne doch sein Diktum, es sei barbarisch, nach Auschwitz Gedichte zu schreiben. Wie er das gemeint habe. Adorno antwortete prompt und nicht knapp. Und je länger er sprach, desto besser gefielen mir seine Erklärungen. Denn ich verstand alles – und das ist ja ein angenehmes Gefühl, dessen ich mich, seine Schriften lesend, nicht immer rühmen konnte.

An den Verlauf dieses Gesprächs kann ich mich nicht mehr erinnern. Nur soviel ist sicher: Mayer und ich hatten nicht viel zu bestellen, der Gast ließ sich weder bremsen noch unterbrechen. Kaum war die Sendung beendet, da beeilte er sich, uns eine treuherzige Frage zu stellen: War ich gut? Ja, er war sogar sehr gut. Und auch eitel wie ein Tenor? Gewiß, das war er auch. Nur habe ich im Laufe der Jahre und Jahrzehnte unzählige maßlos eitle Schriftsteller kennengelernt, deren Leistungen dürftig waren. Warum sollte man da einem großen Mann, dem wir alle viel zu verdanken haben, die Eitelkeit verübeln? Und wer weiß, ob es ihm ohne diese Eitelkeit gelungen wäre, sein Werk zu schaffen?

II.

Am 27.April 1969 wurde in Frankfurt eine Ausstellung eröffnet, deren Benennung (nicht zufällig) etwas umständlich war: „Werke von Autoren jüdischer Herkunft in deutscher Sprache". Offensichtlich wollte man den Begriff „Jude" vermeiden – wohl deshalb, weil er sich nicht so leicht definieren läßt. Jedenfalls wurde niemand in dieser Ausstellung berücksichtigt und niemand in den Katalog aufgenommen, der es nicht ausdrücklich wünschte. Ich hatte mit diesem ehrenwerten Vorhaben nur insofern zu tun, als ich die Eröffnungsrede hielt.

Kurz vor dieser Veranstaltung blätterte ich im Hotelzimmer im eben erhaltenen Katalog. Da gab es manche Überraschung: Ich fand in dem Buch Namen, mit denen ich nicht gerechnet hatte, andere hingegen suchte ich vergeblich. Auch die Philosophen und Soziologen waren hier gut vertreten: Hannah Arendt, Ernst Bloch, Max Horkheimer, Hans Jonas, Leo Löwenthal, Herbert Marcuse, Ludwig Marcuse. Aber es fehlte Adorno. Warum wohl? Das wollte ich wissen. Ich rief ihn sofort an.

Er antwortete zögernd und ausweichend. Er sei nicht sicher, ob er den Fragebogen tatsächlich erhalten habe. Dann begann er zu meditieren: Einerseits sei er eben seiner Herkunft wegen aus Deutschland vertrieben worden, andererseits falle es ihm schwer, sich damit abzufinden, daß er in dieser Ausstellung in unangenehmer Nachbarschaft sein werde – und er nannte zwei oder drei Namen ihm besonders verhaßter Autoren, darunter Ludwig Marcuse. Das war natürlich eine Ausrede und eine lächerliche – und ich habe mich nicht gescheut, ihm dies zu sagen. Er solle sich bitte eindeutig entscheiden, schließlich sei das nicht unwichtig. Er dankte freundlich für den Anruf: Er werde sich noch alles überlegen.

Damit war die Sache abgeschlossen dachte ich mir. Aber es kam anders: Wenige Tage später rief mich Adorno an, er bat um die Telefonnummer des Herausgebers der Bibliographie „Werke von Autoren jüdischer Herkunft in deutscher Sprache". Er wollte nun doch in dieses Handbuch aufgenommen werden und zwar unbedingt. Dies ist denn auch in der nächsten Auflage erfolgt.

III.

Im Middlebury College im Staate Vermont finden alljährlich während der Sommerferien Intensivkurse für die besten amerikanischen Studenten fremder Sprachen und Literaturen statt. 1969 gehörte ich zu den Gastdozenten des Kurses für die Germanisten. Während des Mittagessens, das die Studenten und die Dozenten zusammen einnehmen, werden die neuesten Nachrichten verlesen – ich glaube, vor dem Dessert. Es ist ein heißer Augusttag, niemand ist an den Meldungen sonderlich interessiert, auch ich nicht.

Plötzlich höre ich: „Der deutsche Philosoph Theodor W.Adorno ist im Alter von 65 Jahren gestorben." Kein Wort mehr. Ich sehe mich entsetzt um. Alle sind gleichgültig. Die nächste Nachricht wird verlesen. Ich habe sie nicht verstanden. Aber ich höre einen wilden Aufschrei: Die jungen Damen und Herren – sie brüllen allesamt. Ich frage beunruhigt, was denn passiert sei. Man informiert mich, nicht ohne Mitleid: Das sei doch die verständliche Reaktion auf die Meldung, daß die Rugby-Mannschaft von St.Louis die aus Buffalo besiegt habe – oder umgekehrt.

Alt geworden ist er also nicht. Warum? Eine törichte Frage, gewiß. Und doch darf man sie stellen. Adorno war einer der erfolgreichsten Denker unserer Epoche. Das enorme Echo, das seine Schriften fanden, beglückte ihn. Zugleich hat er viel gelitten, zumal in den letzten Jahren seines Lebens. Denn je berühmter er wurde, desto häufiger hat man ihn attackiert und beschimpft.

Es begann 1963. Ein junger Mensch, offensichtlich unfähig, Adornos Gedanken zu verstehen oder gar auf sie einzugehen, wollte ihn kompromittieren. Er suchte und fand – eine von Adorno 1934 in der „Musik", dem „Amtlichen Mitteilungsblatt der Reichsjugendführung", veröffentlichte Rezension, in der er Chöre auf Gedichte von Baldur von Schirach zustimmend besprach und dabei eine Formulierung von Goebbels zitierte, ebenfalls zustimmend.

Die Denunziation schlug ein. Jetzt heulten sie alle beglückt auf – alle, die Adorno beneideten, die meinten, er habe ihnen ein Unrecht angetan, die darunter litten, daß er sie ignorierte, die sich schon lange rächen wollten. Es war die Stunde der Mißgünstigen, der Zukurzgekommenen und Gescheiterten. Jener Artikel von 1934 war nicht schön, was hierüber zu sagen ist, hat der Betroffene selber gesagt. Aber schlimmer als die zwei oder drei höchst anstößigen Sätze Adornos war der Triumph der widerwärtigen Schadenfreude, der baren Infamie und übrigens auch, wie könnte es anders sein, des ganz gewöhnlichen Antisemitismus. Wieder einmal mußte man an das Wort von Hoffmann von Fallersleben erinnern: „Der größte Lump im ganzen Land, / Das ist und bleibt der Denunziant."

In den folgenden Jahren ließen die Attacken gegen Adorno kaum nach. Man gab sich viel Mühe, ihm das Leben schwer zu machen. Und vielleicht hat es damit zu tun, daß er nicht sehr alt wurde. Aber wie verletzbar er auch war: Er ließ sich nicht beirren, er hat sein Werk fortgesetzt – zu unser aller Nutzen.

Guy Stern

Walter Hinderer und die Kurt-Weill Stiftung

Seit unserer ersten Begegnung auf einer MLA-Tagung vor fast dreißig Jahren war es mir klar, daß sich Walter Hinderers Interessenbereich keineswegs nur auf Literatur beschränkte. Dieser erste Eindruck vertiefte sich während unserer Jahre als Kollegen an der University of Maryland, auf Tagungen, bei denen er referierte, bei der Lektüre seiner Aufsätze und Bücher und – hier besonders relevant – beim gemeinschaftlichen Besuch von Konzerten und Opern. Seine Kommentare dazu, manchmal nur als Aperçu vorgebracht, zeugten von einer musikologischen Sachkenntnis und Urteilskraft, die seinen beeindruckenden literaturwissenschaftlichen Kenntnissen in nichts nachstanden. Diese übergreifende Sensibilität sollte direkt zu seiner Ernennung als Mitglied des Exekutivausschusses der höchst aktiven und erfolgreichen Kurt-Weill-Stiftung führen, die heute die Sachwalter-Rolle des Weillschen Oeuvres einnimmt.

* * *

Die Kurt-Weill-Stiftung besteht seit 37 Jahren. Gegründet wurde sie von Lotte Lenya, der Witwe und Premier-Interpretin und Universalerbin des Komponisten, unter ständiger Beratung mit Lys Symonette, damals Professorin am Curtis Institute of Music und jetzt Vizepräsidentin und musikalische Leiterin der Stiftung. Wenn die Stiftung heute im ausgehenden Jahrhundert weithin begehrte Preise und Prämien für neue Kompositionen und Originalstudien auf dem Gebiet des Musicals und der Kurt-Weill-Forschung vergibt, Aufführungen und Symposien in allen Weltteilen finanziell unterstützt, ein bereits beachtliches Archiv weiterhin als Grundlage eines Forschungszentrums ausbaut, eine historisch-kritische Weill-Ausgabe vorbereitet und mit Büchern und Schallplatten, die z.T. von den Mitarbeitern erarbeitet wurden, immer wieder hervortritt, – kurzum, an der vor kurzem in der *New York Times* gelobten Kurt-Weill-Renaissance fühlbar Teil hat, so war diese Entwicklung zwar von Lenya erhofft, aber keineswegs bei der Begründung gewährleistet.

Zwar hatte Lenya testamentarisch die Stiftung zum finanziellen und geistigen Erben ihres verstorbenen Gatten bestimmt, aber ein ihr auf dem Sterbebett abgenötiges Testament hätte ihre Absticht fast zunichte gemacht. Nur der Umsicht und dem Weitblick des von ihr eingesetzten Präsidenten, Professor Kim

Kowalke, unterstützt von einem ebenfalls von Lenya gekürten Exekutivausschuß, war zunächst die Vereitelung der Intrige, dann der überraschend schnelle Aufschwung zu verdanken, wobei natürlich die ausführenden Künstler und Wissenschaftler letzthin bei jener eklatanten „Kurt-Weill-Renaissance" den Ausschlag gegeben haben, aber auch der Beitrag der Stiftung dabei nicht zu unterschätzen ist.

* * *

Jahrelang hatte allein der von Lenya ernannte Ausschuß die Richtlinien, die sich mehrenden Ziele der Stiftung und deren praktische Verfolgung bestimmt. Mit dem Tode von Henry Marx, dem Stiftungs- Vizepräsidenten (und hauptberuflich Redakteur der Wochenzeitung *Aufbau*) und dem anwachsenden Aufgabenbereich trat die Notwendigkeit ein, zwei neue Mitglieder zu ernennen, die einerseits in harmonischer Zusammenarbeit die bereits bestehenden Ziele der Stiftung weiterhin verfolgten, andererseits neue Gesichtspunkte verfochten.

Die Ernennung von Phil Getter, einem prominenten Finanzexperten und Theatermäzenen, füllte zunächst einen der vakanten Sitze; zwei Jahre später wurde als zuzügliches Mitglied Walter Hinderer nominiert.

Das Auswahlkommittee, bestehend aus Präsident Kowalke, dem international bekannten Dirigenten Julius Rudel und dem Schreiber dieser Zeilen, traf sich mit Walter Hinderer im Herbst 1996 in einem Lokal in New York. Nach einer mehrstündigen Aussprache, die selbstverständlich auch auf weniger relevante technisch-musikologische Fragen einging, erstellte das Kommittee ein äußerst vorteilhaftes Konterfei des Kurt-Weill-Liebhabers Hinderer. Zu Weill hatte Hinderer schon als Gymnasiast in den Fünfziger Jahren gefunden, zunächst über Lenyas mitreißende Schallplatte der *Sieben Todsünden*, dann durch den Besuch einer gelungenen Aufführung der *Dreigroschenoper* in Ulm. Der nunmehr Kurt-Weill-Begeisterte entschloß sich daraufhin, nicht nur Zuschauer, sondern Mitwirkender zu werden. Die Bekanntschaft mit dem Autor und Jugendbuchpreisträger Hans Christian Kirsch, der sich damals im Fahrwasser von Jack Kerouak bewegte aber auch Kurt-Weill zur Gitarre vortrug, verschaffte ihm Zutritt zum Theater – zunächst als Statist, dann in Nebenrollen.

Zum Teil angeregt von dem Gymnasiasten bildete sich um ihn ein loser Schülerkreis von Weill-Enthusiasten; neben Hinderer agierte Peter Weber-Schäfer, der Neffe, dann Adoptivsohn von Max Weber, als Ansporn der jugendlichen Weill-Verehrer. (In späteren Jahren sollte er ein angesehener Politologe in Bochum werden.) Man diskutierte über die Musicals, sang die Lieder zur Klampfe und versäumte keine Weill- oder Brecht-Aufführung in Ulm oder Augsburg. Dann, als Münchener Student, fand Hinderer weiterhin Zeit fürs Theater (Höhepunkt bildete die Weill-Elisabeth Hauptmann-Brecht *Happy End* Aufführung im Prinzregententheater), ja, er versuchte sich selbst in Brecht-Weillschen Gedichten und Dramen. – In Amerika, letzte Station seiner Entdeckungsreise in die Welt Kurt Weills, entdeckte Hinderer schließlich für sich den

„klassischen" Weill, den Komponisten der beiden Symphonien, der Whitman-Lieder u.a.m. „Ein Phänomen in der Vielfältigkeit seiner Kompositionen", meint heute der ausgereifte Weill-Kenner.

* * *

Seit seinem Beitritt zum Aufsichtsrat hat der einstimmig Gewählte an wichtigen Gremien mitgewirkt, vor allem aber das Netz der Kurt-Weill Anhänger durch seinen ausgedehnten, oft einflußreichen Bekanntenkreis in Deutschland erweitert. Der Weill-begeisterte Gymnasiast und der sachkundige, fünfundsechzigjährige Musikkenner geben sich somit über die Dekaden hinweg die Hand. Die Vielfalt seiner Beiträge im Weill-Jahr 2000 ist noch nicht abzumessen; es werden beträchtliche sein.

Giuseppe Bevilacqua

Ein Autor, der keiner ist

„Bobi" alias Roberto Bazlen

Das vorliegende Buch trägt den Titel *Signaturen der Gegenwartsliteratur*. Der Gebrauch dieses Wortes im Plural kommt mir zunächst etwas ungewöhnlich vor: anscheinend weil ich den großartigen und zugleich bedenklichen Schlegelschen Essay in Erinnerung habe. Erst die drei Fortsetzungsfolgen jener *Signatur des Zeitalters*, die zwischen 1820 und 1823 in der „Concordia" erschienen, gaben dem Wort – das vorher fast nur in konkreten fachsprachlichen Bedeutungen üblich war – den vom großen Kritiker intendierten abstrakten Sinn als besonderes Wesen und Gepräge, als spezifische Eigenart eines breiten epochalen Phänomens. Signatur soll „den symbolischen Charakter des Zeitalters" bezeichnen.[1] Offensichtlich mochte Schlegel diesen synthetischen Sprachgebrauch, denn in solchem Sinne verwendet er das Wort mehrmals in den späten Fragmenten. Mindestens einmal allerdings auch im Plural und dann meint er die tierischen Sinnbilder biblischer Gestalten bzw. Tugenden.[2] Aber in ganz konkret individuellem, handgreiflichem Sinne gilt 'Signatur' auch für „abgekürzte Unterschrift, Unterzeichnung, Namenszug".[3] Von diesem Gebrauch wollen wir ausgehen.

Bobi ist der familiäre, abgekürzte Namenszug und die Unterschrift von Roberto Bazlen, einem der sonderbarsten Geister in der italienischen literarischen Szenerie des Jahrhunderts. Er ist aber kein Autor im vollen Sinne des Wortes; eher ein Problem: das Problem, warum ein Autor keiner wird. Geboren wurde Bobi 1902 in Triest. Der Vater war Deutscher, die Mutter Italienerin. Er besuchte k.u.k. Schulen und wuchs zweisprachig auf, obwohl das Italienische vielleicht doch überwog. Des Englischen und Französischen war er vollkommen mächtig. Sein äußeres Leben läßt sich leicht zusammenfassen.[4] Da Bazlen den Vater mit einem Jahr verloren hatte, wuchs er in der Familie der Mutter Cecilia Levi Minzi auf, ihrer beiden Schwestern und ihres wohlhabenden Schwagers Isacco I. Hirsch auf: eine Kaufmannsfamilie assimilierter Juden. Der Onkel Hirsch hatte keine Kinder, adoptierte den kleinen Roberto und sicherte dessen

---

[1] KA, XXI, S. 181.
[2] KA, XXII, S. 58.
[3] *Deutsches Fremdwörterbuch*, IV, S.175.
[4] Eine detaillierte Biographie und Bibliographie enthält u.a. die vorzügliche Monographie Giulia de Savorgnani, *Bobi Bazlen. Sotto il segno di Mercurio*, Trieste, Lint 1998².

Existenz im wesentlichen auch nach seinem Tod (1929). Der Wunsch des Onkels und Familienoberhaupts war trotzdem naheliegend, daß sich sein Adoptivkind allmählich Gedanken mache über einen selbständigen Lebensunterhalt, nachdem er das Studium der Volkswirtschaft an der Universität Triest aufgegeben hatte. Das schien Bobi auch naheliegend, so daß er sich in den zwanziger Jahren als kaufmännnischer Angestellter versuchte, einmal in Triest und einmal in der anderen See- und Handelsstadt Genua. Beidemale dauerte es nur kurz. Und es konnte auch nicht anders sein. Seinen Lebensstil hat Bazlen selbst beschrieben: „Ihr seid verrückt, daß ihr mich zum Mitarbeiter einer Zeitschrift machen wollt. Ich bin ein anständiger Mensch, der fast seine ganze Zeit rauchend und lesend im Bett verbringt. Ab und zu gehe ich aus, um einen Besuch zu machen oder einen Film anzuschauen."[5] Und so hat er immer gelebt. Als ihm diese brotlose Existenz in Triest , in der problematischen Mutterstadt und Stadt der Mutter (einer äußerst possessiven Mutter), unerträglich wurde, siedelte Bobi zunächst auf fünf Jahre nach Mailand und dann ab 1939 nach Rom um: immer in möblierten Zimmern wohnend, mit Bettcouch, Schreibtisch und Bücherhaufen; denn selbstverständlich blieb der Mann Junggeselle, obwohl er den weiblichen Reizen gegenüber alles andere als unempfindlich war. Das letzte *meublé*, prekärer und zugleich ständiger Wohnsitz, denn er blieb dort 25 Jahre, war in einem ziemlich verwahrlosten Haus in der Künstlerstraße via Margutta, im Herzen der römischen Altstadt. Als gegen Ende 1964 der Bau abgerissen werden sollte, war Bobi völlig fassungslos und entgeistert; genau so wie es einem anderen literarischen Vagabunden geschehen war, dem von Bazlen immer bewunderten und in mancher Hinsicht verwandten Joseph Roth, als sein Armen-Hotel im Herzen vom alten Paris niedergerissen wurde: „Das Hotel Foyot wird auf Befehl des Magistrats demoliert, und ich bin gestern als der letzte Gast von dort ausgezogen. Die Symbolik ist allzu billig geworden." (Brief an Stefan Zweig vom 2. November 1937). In der Tat: Die Zerstörung selbst der unpersönlichsten Behausung sollte nicht als das Sinnbild eines absoluten Ausgesetztseins empfunden werden? Es mag wohl keine direkte Folge gewesen sein, aber diesen letzten ‚schweren Schlag' überlebte Roth nur anderthalb Jahre; und Bobi gar nur ein halbes. Am 20. Januar 1965 schrieb er dem Freund Giorgio Voghera nach Triest: „Sie schmeißen mich aus der via Margutta raus; bis Ende März muß ich ausziehen. Ich bin ein bischen desorientiert und auch unentschlossen, ob ich mir in Rom etwas suchen soll oder in Mailand, in Florenz, in Triest, in London oder auf dem Land."[6] Bevor er die via Margutta verließ, zerstörte Bazlen viele Briefe und gab Freunden Schriften und Bücher in Obhut; dann zog er nach Mailand, und dort in einem anonymen Hotelzimmer erlag er in Einsamkeit einer Herzattacke. Es war der 27. Juli 1965. Bazlen war also dreiundsechzig.

---

[5] Roberto Bazlen, *Scritti*, Milano, Adelphi 1984. Es empfiehlt sich, die Einführung des Herausgebers Roberto Calasso zu lesen.

[6] Roberto Bazlen – Giorgio Voghera, *Le tracce del sapiente. Lettere 1940-1965*, Udine, Campanotto 1995, S.85.

Zeitlebens wurde Bobi wegen seiner äußerst breiten und extravaganten Belesenheit so wie wegen seiner unabhängigen und antizipatorischen Urteilsfähigkeit im Literarischen bewundert. Es war deshalb kein vereinzelter, glücklicher Fall, wenn er als erster auf den Wert eines auftretenden oder eines verkannten Schriftstellers hinwies und dadurch manchen literarischen Ruf allenfalls in Italien erst gründete. Ihm verdankt man zum Beispiel, daß Kafka schon in den zwanziger Jahren übersetzt wurde. Aber der denkwürdigste Fall ist sicher der von Ettore Schmitz. Dieser triestinische Schiffslackfabrikant hatte in den neunziger Jahren zwei Romane veröffentlicht, die beide unter den Tisch gefallen waren. Ueber zwanzig Jahre später – wohl auch von seinem Freund James Joyce dazu angeregt – hatte der verzagte ‚Dilettant' doch wieder einen großen Roman geschrieben. Er erschien 1923 unter dem Titel *La coscienza di Zeno* und dem alten Pseudonym: Italo Svevo.

In das folgende Jahr fiel der kurze, erfolglose Genua-Aufenthalt von Bobi, währenddessen der 22-jährige Triestiner den 28-jährigen Genuesen Eugenio Montale kennenlernte: das war der Anfang einer langen, engen und auf gegenseitiger Hochachtung und Einwirkung gegründeten Freundschaft. Daraus entstand einer der für die sukzessive Entwicklung der italienischen Gegewartsliteratur interessantesten Briefwechsel.[7]

„Mio caro Eusebius...": dem zukünftigen Nobelpreisträger – der damals grade versuchte durch Subskriptionen seine erste Lyriksammlung zu veröffentlichen – hatte der unterzeichnete „tuo Bobi" suggeriert, ein Gedicht über die phantastische Gestalt aus Schumanns op.9 zu schreiben. Montale tat es nicht, dafür blieb jener Spitzname an ihm haften, der dann von allen anderen Freunden des Dichters adoptiert wurde. Mehr Chancen hatte der poetische Souffleur, als er ein paar Jahre später schrieb: „**Gerti und Carlo: Gut. In Triest war eine Freundin von Gerti bei ihnen zu Gast, mit wunderbaren Beinen. Schreib ihr doch ein Gedicht. Sie heißt Dora Markus.**"[8] Von den Beinen, und nur von den Beinen, bekam Montale eine Photographie. Heute ist das lange, zarte, elegische Poem *Dora Markus* vielleicht das bekannteste des Dichters und überhaupt der italienischen Lyrik jener Jahre.

Aber nochmals zu Svevo. In einem Brief unter dem Datum 1. September 1925 schrieb Bazlen: „Ich habe mir von Italo Svevo seine beiden ersten Bücher geben lassen (...). Das zweite, *Senilità*, ist ein wahres *Meisterwerk*, und der einzige moderne Roman Italiens (veröffentlicht 1898!). Fürchterlicher Stil (...). Hast du *La coscienza di Zeno* gelesen?"[9] Montale und kurz nachher der französische Italianist Benjamin Crémieux wurden offiziell die Entdecker des Außenseiters aus Triest, der sonst wahrscheinlich noch lange unbekannt geblieben wäre; aber derjenige, der den Prozeß dieser Anerkennung in Bewegung setzte, war Bazlen. Solche Priorität läßt sich auch dadurch erklären, daß es sich um einen Triestinischer Schriftsteller handelte, den Bazlen persönlich kannte und mit dem er in den

---

[7] *Scritti*, Ss. 355-389.
[8] *Ibid.*, S. 381.
[9] *Ibid.*, S. 359 f.

berühmten *soirées* im Café Garibaldi verkehrte. Aber der Horizont des unermüdlich fahndenden Lesers erstreckte sich unendlich weiter als die Bucht seiner nordadriatischen Heimat.

Es ist daher begreiflich, wenn Bazlen in den Jahren ein begehrter Verlagskonsulent wurde, zumal er sich wie kein anderer darin verstand, seine Auslese möglicherweise auch scheinbar disparater Autoren in einen komplexen editorischen Plan einzuordnen, was sich im nachhinein als treffende Einsicht in die aktuellste Tendenz des Geschmacks und der kulturellen Konjunktur erwies. Anfang der vierziger Jahre elaborierte Bazlen im Auftrag des kultivierten Großindustriellen Adriano Olivetti den detaillierten Entwurf eines auf bahnbrechenden Prinzipien zu gründenden Verlages; der Plan wurde von den äußeren Umständen – Krieg und erster Nachkriegszeit – vereitelt. Als aber der kritische Moment vorbei war, fiel Bazlen eine nicht unbedeutende Rolle in der Programmierung des damals herausragenden Turiner Verlags Einaudi zu; bei Einaudi agierten auch Cesare Pavese, Italo Calvino, Natalia Ginzburg, aber der direkteste Korrespondent von Bazlen war der Lektor und spätere Verlagsdirektor Luciano Foà. Die an ihn gerichteten *lettere editoriali*, meistens über in Italien unbekannte Autoren, sind voller glänzender Einsichten und blitzschneller Werturteile, oft von drastischer Entschlossenheit. Nur ein geringer Teil der Ratschläge wurde angenommen, und trotzdem waren sie in mancher Hinsicht bestimmend für die Richtung der Verlagspolitik; Bazlen verdankt man zum Beispiel die frühzeitige Veröffentlichung von Musil, Broch, Gombrowicz u.a.m. Als später Foà – selber eine Schlüsselfigur in der Geschichte des italienischen Verlagswesens – den Eindruck bekam, daß diese mit der Atmosphäre der fünfziger Jahre verbundene Politik eine erneuernde oder doch komplementär wirkende Alternative zuließ, so war es sein Freund Bobi, der ihm die Grundrisse eines erst zu gründenden verlegerischen Unternehmens lieferte: so entstand 1962 der Mailänder Verlag Adelphi, der mittlerweile eines der im Lande führenden Häuser geworden ist. Das alles verdiente im Detail dargestellt zu werden. Am problematischsten aber ist ein anderer Aspekt der *leggenda cartacea*, der papiernen Legende von und um Bobi, wie Montale das in einem späteren Gedicht *Lettera a Bobi* nannte:[10] nämlich seine Beziehung zum kreativen Schreiben.

Daß er sich zum ‚schreiben', selbst bloß Kritik, entschließe, präsentierte Bazlen in der anfangs zitierten Entgegnung an Eusebius wie eine fast beleidigende Zumutung. Und am Ende eines anderen Briefes schrieb er: „Grüße alle herzlich von mir, umgekehrt proportional zu ihrer literarischen Produktion."[11] Indessen war Bobi von der Idee des Schreibens besessen. Die oberen und anderen ähnlichen Stellungnahmen sind als Freud'sche „Verneinung" zu lesen („Man sieht, wie sich hier die intellektuelle Funktion vom affektiven Vorgang scheidet.")[12]

---

[10] Eugenio Montale, *L'opera in versi*, Edizione critica a cura di Rosanna Bettarini e Gianfranco Contini, Torino, Einaudi 1980, S. 454.
[11] *Scritti*, S. 388.
[12] GW, XIV, S. 12.

Viele Jahre hindurch arbeitete Bazlen an einem seltsamen, schwer definierbaren Romanwerk, das in den Händen des Autors progressiv zerbröckelte, denn die ersten fünfzig Seiten haben einen kuriosen aber kohärenten Sinn und Duktus, während sich in den folgenden Kurzkapiteln die Erzähllogik schief zu legen beginnt, dann wird die Prosa zu einer Reihe von losen Notaten, diese erscheinen im folgenden immer unzusammenhängender bis zuletzt auf der Seite nur kleine Fetzen des Romangewebes dahinfluten.

Das Romanfragment trägt den Titel *Der Kapitän*. Bazlen verfasste es auf Deutsch;[13] und hierzu wäre – wenn der beschränkte Umfang dieser Schrift es zuließe – eine ins Detail gehende Betrachtung der Zweisprachigkeit von diesem wie von anderen Triestiner Schriftstellern zu liefern: eine ziemlich verwickelte Problematik. Es sei nur bemerkt, daß das Deutsche unseres Bobi lexikalisch nicht sonderlich reich ist und in der Syntax und Satzstellung das Italienische durchscheinen läßt. Es wäre aber gründlich falsch zu vermuten, daß Bazlen den Roman nie zu einer fertigen Form brachte, weil es ihm an der Sprache gebrach. An Wortkunst, daran, was er sprachliche *Leistung* nannte, war Bazlen gar nicht gelegen. Man lese diesbezüglich nur seine Kritik an der beflissenen und ihm zufolge zu selbstgefälligen Periodisierung von Thomas Mann oder seine scharfe Ablehnung der recherchierten Prosa Heimito von Doderers: „... Nehmen wir an, daß *Substanz* und *Leistung* (auf Deutsch im Text, G.B.) seien voneinander zu trennen. Dann könnte man sagen, daß in manchen guten Schriftstellern von geringer Substanz (Thomas Mann; zum Teil auch Joyce) die *Leistung* zur *Substanz* wird, wohingegen in Doderer die *Leistung* zu nichts anderem dient, als eine absolute Substanzlosigkeit zu verdecken, die reine Leere zu maskieren." (Brief an Foà vom 17.6.57).[14] Bazlens Sprachkonzeption war eine rein instrumentale und zweckdienliche; dasselbe galt für Svevo. So ist das Deutsche von *Der Kapitän* weder schlechter noch besser als das Italienische von *La coscienza di Zeno*. Nein, wenn *Der Kapitän* ein rätselhafter Torso blieb, dann hat das andere Gründe.

Den Inhalt des Romans zu resümieren hat wenig Sinn. Ein Schiffskapitän pendelt zwischen seinem „alten und behaglichen" Haus in einer unbestimmten Hafenstadt, wo er eine etwas gespentische Ehe führt, und der offenen See, wo er dem Gesang der Sirenen folgt und dabei Schiffbruch erleidet, ohne jedoch ums Leben zu kommen... Es hat wenig Sinn, weil das Ganze weniger eine Erzählung als eine magmatische und schwer ergründliche Allegorie ist, deren Konturen ständig umgeformt werden. Gegen Ende liest man von einer Hauptgestalt, der Ehefrau des Kapitäns: „Wer ist die Frau? Man weiß nicht einmal, ob sie dick oder dünn ist, blond oder schwarz! Du hast keine Eigenschaften, wenn ein Romanschriftsteller dich beschreiben wollte, wüsste kein Leser, woran er sich halten soll. Du bist ein Schema, eine Formel, vielleicht ein Gespenst, sicher das *Leben*

---

[13] Roberto 'Bobi' Bazlen, *Der Kapitän. Romanfragment*, Klagenfurt-Salzburg, Wieser Verlag 1993.
[14] *Scritti*, S. 284.

(se vi pare)–"[15] Am Ende könnte aber derselbe überforderte Leser vermutlich die Frage nicht umgehen: ist denn dieses Romanbruchstück nicht bloß ein ganz gewöhnlicher Fall, d.h. das Produkt eines velleitären, unbegabten Dilettanten? „Der Meister – steht in den *Maximen und Reflexionen* – stellt sein Werk mit wenigen Strichen als fertig dar; ausgeführt oder nicht, schon ist es vollendet. Der geschickteste Dilettant tastet im Ungewissen, und wie die Ausführung wächs't, kommt die Unsicherheit der ersten Anlage immer mehr zum Vorschein. Ganz zuletzt entdeckt sich erst das Verfehlte, das nicht auszugleichen ist, und so kann das Werk freilich nicht fertig werden." Eine oberflächliche Betrachtung könnte darin Bazlens Profil erkennen; wenn dieser sich nicht vom Goethischen Dilettanten in einem wesentlichen Punkt unterschiede: inwiefern, erklärt es wiederum ein Notat, diesmal von Bazlen selbst: „Bis hin zu Goethe absorbiert das Werk die Biographie / Von Rilke an: Leben kontra Werk.".[16] Es ist dasselbe *Leben*, das in dem oberen Zitat kursiv erwähnt wird, d.h. in einer besonderen, prägnanten Bedeugung als das Leben, das sich in unserer entfremdenden Zeit jedem möglichen adäquaten literarischen Zugriff entzieht. Das Leben stellt sich antagonistisch dem *Werk* entgegen.

Das Werk ist hier selbstverständlich der Roman; aber wer mit seinem *Wilhelm Meister* entschieden dazu beigetragen hatte, dem Roman als modernstes Genre einen Statut, eine Satzung zu geben, konnte sich in seiner noch gesicherter Welt nicht vorstellen, daß Unfertiges eine überindividuelle, zeitbedingte Ursache haben konnte. Wer es nicht schafft, ist ein Dilettant. Schluß. Ein solcher Dilettant war aber Bazlen nicht: sondern er hat sich jener fatalen Gegenüberstellung Leben/Werk nicht entziehen wollen und all die daraus entstehenden Folgen auf sich genommen. Er wusste nur zu gut um die möglichen Eskamotagen, die selbst von ihm akzeptierte Autoren praktiziert hatten: zunächst einmal die literarische Aporie selber zum Objekt des Erzählens zu erheben und einen schönen Roman über die Unmöglichkeit des Romans zu verfertigen, mitsamt quälenden Zweifeln des in die Klemme geratenen Schreibenden; oder aber – wie es die ihm wohlbekannten Autoren des *nouveau roman* taten – die Nase direkt gegen das Fenster oder *la jalousie* auf ein beliebiges Stück Welt zu drücken, um alles Sichtbare – Markuskirche oder tropische Plantage – peinlich genau zu beschreiben. Weder diese beiden noch andere der Krise des Erzählens ausweichende Lösungen genügten Bazlen. Er schien darin sogar ein unheimliches Kennzeichen jener Jahre zu sehen. In einem Brief an Foà betreffend Robbe-Grillets Roman *Le voyeur* schrieb er im Mai 1956 mit apokalyptischer Uebertreibung: „Die einzige meiner Meinung nach gültige Eigenschaft ist die extreme Genauigkeit der Beschreibung. (...) Robbe-Grillet ist einer der vielen (einer von fast allen), die den Dritten Weltkrieg vorbereiten; und es bleibt nichts anderes übrig, als aus einer in solchen jämmerlichen Zustand geratenen Kultur auszuwandern. /

---

[15] *Der Kapitän*, S. 155. Der kurze Satz auf Italienisch ist vermutlich eine Andeutung an Pirandello: in seiner Komödie aus dem Jahre 1916 *Così è (se vi pare)*, *So ist es (wenn's euch so scheint)*, bleibt das Geheimnis der wahren Identität der weiblichen Hauptperson ungelöst.
[16] *Scritti*, S. 184.

Das Schlimme ist, daß uns nur die 'innere Emigration' (auf Deutsch im Text, G.B.) bleibt, sehr *noble*, aber recht unbequem.".

Tatsache ist, daß dieser Bewunderer von Alfred Jarry in seinem intimsten Empfinden eine klassizistische Auffassung der Literatur hegte. Das Schreiben muß in ein fertiges Werk endigen: *l'Opera*, groß geschrieben. Und wenn unsere Zeit in ganz andere Richtung rudert, dann kann nur ein Genie stromaufwärts fahren. Außerdem muß das Genie – gesetzt daß es sich überhaupt meldet – ahnungslos, ungebildet, sogar amoralisch sein; was er, Bobi, nicht ist und nicht werden kann. Wohl aber kann es sein bewunderter und geliebter Svevo, über den er ausgerechnet anlässlich seines Todes im September 1928, wie immer widersprüchlich und über das Ziel schießend, zu schreiben wagt: „Mein lieber Eusebius, ich bin untröstlich über den Tod von Schmitz. Und er fehlt mir – uns allen – sehr. In der Buchhandlung las ich Deinen Artikel über S. in der „Fiera Letteraria". (Ich kaufe sie 'aus Prinzip' nicht, so wie ich nie eine Zeitung gekauft habe): Ich befürchte, daß Dein Artikel zu leicht falsch interpretiert werden kann und die Legende von Svevo legitimiert als von einem klugen, gebildeten und verständnisvollen Bürger, einem guten Kritiker, einem hellsichtigen Lebenspsychologen, usw. Er war bloß ein Genie, sonst nichts. Ansonsten war er dumm, egoistisch und *gauche*, ein Opportunist, ein kalter Berechner und ohne Taktgefühl. Er war nur ein Genie, und das ist es, was das Andenken an ihn so faszinierend für mich macht. Wenn Du kannst und wenn du die Gelegenheit dazu hast, noch mal über Schmitz zu schreiben, berichtige sie so gut wie möglich: die Legende der 'edlen Existenz' (die einzig und allein – außer was die drei Romane betrifft – dem Geldverdienen gewidmet war) ist zu peinlich und zu unwürdig. Ich habe ihn – *malgré tout* – sehr geliebt, wie ich sonst nur wenige andere Personen geliebt habe."[17] Der Widerspruch, den Bazlen meint, so pointiert am Beispiel Svevo hervorheben zu dürfen, hat mit dem Widerspruch (kritisches Bewußtsein / 'Genie') zu tun, mit dem so viele moderne Erzählliteratur auch zu tun hat. Wenn man sich dessen bewußt ist und dabei auch jede Eskamotage stolz ablehnt, was bleibt dann übrig, abgesehen von der scherzhaft in Aussicht gestellten 'inneren Emigration'? Es bleibt eben nur das, worum Bobi kein Dilettant in goethischem Sinne ist: seine verzweifelte, aber hartnäckige 'Klassik' hält an der Forderung nach dem *Werk* fest und will dessen Unmöglichkeit mittels dieses Romanversuches anschaulich vor Augen führen. Das Buch will die Aporie nicht im Gemüt des Schreibenden widerspiegeln, sondern objektiv demonstrieren. Wenn man es so liest, so könnte man es erst recht für ein fertiges Werk halten: die einzige Fertigkeit, die uns erlaubt ist. Und des Versuchs ist kein Ende. Wie ein fliegender Holländer der modernen Literatur ist der Schiffskapitän von Bobi dazu verurteilt, ewig die Hochsee zu suchen, ewig Schiffbruch zu erleiden, ewig dem Tod zu entgehen. In den Armen von Senta zu landen – d.h. es bis zu einem im klassischen Sinne fertigen Werk zu bringen – kann ausschließlich das in der Moderne so selten erscheinende ahnungslose Genie à la Svevo. Wenn man so etwas nicht bloß für die zugespitzte und unwillige Meinung eines enttäuschten

---

[17] *Ibid.*, S. 380 f.

Literaten halten will, so könnte man „Bobi" nicht nur als Signatur von Roberto Bazlen im Sinne seiner abgekürzten Namenszeichnung (übrigens im italienischen Sprachgebrauch meistens als Kosename eines Schoßhündchens üblich), sondern auch als eine Signatur im Schlegelschen Sinne des Wortes betrachten: die Signatur unseres literarischen Zeitalters.

Im Zwielicht des Zweifels, ob Bazlen sich der Literatur weigerte, oder sie sich ihm, war es nicht zu vermeiden, daß sich eine Legende bildete, wie das Montale in dem schon erwähnten Brief in Versen *Lettera a Bobi* aus dem Jahr 1971 registrierte; bis dann die Literatur auf Grund der Legende den Renitenten einholte. 1983 erschien in Turin ein kurzer Roman : *Lo stadio di Wimbledon*[18]. Der vierunddreißigjährige Autor Daniele Del Giudice war als Erzähler ein Debütant. Der junge Ich-Protagonist des Romans verfolgt die Spuren eines verstorbenen und inzwischen legendär gewordenen *homme de lettres*, von dem sich alle fragen, warum er kein Werk habe verfertigen wollen bzw. können. Nur nebenbei erfährt der Leser, daß es sich um einen Herrn namens Roberto (Bobi) Bazlen handelt, geboren und aufgewachsen in einer ungenannten Seestadt. Der Ich-Erzähler besucht dort die noch lebenden Freunde und Freundinnen und in einem wegen seines Tennis-Weltkampfplatzes berühmten Vorort von London eine alte und fast erblindete Geliebte. Sein Anliegen bleibt unerfüllt: „Ich bin hierher gekommen, um herauszufinden, warum ein Schriftsteller nicht geschrieben hat. Jetzt weitet sich alles aus." Und: „ ‚Was wollen Sie über ihn wissen?' 'Warum er nicht geschrieben hat' (...) Sie öffnete den Mund, sagte aber kein einziges Wort."[19]

Die Aporie einer literaturgeschichtlichen Situation und die kulturelle Bewandtnis der Grenzstadt Triest vor allem in den ersten Jahrzehnten des Jahrhunderts wird hier zum labilen Schatten, zum unerreichbaren Phantasma einer in der Legende umhüllten Gestalt: „... vielleicht – wie die Frau des Schiffskapitäns – ein Gespenst, sicher das *Leben*...". Der Roman von Del Giudice ist wie der leere Abdruck einer reellen menschlichen Existenz, die bestimmt auch eine epochale Signatur darstellt, als solche aber den Schriftsteller allenfalls indirekt interessieren kann, da er keinen kritischen Aufsatz sondern eben eine Dichtung zu Papier bringen will. Aus dem stark subjektiv geprägten Gedächtnis der Zeugen und aus ihren oft gebrochenen Erzählungen leuchten plötzlich scharfe Profilaufnahmen von 'ihm' auf, aber zu kurz, als daß man sie richtig fixieren könnte. Und der junge Mann will sie auch kaum runden und kritisch ergänzen. Italo Calvino, der dem Debütanten Del Giudice Pate stand, schrieb: „Wer dieser Mensch war – eine eigenartige Gestalt in der literarischen Szene Italiens, ein Freund von Dichtern und Schriftstellern – darum geht es nicht, weil die Erinnerung an ihn im Roman nur indirekt und von weither auftaucht, und vor allem, weil das offensichtlich nicht einmal den jungen Mann interessiert, obwohl er den Spuren der Legende

---

[18] Daniele Del Giudice, *Lo stadio di Wimbledon*, Torino, Einaudi 1983.
[19] *Ibid.*, S. 67 und S. 15.

nachgeht."[20] Es geht so weit, daß der junge Mann den Blick abwendet, wenn ihm Photographien des wirklichen Bobi vorgelegt werden. Gleichzeitig ist aber sein Auge ständig um „eine leidenschaftliche Beziehung zur Welt der Dinge" bemüht (Calvino). Der Blick des unruhigen Detektivs und Erzählers verweilt – in diesem wunderlichen, schönen Roman – beharrlich und minuziös auf den materiellen Objekten so wie auf den Gemütsbewegungen, die in Physiognomik, Mimik, Stimme und Gestik der ausgefragten Personen *sichtbar* und *hörbar* werden. Das ist aber keine späte, nochmalige Darbietung der Poetik der *école du regard* oder des *Parti Pris des Choses* à la Ponge, d.h. einer reinen literarischen Phänomenologie, weil alles ins magnetische Spannungsfeld der unfaßbaren Gestalt fällt, die außerhalb des Blickwinkels bleibt, aber dem Ganzen eine Perspektive erteilt. Dieser Spannung ist auch die bündige, gedrängte Ausdrucksweise zuzuschreiben, die die Erzählprosa von Del Giudice auszeichnet. Ein Roman über die legendäre Gestalt eines (angeblich) gescheiterten Romanautors: das ist in die zweite Potenz erhobene Literatur, ja, man kann sogar sagen in die dritte Potenz, denn im 6. Kapitel berichtet Del Giudice – auch breit zitierend jedoch ohne Autor und Titel zu nennen – von einem anderen italienischen Roman, in dem schon Bobi als Romanfigur erschienen war.[21] Hätte je Bobi gedacht, daß sein *Leben* das *Werk* eines debütierenden Schriftstellers ermöglichen würde?

---

[20] *Ibid.*, Buchdeckel.
[21] Sebastiano Carpi (eigentlich Fabrizio Onofri), *Manoscritto*, Torino, Einaudi 1948.

Claudio Magris

Un piccolo erede di Joyce

Joyce, che di osterie se ne intendeva, amava molto quelle triestine, dove spesso la sera beveva più del giusto e arricchiva la sua familiarità con il fluire caldo e impuro della vita, ritrovandolo anche nel farfugliare degli ubriachi e in quella corposa espressione dialettale che sarebbe più tardi riaffiorata nella sua pagina, come per esempio in "Conte dalle braghe onte" nel *Finnegans Wake*. Se il nome di Vico scritto sulla targa della piazza vicina alla via dove abitava gli ricordava il ritmo circolare di un tempo più grande di quello scandito dalla consueta successione degli eventi, i gesuiti gli avevano insegnato che il mondo è un teatro e che la storia profana, quella che ci macina ogni giorno, è la maldestra messinscena di copioni che variano e rimaneggiano, in adattamenti più o meno felici, alcuni fondamentali canovacci di uns storia sacra, scritta da un Autore che si nasconde nella folla di personaggi e di cose che ha creato.

L'uomo, secondo un vecchio detto. è un viandante sulla terra e ogni tanto ama sostare in pace, sedersi in una chiesa o in un'osteria, che a diverso titolo offrono pane e vino e non domandano niente a chi entra, ma lo lasciano riprender fiato. Anche un'osteria può essere un piccolo presepe in cui sostare dopo il monotono e assillante errare della gionata. Una di queste è certo l'amabile locanda in via della Risorta a Trieste, a pochi passi dalla casa di Joyce. La piccola strada che sale ripida verso San Giusto ricorda, nella sua appartata malinconia, certe vie di Praga, dimesse e misteriose. Il proprietario, il mitico Libero ovvero Slobodan, croato italianizzato e la cui famiglia è a sua volta di lontana origine italiana, sarebbe probabilmente imbarazzato se gli si chiedesse di definire univocamente la sua nazionalità. Gli anni di Joyce sono lontani, ma il *genius loci* si è preoccupato di stabilire una continuità epica con il passato joyciano di quelle strade. Narratore sempre in vena di commentare i bislacchi avvenimenti del giorno, Libero parla una lingua che, sia per le espressioni usate sia per la voce che si mangia le parole in un borbottio progressivamente indistinto, sembra un monologo joyciano, altrettanto difficilmente comprensibile, anche se alla fine ci si accorge di aver capito quasi tutto e comunque di aver afferato il senso di quel mormorio.

L'osteria ha due stanze; in una, in quella dove ci sono anche il banco di mescita e la piccola cucina, c'è pure, sovrastante i tavoli dove si gioca a carte, una finta televisione, una specie di scatolone illuminato che simula uno schermo. Ma è nell'altra saletta, sopraelevata di qualche gradino, insieme desolata e accogliente con le sue panche e pareti di legno, che Libero si siede insieme alla gente con cui vuole conversare, mandando via altri clienti e invitandoli ao andare a bere una birra da un'altra parte, tanto, aggiunge, è ugualmente buona – cosa che invero non dice del vino, perché è orgoglioso del suo, specie di quello rosso.

Libero ha avuto una vita varia e colorita, al di qua e al di là della frontiera fra l'Italia e l'ex Jugoslavia, tuttavia non ama parlare dei sé, bensì di progetti e delle invenzioni cui si è dedicato. So bene, mi ha detto una volta nel suo linguaggio irripetibile che ogni traduzione appiattisce, che Lei vorrebbe sentire qualcosa della mia vita, ma non mi interessa, è il mondo che è interessante, non la mia storia. Così, del difficile periodo in Croazia – durante il quale aveva avuto la bella idea, mentre faceva il servizio militare nell'esercito jugoslavo in un momento di tensione politica con l'Italia, di chiedere l'opzione per la cittadinanza italiana – non evoca i momenti più avventurosi, ma si sofferma sugli aspetti tecnici di una sua ingegnosa invenzione relativa all'allevamento degli ovini, che poi aveva lasciato perdere perché lo Stato socialista era venuto a interferire con la sua iniziativa privata e lui, seccato, aveva piantato tutto, pecore e ovili. Uno dei suoi pezzi forti è l'illustrazione di un progetto per contenere la pendenza della torre di Pisa, (solo contenere, dice, raddrizzarla è impossibile) grazie a un sistema idraulico, schizzato a grandi linee su un foglio di carta sgualcito. A suo tempo, Libero ha mostrato il foglio e spiegato il progetto al sindaco di Pisa, chiedendogli quale compenso – se il piano avesse funzionato, cosa per altro sicura – due biglietti per fare il giro del mondo con sua moglie e offrendosi, in caso di fallimento, di pagare al Comune il doppio del prezzo dei due biglietti.

Libero non si scoraggia per la sordità degli altri alle sue proposte. Ciò che gli interessa è il miglioramento oggetivo del mondo, non l'affermazione personale. Gira per le strade di Trieste osservando e segnalando gli errori o le negligenze nei lavori in corso per una fognatura, suggerisce ubicazioni per i parcheggi e misure per snellire il traffico, inventa modelli di carrozzelle che proteggano i bambini dai gas dei tubi di scappamento delle automobili. Ha una sua teoria circa l'origine e la causa dei tumori, specie di quelli all'utero (alla "natura" delle donne, dice lui) e – per nulla mortificato e solo dispiaciuto per gli altri – deplora che i vari centri oncologici, ai quali si è rivolto, non abbiano fatto i rilievi statistici da lui richiesti, necessari per convalidare – o smentire, dice imparziale – la sua teoria. Ha approntato un piano per sconfiggere la droga e una soluzione per chiudere la vicenda di Tangentopoli, la corruzione della vita politica italiana. Anni fa, al funerale di tre giornalisti triestini periti in Bosnia durante la guerra, la sua corona funebre, accompagnata da una scritta che alludeva in modo sibillino al traffico d'armi quale primo responsablie d'ogni guerra, era grande quasi come quelle inviate dalle autorità.

È libero, come vuole il suo nome, perché non si preoccupa di sestesso ed è quindi preservato dalle ansie e dalle fobie di chi è prigioniero del proprio io. Come non è imbarazzato, nonostante la sua età non più verde, quando si tratta di mettere alla porta gente molesta o attaccabrighe, non rimane titubante dinanzi alla realtà. Nella sua osteria si è a casa e se dovesse un giorno chiudere ci si sentirebbe un po' sfrattati: è uno di quei luoghi in cui si lasciano pezzi della propria persona, come si lascia un ombrello in un caffè, e perdere quei luoghi è perdere un po' se stessi. Là dentro si sta bene, ma fuori è buio e freddo; la quiete della strada dove si apre l'osteria, fa presto a diventare una deserta e vuota solitudine. E allora anche un canto di santi bevitori può essere già qualcosa, un'accettabile supplenza del coro degli angeli.

Claudio Magris

Claudio Magris

Ein kleiner Stammhalter von Joyce

Joyce verstand etwas von Kneipen und schätzte besonders die triestiner Osterien, in denen er abends öfters einen über den Durst trank. Dort tauchte er bisweilen ein in den warmen und etwas schmuddeligen Lebensfluß, den er ebenso im Faseln der Betrunkenen, wie auch in den plastischen mundartlichen Redewendungen wahrnahm, die später auf den Seiten seiner Bücher wieder an die Oberfläche treiben sollten. Der „Conte dalle braghe onte" in *Finnegans Wake* ist von dieser Art. Der Name „Vico" steht auf dem Schild über dem Platz, in dessen Nähe er wohnte, und erinnerte ihn an die Wiederkehr von besseren Zeiten als denen, die von der immergleichen Folge der Ereignisse skandiert werden; doch hatten ihn die Jesuiten gelehrt, daß die Welt ein Theater sei, dessen profane Handlung, die uns täglich aufreibt, nur die unbeholfene Inszenierung von abgenutzten und oft umgeschriebenen Theaterskripten ist, mehr oder weniger mißglückte Bearbeitungen, die hingeworfene Skizze einer heiligen Geschichte, zudem von einem Autor, der sich hinter dem Wust von selbsterschafenen Figuren und Requisiten versteckt.

Nach einem alten Wort ist der Mensch ein Wanderer auf Erden, – ein Wanderer, dem es ab und an in Ruhe zu verweilen beliebt. Er setzt sich dann in eine Kirche oder in eine Schenke, wo man ihm mit unterschiedlicher Bedeutung Brot und Wein reicht, ihn nicht mit Fragen belästigt und wieder zu Atem kommen läßt. Auch eine Weinstube ist so eine kleine Krippe und bietet Rast nach dem täglichen monotonen und quälenden Herumirren. Sicherlich ist die Taverne in der Via della Risorta in Triest, nur wenige Schritte von Joyces Haus entfernt, so eine liebenswerte Zuflucht. Die kleine Straße, die steil zu San Giusto hinaufklettert, erinnert in ihrer eigensinnigen Melancholie an gewisse abgelegene und geheimnisvolle Gäßchen in Prag. Libero oder auch Slobodan, der legendäre Eigentümer, ist italienisierter Kroate, und man würde ihn und seine Familie, die ihrerseits ursprünglich italienischer Herkunft ist, gewiß in Verlegenheit bringen, würde man sie bitten, ihre Nationalität eindeutig zu definieren. Mögen die Jahre von Joyce weit zurückliegen, so hat der *genius loci* für eine epische Kontinuität der joyceschen Vergangenheit jener Straßenzüge gesorgt. Libero, der Erzähler, ist immer in Stimmung, die merkwürdigen Begebenheiten vom Tage zu kommentieren und seine Sprache gleicht durch die verwendeten Ausdrücke oder durch den Klang seiner Stimme, die in einem immer unartikulierteren Brummen Worte verschluckt, einem joyceschen Monolog – und ist auch ebenso schwer verständlich, bis man dann doch den Sinn des Gemurmels aufschnappt und sich wundert, daß man fast alles verstanden hat.

Die Weinstube besteht aus zwei Räumen. In dem einen, dort wo sich auch der Ausschank und die kleine Küche befinden, steht über den Tischen, an denen man Karten spielt, eine illuminierte Riesenschachtel, die so tut, als sei sie ein Bildschirm. Aber im anderen Raum, ein paar Stufen höher, trostlos und gemütlich zugleich, mit den Bänken und den holzvertäfelten Wänden, setzt sich Libero zu den Leuten, will sich mit manchen unterhalten, schickt andere weg, anderswo ihr Bier zu trinken und versichert ihnen, es sei dort genauso gut – was er vom Wein nie sagen würde, auf den er stolz ist, besonders auf seinen Roten.

Libero hat ein abwechslungsreiches und farbenfrohes Leben hinter sich, beiderseits der Grenze zwischen Italien und Ex-Jugoslawien. Dennoch redet er ungern über sich selbst; lieber erzählt er von den Projekten und Erfindungen, denen er sich widmet. „Ich weiß genau", sagte er mir einmal in seinem unübersetzbaren Idiom, „daß Sie gerne etwas über mein Leben hören wollen, aber das interessiert mich nicht, die Welt ist das Interessante, nicht meine Geschichte." So verzichtet er darauf, all die abenteuerlichen Zeiten wieder aufleben zu lassen – etwa die schwierige Periode seines Militärdienstes in Kroatien, als er während seines Militärdienstes in der jugoslawischen Armee in Kroatien, als er just in einem Moment politischer Spannungen mit Italien auf die Idee kam, die italienische Staatsbürgerschaft zu beantragen. Er erläutert lieber die technischen Details einer seiner genialen Erfindungen auf dem Gebiet der Schafzucht, die er aufgeben mußte, weil der sozialistische Staat sich in seine Privatinitiative einmischte und er schließlich entnervt Schafe und Ställe sich selbst überließ. Eines seiner Kabinettstückchen ist die Schilderung eines Projekts, um die Schieflage des Turms von Pisa mittels einer hydraulischen Anlage aufzuhalten, die er in groben Strichen auf ein zerknittertes Stück Papier skizziert hat („Nur aufhalten", sagt er, „Wiederaufrichten geht nicht."). Libero hat seinerzeit den Zettel mit der Zeichnung dem Bürgermeister von Pisa gezeigt und ihm das Vorhaben erläutert. Dabei bat er ihn als Gegengabe im Falle des Gelingens, von dem er im Übrigen gänzlich überzeugt war, um zwei Tickets für eine Weltreise mit seiner Frau, und bot, im Falle des Scheiterns den doppelten Preis dieser Reise dem Gemeinderat zu erstatten.

Meist ist man taub für solche Vorschläge, aber Libero läßt sich nicht entmutigen. Um die objektive Verbesserung der Welt ist es ihm zu tun, nicht um die Bestätigung seiner selbst. Er streift durch die Straßen von Triest, macht seine Beobachtungen, weist auf Mißstände oder Nachlässigkeiten bei Kanalisationsarbeiten hin, erteilt Ratschläge zur Verkehrsregulierung und zu neuen Parkmöglichkeiten, entwickelt Prototypen von Kinderwägen, die vor Auspuffgasen schützen sollen. Er hat eine eigene Theorie zu den Ursachen von Tumoren, speziell zu denen der Gebärmutter („alla natura delle donne", wie er es ausdrückt). Nicht, weil er etwa persönlich beleidigt wäre, sondern nur aus Sorge um das Gemeinwohl beklagt er sehr, daß die onkologischen Institute auf seine Anfragen hin nicht die statistischen Erhebungen durchgeführt haben, die seine Theorie bestätigen – oder eben entkräften, wie er unparteiisch einräumt. Er hat einen Plan zum Kampf gegen die Drogen parat, und wüßte auch, wie man die Affäre 'Tangentopolis', die politische Korruption in Italien, beilegen könnte. Vor Jahren, bei der Beisetzung von drei triestinischen Journalisten, die im Bosnienkrieg ums Leben gekommen waren, legte er einen Trauerkranz nieder, fast eben so groß, wie der der Behörden, und dem seinen war ein Schreiben beigefügt, das in sybillinischen Sätzen auf den Waffenhandel als erste Ursache aller Kriege anspielte.

Libero ist, wie sein Name schon sagt, frei. Er ist frei, weil er sich nicht mit seinem Selbst beschäftigt und ihm daher all die Ängste und Phobien dessen abgehen, der ein Gefangener des eigenen Ich ist. So wenig er, trotz seines vorgerückten Alters, je darum verlegen ist, aufdringliche oder streitsüchtige Leute an die Luft zu setzen, so wenig schreckt ihn die Wirklichkeit. In seiner Osteria ist man zu Hause, und sollte sie eines Tages schließen, würde man sich ein bißchen verwaist vorkommen; sie ist einer jener Orte, wo man Teile seiner Person zurückläßt, so, wie man einen Regenschirm in einem Café stehenläßt. Und solche Orte zu verlieren, heißt ein wenig sich selbst zu verlieren. Drinnen geht's einem gut, aber draußen ist es dunkel und kalt. Die Stille der Straße, in die hinein sich die Osteria öffnet, verwandelt sich eh' man sich's versieht in eine leere und öde Einsamkeit. Der Gesang heiliger Trinker ist immerhin etwas, ein durchaus annehmbarer Ersatz für den Chor der Engel.

(Übersetzung: Nathalie Martin und Marius Meller)

Peter Wapnewski

Poeta Exul

Zu dem Abschiedsgedicht von Hans Sahl

Geleit

Der Mensch im Exil. Die Rede ist von Iphigenie, der Goetheschen, interpretiert von dem Herausgeber dieser Festschrift in jenem Reclam-Band, den der Empfänger dieser Festschrift (1992) herausgegeben hat: *Goethes Dramen*. Was Borchmeyer hier von Iphigenie sagt, kann ohne Gewaltsamkeit übertragen werden auf das Schicksal des Exilierten zu aller Zeit und unter allen Sternen: „Sie ist losgerissen von der Heimat, der Sphäre 'naiver' Konsonanz von Ich und Welt, und zudem wird sie [...] erfahren müssen, daß diese Heimat – als das, was sie einmal war – unwiederbringliche Vergangenheit ist" (S.136).

Hans Sahl hat das Schicksal des Exils in diesem Jahrhundert der Vertreibung und der Vertriebenen exemplarisch erlebt, und das heißt erlitten. In jenem Gedicht, das man als sein Abschiedswort empfinden mag, löst er sich von der angestammten Heimat, löst er sich aus der erzwungenen Heimat, geht hinweg, an uns allen vorbei, an allem vorbei, „in eine Landschaft", die nicht mehr geographisch vermessen ist, „in ein bisher noch nicht betretnes Land" und „jenseits aller Sterne". Ein Land, aus dem ihn keine Macht der Welt ausweisen kann. Der *Poeta exul* bemächtigt sich seines eigenen Reiches, und er ist es, der sich, es betretend, selbst das Affidavit ausstellt. Er bürgt für sich.

Es geht hier nicht darum, par force eine Beziehung zwischen Hans Sahl und Walter Hinderer herzustellen. Das Gemeinsame ist evident, – die Voraussetzungen und Bedingungen dieses Gemeinsamen sind sehr unterschiedlich. Der eine existierend im *ellende* aus und in bitterer Not und bedroht an Leib und Leben – der andere aus freiem Willen in der Ferne siedelnd und rechtens geschützt von der Willkür angemaßter Gewalt, haben sie doch dem gleichen Amt sich verpflichtet: In der Fremde Zeugnis abzulegen durch ihr geschriebenes und gesprochenes Wort für Wert und Ehre der deutschen Sprache. Das heißt, der deutschen Geschichte, der deutschen Kultur.

So mögen diese dem Einen gewidmeteten Überlegungen auch dem Anderen als ihm gehörig, zu ihm gehörig, willkommen sein: Ausdruck des Dankes der Vielen, die ihm nachhaltig verpflichtet sind.

STROPHEN

Ich gehe langsam aus der Welt heraus
in eine Landschaft jenseits aller Ferne,
und was ich war und bin und was ich bleibe,
geht mit mir ohne Ungeduld und Eile
in ein bisher noch nicht betretnes Land.
Ich gehe langsam aus der Zeit heraus
in eine Zukunft jenseits aller Sterne,
und was ich war und bin und immer bleiben werde,
geht mit mir ohne Ungeduld und Eile,
als wär ich nie gewesen oder kaum.

I

Hans Sahl, geboren 1902 in Dresden, – und gestorben am 27. April 1993 in Tübingen. Ein deutscher Weg? Ein sehr deutscher Um-weg in diesem Jahrhundert, dessen Antlitz eines ist voll Blut und Wunden, sich selbst zugefügt. Das Jahrhundert der beiden Welt-Kriege, der Vertreibungen, der Marter und Erniedrigungen ganzer Völkerschaften, der wahnhaften Zerstörung des Nächsten, die sich als Selbstzerstörung offenbart. Der Weg von Dresden nach Tübingen führte den Flüchtenden über Prag und Zürich und Paris und Marseille nach New York (und er zählte zu den Begünstigten, denen mit Hilfe des bewundernswerten Varian Fry und seines *Emergency Rescue Committee* die rettende Flucht gelang).

Hans Sahl: sowohl Chronist wie Zeuge und Opfer der von ihm erlebten, beschriebenen Vorgänge. Spät erst hörte man in seinem Heimatland auf ihn und las ihn, – der er sein Leben lang ein Lesender war und ein Schreibender. Denn „ein Schriftsteller ist ein Mensch, der beschlossen hat, ein Schriftsteller zu werden". Seine drei Bände Erinnerungen liefern die Signatur dieses unseligen sich nun neigenden Jahrhunderts. Erinnerungen, – auch der 1959 publizierte Roman „Die Wenigen und die Vielen" gilt uns als Memoirenwerk nicht minder als jene Bücher, die ausdrücklich autobiographisch gekennzeichnet sind: „Memoiren eines Moralisten" (1983) und „Das Exil im Exil" (1990). Darin das letzte Kapitel heißt „Chronik einer Verdunklung". Den Titel wird man allererst metaphorisch nehmen, er meint die schwarze Summe eines in diesen Zeiten gelebten Lebens, der Einzelne in der fliehenden, gejagten, gemarterten Masse; der Einzelne, in dessen individueller Geschichte sich die Geschichte „vom Leben und Sterben einer Kultur" abzeichnet. Doch meint diese Signatur auch das sehr persönliche Schicksal des Altgewordenen, dem sich der Körper verweigert: *Macular degeneration*, ein Defekt der Netzhaut. Er, dem wir eine erhellende Erkenntnis der Dunkelheiten dieser Jahrzehnte verdanken, mußte sich nun selber der Dunkelheit anheimgeben. Er, dessen Leben sich nur schreibend und lesend verstand, mußte sich zum Ende als ein Amputierter zu behelfen lernen: mit dem Tonband, dem Diktat; mußte lernen, auf die vorlesende Stimme zu hören.

II

Sein letzter Gedichtband, die Sammlungen „Wir sind die Letzten" und „Der Maulwurf" vereinend (bei Luchterhand 1991) und einsetzend mit den fordernden Versen

> Wir sind die Letzten.
> Fragt uns aus.
> Wir sind zuständig... *(1973)*

– dieser Band endet mit den beiden Strophen der „Strophen". Ein Lied des Abschieds, und man möchte fragen, warum es so karg, warum nur formbezeichnend betitelt ist. Vielleicht hilft zum Verstehen die Erinnerung an den Ursprung des Wortes, des Begriffs. Das griechische στρεφω (*strépho*) meint „drehen", „wenden". Die (im Vokal ablautende) „Strophe" bezeichnet ursprünglich die „Wendung", „Abwendung" des Chores vom Publikum im Theater der Antike nach Vortrag eines bestimmten Liedteils; und wurde dann verselbständigt zur Bezeichnung dieses Liedteils selbst.

Es sind also diese letzten Verse zu verstehen als solche der Wendung, der Abwendung. Hier geht einer aus der, aus unserer Welt hinaus. Der Weg führt in eine „Landschaft jenseits aller Ferne"; der Gang ist der Eines, der „war" und „ist" und „bleibt". Das aber heißt, der Dichter hebt Raum und Zeit auf, die Kantischen *Principia Individuationis*. Er begründet Eigen-Raum und Eigen-Zeit.

So auch die zweite der beiden Strophen: Wieder die Aufhebung der Kategorie Zeit zugunsten seiner Zukunft, die nicht mehr die „Fix"punkte der Sterne (sie liefern den einzigen Reim des Gedichts, die „Ferne" der zweiten Zeile aufnehmend) kennt als einst vertraute Zeichen der Orientierung. Folgen die beiden Verse, die schon das Ende der ersten Strophe einleiteten; ihre wörtliche Wiederkehr signalisiert als Wiederholungsfigur das zeitlose Prinzip des Gleichbleibenden. Den Stillstand der Zeit, der als solcher Zeit aufhebt. Jene Zeit, die sich 'ablaufend' dem Menschenleben bekundet im Gestus der Ungeduld und Eile.

Dann endet das Gedicht mit einer wunderbaren Klimax, mit einem Crescendo ins Piano:

III

Die Poetik des Lyrischen kennt die dem jeweils letzten Vers anvertraute Energie, aus der sich das Sinngefüge alles Vorausgehenden konstituiert. Kennt die aufklärende Funktion des letzten Wortes. Es geht um ein Wort, ein Wörtchen von scheinbar blasser Belanglosigkeit, ein Adverb, im Alltag beiläufig so häufig wie ungenau gebraucht – was das Gegenteil von Poesie ist, die, wie nicht nur Rilke wußte, das „Ungefähre" haßt. Hier aber schwingt in der einen Silbe, in dem unscheinbaren *kaum* die sanfte Gewalt einer Hoffnungskraft des Widerrufs mit. Die Sehnsucht des Menschen, der versucht ist, seinem Leben eine Summe abzugewinnen, die hinausgeht über die grausamen Posten des „Umsonst" und des „Vergeblich". Dieses ... *oder kaum* ist der leise Zuruf des Prinzips Hoffnung, der auch dem Hoffnungslosen noch seinen Trost gibt.

Adorno, dem Sahl nicht durchwegs wohlgesonnen war (so wie er auch seine Reserve oder gar Abneigung wider Brecht oder Thomas Mann nicht verbergen mochte), – Adorno dekretiert in seiner „Rede über Lyrik und Gesellschaft" (1957) auf seine aphoristische Art (die sich des Vorzugs der Dispensierung von aller Beweislast erfreut), es seien „die großen Kunstwerke" jene, „die an ihren fragwürdigsten Stellen Glück haben". Er belegt diese These an einem Gedicht Stefan Georges, und zwar nimmt die „fragwürdige Stelle" das unscheinbare einsilbige Wörtchen *gar* ein, als Adverb.

Auch uns geht es hier um eine solche Stelle. Und um das „Glück", das darin liegt. Es liegt in dem Wörtchen *kaum*.

IV

Adorno: Er hat, die „Dialektik von Kultur und Barbarei" auf die „letzte(n) Stufe" hebend, jenes dunkle Aperçu geprägt, das zum meistzitierten Wort in der Lyrikdebatte des vergangenen Halbjahrhunderts wurde: „nach Auschwitz ein Gedicht zu schreiben, ist barbarisch". (Er hat also nicht gesagt: „ist unmöglich".) Und er fährt fort: „das frißt auch die Erkenntnis an, die ausspricht, warum es unmöglich ward, heute Gedichte zu schreiben". Da ist mithin die Rede von einer Erkenntnis, die genau betrachtet „angefressen" ist, das heißt nicht unversehrt, nicht eindeutig. Eine halbe Erkenntnis.

Man hat dieses Dictum mit mancherlei Hohn bedacht und gemeint, es mit Hilfe der platten Empirie widerlegen zu können. So einfach sollte man es sich nicht machen, – sollte vielmehr aus der scheinbaren Feststellung ein Postulat heraushören, – und einen fundamentalen Daseinszweifel.

Fünfzehn Jahre, nachdem er dieses kühne Wort publiziert hatte (das war 1951 in der Festschrift für Leopold von Wiese), formuliert Adorno eine Art von Widerruf. Vielleicht mag er sich erinnert haben, daß Benn und Brecht noch lebten und dichteten, und Celan und Huchel; und er mag an die Bachmann gedacht haben und an Krolow. Wahrscheinlicher ist jedoch, daß er nicht vor dem Schein der Empirie kapitulierte sondern vor der Intransigenz seiner Formulierung. Und so heißt es denn in der „Negativen Dialektik" von 1966: „darum mag falsch gewesen sein, nach Auschwitz liesse kein Gedicht mehr sich schreiben". (Unnötige und ausweichende Verkürzung, da er doch meint: „darum mag *die Behauptung* falsch gewesen sein...".)

Was meint dieses „darum"? Der Vordersatz liefert die Erklärung: „Das perennierende Leiden hat soviel Recht auf Ausdruck wie der Gemarterte zu brüllen".

Diese nachtragende und aufhebende Aussage ist ganz und gar unbefriedigend. Denn an dem „Recht" der Leidenden und Gemarterten, in ihrer Qual nicht zu verstummen, hat niemand je gezweifelt, – auch Adorno nicht. Wenn es erlaubt ist, ihn gegen ihn selbst zu verteidigen und ihn besser zu verstehen, als er sich selbst verstanden hat (wozu uns die Hermeneutik seit Schleiermacher und Bollnow die Lizenz gibt), dann könnte, dann kann man wie folgt argumentieren:

Von je war Kunst: war die Klarheit einer Skulptur und die Harmonie einer Säule, war die Ordnung eines Bildes und der Bogen einer Melodie, – und war ein Gedicht Ausdruck der schöpferischen Lust, ja des kreativen Zwanges der Menschennatur: *homo artifex, – sive Deus*. Das Produkt aber, das fertige Werk wird über seine 'Fertigung' hinaus immer auch die Idee einer Utopie darstellen, deren Statthalter, wie wir von Benjamin wissen, die Kunst ist. Darin sich des begrenzten Menschen Streben nach Grenzenlosigkeit verdinglicht und versinnlicht; und seine Sehnsucht, mehr zu sein als er ist, – also vollkommen. Noch in der Scherbe eines Fragmentes, in der aufgebrochenen Schale, im gesprengten Gefüge des Steins, in der zerstörten Proportion und schließlich der gewollten De-Formation aller Form bekundet sich dieses schöpferische Bedürfnis, das weiß: Die Benennung der Dinge, die Beseelung der amorphen Materie, die Wiedererschaffung des Gegebenen, – die Kunst also ist der Versuch, die Wirklichkeit zu beglaubigen und zur Wahrheit zu erheben. Und die Chance, sie zu ertragen. Seit Platon ist Idealismus keine geistesgeschichtliche Epochenbezeichnung, sondern ein Menschenlos.

Das alles aber will, um Adornos Axiom verstehbar zu machen, in aller Einfalt sagen: Der Glaube an die Kunst ist der Glaube an den Menschen. Wo dieser Glaube vernichtet, „vergast" wird in dem monströsen Fabrik-Unternehmen einer maschinellen Ausrottung von Menschheit, hat auch die Kunst keinen Ort mehr. Denn Kunst will den Dingen des Lebens einen Namen, eine Signatur geben, will sie damit in ihrem Wesen kenntlich machen. Sie ist widerlegt, wo Leben sich widerlegt. Die Sigle Auschwitz ist die Formel der Widerlegung des menschlichen Menschen.

Golo Mann sagt es auf seine Weise: „Was immer wir noch tun und erstreben mögen, steht im Schatten von Auschwitz und Treblinka und dem Warschauer Getto; um überhaupt noch etwas tun und hoffen zu können, müssen wir uns geradezu zwingen, von diesen Dingen wegzusehen, so als ob es sie nie gegeben hätte". („Zur Geschichte der deutschen Juden, in: Die neue Rundschau 77, 1966, S. 563 und ff. – Man verwechsle diesen autonomen Zwang des „Wegsehens" nicht mit ausweichender Feigheit.)

Dolf Sternberger: „Die wahnsinnige Untat, die mit dem Namen 'Auschwitz' bezeichnet wird, läßt sich in Wahrheit gar nicht verstehen, sie läßt sich nur berichten... Wer aber den Zweck dieser Verrichtung, wer die Ausführung dieses Plans als solche verstehen wollte, der müßte darüber den Verstand verlieren.

Und wer den Verstand nicht zu verlieren imstande ist, der hat dieses Phänomen 'Auschwitz' noch gar nicht eigentlich wahrgenommen".

V

Hans Sahl in seinem Gedicht „Memo":

> Ein Mann, den manche für weise
> hielten, erklärte, nach Auschwitz
> wäre kein Gedicht mehr möglich.
> Der weise Mann scheint
> keine hohe Meinung
> von Gedichten gehabt zu haben –
> als wären es Seelentröster
> für empfindsame Buchhalter
> oder bemalte Butzenscheiben,
> durch die man die Welt sieht.
> Wir glauben, daß Gedichte
> überhaupt erst jetzt wieder möglich
> geworden sind, insofern nämlich als
> nur im Gedicht sich sagen läßt,
> was sonst
> jeder Beschreibung spottet.

Königsanspruch der Poesie. Kein Ding kann sein, „wo das wort gebricht" (so Stefan George). Wenn landaus landein laut und herrisch, klagend und anklagend gegrübelt und gerungen wird, welche Form eines Mals, eines Mahn- oder Gedenkmals die angemessene sein möge, um den Opfern und ihrem Leid und Leiden gerecht zu werden, dann mag es von Nutzen sein, sich dieser Überlegungen, dieser Verse zu erinnern. Primat des Wortes über Farbe und Stein. Primat auch der legitimen Fortsetzung des Wortes: in Tönen, in der Melodie, in der Musik, – so ist es Schönberg, so ist es Nono gelungen.

So sagt es uns einer, der, indem er sich und uns, Abschied nehmend, vermacht *kaum* gewesen zu sein, den Beweis liefert für sein Da-Sein.

Literatur: Ich verweise lediglich auf die Artikel in der WELTWOCHE vom 10. Oktober 1991 und in der ZEIT vom 15. Mai 1992. Sowie auf Theodor W. Adorno, Noten zur Literatur I, Frankfurt/Main 1958, S. 73ff.

Das weite Gebiet der primären und sekundären Exil-Literatur hier zu registrieren, ist nicht Ort und Gelegenheit. Doch weise ich hin auf den Band, hg. von Wolfgang Emmerich und Susanne Heil: *Lyrik des Exils*, Reclams UB Nr. 8089, 1985.

Iring Fetscher

Bertolt Brecht: Mystik und symbolische Unsterblichkeit

Im „Badener Lehrstück vom Einverständnis" entwickelt Brecht eine eigenwillige Auffassung von einer Haltung, die man ganz gut mit der von den deutschen Mystikern so hoch geschätzten „Gelassenheit" vergleichen könnte. In höchst poetischen und zugleich ganz realistischen Formulierungen beschreibt Brecht die geheimnisvolle Verwandlung von drei mit einem Flugzeug abgestürzten Monteuren aus egozentrischen Individuen in Glieder einer revolutionären Kampfgemeinschaft. Voraussetzung für diesen Prozeß ist die von einem Sprecher und vom „gelernten Chor" den Abgestürzten beigebrachte Einsicht in die eigne Nichtigkeit, eine Einsicht, die sie dazu führt, alles „zu lassen" oder „aufzugeben", selbst ihr eigenes Leben. Manche Formulierungen in diesem Stück erinnern an Worte Meister Eckarts. Vielleicht wäre ich nicht auf diesen versteckten Zusammenhang gestoßen, wenn ich nicht – anläßlich eines Vortrags im Ausbildungszentrum der französischen Jesuiten im ehemals Rothschildschen Schloß Chantilly – erfahren hätte, daß die dortigen Novizen mit großer Begeisterung sich an die Aufführung eines „Lehrstücks" von Brecht gemacht hätten. sie mußten offenbar bei Brecht etwas gefunden haben, das ihr Interesse geweckt hatte. War es dessen uneingestandene Mystik? Daß Brecht der Sprache Martin Luthers viel verdankte, hat er selbst zugegeben. Von einer Lektüre der Mystiker weiß ich nichts. Ausgeschlossen dürfte sie jedoch nicht sein. Nicht nur die Transformation der egozentrischen Einzelnen in Glieder einer Gemeinschaft, sondern auch der Stil des Lehrstücks läßt an Meister Eckart denken. Der Kommentar des Sprechers erläutert wie folgt den Weg zum gelassenen Hinnehmen des eignen Todes: „Wer von uns stirbt, was gibt der auf? Der gibt doch nicht nur seinen Tisch oder sein Bett auf! Wer von uns stirbt, der weiß auch, ich gebe auf, was da vorhanden ist, mehr als ich habe schenke ich weg. Wer von uns stirbt, der gibt die Straße auf, die er kennt, und auch, die er nicht kennt. Die Reichtümer, die er hat, und auch, die er nicht hat Die Armut selbst. Seine eigene Hand ..." „Um einen Menschen zu seinem Tod zu ermutigen, bat der eingreifend Denkende ihn, seine Güter aufzugeben. Als er alles aufgegeben hatte, blieb nur das Leben übrig. Gib mehr auf, sagte der Denkende ... Wenn ihr das Sterben überwinden wollt, so überwindet ihr es, wenn ihr das Sterben kennt und einverstanden seid mit dem Sterben. Wer aber den Wunsch hat, einverstanden zu sein, der hält bei der Armut. An die Dinge hält er sich nicht. Das Leben wird genommen werden, und dann ist da kein Einverständnis. Auch an die Gedanken hält er sich nicht, die

Gedanken können auch genommen werden, und dann ist da auch kein Einverständnis".[1] Ganz ähnlich heißt es bei Meister Eckart: „Der heilige Hieronymus sagt „wer das kleinste willig lässet, der lässt nicht dies allein – nein, mehr: er lässt alles, was Weltkinder jemals gewinnen, ja auch nur begehren können. Denn wer seinen Willen und sich selber lässt, der hat alle Dinge durchaus gelassen, als ob sie sein freies Eigen gewesen wären und er sie besessen hätte mit ganzer Gewalt".[2] auch hier ist nicht nur von der realen Habe die Rede, sondern auch von den „Reichtümern, die einer nicht hat", von dem, was er sich wünschen oder erhoffen könnte. Gelassenheit drückt bei Meister Eckart sowohl die so bezeichnete Haltung aus als auch das Loslassen und Hingeben von allem, was einer hat – bis hin zum eignen Leben.

Auf dem Rückflug nach der Überquerung des Ozeans sind vier Menschen abgestürzt: der Pilot und drei Monteure. Mit ihrem Schicksal und ihrer Einstellung zum „Haben" und zum Tod beschäftigt sich das Badener Lehrstück vom Einverständnis. Während die drei Monteure – belehrt durch den „gelernten Chor" – mit ihrer eignen Nichtigkeit einverstanden sind und – aufgenommen in die kämpfende Gemeinschaft der Revolutionäre – gleichsam „auferstehen", weigert sich der stolze Pilot das Flugzeug herauszugeben und die eigne Nichtigkeit anzuerkennen. Damit hat er sein Leben verwirkt.

Im Wechselgespräch zwischen dem „gelernten Chor" und den Monteuren werden diese Schritt für Schritt zum Eingeständnis ihrer eignen „Nichtigkeit" hingeführt, bis sie selbst erklären: „wir sind niemand, niemand wartet auf uns, wir wurden zu viel gerühmt" – wenn wir sterben „stirbt ein niemand". Befriedigt stellt der „gelernte Chor" fest: „Jetzt wißt ihr: Niemand stirbt, wenn ihr sterbt". Damit aber haben sie – wie der „Denkende in einem großen Sturm", der sein Auto verließ und seinen Rock ablegte, ihre „kleinste Größe erreicht", die ihnen erlaubt zu überleben. Sie überstehen den Flugzeugabsturz wie der Denkende den Gefahren des Sturms entkam.

Der stolze Pilot aber ist nicht bereit, auf seinen Ruhm, seine Größe, sein Leben und sein Flugzeugwrack zu verzichten. Er gibt es nicht an den „gelernten Chor", der das revolutionäre Kollektiv vertritt, heraus. „Dieser Inhaber eines Amts/Wenn auch angemaßt" „Verweigerte uns, dessen wir bedurften. Also sein Gesicht verlosch mit seinem Amt: er hatte nur eines!" Wer unbelehrbar an seiner Einmaligkeit und seiner Größe wie an einem Besitz festhält, der hat sein Leben verwirkt. Mit seinem „Amt" als Pilot, das er – abgestürzt – nicht mehr ausüben kann – ist seine Existenz beendet.

Kritisch stellen die Monteure fest, der „Pilot ist zu groß, zu eigentümlich, und zu reich, deshalb kann er nicht sterben" und der „gelernte Chor" fügt hinzu:

---

[1] *Bertolt Brecht*, Gesammelte Werke in acht Bänden, Bd. I, S. 601 f. Die übrigen Zitate aus diesem Lehrstück stehen auf den folgenden Seiten bis S. 611.

[2] Meister Eckart, deutsche Predigten und Traktate, Hrg. von Friedrich Schulze-Maizier, Leipzig 1938, S. 58 f. Vgl. auch „Wenn ich predige pflege ich zu sprechen von *Abgeschiedenheit* und *daß der Mensch ledig werden solle seiner selbst und aller Dinge*" (a.a.O., S. 177).

„Wer nicht sterben kann
Stirbt auch.
Wer nicht schwimmen kann
Schwimmt auch".

Wie der des Schwimmens Unkundige dennoch im Wasser wegschwimmt und untergeht, so stirbt auch der zum Sterben Unwillige (der Notwendigkeit der Verwandlung Unkundige). Den Monteuren aber wird verkündet, daß sie weiterleben werden, indem man ihnen eine neue Aufgabe stellt:

„Ihr aber, die ihr einverstanden seid mit dem Fluß der Dinge
Sinkt nicht zurück in das Nichts.
Löst euch nicht auf wie das Salz im Wasser, sondern
Erhebt euch
Sterbend euren Tod wie
Ihr gearbeitet habt eure Arbeit
Umwälzend eine Umwälzung.
Richtet euch also sterbend
Nicht nach dem Tod
Sondern übernehmt von uns den Auftrag
Wieder aufzubauen unser Flugzeug.
Beginnt!
Um für uns zu fliegen
An den Ort, wo wir euch brauchen
Und zu der Zeit, wo es nötig ist. Denn
Euch
Fordern wir auf, mit uns zu marschieren und mit uns
Zu verändern nicht nur
Ein Gesetz der Erde, sondern
Das Grundgesetz:
Einverstanden, daß alles verändert wird
Die Welt und die Menschheit" ...

Weil sie bereit waren, ihre eigne „Nichtigkeit" zu akzeptieren und die neue Aufgabe zu übernehmen, wurden sie „gebraucht" und weil sie gebraucht wurden, konnten sie weiterleben – als „Nützliche". Der Pilot aber, der stolz und egoistisch an seiner einmaligen „Größe" festhielt, mußte sterben. Er war nutzlos geworden und wurde nicht mehr gebraucht!

Das Weiterleben, das Brecht den drei Monteuren zubilligt, soll offenbar real sein. Daneben gibt es aber auch das, was *Robert Lifton* „symbolische Unsterblichkkeit" genannt hat,[3] ein Fortleben jenseits des individuellen Todes – in den eignen Kindern, in der kulturellen Gemeinschaft, der man angehört, in „unsterb-

---

[3] *Robert Jay Lifton*, The Future of Immortality and Other Essays, x for a nuclear Age, New York 1987, S. 10 ff.

lichen Werken", die der Sterbende hinterläßt. In diesem Sinne kennt die Folklore der revolutionären Bewegungen die Unsterblichkeit ihrer Helden, die „eingeschreint im großen Herzen der revolutionären Arbeiterklasse" weiterleben. Auch wenn Brecht in seinem Lehrstück von wirklichem, biologischem Leben spricht, hat er doch zugleich auch jene Form der „symbolischen Unsterblichkeit" mitgemeint, die in der Aufnahme des einzelnen Menschen in die weiterlebende Gemeinschaft besteht. Der Prozeß dieser „Transformation" wird auch in Formulierungen von Jean Jacques Rousseau zum Ausdruck gebracht. Im Contrat Social heißt es: „Chacun de nous met en commun sa personne et toute sa puissance sous la suprême direction de la volonté générale; et *nous recevons en corps* chaque membre *comme partie indivisible du tour*" (1. Buch, 6. Kapitel). Die Einzelnen, die sich zur politischen Gemeinschaft vereinigen, vollziehen dabei eine „aliénation totale", eine totale Entäußerung eines Jeden, also etwas durchaus mit der Aufgabe allen Besitzes und des eignen Lebens Vergleichbares. Der Citoyen weiß aber, daß er – nachdem er seine unabhängige Existenz aufgegeben hat – und mit der politischen Gemeinschaft eins geworden ist, in dieser „weiterlebt" und so gleichsam „unsterblich" geworden ist. Robert Lifton versteht diese „symbolische Unsterblichkeit" als ein mögliches Mittel, um den eignen Tod akzeptieren zu können: „Rather than denial of death, the *concept of imortality*, at least in this symbolized form, is our *best avenue toward acceptance of death and the confronting of our own finiteness*. It is consitent with a Jewish reintrepretation of the Adam and Eve story, according to which the extrusion from the Garden Eden was not a ‚fall‘, but a ‚rise‘, because it was (in terms we have been using) an exchange of literal for symbolic immortality – or as Nathan Glatzer puts it, ‚giving up immortality for knowledge and thereby becoming human'".[4]

Mit Robert Lifton könnte man sowohl die mystische Vereinigung mit Gott als auch das Fortleben in der politischen oder revolutionären Gemeinschaft als ebensoviele Formen symbolischer Unsterblichkeit bezeichnen.

Die Argumentation des Mystikers dreht den Zusammenhang von Akzeptanz des Todes und symbolischer Unsterblichkeit insofern um, als für ihn die Hinnahme des eignen Todes die Voraussetzung für die „Vereinigung der Seele mit Gott" wird: „Soll die Seele Gott sehen, so darf sie auf kein zeitliches Ding mehr blicken; denn solange die Seele der Zeit und des Raumes inne wird oder irgendeines Bildes, solange vermag sie nimmer Gott zu erkennen. Wie ja auch das Auge, wenn es die Farben erkennen soll, zuvor von aller Farbe muß gereinigt sein. *Soll die Seele Gott erkennen, so darf sie mit dem Nichtigen keine Gemeinschaft haben.* Gott sieht, der erkennt, daß alle Kreaturen ein Nichts sind ... Soll die Seele Gottes inne werden, so muß sie auch *sich selber vergessen und sich selber verlieren*. Denn solange sie sich selber sieht und kennt, solange sieht und kennt

---

[4] Lifton a.a.O., S. 16. Robert Jay Lifton geht es in diesem Vortrag vor der Harvad Divinity School um den Kulturschock der durch die Möglichkeit einer (Selbst)Vernichtung der Menschheit mit Hilfe der Kernwaffen ausgelöst wird. Wenn die ganze Menschheit ausgelöscht würde, gäbe es nämlich auch keine „symbolische Unsterblichkeit" mehr, dann wäre die Hinnahme des individuellen Todes schlechthin unerträglich.

sie Gott nicht. Wenn sie sich aber um Gottes willen verliert und *alle Dinge fahren lässt*, so findet sie sich wieder in Gott, sobald sie Gott erkennt, – und dann erkennt sie sich selber und alle Dinge von denen sie sich geschieden hat, in Gott aufs vollkommenste ..."[5]. Die vollkommene Gelassenheit besteht für Meister Eckart darin, an keinerlei Besitz festzuhalten, selbst nicht an der eignen Existenz. Erst wenn die Seele ganz frei ist von allem Habenwollen und Begehren, ist sie aufnahmebereit für Gott und vereinigt sich mit ihm.

Heinrich Seuse weist darauf hin, daß auch der Gelassene gelegentlich ins „Selbstische" zurückfallen kann. Aber auch wenn selbst die „allerfrommsten Gottesfreunde" vor solchen Rückfällen nicht sicher sein können, können sie doch die Sünde danach überwinden, und – indem sie ihr eignes Verhalten beklagen zu einer „nachfolgenden Gelassenheit" gelangen und so „in dieselbe Einfachheit wiedergeboren werden", in der sie vor ihrer Verfehlung sich befanden.[6]

Bertolt Brecht hat den Gegentypus zum gelassenen Menschen, der auf den Sinn des „Habens" verzichtet hat, wiederholt in seinen Gedichten – wie auch im Lehrstück – dargestellt. In einer antagonistischen Gesellschaft, die durch den „Kampf eines jeden mit jedem" gekennzeichnet ist, herrscht ein struktureller Zwang zu egoistischem Verhalten, dem sich einzelne nur schwer entziehen können. In seinem Fragment gebliebenen Versuch einer Umdichtung und Fortsetzung des Gedichtes „De natura rerum" von Lukrez beschreibt er – wie schon öfter – den unerbittlichen Kampf der egoistischen Einzelnen:

„Wenn sie so jammern, das Leben werd' ihnen geraubt, dann gedenken
Diese des Raubs, der an ihnen verübt und den sie verübten
Denn auch das Leben, das ihnen geraubt wird, war ein Geraubtes.
Ach es entreißen den Fisch, den der Fischer dem Meer entriß, gierig
Wieder dem Fischer der Händler, aber das Weib, das den
Fisch bäckt
Ungern nur gißt sie das Öl in die Pfanne, mit schmerzlichen Blicken
Auf den schwindenden Vorrat. O Furcht, ohne Öl zu sein: Schrecken
Nichts mehr zu haben und nichts zu bekommen! Entsetzen beraubt sein!
Keine Gewalttat scheuten die Väter. Mit Mühe nur halten
Und indem sie Verbrechen begehn, die Erben das Erbteil ...
Wer könnt in solcher Welt den Gedanken des Todes ertragen?
Zwischen ‚laß los' und ‚halt's' bewegt sich das Leben der beiden
Dem der da hält und dem der entreißt, krümmt die Hand sich zur Klaue".[7]

---

[5] *Meister Eckart*, a.a.O., S. 195.
[6] *Heinrich Seuse*, Deutsche Schriften, Hrg. von Anton Gabele, Leipzig 1924, S. 130 f. „Deshalb haben auch die allerfrommsten Gottesfreunde innerlich das gemeinsam, daß sie sich *bis auf den Grund der Seele gelassen hingeben* und in der vorausgehenden Gelassenheit ohne alle Rückfälle standhaft verharren möchten, soweit dies menschlicher Schwachheit gegeben ist ..." Fallen sie aber einmal ins „Selbstische" zurück, dann beklagen sie das und trennen sich alsbald wieder von dieser Sünde: „und diese nachfolgende Gelassenheit wird auch manchmal nützlich durch die Selbsterkenntnis, die sie anregt".
[7] *Bertolt Brecht*, Bd. IV, S. 898.

Der erbitterte Kampf um Besitz verwandelt die Menschen in Tiere. Den gleichen Gedanken trägt auch der Sprecher im Lehrstück vom Einverständnis vor:
„Wer etwas entreißt, der wird etwas festhalten. Und wem etwas entrissen wird, der wird es auch festhalten. Und wer etwas festhält, dem wird etwas entrissen ..."[8] – Darauf aber folgen die Zeilen in denen die Notwendigkeit des gelassenen Aufgebens von allem entwickelt wird, die – durch Verkleinerung auf die kleinste Größe – das Überleben im Sturm und – schließlich auch das Überleben des Flugzeugabsturzes erlaubt. Solange sie Einzelne bleiben, so darf man Brecht interpretieren, sind selbst die Lohnarbeiter mit „Klauen" behaftete tierartige Menschen. Nur durch den Zusammenschluß mit Gleichgesinnten, die die Welt so verändern werden, daß „der Mensch des Menschen Freund sein kann", ohne seine Pflicht zur Selbsterhaltung zu verletzen, verwandeln sie sich in Wesen, die eines (ewigen?) Weiterlebens würdig geworden sind.

Die von Brecht beschriebene Haltung des egoistischen Privatmenschen, der mit Gewalt festhält und wegnimmt, entspricht einer Beschreibung, die Brecht womöglich in einer Frühschrift von Karl Marx aus dem Jahr 1844 kennengelernt hat. Sie wurde 1932 erstmals sowohl in der Marx-Engels Gesamtausgabe als auch in einer Edition von Siegfried Landshut und Jacob Peter Meyer veröffentlicht. In ihr stellt Marx fest: „*Das Privateigentum hat uns so dumm und einseitig gemacht, daß ein Gegenstand erst der unsrige ist, wenn wir ihn haben*, also als Kapital für uns existiert oder von uns unmittelbar besessen, gegessen, getrunken, an unserem Leib getragen, von uns bewohnt, etc. kurz gebraucht wird. ... An *die Stelle aller physischen und geistigen Sinne ist daher die einfache Entfremdung aller dieser Sinne, der Sinn des Habens* getreten. Auf diese absolute Armut mußte das menschliche Wesen reduziert werden, damit es seinen inneren Reichtum aus sich herausgebäre".[9] Der letzte Satz verweist auf die dialektische Geschichtstheorie von Marx, für die die negativen Momente auch des sozialen und individuellen Lebens durch ihre fortschrittliche Rolle für die Entwicklung des gesellschaftlichen Reichtums gerechtfertigt sind. *Moses Heß*, auf dessen Artikel „Philosophie der Tat" in den „Einundzwanzig Bogen aus der Schweiz" Marx an dieser Stelle verweist, hat den Zusammenhang zwischen dem Sinn des Habens und der *Verweigerung der Hinnahme der eignen Endlichkeit*, den Brecht in seinem Lehrstück entwickelt hat, wie folgt formuliert: „*Es ist ... die Seinsucht, die Sucht nämlich fortzubestehen als bestimmte Individualität*, als beschränktes Ich, als endliches Wesen – *die zur Habsucht führt* ..."[10]. Die Menschen in der bürgerlichen Konkurrenzgesellschaft verhalten sich zu allem – auch zu ihrem eignen lebendigen Körper – wie zu einem Besitz, den sie nicht – jedenfalls nicht ohne äquivalente Gegengabe – herzugeben bereit sind. Die Habsucht stellt aber auch einen Gegen-

---

[8] *Bertolt Brecht*, a.a.O., Bd. I, S. 601.
[9] *Karl Marx*, Ökonomisch-philosophische Mauskripte (1844), zit. nach Marx-Engels, Gesamtausgabe Bd. 3, Berlin 1932, S. 118.
[10] *Moses Heß*, zit. nach M. H. Philosophische und sozialistische Schriften 1837–1850, Hrg. v. Auguste Cornu und Wolfgang Mönke, Berlin 1961, S. 225.

satz zur Gelassenheit dar, die für den Mystiker Meister Eckart die Voraussetzung für die Vereinigung der Seele mit Gott ist. In seinem Gedicht „der bürgerliche Gottesglauben" illustriert Brecht diese Haltung des besitzbürgerlichen Eigentümers und Teilnehmers am Marktgeschehen wie folgt:

> „Aber vor allem der Tod!
> Da wird uns das Leben entrissen
> Wie sollen wir Entreißer uns etwas entreißen lassen?
> Immer haben wir etwas bekommen dafür, da wir lebten
> Sollen wir für unsern Tod nichts bekommen?
> Gott schenkt uns ein besseres Leben."[11]

Das individuelle Selbst kann auf zweierlei Weise aufgegeben oder ausgelöscht werden: entweder indem es gelassen auf sich verzichtet, um im revolutionären Kollektiv aufzugehen, oder indem sein Dasein (auch sein symbolisches Fortleben und Aufgehobensein) ausgelöscht wird – im definitiven biologischen Tod, der zugleich das absolute Ende ist. Das „bessere" jenseitige Leben, daß sich der egoistische Bourgeoiis erhofft, ist für Brecht eine Illusion. Die Mystiker würden den aus egoistischen Wünschen hervorgehenden Glauben an ein Weiterleben nach dem Tod ebenfalls verurteilen. Auch sie kennen eine selige Fort-existenz nur durch die gelassene Einstellung zu allem bloß Seienden und die damit ermöglichte Vereinigung der Seele mit Gott. Für die Mystiker ist diese Vereinigung zugleich das Aufgehen im Reich Gottes. Brecht übersetzt diesen Gedankengang ins Weltlich-Revolutionäre. Die vom „gelernten Chor" belehrten Monteure werden bei ihm gleichsam „selig", indem sie einen neuen Auftrag erhalten und sich einer über ihr begrenztes Leben hinausgehenden Bewegung als mithelfende Glieder anschließen. Einer Bewegung, die – mit Marx zu sprechen – auf dem Weg ist, eine Gesellschaft zu bauen, in der „die freie Entwicklung eines Jeden die Bedingung für die freie Entwicklung aller" wird. Die Herstellung dieser Verbindung hätte Ernst Bloch zweifellos gebilligt. Er hätte gesagt, das „Prinzip Hoffnung", das auch in den Spekulationen der Mystiker artikuliert wird, gelangt erst in der „docta spes" der revolutionären Theorie zu seinem angemessenen Selbstverständnis.[12]

---

[11] *Bertolt Brecht*, Bd. IV, S. 865.
[12] Vgl. *Ernst Bloch*, „Atheismus und Christentum", Frankfurt 1968. Für die „sozialistische Beurteilung" sei es „sehr entscheidend, daß bei ihm die ketzerische Laienbewegung des Spätmittelalters gegen die Kirche deutsche Sprache fand" (S. 93), und „Das Prinzip Hoffnung", Bd. 3, Berlin 1959, S. 407: „Das individuelle Ich, als bloßer Teil der Vergänglichkeit und der Vielheit, also des sich mitteilenden Nichts, versinkt hierbei; dies Versinken ist sowohl Bedingung wie immer wieder bezeugter Grundzug der mystischen Erfahrung. Ledigwerden von seinem individuellen Sosein wie von der Vielheit aller Dinge, dies Verlassen von allem gilt als der Hauptweg zum Finden von allem, das ist: zum Finden der Einheit des Wesens mit dem wahren Selbst. Mystische Versenkung ist derart Berührung mit Gottheit ... durch Abtun der Vielheit, also durch Vereinfachung; diese gewährt alles, als Einheit von allem ... Hier ist der Ort der in nichts mehr rauschhaften, der überbewußt erscheinenden Selbstvergottung, für den

Die jesuitischen Novizen in Chantilly hätten freilich umgekehrt, im Lehrstück von Bertolt Brecht eine säkularisierte Verfallsform echter Mystik erkannt und dem Stückeschreiber die Verkennung der religiösen Dimension der menschlichen Existenz vorgeworfen.

---

von mittelalterlichen Mystikern ... die eindringlichsten Bezeichnungen versucht worden sind ... ‚Wäre der ganze Mensch, sagt Eckart, wie das Fünklein (der Seele) er wäre allzumal ungeschaffen, über die Zeit erhaben in Ewigkeit'. Teresa de Jesus nennt das gleiche, worin ihr Vergottung zu geschehen schien, Seelenschloß und gibt die einzelnen Aufenthalte darin an; alle diese Ortsbezeichnungen sind untereinander verwandt ... und ... ineinander übergehend werden auch die Haltungen oder Zugänge zu dieser Burg, heißen sie Glut oder Licht, Liebe oder Betrachtung, Aktivität oder Passivität: sie haben in der Unio mystica als Alternativen aufgehört. Die Frage nach dem Vorrang des Willens oder des Geistes ... wird den gleichen Scholastikern in der Mystik gegenstandslos: Der Doctor ecstaticus Ruybroek, der Doctor angelicus Thomas haben als Mystiker keinen Streit mehr; Liebe zum Höchsten, Anschauung des Höchsten werden im mystischen Maximum identisch ..." In dieser mystischen Verschmelzung werden nicht nur Mensch und Gott eins, auch die Trennung der Völker und der Religionen wird überwunden. Thomas Münzer, dem Bloch seine frühe Monographie gewidmet hat, zieht diesen revolutionären Schluß aus der mystischen Überlieferung.

Reinhard Baumgart

Wieder eine Kindheit verteidigt

Eine Kritik zu Martin Walsers „Ein springender Brunnen"
mit fünf späteren Zwischenreden

Hand aufs Herz: Wir alle, die Generationsgenossen von Martin Walser, die wir von Anfang an und Buch um Buch seinen Weg verfolgt haben als Leser, Freunde, Kritiker, wir waren doch allmählich der Meinung, nun könnte man die Akten schließen über diesem Werk. In der Hoffnung natürlich, klammheimlich vielleicht auch in der Befürchtung, dieser Unermüdliche, Unerschöpfliche würde noch unendliche Variationen aus dem Vorrat seiner Masken und Stellvertreter im Text, seiner Kristleins, Zürns, Halms, Meßmer etc. heraustreiben. Aber doch nichts Überraschendes mehr wagen. Da haben wir uns getäuscht. Da hat er uns getäuscht.

Man muß dieses neue Buch nur aufs Geradewohl irgendwo aufschlagen und zu lesen anfangen, ein paar Sätze oder Absätze, und gerät sofort in den Sog eines bei Walser ungewohnten, lakonischen Erzähltons. Kaum noch Spuren der Erregungssuada, die sonst, aus dem Inneren der Protagonisten hervorsprudelnd, seine Bücher vorwärtstreibt und zusammenhält. Statt dessen knapp konzentrierte, kräftige Sätze, schmucklos, doch ausdrucksvoll, fast ohne Adjektive, zurückblickend in ferne, verwunschene Zeiten, von denen Walser, dieser passionierte Gegenwartserfasser, noch nie ausdauernd erzählt hat.

Doch als ich dann den Autor aus seinem eben erschienenen Buch zum ersten Mal lesen hörte, in Mainz für das Fernsehen und vor Publikum, hörte ich auch, daß für ihn diese Erzählprosa offenbar nicht so überraschend, so ungewohnt neu war wie für seine alten, neuen Leser. Er las bravourös gestenreich und mimisch, anfallsweise auch laut, also so wirkungsbewußt wie immer und damit für mich in diesem Fall bemerkenswert falsch, ohne Ohr und Interesse für die spröde Kammermusik dieser Erinnerungssprache. Wer hat hier recht, der Autor, sein Leser? Könnte es ein, daß der Rezitator und Auftrittsartist Walser den Fortschritt ins Ungewohnte des Autors überhört, überspielt, aus Gewohnheit, Routine, Temperament, aus Wirkungswillen auch auf Kosten des Textes? Wieder einmal rätseln wir darüber, was ein Autor noch „weiß" von seinem Text, ob er tatsächlich, wie unsere Interviewkultur glaubt, dessen kompetentester Kenner ist, wenn er ihn erst einmal entworfen und entbunden hat, „losgeworden" ist.

Nun also hat er den Roman seiner Kindheit und Jugend aufgeschrieben, Autobiographie als Roman, Dichtung als Wahrheit, spät, später jedenfalls als Goethe, der die Formel für solche Erinnerungskunststücke und für deren durchaus fiktionale Authentizität geprägt hat. Genau genommen verfügt das Buch über drei Helden: Wasserburg am Bodensee, die dreißiger, vierziger Jahre und schließlich die Zentralfigur Johann, am Anfang fünf, am Ende achtzehn Jahre alt. Der ist ein Zeitgenosse und doch ein Ungleichzeitiger, früh verloren in Traum- und Wortwelten, erst in Karl May, dann in Klopstock, Hölderlin, Zarathustra, George. Einer also, der zwar hinausblickt über sein Dorf und die Erzähl-, die Nazizeit, aber doch ganz und gar hineingeordnet ist, willig und willenlos angepaßt. Kurzum: das ideale Medium für einen Roman, der Zeit und Zeitlosigkeit zugleich aufschreiben will.

Aber wie läßt sich Vergangenheit heraufrufen und verwandeln ins raunende Imperfekt des Erzählens? Dreimal, vor jedem seiner Romanteile sinnt der Autor melancholisch dieser Frage nach. An eine seiner ersten Antworten wird er sich halten: „Erzählen, wie es war, ist Traumhausbau. Lange genug geträumt. Jetzt bau. Beim Traumhausbau gibt es keine Willensanstrengung, die zu etwas Erwünschtem führt. Man nimmt entgegen. Bleibt bereit."

Konkret in tausendundein Details und doch wie Traum und Spuk baut sich ein fernes Wasserburg aus Worten vor uns auf, voll von längst verklungenen Stimmen, wiederbelebten Gesichtern, Farben, Gerüchen. Wieder und wieder zischt und brabbelt Herr Seehahn seine Weltverwünschungen, verkündet Helmer Gierers Hermine ihren Dorfklatsch, wirft Johanns ewig bekümmerte Mutter ihren Schatten auf die Familie, Frau Sorge in fast archaischer Gestalt, während der Vater träumt und spinnt und für Johann auf einem „Wörterbaum" erlesene Vokabeln sammelt. Immer wieder fährt Johann Kohlen aus, wird Geschirr gespült in der elterlichen Wirtschaft, marschiert das Dorf in die Kirche.

Vielstimmig, nicht nur von gutgläubigen naiven Lesern, auch von kritischen Profis, wurde an diesem Buch die Präzision der Walserschen Erinnerungen bewundert, ihre Detailiertheit und ihr Reichtum. Als wäre in seinem Gedächtnis jeder Dachziegel, jeder Gesprächsfetzen, jede Morgenhimmelfarbe abrufbar präsent gewesen, um dann nach über einem halben Jahrhundert hineinverzaubert zu werden in einen Roman, um diesem die epische Dichte und Authentizität zu sichern. Doch der Autor selbst gestand bald sehr offen, daß er erschreckend wenig wußte von seinen dreißiger, vierziger Jahren, als er daran ging, sie aufzuschreiben als Roman. Als Roman, eine gesteigerte Form von „Dichtung und Wahrheit", und auch Goethe mußte ja die gewaltigen Lücken seiner Erinnerung an Frankfurt via Bettine aus dem unendlich reicheren Gedächtnis seiner Mutter auffüllen lassen. Unsere Schulklassengenossen, Walsers und meine, wissen meist mehr, absurd viel Genaues aus unserer gemeinsamen Zeit damals. „Wenn ich nur schreiben könnte", stöhnen sie, nicht ahnend, daß genau dieses überfüllte Gedächtnis das Erzählen behindert oder verhindert. Offenbar erst während des Schreibens fiel Walser immer deutlicher ein, wie es gewesen sein könnte.

Dieses mythisch hermetische Immerwieder richtet einen scheinbar zeitlosen Erzählraum ein. In den nun doch Schritt um Schritt das Gespenst der braunen Zeit einbricht. Als ein Triptychon aus drei Bildern hat Walser sein Erinnerungsbuch entworfen: das erste, unter dem trotzig traurigen Titel „Der Eintritt der Mutter in die Partei", erfaßt die Jahreswende 1932/33, das zweite Frühjahr und Sommer 1938, das dritte die Monate vor und nach dem Kriegsende 1944/45. Jedesmal also stößt Johanns Innenwelt und die geschlossene Dorfwelt zusammen mit einer von draußen immer gewaltsamer eindringenden „großen Zeit".

Und doch wird hier nicht Vergangenheit „bewältigt" wie einst in „Blechtrommel" oder „Deutschstunde", in den „Jahrestagen" oder im „Kindheitsmuster". Walsers Traumhausbau nämlich kennt keine Moral, keine Einsicht von heute aus. Gewissenlos wie echte Träume holt er aus der Tiefe der Zeit in Bilderserien die alten Gesichter und Geschichten zurück, zeigt den milden ersten Ortsgruppenleiter Minn, den stierderben SA-Häuptling Brugger, einen zusammengeprügelten vorlauten Zirkusclown und die Altparteigenossin Mutter, die schon Ende 1932 sich in dumpfer Existenzangst bei den Nazis eingeschrieben hat. Doch das alles steht streng und unvermittelt, unkommentiert nebeneinander. Niemand wird angeklagt, niemand freigesprochen.

Hier genau setzte der Ärger ein, den das Buch – auch – provoziert hat. „Ein smarter Intellektueller", so Walser in seiner Paulskirchenrede, „hißt in seinem Gesicht einen Ernst, der in diesem Gesicht wirkt wie eine Fremdsprache, wenn er der Welt als schweres Versagen des Autors mitteilt, daß in des Autors Buch Auschwitz nicht vorkomme." Der Tod seines Hundes, so monierte eine andere Rezensentin, ergreife den Knaben Johann offenbar tiefer als die Vertreibung eines Halbjuden aus der HJ. Mehr auch, ergänzte wütend der Autor, als der „Heldentod" seines eigenen Bruders: „Nie etwas gehört vom Urgesetz des Erzählens: der Perspektivität. Aber selbst wenn, Zeitgeist geht vor Ästhetik."

Was der Zeitgeist der „Meinungssoldaten" im „Meinungsdienst" einklagt, ist eben ein Erzählen aus heutiger Perspektive, also späterer Einsicht, um alles damals nicht Wahrgenommene oder Verdrängte erzählend zu korrigieren, und genau diese pflichtbewußte Wiedergutmachung verweigert der Walsersche Roman. Mit einem Trotz und Eigensinn, die sicher nicht zuletzt davon motiviert sind, daß gerade dieser Autor in seinen sechziger, siebziger Jahren sich als linker „Meinungs- und Gewissenswart" fast bis zur Selbstaufgabe aufgerieben hat, daß ihm aber seit damals – und schon damals, wie nachzulesen ist – die Billigkeit seiner guten Meinungen jederzeit bewußt geblieben ist: Billig waren sie im doppelten Wortsinn. Plötzlich hört man ihn nun in der Paulskirche Seit an Seit mit seinem so lang und vehement bekämpften Imtimfeind Thomas Mann, dem angeblich „Unpolitischen", plädieren für ein von aller moralischen Vormundschaft befreites Erzählen. Das Meinungen zwar auftreten, „also reden ‚läßt'" (so damals der Unpolitische), ohne sie aber ausdrücklich zu vertreten, um „recht zu haben" (so nun Martin Walser). Gezeigt soll werden, wie es war, damals in Wasserburg, womit die Differenz zwischen damals und jetzt stillschweigend miterzählt wird, auch und gerade wenn und weil sie schmerzt oder gar entsetzt.

Womöglich sind gerade die scheinbar unpolitischen Geschichten des Buchs die eigentlich politischen, so die der Jungenfreundschaft zwischen Adolf und Johann. Adolf nämlich heißt nicht nur so, sondern denkt und redet als Sohn des SA-Chefs genau wie der. Er wird Johann auf ewig fremd, ein Rivale und immer sein Freund bleiben, das war so, das bleibt so, rätselhaft, doch daran ist auch im Rückblick nichts zu ändern, aufzuklären oder zu verbessern.

Und sicher ist auch die große Zentralepisode des Romans, die glücklich unglückliche Schwarmliebe Johanns zu dem Zirkuskind Anita, die sich am Ende verklärt zu einem irdischen Wunder, zu einer Legende, nicht nur der Höhepunkt des Buchs, sondern auch eine Fluchtgeschichte aus fatal heroischer Zeit, der Widerstandsakt, die innere Emigration eines Kinds und eines kommenden Autors. Denn Johann will, so beschließt er nun beschwörend, fast drohend, fortan „Wörter finden nur für sich" und „in dieser Sprache würde er sich einschließen, sobald es hier nicht mehr auszuhalten war."

In diesem Erinnerungsbuch, kein Zweifel, hat Martin Walser zum zweiten Mal eine Kindheit verteidigt, diesmal die wahre, seine eigene. Verteidigt, indem er alles noch einmal aufzeichnet, was dieses Wasserburg für ihn damals war, um diese epische Wahrheit zu retten vor allen späteren Verzeichnungen durch eine politisch korrekte Aufklärung, welche die Kindheit und Jugend einer ganzen, unserer Generation längst verschüttet hat unter den Menetakeln von Auschwitz und Stalingrad, Gestapo, Endlösung und totalem Krieg. Es gibt, so könnte man den stummen Protest dieses Romans präzisieren, zwar sicher kein richtiges Leben im falschen, doch immer ein Leben, über das kein richtig und falsch je endgültig richten kann. Und genau das kann und muß erzählt werden.

Kein Wunder also, wenn dieses Erzählen aus einer verschollenen deutschen Provinzwelt dem „Grünen Heinrich" oder „Peter Camenzind", aber auch den Erinnerungsromanen von Joyce und Proust näher scheint als aller Gegenwart und einer auf sie eingeschworenen Literatur. Noch einmal vollzieht sich hier in Dichtung und Wahrheit das Werden eines Autors in einer Welt, die für ihn beides ist, Heimat und Widerstand, das unzensierte Material seiner primären Erfahrung.

In diesem Erzählstrang gehorcht das Buch notgedrungen – oder genauer wohl: traditionsgedrungen – einer Perspektivlinie, die wir aus unzähligen Autorenjugendgeschichten schon kennen, vom „Anton Reiser" über „Dichtung und Wahrheit" bis hin zu Joyce, „Malte Laurids Brigge", Proust, zu Peter Weiss' „Fluchtpunkt" oder Thomas Bernhards selbstbewußte klagenden und wütenden Erinnerungsbücher: am Ende, im „Fluchtpunkt" aller quälenden Erfahrungen ist der Autor immer das geworden, was ihn zu dieser Niederschrift befähigt und legitimiert hat – ein Autor eben, Ich als ein Anderer und damit auch ein Anderer als die anderen alle, mit denen er gelebt und von denen er erzählt. So mündet der Walsersche Roman, der sich so neugierig ins Unbekannte einer fernen Kindheit und Jugend hineingeschrieben hat, schließlich doch im Bekannten und Konventionellen, dem nur noch eine Wasserburger und Martinwalserhafte Variante abgewonnen wird. Das Buch, so kam es mir vor beim ersten wie beim Wiederlesen, wird in der Annäherung an diesen Finaltriumph immer unüberhörbarer zu Programmusik, verliert seinen anfänglichen, tastenden Recherchen- zugunsten eines Affirmationstons.

Zwangsläufig löst sich mit dem Ende des Kriegs und des Dritten Reichs auch dieser hermetische Wasserburgkosmos auf. Langsam beginnt nun der alte Walserton, der so lange gestaute, zurückgehaltene, wieder loszujubeln. Denn nun sind sich der Autor und sein alter ego, Martin und Johann, der hocherfahrene und der angehende Schriftsteller bedenklich nahe gerückt. Mächtig, wortmächtig nimmt sich der eine des anderen an, jubelnd und ironisch, in bewährter Ambivalenz.

Der letzte Kriegswinter sieht Johann als Gebirgsjägernachwuchs und erleuchteten Zarathustrajünger hoch im Gestein, Schnee und in Emphase. Eine von Schwein und Glück begünstigte Heimkehr führt ihn geradewegs in ein Wasserburger Kirchenkonzert mit seinem Sängerabgott Karl Erb, der erste Friedenssommer und -herbst beschert dann die erste Liebe mit Haut und Haar und Fleisch und Blut. Soviel konkretes Glück läßt zwar Johanns bis dahin so stetigen Lyrikerguß versiegen – „Prosa" heißt programmatisch das letzte Kapitel – doch um so heftiger blüht nun die Formulierlust seines Autors wieder auf. Erlesene Adjektive – „wasserhell, kühl" singt Karl Erb, dann „durchsichtig, verfliegend" – schneien in den Text. Empfindsame Fügungen wie „überirdische Gutmütigkeitsdichte", „Unseligkeitsstrecke", das „schlechthin Schönstbestimmte" werben für sich. Flüssige, reich gegliederte Perioden sprengen die vorher so enge und strenge Syntax.

Eine mehr oder minder deutliche Enttäuschung über den Schlußteil des Romans war aus fast allen privaten wie öffentlichen Reaktionen herauszuhören. Sie müssen durchaus nicht recht haben, geben aber zu denken. Der Erzähler schreibt ja nicht matter, im Gegenteil, eher glänzender, virtuoser, reicher instrumentiert, nun ganz konform mit dem Vortragsstil seiner Lesungen. Weil kein Widerstand in Stoff und Thema, an Zeitferne mehr zu bewältigen ist? Aber warum reagieren wir oder reagiere ich, schließlich auch ein 45er, nur zwei Jahre jünger, doch für ein Leben gezeichnet von diesem Zeitbruch, Befreiung und finis Germaniae in einem, warum reagiere ich so gelassen, so unergriffen auf den Walserschen Finaljubel? Geht jetzt schon die Schere auseinander innerhalb einer Generationserfahrung? Erzählt dieser Johann in excelsis, entlassen aus dem Dritten Reich wie aus der Aufsicht der katholischen Kirche (die ihn mehr geprägt, bedrückt hat als die braune) nicht mehr meine Geschichte? Lauter Fragen – keine sichere Antwort. Lassen wir sie also als unerledigte ruhig und beunruhigt stehen.

Alles so wunderschön logisch wie jammerschade. Während Martin Walser wieder einbiegt in die Hauptstraße, den Prachtboulevard seiner Erzählkunst, blicken wir noch einmal benommen, süchtig zurück in das von ihm beschworene, nun verlorene Wasserburg, das Dorf als Inbild einer Welt, ja der Welt. Doch

Johann Martin, das sehen wir ein, will und muß nun erwachsen werden, hellwach, bereit für die Anpassungskämpfe und -krämpfe in der neuen, auch unbehaglichen Freiheit jenseits von Wasserburg. In seinen „Ehen in Philippsburg" wird er davon erzählen, in der allerersten seiner vielen Masken. Für viele seiner frühen Leser ist das bis heute sein überzeugendstes Buch geblieben. Nun, in diesem Spätwerk, hat es einen starken Rivalen bekommen.

Hartmut Steinecke

„Schriftsteller sind, was sie schreiben":
Barbara Honigmann

Geboren 1949 in Berlin (Ost).
Emigrantenkind.
Hat Theaterwissenschaft studiert.
Ein paar Dramen und Inszenierungen.
Einen Sohn bekommen.
Geheiratet.
Einen zweiten Sohn bekommen.
Ausgereist aus Berlin (Ost).
Vit à Strasbourg.
Drei Bücher (Rowohlt).
Drei Ausstellungen (Hasenclever).

So faßte Barbara Honigmann[*] im Katalog ihrer Ausstellung *Dreizehn Bilder und ein Tag* 1997 ihre Biographie knapp und nüchtern zusammen. Das einschneidende Ereignis ihres Lebens, das hinter den Zeilen „Ausgereist aus Berlin (Ost). Vit à Strasbourg." steht – die Übersiedlung von der DDR nach Frankreich 1984 –, wird im Klappentext ihres ersten Buches *Roman von einem Kinde* 1986 wortreicher und geradezu dramatisch beschrieben.

---

[*] Die erste umfassende Einführung in Barbara Honigmanns Leben und Werk stammt von Guy Stern: Barbara Honigmann: A Preliminary Assessment, in: Insiders and Outsiders. Jewish and Gentile Culture in Germany and Austria. Hg. von Dagmar C. G. Lorenz und Gabriele Weinberger. Detroit 1994, S. 329-346. Ein differenziertes Bild entwirft Barbara-Ann Rieck: In der Nachbarschaft zu Deutschland. Porträt der deutsch-jüdischen Schriftstellerin und Malerin Barbara Honigmann (in: Frankfurter Rundschau, 8.6.1996, Zeit und Bild S. 2). Ferner Ludwig Harig: Aufbruch in ein neues Leben. Der Weg der Schriftstellerin Barbara Honigmann (in: neue deutsche literatur. Zeitschrift für deutschsprachige Literatur 47, 1999, S. 154-160). – Eine Reihe von Anregungen und Hinweisen verdanke ich mehreren Gesprächen mit Barbara Honigmann im Oktober 1998.
    Der Beitrag entstand im Rahmen eines Projekts zur deutsch-jüdischen Literatur der Gegenwart, das ich zusammen mit Sander L. Gilman (Chicago) durchführe und das von der Stiftung „Deutsch-Amerikanisches Akademisches Konzil/German-American Academic Council (DAAK/GAAC)" gefördert wird; ich danke der Stiftung sehr für ihre Unterstützung.

> Barbara Honigmann hat den großen Sprung gewagt, nicht nur in ein anderes Land und in eine andere Sprache. Nur eine ihrer Erzählungen berichtet von ihrer Landung, „nach einem dreifachen Todessprung ohne Netz: vom Osten in den Westen, von Deutschland nach Frankreich und aus der Assimilation mitten in das Thora-Judentum hinein".

Dieses Zitat begegnet in der Mehrzahl der Kritiken des Bandes wieder, bei Marcel Reich-Ranicki in der *Frankfurter Allgemeinen Zeitung* und bei Harald Wiesner im *Spiegel*, bei Klara Obermüller in der *Weltwoche* und bei Jürgen P. Wallmann im *Deutschland-Archiv*, wanderte in Interviews, in Porträts der Autorin und neuerdings auch in wissenschaftliche Arbeiten. Je mehr sich der Satz verselbständigte, desto selbstverständlicher wurde, was bereits der Klappentext feststellte: „Barbara Honigmann [...] berichtet von ihrer Landung ‚nach einem dreifachen Todessprung [...]'".

Allerdings: Dieses Zitat steht in einer Erzählung des Bandes, also in einem fiktionalen Werk – das ist bei aller autobiographischer Nähe festzuhalten. Daher kann man ihn nicht einfach als ungefragtes Faktum hinstellen, das die Person und die Eigenart ihres Werkes erklärt. Barbara Honigmann selbst hat sich – nicht so recht erfolgreich – bemüht, dies zu differenzieren. Der Begriff „Todessprung" sei reichlich pathetisch für das, was sie selbst auf sich genommen habe, weitgehend aus freien Stücken, später fügte sie einmal sogar etwas provozierend hinzu, auch aus Abenteuerlust. Die drei Sprünge sind überdies schwer vergleichbar, haben unterschiedliche, wenn auch zusammenhängende Motive und sind für das literarische Werk von unterschiedlicher Bedeutung. Vor allem der Begriff des „Thora-Judentums" wurde, fast durchweg gleichgesetzt mit Orthodoxie, zu einem haftenden Etikett. Barbara Honigmann hat für ihr eigenes Leben später in einer Reihe von Selbstzeugnissen und Interviews deutlich gemacht: nicht Orthodoxie und Dogmatismus habe sie in Straßburg gesucht und gefunden, sondern ein gleichsam normales jüdisches Leben, eine intakte Infrastruktur – und das könne man in Deutschland bereits aus zahlenmäßigen Gründen nirgendwo finden. Die Gesamtzahl der Juden in Deutschland betrug Mitte der achtziger Jahre, vor dem Zuzug der russischen Juden, etwa 35.000, in Straßburg, dem Ort ihrer Wahl, umfaßte die jüdische Gemeinde fast 20.000 Mitglieder.

Das literarische Werk Barbara Honigmanns ist ohne die Kenntnis ihrer Biographie schwerer verständlich, aber aus der Biographie erklären sich vor allem thematische Grundzüge und zahlreiche Details, im Kern der Werke ist man damit noch nicht angelangt. Das wird im Blick auf die von ihr am Schluß der Kurzbiographie erwähnte Seite dieses Werkes deutlicher. Barbara Honigmann ist auch Malerin. Die Bilder auf den Umschlägen der beiden ersten Werke stammen von ihr. Es gibt keinen Hinweis, daß diese Bilder etwas mit dem Westen, mit Frankreich oder mit dem Thora-Judentum zu tun haben. Es handelt sich vielmehr um Frauenporträts, eines aus seitlicher Perspektive, eine fast nackte Schwangere, eines von hinten, im Hintergrund jeweils Andeutungen einer Landschaft. Daß es Selbstbildnisse sind, hätte der von der Autorin für den ersten Band zunächst vorgesehene Titel *Verzeichnete Selbstbildnisse und Landschaften* ausdrücklich gesagt. Es geht also in den Bildern wie in den Texten primär um das

Selbst, das Ich, die Identität. Ein Bild ist nicht wegen seines Gegenstandes oder Inhaltes künstlerisch bedeutend, sondern wesentlich wegen seiner Darstellungsweise. Bei literarischen Werken ist das nicht ganz so selbstverständlich, aber auch hier gilt: wenn es Werke der Kunst sind, kommt es auch ganz wesentlich auf die Kunst an – also auf den Umgang mit den Themen, das Wie ihrer Behandlung, die Darstellung und vor allem: die Sprache. Ein vierter wesentlicher „Sprung" von Barbara Honigmann, sicher nicht weniger wichtig als die drei „Todessprünge", war der aus einer deutsch- in eine französischsprachige Welt. „Schriftsteller sind [...] die Sprache, in der sie schreiben", betonte Barbara Honigmann.

Die große Aufmerksamkeit, die Barbara Honigmanns erstes Werk *Roman von einem Kinde* fand, war vor allem der Tatsache zu verdanken, daß hier eine jüdische Schriftstellerin aus der jüngeren Generation der *nach* der Shoa Geborenen schrieb; daß sie ihre eigene Generationserfahrung in den Mittelpunkt stellte; und daß sie nicht nur die Perspektive derer zeigt, die auf Ausgrenzung und Leid mit Bitterkeit oder Assimilation reagieren, sondern auch Personen schildert, die Identitätssuche und Selbstbewußtsein dagegensetzen.

Mit diesen Eigenarten war Barbara Honigmann Teil und eine der Wegbereiterinnen dessen, was man im Rückblick die Entstehung einer „jungen jüdischen Literatur" etwa Mitte der achtziger Jahre genannt hat. Es ist eine Literatur, die sich bereits durch das Alter der Autorinnen und Autoren charakterisieren läßt: sie sind zumeist nach 1945 geboren, und das heißt konkret: es sind die Kinder der Überlebenden.

Die deutsche Literaturkritik hat sich zunächst nur zögernd mit diesem neuen Phänomen beschäftigt. Die meisten Kritiker fanden und finden es aus vielerlei Gründen problematisch, das Judentum eines deutschsprachigen Schriftstellers hervorzuheben; sie fürchteten und fürchten den Vorwurf, bewußt oder unbewußt, vergangene nationalsozialistische und antisemitische Judenkennzeichnungen fortzuschreiben. Die Diskretion in diesem Punkt ging jahrzehntelang soweit, daß die in dieser Hinsicht unbefangene amerikanische jüdische Literaturkritik geradezu vom „Verschweigen" der jüdischen Schriftsteller und ihrer neuen „Unsichtbarkeit" sprach und provozierend fragte, was „mit der Kategorie des ‚jüdischen Schriftstellers' in der Nachkriegsdiskussion geschehen sei", oder einfacher und polemisch zugespitzt – so Sander L. Gilman 1987 –: „Wer brachte die restlichen Juden in der heutigen deutschen Kultur um und warum?"

Doch auch diejenigen, die sich diesem Vorwurf nicht aussetzen wollten, gerieten nicht selten in eine schwierige Situation, vor allem in den (insbesondere von jungen deutschen Intellektuellen erhobenen) Verdacht des Philosemitismus, der nur die Kehrseite des ihm innerlich verwandten Antisemitismus sei. Mit der Hervorhebung des „Jüdischen" in der neuen Literatur der achtziger Jahre wiese man dieser wiederum ein Ghetto zu, in dem großzügig künstlerische Rabatte wegen schweren Schicksals vergeben würden.

In den neunziger Jahren haben diese Aufgeregtheiten an Brisanz verloren, vor allem, weil eine Reihe der jüdischen Autoren ihr Judentum selbst und selbstbewußt zum zentralen Teil ihrer Person und ihres Schreibens erklärten. „Jüdische Literatur" weist damit nicht (nur) auf Biographisches, sondern (auch und in erster Linie) auf Literarisches, auf eine zentrale Thematik: die Spurensuche in der Vergangenheit mit dem Ziel, sich über die eigene Identität in der Gegenwart klarer zu werden, die Identität als Jüdin oder Jude, insbesondere – aber nicht nur – im Deutschland von heute.

Die Entspannung der Diskussion über das Adjektiv „jüdisch" hat vielleicht noch eine weitere Ursache. Die literarische Qualität zahlreicher Texte hat den Verdacht, eine Beschäftigung damit bedürfe zur Begründung eines besonderen Bonus, gegenstandslos gemacht. 1994 schrieb Dieter Lamping einen Aufsatz mit dem Titel: „Gibt es eine neue deutsch-jüdische Literatur?" Heute, fünf Jahre später, würde man diese Frage nicht mehr stellen, weil die Existenz dieser Literatur mit jeder Buchmesse selbstverständlicher geworden ist.

Barbara Honigmanns *Roman von einem Kinde* besteht aus sechs Texten. Der erste und wohl gewichtigste, der dem Gesamtwerk seinen Titel gegeben hat, besteht aus einem langen Brief – „lang wie ein Roman" – einer Frau an ihren Freund Josef, wohl den Vater ihres Kindes, geschrieben nach Jahren der Trennung. Es ist ein Liebesbrief und eine Klage, ein Selbstgespräch und eine Erzählung zugleich. Es geht um das Kind, aber ebenso um einige damit eng verbundene Themen: Heimat, Einsamkeit, Identität. Die Suche nach der Identität führt die Frau zur jüdischen Tradition, bis in die ferne Vergangenheit der jüdischen Geschichte, fokussiert aber immer stärker und intensiver auf die Shoa und auf ihre Folgen, vor allem den Riß durch die deutsche Gesellschaft. Das sind zugleich Leitthemen der weiteren Texte. In der Erzählung *Doppeltes Grab* sagt Gershom Scholem am Grab seiner Verwandten in Berlin: „Da braucht man eine Axt, wenn man das Grab eines Vorfahren besuchen will, um sich einen Weg durch die angewachsene Zeit zu schlagen." Diese Arbeit ist erst getan, wenn „nicht nur der Körper der Toten, sondern auch dieses ganze Werk der Erinnerung an ihn wieder zu Erde wird". Damit ist das wichtigste Stichwort des Schreibens gefallen: Erinnerung.

Die junge Frau berichtet von einem Traum: „Da war ich mit all den anderen in Auschwitz. Und in dem Traum dachte ich: Endlich habe ich meinen Platz im Leben gefunden." Die paradoxe Formulierung antwortet auf die Frage: wie kann man sich mit Auschwitz befassen, wenn die Generation der Augenzeugen und der Erzähler aus eigener Kenntnis und Erfahrung nicht mehr lebt? Es ist eine Frage, die für Nachkommen der Opfer ebenso existentiell ist wie für die der Täter. Die kontroverse Diskussion um ein zentrales Mahnmal in Berlin spiegelt die unterschiedlichen Versuche einer Antwort.

Was sich historisch mit dem Begriff Auschwitz verbindet, zeigt sich im Persönlichen im Riß zwischen den Generationen, der Unfähigkeit, miteinander zu reden, daher (wie es in der Erzählung *Wanderung* heißt): „Immer Streit, immer über dasselbe: über Hitler über Stalin über die Deutschen über die Russen über die Juden über den Krieg über den Osten über den Westen und über unsere Eltern, vor allem über unsere Eltern." (Von ihrem eigenen komplexen Verhältnis zu den Eltern und den früheren Generationen hat Barbara Honigmann später in verschiedenen eindrucksvollen Essays berichtet, so vor allem in *Selbstporträt als Jüdin*, 1992 und in *Von meinem Urgroßvater, meinem Großvater, meinem Vater und mir*, 1995.) Es geht dabei nicht nur um das Mitmachen der Elterngeneration, sondern auch um die Verdrängung in der Gegenwart. Die Wendung zur sozialistischen Staatsdoktrin in der DDR wird als Form der Assimilation angesehen, die Erinnerung auslöscht. Um das Grab als Erinnerungsort aufzusuchen, müssen Sholem und seine Begleiter einen von der staatlichen Verwaltung gesperrten Weg gehen, die Wortwahl ist bezeichnend: es heißt, einen „verbotenen Weg".

Das zum Teil konkrete, zum Teil unbestimmte Unbehagen macht das Leben immer schwieriger, schmerzhafter, unmöglicher, die Orte fern der Heimat werden zu utopischen Sehnsuchtsorten – „Jerusalem wäre gut, New York wäre gut, London wäre gut, sonstwo wäre gut". Heimat ist also zwar zunächst etwas Geographisches, dann aber auch etwas Kulturelles, Religiöses, später wird für die Autorin deutlich: auch in erheblichem Maße etwas Sprachliches. Sie vertauscht die Fremdheit im eigenen Land mit der Fremdheit in der Fremde, sie ist erst dort angekommen, als sie auch dieses Gefühl der Fremdheit erfahren hat. In der letzten Erzählung des Bandes heißt es: „Es war das deutlichste auf der Welt: Ich bin eine Fremde."

Was Themen, wichtige wie weniger wichtige, zur Literatur macht, ist Sprache. Sprache ist bekanntlich nicht nur das Mittel des Ausdrucks, sondern auch der Erkenntnis. In Sprache umgesetzte Erinnerung wirkt länger und intensiver als andere Formen, auch wenn visualisierte Erinnerung punktuell vielleicht größere Aufmerksamkeit erweckt – wieder wäre an das Stichwort Holocaust-Mahnmal zu erinnern –, der Erkenntniswert bleibt eher umstritten. Die Schreiberin der Titelerzählung gewinnt das Selbstbewußtsein und die Identität durch Schreiben, sie benutzt erstmals Sprache für diesen Zweck, die Wirkung des Textes wird durch die Art der Sprache wesentlich bedingt. Zusammen mit dem Kind lernt die Erzählerin Sprache neu: „Es ist schön, daß man zuerst so lange stumm miteinander lebt und erst langsam zusammen ein Wort nach dem anderen findet und das ganze Leben buchstabieren lernt." Sprache ist die Nähe zum Kind wie die Nähe zu sich selbst. Sprache der Kindheit ist nicht abstrakt, begrifflich, mit früherem Mißbrauch vorbelastet; sie ist, wenn man so will, ein zentraler Teil der neuen Heimat.

Diese Sprache Barbara Honigmanns in ihrem ersten Werk wurde als „einfach" gerühmt, als „verblüffend einfach", der Ton „mitunter beinahe kindlich"; aber auch wenn man von einer „Naivität der höheren Art" (Reich-Ranicki) oder von „a sophisticated naiveté" (Stern) spricht, wird der Aspekt – besser vielleicht: der Anteil – des Kunstvollen nicht deutlich genug. Der Eindruck der Kindlichkeit wird vor allem in der Erzählung erweckt, die von der Geburt der Sprache handelt: Die Sprache charakterisiert die Sprecher, die Atmosphäre. Das wird bei den nächsten Romanen noch deutlicher, weil hier Redebeiträge häufig in Form von indirekter Rede wiedergegeben und dadurch die sprachlichen Unterschiede zwischen Rede und Beschreibung stärker verwischt sind. Der Erzählduktus wirkt auch dann noch mündlich, wenn die Sätze komplexer, die sprachlichen Bilder stärker ausgeformt, die Anspielungen und Motive dichter vernetzt werden.

Diese Beobachtung bestätigt das zweite Buch von Barbara Honigmann, *Eine Liebe aus nichts* (1991). Es berichtet wie das erste von einer Übersiedlung in den

Westen, nach Frankreich, von der Suche nach dem Judentum. Die autobiographischen Elemente liegen teilweise sogar noch klarer zutage als im ersten Werk: der Vater, dessen Verhältnis zur Erzählerin im Mittelpunkt des Bandes steht, hat im beruflichen Werdegang und den Lebensstationen einige deutliche Ähnlichkeiten mit Barbara Honigmanns Vater Georg (dem ihr erstes Buch gewidmet war). Doch auch hier gilt der Grundsatz: der Erkenntnisgewinn des Vergleichens liegt im Erkennen der Unterschiede. Daß die Ich-Erzählerin nach Paris geht, nicht nach Straßburg, ist bezeichnend, wichtiger noch, sie geht allein, das Kind – oder besser gesagt: die Thematik Kind – ist ausgeblendet. Dadurch kann das Thema Isoliertheit wesentlich deutlicher hervortreten, dadurch wird die Konzentration auf das Verhältnis von Vater und Tochter nicht abgelenkt. Diese Geschichte wird nicht chronologisch erzählt, sie wird aus Einzelteilen zusammengesetzt, assoziationsartig, je weiter die Erzählerin in ihrer Erinnerung gräbt. Der Vater – Jude, im englischen Exil, Anhänger des Kommunismus – geht nach Ende des Krieges mit seiner zweiten Frau nach Berlin, um am Aufbau der DDR mitzuwirken. Als die Tochter das Land verläßt, kommt es nicht zu einem Abschied von dem Vater, wenig später stirbt er in Weimar, die Tochter fährt zu seinem Begräbnis, dem Ereignis, das die Erinnerung in Gang setzt.

Durch die verschiedenen Heiraten des Vaters, seine Interessen, seine beruflichen Tätigkeiten war für die Erzählerin Kindheit nie Heimat und Geborgenheit, durch seine Abwendung vom Judentum und sein Engagement für den Kommunismus kommt es zu dem bereits aus dem ersten Buch bekannten Generationenbruch: Diese Liebe ist „nur wie eine Liebe von weit her geblieben", sie war „nie ein Zusammensein". Auch hier wieder fällt der Schlüsselbegriff „Heimat". Symbol für seine Ambivalenz wird Ellis Island, die Einwandererinsel vor New York, in der die Auswanderer leben nach dem Entschluß, in die Fremde zu gehen, aber in der Ungewißheit darüber, ob sie die neue Heimat betreten dürfen.

Während die Rückkehr des Vaters zum Judentum in der Eingangsszene, dem Begräbnis in Weimar, eher komische, ja groteske Züge aufweist, wird sie für die Ich-Erzählerin zu einem Teil der neuen Identität. Die Haltung zu Deutschland hingegen, zunächst in vielem strikt ablehnend, wird an einigen wesentlichen Stellen differenziert, vor allem gegenüber den pauschalen Vorwürfen eines befreundeten amerikanischen Juden, es sei unbegreiflich, „wie Juden es über sich bringen könnten, in Deutschland zu leben, nach allem, was ihnen dort geschehen war". Die Erzählerin hält ihre Sicht dagegen: Sie ist nicht bereit, das, was Heimat war, pauschal zu verdammen, vor allem rechtfertigt sie ihren Gebrauch des Deutschen als Muttersprache – bekanntlich ein zentrales Thema bereits in der früheren Exilliteratur.

Soharas Reise (1996), der bisher letzte Roman, löst sich einerseits weitgehend von autobiographischen Elementen, verdankt aber andererseits Wesentliches der genauen Kenntnis des neuen Lebensumkreises der Autorin, Straßburg, deren jüdischer Gemeinde, ihren Sorgen und Freuden, ihrem Alltag, kurz: der Atmosphäre, wie sie Barbara Honigmann bereits 1993 in dem Essay *Juden in Straßburg* beschrieben hatte.

Sohara ist eine sephardische Jüdin aus Algerien, die – wie viele andere – nach Ende der Kolonialzeit nach Frankreich übersiedelte. Dieser ersten „Reise" in ihrer Kindheit folgte eine jahrelange Irrfahrt durch die neue Heimat, bis der Handlungsort Straßburg erreicht war. Dort lebt sie mit ihren sechs Kindern; ihr Mann, angeblich ein Rabbi, läßt sich immer seltener blicken, entführt schließlich die Kinder. Sohara, die sich bis dahin nur für die Kinder aufopferte, wird in den darauffolgenden Wochen, in denen das Buch spielt, immer selbständiger und selbstbewußter, dieser Prozeß wird durchaus auch mit Sinn für Komik geschildert. Die aus den früheren Werken bekannten Themen spielen auch hier eine wichtige Rolle: Heimat, Identität, Judentum. Aber sie werden leichter, unbeschwerter behandelt. Allerdings verlieren sie dadurch nichts von ihrem Gewicht, denn die neue Heimat der Heldin bedeutet: erbärmliches, ärmliches, oft entwürdigendes zielloses Umziehen im neuen „Heimatland". Die Ich-Erzählerin Sohara ist von Problemen umgeben, aber da sie eine einfache Frau ist und die Geschichte aus ihrer Perspektive erzählt wird, werden diese dargestellt, nicht begrifflich gefaßt und damit abstrahiert. Sohara war lange Zeit fremdbestimmt, durch die Mutter, vor allem durch den Mann; die Suche nach den Kindern wird für sie dann aber auch eine Suche nach dem eigenen Selbst. Sie erzählt ihre Geschichte mit Lust am Erzählen, mit Ironie und Selbstironie, mit Sinn für das nicht selten komische Detail.

Die Tatsache, daß sie diese Geschichte erzählt und niederschreibt, ist selbst ein wichtiges Symptom ihrer Emanzipation. Wir erfahren, daß es bereits früher Ansätze dazu gab: ihre Träume, die sie in Afrika ihrem Onkel und später ihrem Mann erzählte. Als sie allerdings ein „Traumbuch" führen möchte, um ihre Träume aufzuschreiben, verspottet ihr Mann sie, „überhaupt sei das ewige Aufschreiben sinnlos. ‚Willst du vielleicht auch noch ein Buch schreiben?' hat er mich ausgelacht, und dann hat er den Prediger Salomon aufgeschlagen und vorgelesen: ‚Des vielen Büchermachens ist kein Ende, viel Arbeit mit dem Kopf ermüdet den Leib.'" Bereits in den früheren Werken von Barbara Honigmann spielten Träume eine große Rolle, als Auseinandersetzungen mit der eigenen Identität, als Vorstufe künstlerischer Prozesse. So wird deutlich: Die Weigerung des Mannes, ihre Träume weiter anzuhören, sein Spott über ihren Wunsch zu schreiben, sind Versuche, ihre Selbstfindung, ihre Emanzipation zu unterbinden (auch, wie das Zitat zeigt, mit Hilfe der Religion). Und die Tatsache, daß sie ihre Geschichte niederschreibt (die wir lesen), ist das klare Zeichen dafür, daß ihr dieser Weg gelungen ist.

Die „deutsche" Thematik steht in diesem Roman im Hintergrund. Sie rückt nur durch Soharas Zimmernachbarin, Frau Kahn, gelegentlich kurz ins Blickfeld. Im Spektrum des Romans ist Frau Kahn eine Nebenfigur, aber sie ist zweifellos eine der eindrucksvollsten Gestalten aus Barbara Honigmanns Werk. Sie stammt aus Deutschland, trägt eine KZ-Nummer, will aber mit ihrem Herkunftsland nichts mehr zu tun haben. Sie hat seit Jahrzehnten nicht deutsch gesprochen, aber als es darum geht, der verzweifelten Sohara zu helfen, überwindet sie ihre Prinzipien und Traumata. Das wird nun allerdings nicht als dramatischer innerer

Kampf oder Akt der Selbstüberwindung geschildert, sondern als selbstverständliche Hilfe.

Das Fehlen der großen Worte, der abstrakten Begriffe, die den deutschjüdischen Diskurs so häufig dominieren – Schuld, Erinnerung, Vergessen –, ist bezeichnend für diesen Roman. Der Blick von außen zeigt, daß jüdisches Leben heute aus vielen Facetten besteht: auch aus anderer Geschichte als der Shoa, auch aus anderer Aktualität als neuer Fremdenfeindlichkeit. Daß dies nirgendwo ein Verdrängen oder ein Relativieren oder ein Aktualisieren bedeutet, macht Soharas Schicksal deutlich. Und wie dies in den Alltag heute übersetzt werden kann, zeigen eine Reihe von Texten der Sammlung *Am Sonntag spielt der Rabbi Fußball* (1998). Das deutet bereits en passant der Eingangstext an: *Straßburg, 24. Dezember* – ein Tag, an dem die Jüdin bei einem Türken einkauft, eine „merkwürdige Kundschaft" trifft, die eines gemeinsam hat: dies ist für sie kein Feiertag.

Damit ist skizziert, welche Spannweite und Vielfalt die „neue deutschjüdische Literatur" charakterisiert: wichtig ist die Frage nach der eigenen Identität, die aber nicht mehr ausschließlich auf das Adjektiv „deutsch" fixiert ist; bezeichnend ist die Unbefangenheit, mit der Themen aller Art, vom Umgang mit der Shoa bis zum Alltag der Künstlerin / Mutter, nebeneinander gestellt werden. Und nicht zuletzt, vielleicht sogar am wichtigsten: gemeinsam ist die deutsche Sprache und eine besondere Sorgfalt im Umgang mit ihr, eine ausgeprägte Sensibilität für den Klang und für die Ambivalenz von Wörtern, für den Rhythmus von Sätzen.

Barbara Honigmann hat nicht nur Selbstporträts gezeichnet, sondern auch geschrieben, bezeichnenderweise für einen Ausstellungskatalog 1992 und in Form eines Doppelbildes: *Selbstporträt als Mutter* und *Selbstporträt als Jüdin* (aufgenommen in den soeben, 1999, erschienenen Band mit gesammelten Essays *Damals, dann und danach*). Darin hat sie sich auch mit der Frage befaßt, die man ihr häufiger gestellt hat: ob sie denn eigentlich eine jüdische oder eine deutsche Schriftstellerin sei? Das Jüdische, so ihre Antwort, sei zentral für ihre Existenz und ihre Identität, aber auch wenn sie über jüdische Themen schreibe, mache sie das nicht zur jüdischen Schriftstellerin. Deutsch hingegen sei trotz ihres Wegzugs aus Deutschland ihre Sprache:

> Es klingt paradox, aber ich bin eine deutsche Schriftstellerin. Obwohl ich mich nicht als Deutsche fühle und nun auch schon seit Jahren nicht mehr in Deutschland lebe.
> Ich denke aber, Schriftsteller sind, was sie schreiben, und vor allem die Sprache, in der sie schreiben. Ich schreibe nicht nur in Deutsch, sondern die Literatur, die mich geformt und gebildet hat, ist die deutsche Literatur und ich beziehe mich auf sie in allem, was ich schreibe [...].
> Als Jüdin bin ich aus Deutschland weggegangen, aber in meiner Arbeit, in meiner starken Bindung an die deutsche Sprache, muß ich immer wieder zurückkehren.

Mittlerweile, 1999, einige Jahre und Bücher später, ist Barbara Honigmann so selbstbewußt, auch die lange Zeit vorbelastete Bezeichnung „deutsch-jüdische

Schriftstellerin" ohne Scheu anzunehmen: Früher habe sie sich mit dieser Bezeichnung schwer getan,

> vielleicht, weil ich noch zu sehr am Anfang meiner Reise ins Innere des Judentums und auch erst auf dem Wege zu einer Schriftstellerin war. [...] Heute nehme ich die Bezeichnung „deutsch-jüdische Schriftstellerin" ohne Komplexe an, und ich verbinde damit sogar einen gewissen Stolz, und sei es nur, um der Formulierung Scholems von der Illusion eines Deutsch-Judentums entgegenzutreten, hoffend allerdings, meine Lektion gelernt zu haben. Nie wieder Selbstverleugnung, nie wieder Selbstaufgabe!

Jan Lüder Hagens

Aesthetic Self-Reflection and Political Consciousness in Schlöndorff's *The Tin Drum*[1]

After an era of abstract and excessive theorizing in the 1960s and '70s, recent film theory often assumes the form of more or less connected remarks on particular theoretical points or individual films. Obviously, this approach has the advantage of being concrete, but it also avoids the more general questions of aesthetics. I would like to use the space of this essay to re-investigate one of these fundamental issues, the link between cinematographic shape and political effect, through the study of a specific yet highly illustrative example. On the occasion of the 20th anniversary of Volker Schlöndorff's cinematic adaptation (1979) of Günter Grass's novel, *The Tin Drum* (1959), this Oscar-winning film shall be the object of analysis.

Most critics comment on the film's sophisticated guidance of both viewer distanciation and identification.[2] Eventually, however, most scholars arrive at the conclusion that identification, and not distanciation, is the superseding feature of the film.[3] In the present essay I argue that, upon closer inspection, at least four levels of identification and distanciation need to be distinguished: 1. the diegetic characters themselves; 2. the effect of these characters and the diegetic events on the viewer; 3. cinematographic technique and its effect on the viewer; 4. the self-reflexive aspects of the film and their effect on the viewer. Most importantly, the continuous shifting between identification and distanciation, which so many

---

[1] In much of his classroom teaching and in many of his publications, Walter Hinderer has exemplified for me how to discern the political implications of aesthetic form. The present essay attempts just such a reading.

[2] John Flasher, e.g., views Oskar's ability "to arouse ambivalent emotional reactions of attraction/repulsion, of affinity/antagonism, of divine/diabolical" as that character's distinctive trait (87). Carol and Robert Reimer acclaim "Schlöndorff's way of enabling viewers to both identify with his characters and be distanced from them and the film" (124). For other commentaries that discuss this characteristic feature of the film, see Schmitz, Plard, Insdorf, and Kilborn.

[3] Carol and Robert Reimer, e.g., find that "the ambivalence of the camera perspective in *The Tin Drum* does not allow viewers to feel separate from the characters, who are shown to be responsible for nazism. [...] Viewers identify with those characters, at least insofar as ambivalence toward life and its choices is concerned" (128).

critics perceive as the dominant structural feature of the *Tin Drum*, in the end gives way to a higher-order structure of circularity, i.e., self-reflexivity. This self-reflexivity of the film opens up the possibility of a more aware and politically conscious response from the viewer.

Progressing through the four levels mentioned above, I shall provide some of the arguments that support a chain of observations on identification, distanciation, and self-reflection, though space does not permit me to prove in detail all of the connections to be discussed. Because my approach builds on the structural parallels and differences between art work and reception process, I shall transpose concepts usually reserved for the relation between artwork and recipient, i.e., identification and distanciation, into the analysis of the diegetic events themselves. 'Identification' is a process as multiple and erratic as the very notion of identity. For a working definition of the term, 'identification' here means a viewer's abandonment of self and subsequent emotional and intellectual understanding of, sympathizing with, or imaginative projecting or even ego transference into, a screen character's persona or an entire diegetic situation; to us as viewers, the character or the situation seems to have something in common with ourselves, and we thus appropriate it. I take 'distanciation' to mean a viewer's withdrawal to a self-aware spectatorial position vis-a-vis the film's characters and events.

My analysis thus concentrates on what critics such as Baudry and Metz have termed 'secondary identification,' leaving aside the more complex and less manageable processes of 'primary identification' with the camera eye and the projection situation as a whole. This alleged latter process would concern, not the actual viewer, but the so-called cinematic subject who, supposedly, always already has been put in a position of identification by and with the cinematic apparatus. It is difficult to imagine any possible emancipatory functions that this kind of archaic identification might have. Needless to say, the essay will not provide a complete reading of the film; instead, it seeks to analyze the potential impact of selected thematic and formal features upon an ideal spectator.

1. To begin with the level of plot, Schlöndorff's film, just like the Grass novel from which it is adapted, abounds with shifts between identification and distanciation. Assuming varying forms and degrees of explicitness, the interplay between identification and distanciation is a leitmotif in the private lives of the screen characters, as could easily be illustrated through the analysis of, e.g., Oskar's first romantic relationship – Oskar and Maria express their mutual affection by spitting into lemonade powder and having the other one slurp up the resulting mixture – or the melange of disgust and attraction in the infamous eel-catcher scene.

The tension between identification and distanciation on the level of plot assumes a more compelling, and politically more significant, form when Schlöndorff moves from the realm of the characters' private lives to their political fortunes. Schlöndorff does not portray the average German during the Third Reich as a Nazi through and through, but rather as an unreflecting – and therefore guilty – *Mitläufer*. The typical German character in the film is not sufficiently aware of the various positions on the political spectrum and of the ramifications of his or her attitudes and behavior. Instead of thinking, the mainstream German characters prefer to seek immediate gratification of their childish need to belong to a powerful group.[4] This limited ability and willingness to keep in sight their own political context makes Oskar's relatives and friends liable to drift from an initial distance from, or indifference about, Nazism toward an identification with Nazism, and thus toward political disaster. Schlöndorff presents us with numerous examples of infantile, immature, and deluded political behavior and of an opportunist hunger for power.[5]

Where does Oskar stand as compared with the characters mentioned thus far, all of whom suffer from a lack of consciousness about their political stance and who therefore are engulfed by the Nazi position? Clearly, Oskar is aware of the world around him. He sees the hypocrisy, and especially the sexual dishonesty, of most adults, and he protests their attitudes through his drumming, his screams, and his refusal to grow. Instead of identifying with his petit bourgeois background and participating unreflectively in the mainstream, Oskar distances himself from authority figures (such as his father, the doctor, his teacher, and the priest) and from institutions (such as school, church, and theater), disrupts the orderly formation of a group of Nazis marching in his neighborhood, and goes so far as to subvert a Nazi mass rally: Oskar makes others follow his own drum beat. There are even indications that the figure of Oskar is partially modeled on the prototype of Jesus (Plard 77).

At the same time, the film does not present the character of Oskar as the final answer. It might be more adequate to describe Oskar as reacting to his environs, rather than to refer to him as reflecting upon his context. Oskar's opposition, begun at the age of three, arises at a pre-conceptual level and lacks a reflective ethical measure – let alone anything like a controlled categorical imperative or a political program. If we choose to speak of reflection or even self-reflection on his part, then these are not thorough and comprehensive, so that eventually he is pulled under by the events. Oskar seems too irrational and grotesque, too stubborn and mischievous, too selfish, deceitful, and guilty, his resistance too inconsistent and arbitrary, to serve as a model.

Still remaining on the level of plot, we recognize three characters for whom the tension between distance from, and identification with, the Germans or

---

[4] In his *"Die Blechtrommel": Tagebuch einer Verfilmung*, Schlöndorff criticizes how the adults in Oskar's life, "even as adults, still behave like children – without a sense of responsibility and selfishly, that is, like children" (Schlöndorff 108). In an interview with John Hughes, Schlöndorff accentuates the infantilism he perceives in the characters of Grass's novel: "Grass shows Nazism deriving from the banality of middle-class life aspiring to become something else. For Grass, these people aren't very innocent. [...] And of course these people are infantile in a far more dangerous way than Oskar in the novel" (Hughes 5).

[5] Schlöndorff's interpretation of the characters in Grass's novel and their proclivity for fascism is in close accordance with Adorno's analysis of the authoritarian character in his well-known address of 1959, the same year the novel was published, "Was bedeutet: Aufarbeitung der Vergangenheit?"

Nazis leads to a decidedly higher level of reflectiveness. As endangered outsiders, Jan Bronski, Sigismund Markus, and Bebra cannot afford to drift between political positions, but they have to reflect upon their surroundings and, even more importantly, self-reflect upon their situatedness within these surroundings. For them, keeping distance from the Nazis is a matter not only of avoiding moral and political disaster but also of escaping physical destruction. However, while Bronski, Markus, and Bebra display a sense of reflection and self-awareness that is clearly more developed than that of the average member of the German populace as well as that of Oskar, their attempts at reflection are in the final analysis unsuccessful. Their reflection keeps them from identifying naively with the Nazis, but it does not serve to establish a safe distance between them and their enemies. They do not resist the Germans actively but resort to more evasive strategies. None of them (with the possible exception of Bebra – and he is, relative to Bronski and Markus, the most successful of the three and the only survivor) appears to develop a guiding principle that could give his thinking consistency, and his actions effectiveness. The devastating results suggest that, in Schlöndorff's view, for those who are themselves directly threatened by a powerful and ruthless political adversary, a certain degree of self-reflection is probably a desirable, but not a sufficient, condition of a successful outcome. To ensure such a positive outcome, the film seems to propose, either a much higher degree of self-reflection may have to be present, or a combination of reflection and self-reflection is required: our reflection on an objective measure and a corrective standard may have to be linked with our self-reflection on how our own actions are to be judged against this norm.

2. Therefore, on the level of plot, all the film's characters appear to be drawn into the action. They are too enmeshed in what is happening to them, unable to develop the kind of reflection that would help prevent complicity with, or physical destruction by, Nazism. But what about the viewers? How do we respond to the events of the film? Does the shifting between alluring and disgusting scenes on the level of diegesis produce, as the critics claim, a corresponding shift between identification and distanciation in the audience? Does this shifting eventually lead us, as the Reimers also suggest, to identify with the film's characters and their lives? Would Schlöndorff employ his elaborate edifice of identification and distanciation and his complex camera work only in order to bring home the message that we, the viewers, would inevitably have participated, and in a way do participate, in the National Socialist movement? For the purposes of the present essay the question of authorial intention is of secondary importance; still, it does not seem plausible that a director such as Schlöndorff – who had been one of the driving forces behind the politically charged *Germany in Autumn* in the preceding year and who had filmed *The Lost Honor of Katharina Blum*, a highly critical treatment of the German media and police, just a few years earlier – would produce a defeatist description of the Third Reich and not support a more productive and politically active response in the viewer.

Many problems are involved in hazarding critical guesses about audience reception. Much recent criticism has been engaged in the project of deconstructing the notion of intended audience. Also, to whom does "we" – as in "we viewers" – refer? Actual viewers are not simply cinematic subjects who have their position assigned by the institution of cinema. Different viewers will experience and evaluate a film in various ways. This will be especially true for a film with international mass appeal such as the *Tin Drum*. Nevertheless, artwork and reception are not completely separate from one another. The complexity of the issue must not discourage the critic from at least making an attempt at establishing some general points about the crucial connection between a film and its audience.

Again and again, the viewer is offered moments of identification and, almost always within the very same sequence, has to confront repulsive scenes with saliva and excrement, plenty of sex, and scenes that simply strike us as strange. For example, Oskar alternates between referring to himself in first-person narration ("I") – thus offering the audience an object of identification – and in third-person narration ("Oskar") – thus creating distance. In fact, simply by both seeing Oskar on the screen and at the same time being subjected to the first-person voice-over, the viewer experiences the double focus of narration at any given moment. In the case of Oskar, a character both fascinating and frightening, such a double focus has an especially unsettling effect on the viewer, for our feelings regarding the same object vacillate between extreme opposites and we must begin to doubt our own ability for moral judgement. In the end, though, it seems that the critics are right, and, like the film's characters, we are most often pulled in by Schlöndorff's powerful images and their entertaining horror. Even though some of the events unfolding before our eyes may be disgusting, the overall effect is not a distancing, but a captivating one. When analyzed on the level of plot, then, a shift between identificatory and distancing scenes does not necessarily support the viewer's ability to reflect.

3. When, however, the analysis of the shift between identification and distanciation advances from the level of diegesis to the level of technique, the effect on the viewer appears to be of a different order: the way we engage in the events of a story is not the same as the way we engage in the style of their narration. Schlöndorff reproduces the content-related tension between desire and horror, pleasure and alienation, by way of multiple formal means: lenses and cameras (hand-cranked Askania vs. automatic camera), film speed (16 vs. 24 frames per second), film stock (positive vs. negative, infra-red vs. regular, grainy vs. smooth), realistic colors vs. tint, iris-in and iris-out, dissolves, slow motion, music (sentimental epic theme vs. jarring sounds). The filmic techniques employed by Schlöndorff in the service of distanciation and identification reinforce one of the most pervasive features of postwar German literature, art, and culture, the alienation effect, which Brecht and others had championed already before the war. Schlöndorff's techniques are inspired by corresponding narrative moves on the part of Grass; however, they are not mere decals of direct prototypes in Grass's novel. Instead, Schlöndorff's creative adaptation translates Grass's liter-

ary project into the medium of film and finds specifically cinematographic ways of expression.[6]

Through these technical means, the movement between identification and distanciation is recreated in our, the audience's, relationship to the film. It could be argued – and such a line of argument would suit the analysis by Carol and Robert Reimer – that Schlöndorff forces us to do more than intellectually observe his film. According to this view, we would undergo the film as an experience, we would re-live its characters' lives. Through a sympathetic movement we would participate in, and become a part of, the story. In more political terms, we would thus find ourselves in a situation comparable to the one the Germans encountered during the Third Reich, and we would understand so much better how difficult that situation must have been to handle. Even for us today, such an analysis of *The Tin Drum* would argue, the political situation out of which fascism arose is not simply an alien evil, but it can become a confusingly real experience of uncertainty – an experience that could demonstrate to us that we, subjected to the same political pressures the Germans were under during the 1930s, would of necessity identify with the Nazi movement and drift into political disaster, just as unreflectively as the Germans did then. Schlöndorff's film would thus enable us to sympathize with, and possibly even to excuse, the Germans under Hitler.

However, I would hold against this line of argument that – unlike the shifting between identification and distanciation on the level of content, which pulls the viewer in – a shifting between identification-enhancing and distance-creating features on the level of filmic technique will have a predominantly distancing effect on the spectator. The characters' and the viewers' identification and distanciation take place on different levels – indeed, this is why usually the terms 'identification' and 'distanciation' are reserved for the level of audience reception. "To participate in" is not necessarily homonymous with "to become part of": as viewers of the film, we are involved not in the plot itself, but in its reception; we experience not simply the events depicted, but also the depiction of these events. One ontological level removed from the depicted reality, we are less entangled in the experiential content of the film than the film's characters are and direct our observation more toward the shape in which the experience is presented to us. For us, the film's formal features and techniques are an essential part of the experience. Not simply the difference in ontological level, but the fact that this difference is both highlighted via distanciation and becomes part of a movement which the viewers undergo, helps to explain the viewers' ability to develop a more reflective response.

4. Even more importantly, Schlöndorff does not stop with a mere to-and-fro between viewer identification and distanciation. He employs his technical means to enhance his audience's ability to break out of a position of passive

---

[6] For discussions of the film in relation to the debate about cinematographic adaptation of literary works in general, and with respect to Grass's novel in particular, see Schlöndorff, Plard, Head, Coury, and Kilborn.

dependence on the story and its filmic presentation. With this aim in view, Schlöndorff introduces a structure that lies beyond a to-and-fro: circularity. To-and-fro movement and circular movement are closely related, in that circular movement both encompasses and surpasses the moves of identification and of distanciation: it does move away and create distance and a certain measure of objectification, and at the same time it relates the newly gained position back to the initial standpoint. All 're-flection' is, as the word's etymology implies, 'bent back upon itself' and thus circular; but only self-reflection makes this circular structure its topic. That the circular structure is an intentional feature of Schlöndorff's film becomes especially probable when we observe how many of his other films display various forms of self-reflection. Such self-reflection appears, e.g., in the attic scenes in *Young Törless* (1966), in the photography of rural life in *The Sudden Wealth of the Poor People of Kombach* (1971), in the mirror images in *The Lost Honor of Katharina Blum* (1975) – where the act of seeing, because it is mediated through a mirror, is transformed into the act of seeing-oneself – or in *Death of a Salesman* (1985) – where the studio situation and the cinematographic apparatus are prominently displayed.

As noted above, other critics have observed the to-and-fro between identification and distanciation both within the diegesis of the film and, even more so, on the level of viewer response. But these same critics have failed to differentiate between the various levels and forms of this to-and-fro. More significantly, they have not related the phenomenon of oscillation to that aspect of the film in which such a mere shifting of consciousness is left behind and in which the possibility of a circular structure of consciousness is suggested: the process of self-reflection. Through this crucial move, the film advances its argument onto a level of greater logical complexity, and thereby enables the spectator to rise to a higher level of understanding. Noteworthy is the connection between work aesthetics and reception aesthetics that suggests itself at this point: the circular structure of self-reference in the body of the film promotes the circular structure of self-reflection in the viewer. Because in *The Tin Drum* self-reflection is framed by certain objectifying conditions to be discussed shortly, the film is able to guide the viewer through aesthetic self-reflection to political self-reflection.

We can hope to gain important insights into a literary work or a film by focusing on those instances where this text or film displays a circular structure. Such points of circularity tend to be revealing because it is here that a text or a film highlights one of its own features or even makes assertions about its own genre or about the medium of literature or film altogether. More often than not, we will have an opportunity to learn about what the artist thinks a specific kind of text or film should, or should not, be like. In this way, whenever a text or a film becomes self-reflexive, it is likely to tell us something of general and programmatic importance which will assist our understanding with respect to the specific work of art at hand.

Schlöndorff's *The Tin Drum* displays just such an episode of conspicuous circularity: the scene of Jan's execution. As I observed earlier with respect to many of his other cinematographic moves, this instance of Schlöndorff's strategy also does not have a direct model in the repertoire of Grass's literary techniques. Instead, it derives its effectiveness from foregrounding specifically the medium of film, its apparatus, its institutions, and its workings. Immediately prior to the execution, the defenders of the Polish post office are lined up against the wall. Schlöndorff's camera swings around and approaches the scene from the left-hand side. At this very moment, we see not only the prisoners awaiting their execution, but also a German newsreel camera filming the event. First while being led by members of the *Heimwehr* to his place before the firing squad, then while standing at the place of execution, in a zoom shot which subsequently becomes part of a shot/counter-shot with Oskar's view, Jan looks directly at the newsreel camera and thus at the millions of Germans who watched the newsreel in 1939. However, because Schlöndorff has placed his own camera behind the newsreel camera, our view catches exactly the same perspective the German audience of 1939 must have had. We thus become co-voyeurs of the spectacle, and as accomplices, we also perceive Jan's despondent look as directed at us – especially if "we" are German ourselves, or among a German audience.

However, while showing us the viewfinder of the newsreel camera, Schlöndorff decides not to draw us in completely. He does not strive to imitate any possibly still existent newsreel footage, and he therefore does not present the scene directly through the newsreel camera, as supposedly authentic and historic black-and-white footage – something well within his range of possibilities, as we can infer from his use of the manual Askania, the older film stock, and the sepia tint at other points in the film. Instead, Schlöndorff allows for some identification to take place for the audience – we share the angle from which we view the scene with the audience of the original newsreel; but by being shown the newsreel team, its camera, and its recording equipment, we also become aware of the context and can thus gain critical distance.

Of course, the mere self-reflexive display of the filmic apparatus does not necessarily result in a distancing effect: many Hollywood musicals – as, e.g., *Singing in the Rain* – show us the movie industry on the "other" side of the camera, but they actually affirm the status quo and do not attempt to raise the viewer's level of critical or even political attention. In the *Tin Drum*, however, we see film-making as the accomplice to a war crime – an aggressive camera participates in the repulsive act of "shooting" innocent civilians – and we begin to understand how the film of the *Deutsche Wochenschau* would manipulate the contemporary German audiences' political attitudes. We are given a reason to be aware and suspicious, and to ask questions regarding our own viewership. Rather than interpret the film's self-reflexive features as an expression of the director's playful and allegedly aimless fascination with the medium, as most postmodern film critics would, it seems more appropriate to Schlöndorff and his entire oeuvre to recognize the political potential that these self-reflexive features may carry.

Unlike Oskar's family and friends, and also unlike the contemporary German audience of the 1939 newsreel – unlike, that is, the spectator of any work of art that adheres to a fascist aesthetics, such as Leni Riefenstahl's *Triumph of the*

Will – we are permitted to keep a check on our identification with the film's characters and with its events in general. Schlöndorff's strategy affords us a chance to stop, think, be critical, and judge. First we are drawn into the experience – in fact, we view the scene from the perspective of the perpetrators of the crime – and then our perception is widened for us to be able to take a second look and reassess the situation. Instead of being caught in a non-reflective, possibly even subconscious, participation in the depicted events, or even a to-and-fro between identification and distanciation, we can break through to an enlarged political consciousness.

That the presence of self-reflection is no guarantee of an ethically or politically desirable outcome is apparent from the cases of Bronski, Markus, and Bebra. While these three characters' self-reflection does not primarily aim at *moral* judgement about *themselves*, we, in the crucial scene analyzed above, are referred back to considerations of our own accountability: how would we ourselves have responded to this *Wochenschau* in 1939? How do we customarily react to comparable newscasts in the present? Are we enlightened and critical, or are we naively pernicious viewers and readers of news, documentaries, histories, and films? Do we, by our partaking of images of violence and destruction, become an involved party? In effect, our own moral worth is involved in the discussion, and we may expect our conscience to become a motivating factor in our response.

Still, self-reflection is at first merely a formal phenomenon. It can be morally weak and ineffective, or narcissistic, or it can even be actively designed by the individual to sever him- or herself from substantial obligations and set out on an unethical path. Reflection and self-reflection are ambivalent in their political results: they can help us shape ethical intuition and habit, and they can help us formulate a principled stance, but they are also prone to corrupt our intuitive motivation for the moral good. In order to advance self-reflection not only quantitatively but also qualitatively, what is needed in addition to the formal component of self-reflection is an ethical measure to make the operation more consistent and categorical, and to validate critique and give orientation. As we are here dealing with a case from the historical past, such a normative standard seems to have been established: we know that the German attack on the Polish post office of 1939 has received clear condemnation by the public conscience and the legal courts of the world. Even if we consider this judgement to be based on mere consensus, such a standard should be deemed sufficient for a work of art which strives for mass appeal and which does not aim to build a strictly logical argument. Thus, self-reflection is not simply left to cogitate on its own, but it receives substance by working in concert with reflection on an objective norm. Against this corrective standard we can judge our own moral and political perception of the events depicted. The viewer is made conscious of the possibility of a normative judgement through a minimal and almost immediate self-reflexive device which is both aesthetically sleek and ethically efficient. This device is able to catalyze moral reflection from amidst the filmic portrayal of a confusing experience, in fact, of a situation in which all ethical and political norms seem to have been corrupted.

Besides Schlöndorff's baring of the cinematic device, it is Jan's look at us that breaks the illusion of a separate world within the film and refers to the spectatorial relation and to us, the viewers.[7] A film actor, of course, cannot in fact address an individual viewer but only a generalized audience; and yet, the individual viewer may interpret Jan's look as being directed at him or her personally. Jan's look issues an ethical appeal: this is supported by other ambivalent or dubious situations in the film where Schlöndorff has his characters look directly at the camera, and in these situations he also appears to ask the viewer for a moral evaluation of the events – e.g., when Joe Colchic provocatively smiles at us as the rather suspicious rumors about his further life in the United States are reported, or when Agnes peers at us with an expression of disdain and caution after Jan has secretly, though in the presence of the entire family, caressed her while she was playing the piano. In the case of Jan's look before the execution, we are granted the distance necessary to recognize this look, not as merely resigned or deranged, but also as implying an accusation, and we can thus begin to ask questions about responsibility and guilt.

The circular, self-consciousness-promoting structure of Schlöndorff's film not only invites us to implicate ourselves in the aesthetic process, but at the same time encourages us to proceed beyond the film into an analysis of our real-world attitudes and actions. *The Tin Drum* activates us through its *ex negativo* ethics: it does not portray examples of unreflective goodness, i.e., characters who achieve moral excellence but do not reflect, as it is unlikely that such intuitively moral characters could, at least on their own, overcome a foe as calculating and deadly as the Nazis. Besides, the depiction of such characters in a film as focused on reflection as Schlöndorff's might have led to a contradiction between message and messenger. The film also does not display characters who, through their reflection, are successfully able to oppose the regime. In fact, no positive model is presented. When the disillusioned German officer, standing on top of a huge concrete bunker on the Atlantic coast, says, "We don't have faith in anything any more," this seems true for all characters in the film, no matter what their position. *The Tin Drum* depicts no satisfactory stance vis-a-vis ethical and, more specifically, political evil; it diagnoses the ill, but does not hand us a cure. An ideal is only indirectly implied by way of the untenability of all the positions presented, i.e., those of the average Germans, Oskar, and the outsiders such as Jan, Markus and Bebra. It is solely through the viewer's self-reflection that the film's bleak vision might possibly be transformed into politically productive insight and action. *The Tin Drum* is an opportunity, not a guarantee. The film's self-reflexive structure may be a necessary, but certainly is not a sufficient condition for a politically advantageous outcome; it suggests to the viewers that they

---

[7] For a recent treatment of the phenomenon of the direct look at the camera, see Weeler Winston Dixon.

need to contribute to, not a passive-receptive and culinary, but an interactive and demanding relationship.

In the entire sequence dealing with the occupation of the Polish post office in Danzig, there appears another element of filmic self-reflection that needs discussion. It is striking to observe the emphasis that is laid on the participation of the mass media. Having started with the newspaper boy calling out the headline of the day, the sequence continues with the original soundtrack of Hitler's *Reichstag* speech of September 1, 1939, announcing the invasion of Poland. While in actuality camouflaged German troops had attacked the German radio station in Gleiwitz, Hitler claims that the Germans are only retaliating against hostile actions initiated by the Poles: "Since 5:45 this morning, their fire is being returned." To any informed viewer of the film – and it may constitute a weakness in Schlöndorff's conception that he must presuppose a minimum of historical information to have been imparted to the viewer before the viewing experience – it is clear that we are listening to the nationwide broadcast of a lie that pre-empts and perverts historical reality. Focusing further on the role of the mass media, the sequence proceeds to show both the apparatus and the process of newsreel filmmaking. At its end, the sequence reconnects with its beginning: again we see historical reality being distorted when the official German newsreel visually portrays the Polish defenders of the post office as rebels who are rightfully punished; the notorious voice of the *Wochenschau* commentator we have to add in the backs of our minds. It may be significant that this sequence is followed almost immediately by a scene of mass frenzy: upon Hitler's arrival in Danzig, the city's streets are thronged with cheering crowds. It appears that the mass media, including the *Wochenschau*, have done thorough work.

Ironically, at the conclusion of the post office sequence, Oskar seems to derive a certain measure of pride, and a sense of affirmation as a reliable narrator, from the fact that the events had been documented on film and thereafter were screened for audiences all over Germany: "The state newsreel recorded a short film sequence about us, which was later shown in all the movie theaters – because what Oskar witnessed in the Danzig Post Office later went down in the annals of history as the beginning of the Second World War." However, it is at best the Nazi newsreel film that would corroborate his naive and unconscious attitude, while the more reflective "voice" of Schlöndorff's camera communicates assertions very different from the ones Oskar's own voice is pronouncing. It may be significant in this context that Oskar, while he attests to his having been a witness to these historic events, is shown being carried away by a giant member of the *SS-Heimwehr*, and helplessly looking back at his alleged father's execution. A further irony of the scene may be that the Nazis, while they filmed the event for their own propaganda purposes, actually – as we can now observe on screen – recorded and documented a war crime perpetrated by themselves.

We are able to understand the manipulating role of the Nazi mass media, not by staying within the frame provided by the Nazi newsreel camera and Oskar's voice-over, but by looking outside of the restricted scene of the newsreel, by reconceiving and taking into consideration the surrounding context, and by reading beneath the surface of Oskar's seeming satisfaction. Within and through his film, Schlöndorff – both an accomplished director and an academically trained political scientist – uncovers the methods of filmic construction and directs our attention to the fact that events, not only in feature films but also in newsreel documentaries, do not simply happen but are composed for the camera with specific political intentions. This kind of film-making trains the viewer to see film not as a fact, but as an act, not as *histoire*, but as *discours*, not as natural given, but as man-made construction and thus changeable. We must suppose that, quite differently, the Nazi newsreel makers filmed the execution scene in such a way as to cut off such considerations and such questions. Surely the contemporary German spectator of 1939, who in general had not been encouraged to become a critical viewer, was made to put on blinkers and was not granted the privilege of viewing the entire context and understanding its political implications. Our advantage over the original audience stems from watching, not an alleged documentary newsreel, but a feature film which – in both senses of the word – comprehends such an alleged documentary.

Obviously, Schlöndorff is here cautioning his audience against the dangers of the mass media, such as newspaper, radio, and film. In fact, his warning might be understood as implying the assertion that all film in general is a dangerous medium of deception and manipulation. Such a move may appear as self-criticism, or even as if Schlöndorff is contradicting himself. However, if Schlöndorff endeavors to remain logically consistent, he surely cannot here, within a film, intend to turn against film as such. Schlöndorff's position may be interpreted as consistent if we assume he is asserting, not the perilousness of film in general, but rather, more precisely, the perilousness of certain ways in which film can be framed and used. While it may be correct to say that all film creates, at least to a certain extent, illusion, the important question is whether this illusion, for ill political purposes, distorts and covers up, or whether it opens eyes, promotes self-awareness, and sharpens critical attitudes. Ironically, when asking this question and when warning against film, one of the most effective ways to make headway is precisely within film. Thus, representation can consistently be employed in the service of the critique of representation.

According to the present analysis, *The Tin Drum* is more conscious of its own constructedness than critics have heretofore been ready to acknowledge. The film is a sophisticated synthesis of conventional and critical film-making, of dominant commercial cinema and counter-cinema. While *The Tin Drum* does involve us in a fascinating story, at the same time it reveals the discursive tracks of its making; through a surplus of discourse over story, it activates us and encourages us to overcome unreflective identification. The most prominent instances of such surplus are the circular structures that Schlöndorff inserts into his film. In these moments of circularity, *The Tin Drum* demonstrates the power of self-reflection to help avert the dangers of a closed-minded, unreflective view of the political scene.[8]

Works Consulted

Adorno, Theodor W. "Was bedeutet: Aufarbeitung der Vergangenheit?" *Eingriffe: Neue kritische Modelle*. 8th ed. Frankfurt a.M.: Suhrkamp, 1974. 125-146. English translation in: *Bitburg in Moral and Political Perspective*. Ed. Geoffrey Hartman. Bloomington: Indiana UP, 1986. 114-129.

Coury, David. "Transformational Considerations in the Filmic Adaptation of Günter Grass' *Die Blechtrommel*." *New German Review* 8 (1992): 74-84.

Dixon, Weeler Winston. *It Looks at You: The Returned Gaze of Cinema*. New York: State University of New York Press, 1995.

Flasher, John. "The Grotesque Hero in *The Tin Drum*." *Holding the Vision: Essays on Film: Proceedings of the First Annual Film Conference of Kent State University*. Ed. Douglas Radcliff-Umstead. Kent, Ohio: International Film Society, 1983. 87-93.

Head, David. "Volker Schlöndorff's *Die Blechtrommel* and the 'Literaturverfilmung' Debate." *German Life and Letters* 36 (1983): 347-67.

Hughes, John. "*The Tin Drum*: Volker Schlöndorff's 'Dream of Childhood.' " *Film Quarterly* 34.3 (Spring 1981): 2-10.

Insdorf, Annette. *Indelible Shadows: Film and the Holocaust*. 2nd ed. New York: Cambridge UP, 1989.

Kilborn, Richard. "Filming the Unfilmable: Volker Schlöndorff and *The Tin Drum*." *Cinema and Fiction: New Modes of Adapting, 1950-1990*. Ed. John Orr and Colin Nicholson. Edinburgh: Edinburgh UP, 1992. 28-38.

Plard, Henri. "Sur le film *Die Blechtrommel*: de Grass à Schlöndorff." *Études Germaniques* (Jan.-Mar. 1980): 69-84.

Reimer, Robert C., and Carol J. Reimer. *Nazi-Retro Film: How German Narrative Cinema Remembers the Past*. New York: Twayne, 1992.

Schlöndorff, Volker. *"Die Blechtrommel": Tagebuch einer Verfilmung*. Darmstadt: Luchterhand, 1979.

Schmitz, Helmut. "Bilder aus einer deutschen Kindheit." *Frankfurter Rundschau* 17 May 1979.

---

[8] I would like to thank Jennifer Herdt, Anton Kaes, Mark Roche, and Marc Silberman for their comments on an earlier version of this paper.

Alois Wierlacher

Günter Grass: *Über die Toleranz*[1]

Zu literarischen Toleranzreden in Deutschland und zum Verhältnis von Literatur und auswärtiger Kulturpolitik bei Grass

I.

Am 7. Juni 1974 hielt Günter Grass anläßlich des Landtagswahlkampfes in Niedersachen eine Rede *Über die Toleranz*[2]. Bereits fünf Jahre früher, am 2. Februar 1969, hatte sich Grass anläßlich der Verleihung des Theodor Heuss-Preises in München dezidiert zur Toleranz geäußert[3]; ein drittes Mal kommt der Autor im Rahmen seines Interview-Gesprächs vom 10. September 1974 mit Heinz Ludwig Arnold auf die Toleranz zu sprechen[4].

Im selben Jahr 1974 erscheint die Neuauflage der Toleranz-Rede von Stefan Andres aus dem Jahre 1958[5], beteiligen sich Hermann Kesten[6] und Martin Wal-

---

[1] Zur Themenwahl des Beitrags: Walter Hinderer hat viele Jahre lang an führender Stelle an der Entwicklung einer interkulturellen Germanistik mitgewirkt. Er war Gründungsmitglied der Gesellschaft für interkulturelle Germanistik (GIG) und gehörte von 1984-1994 ihrem Gründungsvorstand an; er hat mehrere Kongresse mitgestaltet und sich an der Begründung einer kulturwissenschaftlichen Fremdheitforschung interkultureller Germanistik beteiligt, vgl. Walter Hinderer: *Das Phantom des Herrn Kannitverstan. Methodische Überlegungen zu einer interkulturellen Literaturwissenschaft als Fremdheitswissenschaft*. In: Alois Wierlacher (Hg.): Kulturthema Fremdheit. Leitbegriffe und Problemfelder kulturwissenschaftlicher Fremdheitsforschung. Mit einer Forschungsbibliographie von Corinna Albrecht et al. München 1993, S. 199-217. Ein zweites großes Thema interkultureller Germanistik, das zwanglos aus ihrer fremdheitswissenschaftlichen Grundlegung folgt, ist die Entwicklung einer interdisziplinären Toleranzforschung; sie wurde auf dem Straßburger Kongreß der GIG (1991) ins Leben gerufen und hat inzwischen zu einer Vielzahl von Publikationen geführt. An diese wissenschaftsgeschichtlichen Zusammenhänge der Arbeit Hinderers will die Themenwahl des vorliegenden Beitrages erinnern.

[2] Vgl. Günter Grass: *Über die Toleranz*. In: Werkausgabe in zehn Bänden, Band IX, hrsg. von Daniela Hermes, Darmstadt/Neuwied 1987, S. 650-658.

[3] Vgl. Günter Grass: *Konflikte*. In: Werkausgabe in zehn Bänden, Band IX, hrsg. von Daniela Hermes, Darmstadt/Neuwied 1987, S. 327-333.

[4] Vgl. Günter Grass: *Die Verzweiflung arbeitet ohne Netz*. In: Werkausgabe in zehn Bänden, Band X, hrsg. von Klaus Stallmann, Neuwied 1987, 136-171.

[5] Vgl. Stefan Andres: *Toleranz*. In: Stefan Andres: Der Dichter in dieser Zeit. Reden und Aufsätze. München 1974, S. 189-201.

ser[7] am zeitgenössischen Toleranzgespräch, legt Alexander Mitscherlich seine dritte Stellungnahme zur Verteidigung der Toleranzidee vor[8]. Zwei Jahre später, am 6. März 1977, nimmt auch Friedrich Dürrenmatt zur Idee der Toleranz Stellung[9], wendet sich in der damaligen DDR der Ostberliner Franz Führmann anläßlich der Verleihung des Kritikerpreises für Literatur der Toleranzfrage zu[10]. In Österreich wehrt sich Friedrich Torberg gegen die „höchst seltsame Form von Toleranz [...], die demjenigen, dem sie gilt, erst dann zugute kommt, wenn er darauf verzichtet, das zu sein, was er eigentlich ist. Also eine Toleranz um den Preis der Selbstaufgabe. Also eine Toleranz, die nicht bereit ist, Andersartigkeit zu akzeptieren. Also keine Toleranz"[11]. Um dieselbe Zeit versucht Karl Popper[12] eine neue Begriffsbestimmung der Toleranz zu formulieren, findet die Vorurteilsforschung signifikante Merkmale des Profils einer toleranten Persönlichkeit heraus[13], werden in der Bundesrepublik wegweisende Toleranz-Urteile gefällt[14],

---

[6] Vgl. Hermann Kesten: *Partei! Partei! Wer sollte sie nicht nehmen...*". In: Uwe Schultz (Hg.): Toleranz. Die Krise der demokratischen Tugend und sechzehn Vorschläge zu ihrer Überwindung. Reinbek 1974, 106-120.

[7] Vgl. Martin Walser: *Wie es auch paßt*. In: Uwe Schultz, aaO. S. 136-149, hier S. 144.

[8] Vgl. Alexander Mitscherlich: *Toleranz - Überprüfung eines Begriffs*. In: Ders.: Toleranz - Überprüfung eines Begriffs. Ermittlungen. Frankfurt a. M. 1974, S. 7-34 Auch in: Alexander Mitscherlich: Gesammelte Schriften V. Sozialpsychologie 3. Hrsg. v. Helga Haase. Frankfurt 1983, S. 429-455. - Vgl. auch ders.: *'Wie ich mir - so ich dir'. Zur Psychologie der Toleranz.* In: Psyche. Zeitschrift für Tiefenpsychologie und Menschenkunde in Forschung und Praxis 5,1 (1951), S. 1-15 (auch in: Alexander Mitscherlich. Gesammelte Schriften V. Sozialpsychologie 3. Hrsg. v. Helga Haase. Frankfurt a. M. 1983, S. 410-428); Alexander und Margarete Mitscherlich: *Die Unfähigkeit zu trauern*. Frankfurt 1967, Kapitel V: Proklamierte und praktizierte Toleranz.

[9] Vgl. Friedrich Dürrenmatt: *Über Toleranz*. Rede anläßlich der Verleihung der Buber-Rosenzweig-Medaille am 6. März 1977. In: Werkausgabe in dreißig Bänden, Bd.27: Philosophie und Naturwissenschaft, Zürich 198o, S.125-149.

[10] Vgl. Franz Führmann: *Toleranz - ein deutsches Fremdwort*. Rede zur Verleihung des Kritikerpreises 1977 für Literatur. In: Ders.: Essays, Gespräche, Aufsätze 1964-1981. Rostock 1993, S.401-403.

[11] Friedrich Torberg: *Das Unbehagen in der Gesinnung*. In: F.T.: *Apropos*. Nachgelassenes Kritisches. Bleibendes. Band 2, München 1981, S.284 f.

[12] Vgl. Karl Popper: *Duldsamkeit und intellektuelle Verantwortlichkeit* [1981, anläßlich der Entgegennahme des Dr. Leopold Lucas-Preises am 26. Mai 1981 in Tübingen]. In: Dieter Stuhlmacher/ Luise Abramowski(Hg.): *Toleranz*. Tübingen 1982, S. 165-185; die Wiener Fassung des Vortrags für das Toleranzgespräch in der Alten Universität in Wien am 16. März 1982 wurde zuerst veröffentlicht in *Offene Gesellschaft - offenes Universum*. Franz Kreuzer im Gespräch mit Karl Popper. Wien, 3.Aufl. 1983, S. 103-117; diese Fassung findet sich auch in Karl Popper: *Auf der Suche nach einer besseren Welt*. München 1984, S.213-229.

[13] Vgl. hierzu Jürgen Blattner: *Toleranz als Strukturprinzip. Ethische und psychologische Studien zu einer christlichen Kultur der Beziehung*. Freiburg u.a. 1985, S. 327.

[14] Ich erinnere nur an das Urteil des Bundesverfassungsgerichts vom 17. Dezember 1975 über die Verfassungsmäßigkeit der christlichen Gemeinschaftsschulen in Baden-Württemberg, vgl Entscheidungen des Bundesverfassungsgerichts, Band 41, Tübingen 1976, S. 64.

die jene verschüttete Anerkennungskategorie der Toleranz wieder freilegen, die bereits Goethe in seinen *Maximen und Reflexionen* vorgetragen hat[15].

Keine der angeführten Toleranzreden ist, soweit ich sehe, in der grund- oder fremdsprachenphilologischen Germanistik gewürdigt oder auch nur des näheren beachtet worden. In den Radius der Aufmerksamkeit wurden die angeführten Reden erst im Zuge der Entwicklung einer interdisziplinären und interkulturellen Toleranzforschung durch die interkulturelle Germanistik gerückt[16], die es als ihre ausdrückliche Aufgabe ansieht, Toleranzprobleme zu erforschen; sie hat mittlerweile zahlreiche Publikationen[17] und in Ergänzung einiger punktueller Vorarbeiten[18] auch die erste Bibliographie wissenschaftlicher Neuerscheinungen zur Toleranzdiskussion in Deutschland nach 1945 vorgelegt[19].

Dagegen enthält der Kommentar der Grass-Ausgabe von Volker Neuhaus nicht den geringsten Hinweis auf das Toleranzthema oder mögliche Zusammenhänge der Grass-Texte und spiegelt in dieser merkwürdigen Abstinenz die Vernachlässigung des Toleranzthemas in der germanistischen Literatur- und Sprachwissenschaft: abgesehen von der interkulturellen Germanistik halten sich sämtliche Spielarten der Literaturwissenschaft bis hin zur Theorie der Austauschbeziehungen zwischen Literatur- und Rechtssystem[20] in Toleranzfragen

---

[15] Vgl. Johann Wolfgang Goethe: *Maximen und Reflexionen* Nr. 151 f. (1809/1829) : "Toleranz sollte eigentlich nur eine vorübergehende Gesinnung sein; sie muß zur Anerkennung führen. Dulden heißt beleidigen [...] Die wahre Liberalität ist Anerkennung", in: Hamburger Ausgabe, Band 12 (1953), S. 384f.

[16] Vgl. Alois Wierlacher: *Toleranzforschung. Zur Forschungsplanung interkultureller Germanistik. Ein Plädoyer*. In: Jahrbuch Deutsch als Fremdsprache 18 (1992), S. 13-29.

[17] Vgl. Alois Wierlacher: *Fremdheitsforschung als Toleranzforschung*. In: ders. (Hg.): Kulturthema Fremdheit. Leitbegriffe und Problemfelder kulturwissenschaftlicher Fremdheitsforschung. Mit einer Forschungsbibliographie von Corinna Albrecht et al. München 1993,S. 78-86; ders.: *Was ist Toleranz? Zur Rehabilitation eines umstrittenen Begriffs*. In: Jahrbuch Deutsch als Fremdsprache 19 (1994), S. 115-138; ders. (Hg.): *Toleranzkultur. Zu einer Grundaufgabe internationaler Kulturarbeit in der modernen Zivilgesellschaft*. In: Jahrbuch Deutsch als Fremdsprache 20 (1994), S. 101-266; ders. (Hg.): *Kulturthema Toleranz. Zur Grundlegung einer interdisziplinären und interkulturellen Toleranzforschung*. München 1996; ders.: *Die vernachlässigte Toleranz. Zur Grundlegung einer interdisziplinären und interkulturellen Toleranzforschung*. In: Kulturthema Toleranz, aaO. S. 11-30; ders.: *Aktive Toleranz*, aaO. S. 51-82; ders.: *Toleranzdiskurse in Deutschland. Prolegomena zu einer Geschichte des öffentlichen Toleranzgesprächs in der Bundesrepublik Deutschland (1949-1989)*, aaO.S.515-564; ders.: *Toleranzkultur. Zur Konturierung auswärtiger Kulturpolkik als Toleranzpolitik*. In: Dieter W. Benecke (Hg.): Kultur Wirtschaft Politik. Deutschland im internationalen Dialog. Leipzig 1998, S. 66-86.

[18] Vgl. Robert Claus: *Toleranz. Beitrag zur Diskussion einer Problematik*. Berlin 1985 und Jürgen Blattner: *Toleranz als Strukturprinzip* (Anm.13)

[19] Vgl. *Bayreuther Bibliographie kulturwissenschaftlicher Toleranzforschung 1945-1995*. Herausgegeben von Rainer Haarbusch in Zusammenarbeit mit dem Internationalen Arbeitskreis für Toleranzforschung. In: Alois Wierlacher (Hg.): Kulturthema Toleranz aaO. S. 635-670.

[20] Vgl. Joachim Linder: *'Verarbeitung' im Rechtssystem? Zu den 'Austauschbeziehungen' zwischen Literatursystem und Rechtssystem*. In: SPIEL 9 (1990), S.37-67.

auffällig zurück. Auch die historische Literaturforschung und ihre Fachlexika übergehen mit wenigen Ausnahmen, die sich meistens auf das achtzehnte Jahrhundert in Deutschland[21] oder Frankreich[22] beziehen, den Problemkreis; der einzige größere Sammelband zum Thema wurde von der American Lessing Society herausgebracht[23]. Die sprachgermanistischen Fächer haben ihre Beschäftigung mit dem Thema bisher, sieht man von einigen Beiträgen des Sammelbandes der Universität Basel[24], des Jahrbuchs Deutsch als Fremdsprache[25] und des Bandes *Kulturthema Toleranz*[26] ab, auf die Geschichte des Fremdworts 'Toleranz'[27] beschränkt. Auch in Forschungsplanungen der DFG oder auf Kongressen nationaler und internationaler Germanistenverbände oder fremdsprachenpolitischer Vereinigungen spielt die Toleranzproblematik, soweit ich sehe, bislang keine Rolle. Kaum einer der über fünfhundert Beiträge des internationalen Germanistenkongresses in Tokyo 1990 hat sich Toleranzfragen zugewandt, obwohl dieser Kongreß der 'Begegnung mit dem Fremden' gewidmet war. So bedeutet die Frage an die internationale Germanistik, warum sie sich bis heute kaum mit Toleranzfragen befaßt habe, wohl auch eine Anfrage an ihr toleranztheoretisches Selbstverständnis.

Auf einige Begründungsmotive dieses wissenschaftlichen Desinteresses habe ich andernorts bereits aufmerksam gemacht und darf hier auf die betreffenden Veröffentlichungen verweisen[28]. Ziel des vorliegenden Beitrags ist, in knapper Form Grass' Toleranzbegriff zu verdeutlichen und plausibel zu machen, daß der Autor sein Interesse am Thema wahrscheinlich weniger dem komplexen Erneuerungsdiskurs verdankt, der nach dem Zweiten Weltkrieg entstand und von der

---

[21] Vgl. Friedrich Niewöhner: *Veritas sive varietas:* Lessings Toleranzparabel und das Buch 'Von den drei Betrügern'. Heidelberg 1988; Ursula Stephan-Kopitzsch: *Die Toleranzdiskussion im Spiegel überregionaler Aufklärungszeitschriften.* Frankfurt u.a. 1989; Raimund Neuss: *Tugend und Toleranz.* Die Krise der Gattung Märtyrerdramen im 18. Jahrhundert. Bonn 1989; David Hill: *Lessing: die Sprache der Toleranz.* In: DVJ 64 (1990), S. 218-246.

[22] Vgl. Gisela Schlüter: *Die französische Toleranzdebatte im Zeitalter der Aufklärung.* Materiale und formale Aspekte. Tübingen 1992.

[23] Vgl. Peter Freimark et al. (Hg.): *Lessing und die Toleranz.* Beiträge der vierten internationalen Konferenz der Lessing Society in Hamburg vom 27. bis 29. Juni 1985. Sonderband zum Lessing Yearbook. München 1986 (enthält Beiträge zu einer Konferenz, die 1985 in Hamburg zum Gedenken an das 1785 von Senat und Bürgerschaft Hamburgs beschlossene Toleranzedikt stattgefunden hat).

[24] Vgl. Universität Basel: *Toleranz. Forderung und Alltagswirklichkeit im Zusammenleben von Menschen verschiedener Kulturen.* Basel 1993.

[25] Vgl. die Arbeiten von Wolfgang Herrlitz/Jan Sturm: *Toleranz und Homogenisierung.* und Francois Schanen: *Sprache und Toleranz* in: Jahrbuch Deutsch als Fremdsprache 22 (1994), S.77-99 und 185-196.

[26] Vgl. in diesem Band die Beiträge von Els Oksaar: *Betrachtungen intoleranten sprachlichen und nichtsprachlichen Verhaltens,* aaO. S. 165-180 und Hannes Kniffka: *Zur Kulturspezifik von Toleranzkonzepten. Linguistische Perspektiven,* aaO. S. 205-260.

[27] Vgl. den Toleranzartikel von Alan Kirkness im *Deutschen Fremdwörterbuch.* Begonnen von Hans Schulz, fortgeführt von Otto Basler, weitergeführt im Institut für deutsche Sprache. Band 5, Berlin/New York 1981, S. 278-281.

[28] Vgl. die in Anm. 17 genannten Publikationen.

Toleranzforschung interkultureller Germanistik offengelegt wurde als einer politischen Initiative Willy Brandts.

II.

Grass' öffentliches Nachdenken über Toleranz beginnt mit einer Rede vom Dezember 1968 anläßlich der Verleihung der Carl von Ossietzy-Medaille über das Ja und das Nein, in der das Wort 'Toleranz' jedoch nicht vorkommt. Zentrale Thesen seines Romans *Der Butt* zum Dritten Weg vorwegnehmend, expliziert Grass in dieser Rede die alltägliche und politische Notwendigkeit des Kompromisses als eines Lebensprinzips, rät zum Abrücken von Polaritäten zugunsten des handlungsleitenden Regulativs, „das Ja und Nein im produktiven Wechselspiel zu verstehen" (IX,326)[29] und attackiert das weitverbreitete Block-Denken mit den Worten: „Verdächtig bleibt das Ja-aber, anrüchig ist der Kompromiß; Zwischentöne bedeuten Verrat. Denn wer sich dem Lager der Ja- oder der Neinsager nicht anzuschließen vermag, gehört zur minderen Kaste der Jeinsager"[30].

Grass vertieft diese Aufwertung der Zwischentöne und der Kompromisse in der ersten Toleranzrede vom Februar 1969. Hier formuliert der Autor toleranztheoretische Auffassungen, die ihn nicht nur in erkennbaren Gegensatz zu den in der Alltagskommunkation weit verbreiteten Vorstellungen der Toleranz als passiver Duldsamkeit, sondern auch zur breiten ideologiekritischen Ablehnung der Toleranz und entsprechender Toleranz-Forderungen von Friedrich Nietzsche über Arnold Gehlen bis zu Herbert Marcuses These von der repressiven Toleranz bringen[31]. Grass exponiert einen dreifach semantisierten Begriff politischer Toleranz: generell betont er, Toleranz sei „Stärke, nicht Schwäche" (IX,332), charakterisiert Toleranz als demokratische Tugend: „Ich will [...] sagen: die parlamentarische Demokratie ist mehr als jede andere Gesellschaftsform auf die politische Mitarbeit und Mitverantwortung ihrer Bürger gestellt. Die Tolerierung von Mehrheitsbeschlüssen und die Tolerierung der überstimmten Minderheit und ihrer Argumente setzt voraus, daß Toleranz erste demokratische Tugend ist und bleibt"; drittens und schließlich definiert Grass: „Der wütende Angriff der Gegner der Toleranz beweist, wie stark die Toleranz allen absoluten Ansprüchen im Weg steht. Tolerant sein heißt, Widersprüche aushalten können, heißt: den Kompromiß als Lösung zu respektieren" (IX,332).
In seiner zweiten Toleranz-Rede vom Juni 1974 qualifiziert Grass die Toleranz ferner als „Voraussetzung für jegliche Politik" (IX, 655) und betont: „Ich formuliere Toleranz heute schärfer, grenze sie genau ab und bin mir, auch auf

---

[29] Vgl. Alois Wierlacher: *Kritische Affirmation. Ludwig Harigs "Der kleine Brixius"*. In: The German Quarterly 63 (1990), S. 446-454.
[30] Günter Grass: Über das Ja und Nein. Rede zur Verleihung der Carl von Ossietzky-Medaille. In: Werke IX, S. 320-326.
[31] Vgl. Alois Wierlacher: *Was ist Toleranz? Zur Rehabilitation eines umstrittenen Begriffs*. In: Jahrbuch Deutsch als Fremdsprache 19 (1994), S. 115-138.

Grund von Erfahrungen, die ich gesammelt habe, bewußter, wo Toleranz, die ich als Stärke ansehe, in Schwäche umschlagen kann und Dinge zur Folge hat, die sich auch vom Standpunkt der Toleranz her nicht mehr verantworten lassen"[32]. Grass bestimmt Toleranz desweiteren nicht als 'Gebot' des Verfassungsstaates, sondern als „Angebot" der Politik (IX,653), sieht dieses Angebot in der alltäglichen politischen Wirklichkeit indessen abgewiesen und in den Machtzentren von Ost und West gleichermaßen „unter Hausarrest gestellt" (IX,654).

Im September 1974 bekräftigt Grass seine Ansicht noc einmal, Toleranz sei „als Stärke" zu bewerten (X,144) und verlangt, Toleranz nicht mit opportunistischer Schwäche zu verwechseln (X,144), sondern auch als „Voraussetzung für Aufklärung" zu begreifen (X,148).

Diese Positionsnahmen verbinden Grass mit jenem Diskurs zur Neubegründung des tradierten Toleranzkonzepts[33], der sich bald nach Ende des zweiten Weltkriegs entwickelte und dessen Stimmen unisoni betonen, daß es nach den Schrecken des zweiten Weltkriegs nicht mehr darauf ankomme, die Toleranzidee abzuweisen oder zu denunzieren, sondern neu zu festigen. Ich verweise in Auswahl auf Dolf Sternbergers Essay von 1947[34], auf Adolf Arndts großen Essay aus dem Jahre 1956[35], auf die Veröffentlichungen von Alexander Mitscherlich seit 1951[36] oder auf die These von Karl Japers, der im Gründungsjahr der Bundesrepublik und DDR (1949) Indifferenz und Unterordnungserwartung als Pervertierungen der Toleranz entlarvt und betont:. „Der Weg zur Weltordnung kann nur gelingen, wenn Toleranz herrscht"[37]. Ähnlich wie Jaspers schreibt Alexander Mitscherlich: „was immer auch die Empiriker und Realisten von der Toleranz halten mögen, wo sei *nicht* herrscht, wo sie nicht *mitherrscht*, liegt ein Mangel, ein bedrückender Notstand vor"[38]. 1952 sieht Walter Dirks in der Toleranzfrage „eine Frage auf Leben und Tod"[39], und auch der in seiner Zeit geschätzte Theologe Lilje betont, daß „in der heutigen politischen Wirklichkeit die Toleranz eine unerläßliche, lebensnotwendige Voraussetzung ist, es sei denn, daß

---

[32] Günter Grass: *Die Verzweiflung arbeitet ohne Netz* (1974). In: Werkausgabe in zehn Bänden, Band X, hg. von Klaus Stallmann, Neuwied 1987, S. 144.

[33] Vgl. Alois Wierlacher: *Was ist Toleranz?* (Anm. 31)

[34] Vgl. Dolf Sternberger: *Toleranz als Leidenschaft für die Wahrheit.* In: Die Wandlung 2,3 (1947), S. 231-250. Auch in: Ders.: Schriften IX. Gut und Böse. Moralische Essais aus drei Zeiten. Frankfurt a. M. 1988, S. 141-166.

[35] Vgl. Dr. Adolf Arndt: *Das Toleranzproblem aus der Sicht des Staates.* Bielefeld 1956.

[36] Vgl. Alexander Mitscherlich: 'Wie ich mir - so ich dir'. *Zur Psychologie der Toleranz.* In: Psyche. Zeitschrift für Tiefenpsychologie und Menschenkunde in Forschung und Praxis 5,1 (1951), S. 1-15 (auch in: Alexander Mitscherlich. Gesammelte Schriften V. Sozialpsychologie 3. Hrsg. v. Helga Haase. Frankfurt a. M. 1983, S. 410-428); Alexander und Margarete Mitscherlich: *Die Unfähigkeit zu trauern.* Frankfurt 1967, Kapitel V: Proklamierte und praktizierte Toleranz.

[37] Karl Jaspers: *Vom Ursprung und Ziel der Geschichte* (1949). 2. Aufl. München 1950, S. 282f.

[38] Alexander Mitscherlich: 'Wie ich mir - so ich dir' (Anm.36), S. 436.

[39] Walter Dirks: *Wozu tolerant sein?* In: Wissenswertes 19 (1952), S. 1-24, hier S. 11.

wir die Diktatur vorziehen"⁴⁰. Sehr ähnlich äußern sich 1974 auch Kurt Biedenkopf, Werner Maihofer, Dieter Lattmann und Peter von Oertzen zur Toleranz als einem Leitprinzip des Staates⁴¹.

Dieser hier nur durch wenige Namen repräsentierte Diskurs⁴² sieht im Toleranzprinzip grundsätzlich ein Phänomen der *Mitte*, nämlich als „Mitte zwischen Gleichgültigkeit und Überforderung dem Mitmenschen gegenüber"⁴³; die zeitgenössische Kompromißforschung lehrt entsprechend, daß Kompromisse nur auf der Grundlage unserer Toleranzfähigkeit möglich seien⁴⁴. Toleranz wird als „konstruktive" Handlungskategorie konzeptualisiert⁴⁵, als „unabdingbares Erfordernis des modernen Gemeinschaftslebens"⁴⁶, als „unerläßliche Voraussetzung menschlichen Zusammenlebens und damit organisierter Gemeinschaft"⁴⁷ und als Grundbegriff demokratischer Verfassungsstaaten⁴⁸. Toleranz gilt nicht als Grundrecht, aber doch als „Voraussetzung für die Möglichkeit von Grundrechten überhaupt"⁴⁹, mithin als Grundlage einer demokratischen Gesellschaft und „als Wertorientierung, mit deren Hilfe in Konfliktsituationen rivalisierende Grundrechtsausübungen ausbalanciert werden müssen"; ihr Status ist der eines *grundlegenden Verfassungsprinzips*"⁵⁰.

---

⁴⁰ Hanns Lilje: *Toleranz in der europäischen Welt* In: Ders. (Hg.): Kirche und Welt. München 1956, S. 67-78, hier S. 78.
⁴¹ Vgl. Kurt Biedenkopf: *Toleranz in der Demokratie.* In: Uwe Schultz (Hg.): *Toleranz. Die Krise der demokratischen Tugend und sechzehn Vorschläge zu ihrer Überwindung.* Reinbek 1974, S. 162-174; Werner Maihofer: *Toleranz und Emanzipation in der Arbeitswelt.* Von der politischen zur ökonomischen Demokratie, aaO. S 175-194; Peter von Oertzen: *Die Grundlagen der Demokratie.* In: Uwe Schultz, aaO. S. 195-208.
⁴² Vgl. Alois Wierlacher: *Toleranzdiskurse in Deutschland.* Prolegomena zu einer Geschichte des öffentlichen Toleranzgesprächs in der Bundesrepublik Deutschland (1949-1989). In. Ders. (Hg.): Kulturthema Toleranz. München 1996, S. 515-564.
⁴³ Friedrich Berger: *Toleranz und Erziehung zur Toleranz.* In: Toleranz. Eine Grundforderung geschichtlicher Existenz. Nürnberg 1960, S. 149-209, hier S. 161.
⁴⁴ Vgl. Theodor Wilhelm: *Traktat über den Kompromiß*, Stuttgart 1987, S. 87
⁴⁵ Deutscher Ausschuss für das Erziehungs- und Bildungswesen: *Zur Situation und Aufgabe der deutchen Erwachsenenbildung.* Stuttgart 1960, zitiert nach Richard Kitschigin: *Vom Geist der konstruktiven Toleranz.* In: Colloquium 14 (1960), S. 16.
⁴⁶ Vgl. Hanns Lilje: *Toleranz in der europäischen Welt*, aaO. S.78.
⁴⁷ Kurt Biedenkopf: *Toleranz in der Demokratie.* In: Uwe Schultz (Hg.): *Toleranz. Die Krise der demokratischen Tugend und sechzehn Vorschläge zu ihrer Überwindung.* Reinbek 1974, S. 162-174, hier S. 164.
⁴⁸ Günther Püttner: *Toleranz als Verfassungsprinzip.* Prolegomena zu einer rechtlichen Theorie des pluralistischen Staates. Berlin 1977 (Schriftenreihe der Hochschule Speyer 62); vgl. Friedrich E. Schnapp : *Toleranzidee und Grundgesetz.* In: Juristen-Zeitung 40 (1985), S. 857-863.
⁴⁹ Ivo Frenzel: *Das Dilemma einer Idee.* In: Uwe Schultz (Anm. 47), S. 16.
⁵⁰ Vgl. [Gerhard Besier/Klaus Schreiner]: *Toleranz.* In: Otto Brunner et al.: *Geschichtliche Grundbegriffe. Historisches Lexikon zur politisch-sozialen Sprache in Deutschland.* Band 6, Stuttgart 1990, S.445-605, S 596.

III.

In diesem Sinne betonen Grass und alle anderen angeführten literarischen Toleranzreden die Unverzichtbarkeit des Konzepts aktiver Toleranz, verteidigen diese als konstitutive „Qualität der Zivilisation" (Kesten, S. 111) und grenzen sie mit Dürrenmatt von einer „bloß passiven Bedeutung" der Toleranz (Dürrenmatt,S. 134) ab. Allen Autoren geht es weder um die religiöse noch um die persönlich-private, sondern um die politische Toleranz; Martin Walser erinnert seine Leser dezidiert daran, „daß Toleranz eine viel zu essentielle Notwendigkeit ist, als daß sie auf den nach Belieben behandelten Katalog der Privattugenden geschoben werden dürfe"[51]. Stärker als die anderen Autoren differenziert Dürrenmatt politische, religiöse und existentielle Toleranz voneinander; er sieht im Blickwinkel seines Geschichtsbildes, daß die Menschheitsgeschichte keine Vorwärtsentwicklung aus dem Reich der Notwendigkeit ins Reich der Freiheit, sondern im Gegenteil eine ins Reich der immer größeren Notwendigkeit (Dürrenmatt 147) die eigentlichen Quellen der Gefahr für das Zusammenleben in der politischen Intoleranz, welche die erreichte religöse Toleranz zu vergiften drohe und betont: „Angesichts dieser Tatsache wird es immer dringlicher, sich über das Wesen der Toleranz zu verständigen" (Dürrenmatt 134) und akzentuiert: „ohne Toleranz" werde die neue Welt" zur Hölle" werden (Dürrenmatt 148).

Es muß hier offenbleiben, ob Grass und die anderen Schriftsteller diese Zeitstimmen und zeitgenössische Analysen wie die Arbeiten von Jöhr[52] oder Oetinger[53] gekannt haben, der bereits Anfang der fünfziger Jahre eine Erziehung zur Demokratie als Lebensform anstrebte, Anfang der siebziger Jahre eine Kompromißtheorie vorlegte[54] und betonte: „Wirkliche Toleranz findet vielmehr nur dort statt, wo die Dissonanz der verschiedenen Glaubensgründe empfunden und durchgestanden wird"[55]. Offen muß ferner bleiben, wem Grass bei der Konzeption von Toleranz als Tugend folgt; der Tugend-begriff von Toleranz bleibt auch nach dem Zweiten Weltkrieg ein konstantes Motiv der Diskussion, von Walter Rest über Uwe Schultz' Sammelband (1974) bis zu Iring Fetscher[56].

---

[51] Martin Walser: *Wie es auch paßt*. In: Uwe Schultz (Anm. 47), S. 136-149, hier S. 144.

[52] Vgl. W.A. Jöhr: *Der Kompromiß als Problem der Gesellschafts-, Wirtschafts- und Staatsethik*. Tübingen 1958.

[53] Vgl. Friedrich Oetinger: *Partnerschaft- Die Aufgabe der politischen Erziehung*. Stuttgart 1953; vgl. Wolf Dieter Otto: *Toleranzkultur und Pädagogik oder: Wie reden deutsche Pädagogen über Toleranz?*. In: Alois Wierlacher (Hg.): Kulturthema Toleranz. München 1996, S. 565-631, hier s. 586 ff.

[54] Vgl. Friedrich Oetinger: *Traktat über den Kompromiß*. Stuttgart 1973.

[55] Oetinger aaO. S. 151.

[56] Vgl. Walter Rest: *Toleranz. Eine Bildungsaufgabe und einen Gewissensfrage*. Warendorf 1948; Uwe Schultz (Hg.): *Toleranz. Die Krise der demokratischen Tugend und sechzehn Vorschläge zu ihrer Überwindung*. Reinbek 1974; Iring Fetscher: *Toleranz. Von der Unentbehrlichkeit einer kleinen Tugend für die Demokratie*. Stuttgart 1990.

IV.

Wenn auch im vorliegenden Rahmen nicht der Frage nachgegangen werden kann, wo und wie Grass dezidiert an den Erneuerungsdiskurs der Toleranz anknüpft, so ist doch deutlich geworden, daß Grass' Toleranzvorstellungen mit den Konzepten dieses Diskurses harmonieren, so daß der Schluß gerechtfertigt erscheint, Grass komme mit seinen Reden unaufgefordert jener Verpflichtung nach, die in den fünfziger Jahren von Politikern wie Adolf Arndt und Wissenschaftlern wie Alexander Mitscherlich unmißverständlich eingefordert wurde: „daß es gilt, neu zu fragen, *was* denn Toleranz *eigentlich* ist, *worauf* sie sich gründet, *wodurch* sie gefährdet und *wie* sie verwirklicht wird"[57] oder, wie Mitscherlich betont, daß wir „aus einer neuen Sicht des Menschen – an der wir wie jede geschichtliche Epoche bauen – die Toleranz neu begründen (müssen), wenn wir die Möglichkeiten, die sie eröffnet, behalten wollen"[58]. Warum aber kommt Grass ausgerechnet zwischen 1969 und 1974 auf die Toleranz zu sprechen?

Anders als alle anderen Autoren scheint Grass' Interesse am Thema primär auf das aktive Vorbild eines Politikers zurückführbar zu sein: in seiner Rede vom Juni 1974, in der Grass die Toleranz die „Voraussetzung für jegliche Politik" (IX,655) charakterisiert und, wie gesagt, als „Angebot" der Politik (IX, 653) definiert, konkretisiert er seine Rede mit folgenden Worten über Willy Brandt, der wenige Monate früher von seinem Amt als Bundeskanzler zurückgetreten war: „Mit ihm, der das übliche Rüstzeug des Politikers mitbrachte [...] wurde eine weitere Qualität, die bis dahin außer Kurs geraten war, regierungsfähig: Willy Brandt hat die Toleranz in die deutsche Politik eingebracht [...]. Als Willy Brandt Ende der sechziger Jahre [...] mit seiner politischen Arbeit begann, rief er zur Toleranz auf [...]. Und genau an dieser seiner größten Leistung ist er gescheitert" (IX,653).

In der Tat hat sich Willy Brandt öffentlich zum Toleranzprinzip der Politik geäußert und zwar dreimal[59]: als Außenminister in seiner Rede vom 27. Juni 1967 zu *Bedeutung und Aufgaben der Auswärtigen Kulturpolitik*[60], als Bundeskanzler in einer Rede anläßlich der 'Woche der Brüderlichkeit 1971'[61] und dann in der Regierungserklärung vom 18. Januar 1973[62]. In seiner ersten Rede legt Brandt die von Grass betonte Richtschnur fest: „In unserer auswärtigen Kulturpolitik müssen die Grundsätze der Toleranz und der Liberalität großgeschrieben wer-

---

[57] Adolf Arndt (Anm. 35), S. 9.
[58] Mitscherlich, Alexander: *'Wie ich mir - so ich dir'. Zur Psychologie der Toleranz* (Anm. 36), S. 422.
[59] Vgl. Alois Wierlacher: *Toleranzkultur. Zur Konturierung auswärtiger Kulturpolitik als Toleranzpolitik* (Anm. 17).
[60] Vgl. Willy Brandt: *Bedeutung und Aufgaben der Auswärtigen Kulturpolitik*. In: Bulletin des Presse- und Informationsamtes der Bundesregierung 71 (1967), S. 613-614.
[61] Willy Brandt: *Toleranz - Made in Germany*. Rede des Bundeskanzlers anläßlich der 'Woche der Brüderlichkeit 1971'. In: Tribüne. Zeitschrift zum Verständnis des Judentums 10/38 (1971), S. 4150-4159.
[62] In: Bulletin 6 (1973), 45-56.

den"[63]; mit dem zweiten Text wirbt Brandt für eine verstärkte Begründung auswärtiger Kulturpolitik als Toleranzpolitik und betont, diese Aktivität wäre nicht nur wünschenswert, sie wäre „die wirksamste Werbung für unsere Sache. Toleranz – made in Germany, das wäre etwas, worauf wir stolz sein könnten"[64]; in der dritten Rede betont Brandt, die moralische Kraft eines Volkes beweise sich nicht so sehr in der Programmatik seiner Parteien als „in seiner Toleranz gegenüber dem Anderen"[65]

Doch Grass irrt in der Annahme, Brandt habe das Toleranzprinzip in die Politik der Bundesrepublik eingebracht. Bekenntnisse zur Toleranz als staatstragendem Prinzip der Bundesrepublik Deutschland sind vielmehr ein konstantes Motiv der Politik, vor allem der Auswärtigen Kulturpolitik der Bundesrepublik Deutschland. Entsprechende Feststellungen haben bei unterschiedlichen Gelegenheiten angesehene Politiker fast aller großen Parteien getroffen, unter ihnen Hermann Ehlers (1954)[51], Eugen Gerstenmeier (1955)[66], Adolf Arndt (1956)[67], Waldemar von Knoeringen (1958)[68] oder der frühere Bayerische Ministerpräsident Hanns Seidel (1958)[69]. Brandt setzt also eine schon bestehende Tradition nachdrücklich und vertiefend fort. 1978 kennzeichnet auch Hildegard Hamm-Brücher die „Toleranz" als „Prinzip" der Politik und bestimmt sie als „Achtung des Selbstbestimmungsrechts der Völker, ihrer Lebensform und ihrer nationalen Eigenheiten"[70]. 1981 handeln in ähnlicher Perspektive Walter Scheel[71] und Helmut Schmidt von der Toleranz[72]; zu weiteren Stimmen bis in die Gegenwart darf ich auf bereits angeführte Forschungen verweisen[73].

---

[63] Brandt 1967 (Anm. 60), S. 614.

[64] Brandt 1971 (Anm. 61), S.4152.

[65] Brandt 1973 (Anm. 62), S. 56.

[51] Vgl. Hermann Ehlers: *Die Mitte*. In: Zeitwende 25 (1954), S. 802-808.

[66] Vgl. Eugen Gerstenmeier: *Ordnung und Grenzen der Toleranz*. In: Bulletin des Presse- und Informationsamtes der Bundesregierung 45 (1955), S. 369-370; ders.: *Über die Toleranz*. In: E.G.: Die ungefärbte Brille. Kulturkritische Zeitschrift. Göttingen 1955/56, S. 80-82.

[67] Vgl. Adolf Arndt (Anm.35).

[68] Vgl. Waldemar von Knoeringen: *Kulturpolitik als Staatspolitik*. In: Christentum und demokratischer Sozialismus. München 1958, S. 167-195.

[69] Vgl. den Bericht über seine Regierungerklärung von 1958, in der er sich für eine vom Geist der Toleranz getragene Kulturpolitik ausspricht, in: Bücherei und Bildung 10, 1958, S.456 f. - Bereits 1952 sagt Josef Schwabler in einer Rede vor dem Landesausschuß der Christlich Sozialen Union: "Kürzlich wurde gesagt, Ziel und Mittelpunkt aller Arbeit des Kultusministers müsse die Toleranz sein. Einverstanden! Ich wäre aber dankbar, wenn man mir jeweils sagte, was man unter Toleranz verstehe". In: ders.: *Christliche Kulturpolitik*. Reden und Aufsätze. München 1952, S. 9-27, hier S. 24.

[70] Hildegard Hamm-Brücher: *Partnerschaft mit Asien*. Vortrag bei der Deutschen Gesellschaft für Ost- und Südostasienkunde in Bonn am 12. April 1978. In: Hildegard Hamm-Brücher: Kämpfen für eine demokratische Kultur. Texte aus vier Jahrzehnten. München 1986, S. 54.

[71] Vgl. Walter Scheel: *Zum 25o. Geburtstag von G.E. Lessing*. In: Edward Dvoretzky (Hg.): Lessing heute. Beiträge zur Wirkungsgeschichte. Stuttgart 1981, S. 280-287.

[72] Vgl. Helmut Schmidt: *Neujahrsansprache zum Jahreswechsel 1981/82*. In: Ders.: Freiheit verantworten. Düsseldorf 1983, S. 10-17, hier S. 10: "Manche unter uns, vor allem junge

V.

Sieht man sich die amtlichen Toleranz-Reden im Hinblick auf ihre inhaltliche Aussagen etwas näher an, wird jedoch bald deutlich, daß die große Mehrheit der Beiträger zwar dem Konzept aktiver Toleranz folgt, sich aber darauf beschränkt, dieses Prinzip aufzurufen, also außer den Leitkonzepten Freiheit, Dialog oder Partnerschaft auch die Toleranz zu den „allgemeinverbindlichen Prinzipien" unseres Staates zu zählen[74], die Toleranzidee aber nicht näher zu fundieren. Die Texte lassen in aller Regel weder einen konturierten, begründeten oder explizierten Toleranzbegriff noch so etwas wie eine Toleranztheorie erkennen.

Sehr ähnlich stellen sich die literarischen Toleranzreden dar. Auch sie lassen hinsichtlich der „guten Methode des Essayisten", ihre Begriffe zu verdeutlichen[75], zu wünschen übrig. Literatur und Kulturpolitik treffen sich mithin sowohl in der Hochschätzung und Verteidigung des Prinzips aktiver Toleranz als auch in der Schwäche seiner kategorialen Fundierung. Man präsentiert im wesentlichen Preisreden statt Neubegründungen und bleibt insofern hinter den historischen Erfordernissen zurück, die Arndt und Mitscherlich formulierten und die auch für eine am interkulturellen Dialog orientierte Wissenschaft gilt: daß alle praktische Toleranzfähigkeit erst dann zunimmt, „wenn wir auch eine Theorie haben"[76]. „Praktisch geübte Toleranz", schreibt schon 1967 Klaus Kippert, „läßt sich nur darlegen und wird in entscheidenden Situationen nur dann Bestand haben, wenn neben die praktisch pädagogische Einübung eines toleranten Verhaltens eine mitgewußte (conscientia) hinreichend ausgefeilte theoretische Begründung der Toleranz tritt"[77]. „Ich selber", heißt es stattdessen emphatisch bei Hermann Kesten, „liebe die Toleranz, ich habe einen ganzen Roman zum Preis der Toleranz publiziert, *Die fremden Götter*" (Kesten 119).

Am ehesten zeigt sich noch Stefan Andres geneigt, auf Tiefendimensionen der Konzeptionsproblematik und den konzeptuellen Neubegründungsbedarf einzugehen. Nachdem er seiner Verwunderung darüber Ausdruck gegeben hat,

---

Menschen, meinen, nicht ruhig bleiben zu können, weil die Welt vielfältig nicht in Ordnung ist. Und einige suchen einen Ausweg in Kompromißlosigkeit, in Preisgabe der Toleranz" und des "Willens zu Toleranz und Dialog, zu Kompromiß und Ausgleich".

[73] Vgl. die in Anm. 17 genannten Beiträge.

[74] wie es etwa bei von Knoeringen heißt, dem wir, soweit ich sehe, auch den heute so beliebten Terminus 'Kulturstaat' zu verdanken haben, vgl. Waldemar von Knoeringen (Anm. 68), S. 171.

[75] Alexander Mitscherlich: '*Wie ich mir - so ich dir*', (Anm. 36), S.1

[76] Vgl. Sir Richard Livingstone: *Toleranz in Theorie und Praxis*. In: Peter von der Osten-Sacken (Hg.): Toleranz heute. 250 Jahre nach Mendelssohn und Lessing. Berlin 1979, S. 104-115, hier S. 106.

[77] Klaus Kippert: *Die pluralistische Gesellschaft als struktureller Bezugsrahmen für die Erziehung zur Toleranz*. In: Ders. (Hg.): Gedanken zur Soziologie und Pädagogik. Festschrift für Ludwig Neundörfer zum 65. Geburtstag. Weinheim/Berlin 1967, S. 28-40, hier S. 33.

daß „der große Allegorisierungsdrang der Religionen" zwar die Wahrheit und Gerechtigkeit, „nicht aber die heilige Duldsamkeit" hervorgebracht habe (Andres 189), betont er: „Aus diesen ganz simplen Erwägungen wäre viel zu folgern. Ich folgere an dieser Stelle nur soviel: die Toleranz hat noch keine feste Wirklichkeit in unserem privaten und öffentlichen Denken. Wenn das Wort fällt, denkt man an die Ferne: an Konstantin oder Ludwig XIV und ihre Toleranz-Edikte oder an die Päpste und Bischöfe, die den Juden gegen bar einen Schutzbrief ausstellten. Diese formalen und aus rein politischen und wirtschaftlichen Erwägungen stammenden Duldungsakte sind kältester Pragmatismus und und dürfen mit der Tugend der Duldsamkeit nicht verwechselt werden, ja die Historiker sollten das hohe Wort Toleranz aus diesem Zusammenhang lösen" (Andres 193). Abgesehen von solch punktueller Weitsichtigkeit verharren die literarischen Toleranzreden wie das zeitgenössische Toleranzgespräch überhaupt in einem sowohl abstrakten als auch binnenkulturellen Problemrahmen. Auch die literarischen Toleranzreden vermögen im Zeitfenster des Kalten Krieges nicht zu erkennen, daß die im Windschatten der West-Ost-Spaltung der Welt aufkommenden Migrations- und internationalisierungsprozesse jene xenologische Begründung des Toleranzkonzepts nötig machen, die bereits 1970 Richard Behrendt zum ersten Mal gefordert hat und die auch der Toleranzforschung interkultureller Germanistik zugrunde liegt. Mit der Anführung dieser Forderung soll der vorliegende Beitrag abgeschlossen werden: „Menschen von heute müssen lernen, das Anderssein von Menschen anderer Kulturen, anderer Rassen, anderer Klassen oder anderer Konfessionen nicht mehr als Bedrohung des eigenen Lebens zu empfinden, sondern als eine Ergänzung und Bereicherung. Toleranz ist also nicht nur im Sinne der bloß achselzuckenden Duldung anderer zu verstehen [sei], sondern als eine Bejahung der Vielfältigkeit von Einsichten, von Einstellungen, [...] Kulturen und Glaubensinhalten [...]. Nur daraus kann die Lernbereitschaft entspringen, die wir für interkulturelle Beziehungen brauchen"[78].

---

[78] Richard Behrendt: *Menschheitsbildung als Aufgabe internationaler kultureller Beziehungen heute und morgen*. In: Zeitschrift für Kulturaustausch 1/20/1970, S. 47-53, hier S. 52.

Peter Uwe Hohendahl

Splitter: Zu Hans Magnus Enzensbergers *Aussichten auf den Bürgerkrieg*

Gestus der Sachlichkeit: Enzensberger vertraut auf die Kraft der Beschreibung. Im Unterschied zu Adornos *Minima Moralia* tritt der Beobachter bei Enzensberger im allgemeinen nicht hervor. Er verbirgt sich vielmehr sprachlich hinter dem Gitter beschreibender Aussagen. Sie verraten nicht ohne weiteres die Position des Autors, noch geben sie zu erkennen, daß sie auch performativ wirken, also eine Stellungnahme einschließen.
  Kritik der Aufklärung: Adornos Kritik der Aufklärung vertraute nicht nur auf kritische Reflexivität, sondern auch auf das Moment einer negativen Utopie. Daraus leitete sich die Emphase seiner Kritik ab. Bei Enzensberger ist nicht nur die Emphase, sondern auch der utopische Kern entfernt. Daher das Hervortreten des anthropologischen Pessimismus. Perfektibilität erscheint als die Illusion der abgelegten Geschichtsphilosophie.
  Das neue Programm der Aufklärung: Nach dem Aufgeben der Geschichtsphilosophie sowie jeden Begriffs gesetzmäßigen Fortschritts, der sich in der historischen Aufklärung herausbildete, bleibt nur noch das kleine Programm, nämlich Aufklären als Klären der Sachlage, als Zerstören von Vorurteilen, aber ohne Garantie eines Ziels, auf das die Menschheit sich hinbewegt. Begründen kann diese zweite Aufklärung sich nicht mehr, sie verdankt sich dem Willen des analysierenden Subjekts.
  Skeptische Anthropologie: Mit dem Zerfall der Geschichtsphilosophie sowie der transzendentalen Begründung von Aufklärung entfällt auch das Schema der Bildung für die Bestimmung des Menschen. Enzensberger rekurriert daher auf eine skeptische (frühmoderne) Anthropologie, die sich an die zu beobachtende Empirie hält. Diesem Blick stellt sich die Gegenwart wie auch die Zukunft als potentielle Katastrophe dar, die auch die besten Bemühungen nicht bezwingen können. Doch Hoffnungslosigkeit kommt nicht auf, da ein religiöser Hintergrund als Quelle für Hoffnung bei Enzensberger nicht gegeben ist. Es bleibt bei dem, was der Fall ist und was nach bisheriger Erfahrung der Gattung Mensch zuzutrauen ist.
  Wo bleibt der Staat? Angesichts der skeptischen Einschätzung der menschlichen Zukunft, nicht zuletzt aufgrund humaner Aggressivität und Zerstörungslust, läge der Ruf nach dem starken Staat nahe. Doch eben dieser Hobbessche

Souverän, der den Bürgerkrieg überwinden kann, wird von Enzensberger nicht aufgerufen. Dessen Reflexion bleibt gebannt auf des Bild des umsichgreifenden Bürgerkriegs, nicht auf seine potentielle Überwindung. Dieser starke Staat wäre kaum demokratisch. Ist das der Grund? Oder sieht Enzensberger auch für den autoritären, beziehungsweise totalitären Staat keine Chance mehr? Was die Lage gegenüber den dreißiger Jahren, d.h. der Epoche des totalitären Staats, kompliziert, ist die weit fortgeschrittene Globalisierung der Ökonomie, welche heute dem Nationalstaat und seiner Gewalt Grenzen setzt.

Autismus und Selbstlosigkeit: Was Enzensberger beobachtet, ist ein Moment der Veränderung in der Bildung von Subjektivität. Gemessen an klassischen strategischen Voraussetzungen beruht das Sinn- und Zwecklose des Bürgerkriegs auf dem, was Enzensberger als Autismus oder Selbstlosigkeit bezeichnet: darunter versteht er die Unfähigkeit der Kriegführenden, andere Menschen in ihren Bedürfnissen und Interesse wahrzunehmen, sowie den Mangel an einer Subjektivität, die sich zur Welt beziehen kann. Diese Beobachtung enthält, wenn auch kaum entfaltet, eine Vorstellung von gesellschaftlicher Entwicklung, nämlich die Suggestion, daß Autismus und Selbstlosigkeit, wie sie sich bei den kämpfenden Gruppen des Bürgerkriegs finden, etwas historisch Neues darstellen. Ungeklärt bleibt freilich, woher der neue Typus kommt.

Ursachen und Ableitung: Der Nachdruck von Enzensbergers Darstellung beruht darauf, traditionelle Erklärungsversuche zurückzuweisen. Weder das konservative Deutungsmuster pace Reinhart Koselleck, nach dem der absolutistische Staat die letzte verläßliche Ordnung darstellte, noch das (sozial)demokratische Muster, demzufolge die Schuld für die gesteigerte Aggressivität in der Gesellschaft selbst zu suchen ist, läßt er gelten. Beiden ist gemeinsam, daß sie moralisch verantwortliche Täter nicht aufweisen. Doch wie gelangen wir zu diesem verantwortlichen Subjekt? Enzensberger unternimmt keine ernsthaften Anstrengungen, es zu begründen, sondern zeigt sich mehr interessiert an materialistischen Erklärungsversuchen. Moralische Frage und materialistische Erklärung stehen argumentativ unverbunden nebeneinander. Indes nicht in der Perspektive: Wenn Enzensberger die Taten des Bürgerkriegs als die „verzweifelte Reaktion der Verlierer auf ihre ausweglose ökonomische Lage" beschreibt, ist das Urteil über die Verantwortlichen mitgenannt. Die Verantwortlichen repräsentieren das globale ökonomische System. Doch damit wird der Widerspruch der Argumentation nur deutlicher, denn empirisch betrachtet sind auch diese Führer nur auswechselbare Teile des Ganzen. Der Widerspruch deutet auf die Aporie von Enzensbergers Analyse: Sie fordert gleichzeitig objektive Beschreibung der Lage und eine moralische Perspektive. Beide Postulate gehen aus der Aufklärung hervor.

Auf einen Nenner bringen: Enzensbergers Blick bringt die Phänomene auf einen Nenner. Bürgerkriege in Somalia und Bosnia, die Ghettos amerikanischer Großstädte und der Verlust an ziviler Ordnung in Berlin-Kreuzberg . Sie erweisen sich unter diesem Blick als Teile einer Struktur. Es ist noch einmal der methodische Blick der Aufklärung mit seiner Absicht, wenn nicht abzuleiten, so doch zu ordnen und zu klassifizieren. Differenzen verschwinden. Daher die

Flächigkeit der Darstellung: partikuläe Erklärungen zählen nicht, wie auch partikuläre Lösungen bei Enzensberger nicht in den Blick kommen.

Spätliberalismus: Der neue Liberalismus, der sich durch den Zusammenbruch des sozialistischen Ostblocks bestätigt sah, verspricht seinen Anhängern eine freiere und bessere Welt mit möglichst geringen staatlichen Eingriffen. Er preist die unbeschränkte Freiheit des Marktes. Für Enzensberger erweist sich diese Freiheit, die er nicht einmal benennt, als der Weg in das gesellschaftliche Unheil, nämlich das Abschreiben der verarmten Massen, die für den globalen Markt ohne Interesse sind. Bürgerkriege und Slums als die unbenannte Kehrseite des mobilen internationalen Kapitals.

Blick in die Vergangenheit: Enzensbergers Darstellung hält sich an die Gegenwart. Allenfalls wirft sie einen Blick auf das frühe 20. Jahrhundert, um Symptome des gegenwärtigen Zustands zu benennen. Doch fällt dem historisch geschulten Blick auf, daß die beschriebenen Erscheinungen frappierende Ähnlichkeit mit den Ereignissen der frühen Neuzeit in Europa aufweisen. Was Enzensberger darstellt, wäre dann im größeren Zusammenhang das blutige Ende der Neuzeit, ebenso gewalttätig und verworren wie ihr Beginn. Daher auch der Mangel an Zukunftsperspektive. Der Blick der Aufklärung bleibt gebannt auf die Neuzeit, dem er selbst entstammt.

Standort: „Einen archimedischen Punkt gibt es nicht." (62) Der Satz gibt zu erkennen, daß der Gestus des objektiven Beschreibens im Angesicht des Bürgerkriegs nicht durchzuhalten ist. Der Autor bekennt sich schließlich zu seiner eigenen Perspektive, es ist die eines Deutschen, der im Zweiten Weltkrieg aufgewachsen ist. Bezeichnenderweise bricht hier die Logik der Analyse zusammen, denn dieser Krieg war kein Bürgerkrieg, sondern eine globale Auseinandersetzung zwischen konkurrierenden politischen Systemen. Allenfalls im rechten Diskurs ist der Krieg zwischen Hitler und den Alliierten Teil eines universalen Bürgerkriegs, in dem die klassischen Regeln der Kriegführung nicht mehr gelten. Enzensbergers Rückgriff auf die eigenen Jugend erklärt zwar die emotionale Einstellung zum Krieg, aber er hilft nicht, die neue Situation der neunziger Jahre zu erklären, denn diese unterscheidet sich gerade von der Politik des Kalten Krieges, der aus dem Weltkrieg hervorging.

Gewalt-Diskurs und Praxis: Die Anwendung von Gewalt gegen Wehrlose ohne vorgezeichnete Regeln und Grenzen der Kriegführung beruht Enzensberger zufolge auf einem Diskurs des Hasses und der Faszination am Krieg. Anders gesprochen, der Diskurs, wie wir ihn bei der expressionistischen Avantgarde und den Surrealisten finden, bereitet den Weg für die Praxis der islamischen Terroristen und bosnischen Serben. Dies ist eine Umkehrung der traditionellen Kausalität, derzufolge sich die Praxis der Gewalt auch in den Medien niederschlägt. Nicht die Umkehrung ist interessant, sondern die Ununterscheidbarkeit von Diskurs und Tat in den Medien.

Moralische Überforderung: Ist die Moral „die letzte Zuflucht des Eurozentrismus", wie Enzensberger versichert? Der Einspruch gegen den Universalismus der Moral gehört zu den Versatzstücken der Postmoderne, die ein gemeinsames Projekt der Menschheit nicht gelten läßt. In der Tat wird sich der Tamile nicht mehr für das Unrecht in Irland interessieren als die Nordiren für die Probleme der Tamilen. Doch ist aus dieser Erfahrung abzuleiten, daß die Moral ihre Geltung verloren habe? Von welcher Moral ist hier die Rede? Der Anspruch ethnischer und religiöser Minderheiten auf politische Autonomie ist nicht in der Moral begründet, sondern in politischer Ethik. Im Unterschied zur Moral ist diese regional situiert und motiviert.

Enzensbergers Betroffenheit über die Grausamkeit des Bürgerkriegs ist ein moralisches Bewußsein, das mit dem Begriff „eurozentrisch" nicht hinlänglich gekennzeichnet ist. Seine Schwäche jedoch ist die Abstraktheit, die sich nicht in ein konkretes Engagement überführen läßt, denn das politische Handeln ist an besondere Umstände und Bedingungen gebunden. Insofern ist der moralische Gesichtspunkt nur ein regulativer.

Die Autorität Hannah Arendts: Hannah Arendt folgend bestimmt Enzensberger die Massen des Bürgerkriegs als selbstlos in dem Sinn, daß ihnen ein Selbst fehlt und sie daher ihre eigene Vernichtung betreiben können. Doch bei Enzensberger verkürzt sich das Argument. Was bei Arendt aus der Auflösung der Klassengesellschaft sozialgeschichtlich begründet wird, wird bei Enzensberger zu einer psychologischen Formel. Sie beschreibt das Verhalten der im Bürgerkrieg agierenden Gruppen und Einheiten. Enzensberger streicht das gesellschaftliche Substratum, das für seine Argumentation im eigenen Frühwerk noch wichtig war. Der Wechsel von der Autorität der Frankfurter Schule zu der von Hannah Arendt bezeichnet zugleich den Abschied von dem Begriff revolutionärer Demokratie. An die Stelle des Engagements für eine radikale Demokratie ist die Verteidigung der Zivilisation getreten. Darin stimmt Enzensberger mit Arendt überein, die indes diese Verteidigung politisch als Verteidigung liberaler Demokratie verstand.

Autonomie: Der Begriff der Autonomie, ausschlaggebend für die Moralphilosophie von Kant bis Habermas, fehlt nicht nur als Ausdruck, sondern auch der inhaltlichen Bestimmung nach. Genauer gesprochen: Enzensberger neigt dazu, menschliches Verhalten auf die Ebene der Naturgeschichte zu reduzieren. Naturgeschichte kann beobachtet, beschrieben und eventuell kausal erklärt werden. Mit Kant ist er der Ansicht, daß der Mensch als empirisches Wesen keine vollkommene Selbsterkenntnis erreichen kann, doch er versagt sich die Frage, in welchem Maße seine eigene Kritik menschlichen Handelns auf der Bedingung der Möglichkeit von Autonomie beruht. Enzensberger erscheint, im Gegensatz zu seinem Frühwerk, als Agnostiker, der nach dem Zusammenbruch der religiösen Fundamente der Moral, eine universale Begründung nicht für möglich hält. In dieser Einstellung hat er sich von der Kritischen Theorie, der seine Anfänge nahestanden, zunehmend entfernt.

Moral und Politik: Wenn Enzensberger den Bürgerkrieg als die eigentlich neue, nach dem Ende des Kalten Kriegs entstandene Form radikalen politischen Handelns beschreibt, stellt er zugleich, wenigstens indirekt, die Frage nach der Moral, denn der Terror des Bürgerkriegs provoziert ein Urteil. Enzensberger scheint überzeugt zu sein, daß traditionelle Formen der Moral versagt haben, denn sie unterstellen, daß politische Handlungen wie auch militärische Aktionen sich auf ein sinnvolles Ziel zubewegen. Insofern tritt Enzensberger (mit Nietzsche) von außen an die Moral heran, ohne freilich eine Reflexionstheorie der Moral zu entfalten. Ihm liegt mehr daran, die Hilflosigkeit der „Moral" vorzuführen, da sie offensichtlich nicht in der Lage ist, durch ihren Einspruch den Bürgerkrieg zu beenden. Dessen Ende beruht vielmehr Enzensberger zufolge auf der Erschöpfung der kämpfenden Parteien. Das Problem der Moral dagegen bleibt dahinter verborgen. Dort, wo Enzensberger auf die Moral reflektiert, geschieht dies eher im Geiste Nietzsches, nämlich als Aufhellen der „unmoralischen" Tatsachen, die die überlieferte Moral nicht anerkennen will.

Generation: Enzensbergers Interesse am Phänomen der grenzenlosen Gewalt, wie sie sich im Bürgerkrieg offenbart, ist, wie ihm durchaus bewußt ist, ein sehr persönliches, es enthält die Erinnerung an die Bombennächte des Weltkriegs als der entscheidenden traumatischen Erfahrung seiner Generation – der Terror der Alliierten im Namen der zu befreienden Menschheit, in dem es für die deutsche Bevölkerung nur um das Überleben ging. Obgleich die Form der Kriegführung sich deutlich vom Bürgerkrieg unterscheidet, gibt es einen gemeinsamen Bezugspunkt: die Ohnmacht der Opfer und die nie wieder ganz aufzuhebende Beschädigung des Lebens. Insofern wäre nicht nur das Recht oder Unrecht sondern das Leiden das Kriterium der Beurteilung. Der Unterschied zwischen der traumatischen Kriegserfahrung und Enzensbergers nachträglichen Reflexionen auf die Ereignisse besteht in der Einsicht, daß die Opfer nicht notwendig unschuldig waren, so wie die verängstigten Erwachsenen in den Luftschutzkellern dieselben Erwachsenen waren, die Hitler unterstützt hatten. Doch wo steht Enzensberger? Er äußert sich nicht zu seiner eigenen Position in den Jahren zwischen 1943 und 1945.

Dieter Borchmeyer

Hans Joachim Schädlich

Portrait eines Möglichkeitsdichters

I.

Nomen est omen, heißt es beim römischen Komödiendichter Plautus. Eine Sentenz, die einem wohl beim Namen von Hans Joachim Schädlich einfallen mag. „Schädlich für die DDR?" Diese doppeldeutige Frage stellten die „Neuen deutschen Hefte" nach der Ausreise Schädlichs in die Bundesrepublik im Dezember 1977. Die Behörden der DDR hatten auf diese Frage längst mit Ja geantwortet: in den Stasi-Akten taucht der Autor konsequent als „Schädling" auf. „Das Kennwort ‚Schädling' ordnete mich dem Ungeziefer zu, das zu bekämpfen und – womöglich – zu vernichten war", schreibt Schädlich in dem von ihm herausgegebenen Band *Aktenkundig* (1992) über die Lektüre seiner Akte. Nach dem großen Erfolg des Prosabandes *Versuchte Nähe* im Jahre 1977 (natürlich im Westen, bei Rowohlt erschienen, wie alle Werke Schädlichs seither) war man bestrebt, diesen Schädling möglichst schnell los zu werden, und bewilligte den zuvor abgelehnten Ausreiseantrag.

Bis dahin war man ja recht gut mit ihm fertig geworden. Seine seit 1969 geschriebenen Erzählungen wurden in der DDR nicht veröffentlicht, der promovierte Germanist und Linguist, Schüler des einflußreichen Sprachwissenschaftlers Theodor Frings, führte an der Ostberliner Akademie der Wissenschaften ein abgeschirmtes Gelehrtenleben, bis man ihn dort nicht mehr sehen wollte, nachdem er Ende 1976 die Petition gegen die Ausbürgerung Wolf Biermanns unterschrieben hatte. Wer aber wußte schon, daß der Verfasser der *Phonologie des Ostvogtländischen* (1966) und anderer einschlägiger wissenschaftlicher Studien Erzähltexte in seiner Schublade hatte, die mit gefährlicher Akribie und Phantasie zugleich das Leben in der DDR und ihre Machtmechanismen spiegelten – nie auf jene plane Weise, die man sozialistischen Realismus nennt, auch nicht tendenziös-direkt, sondern mit satirisch-grotesker Vielschichtigkeit, oft auch mit einem hinter gnadenloser Sachlichkeit vernehmbaren Leidenston – etwa in der Prosaskizze „Nirgend ein Ort" von 1971 –, der dem Leser immer wieder das Herz zusammenzieht.

Schädlich ist in diesen narrativen Studien, so sehr er von einem eng umgrenzten Erfahrungsraum ausgeht, kein naturalistischer Protokollant des Gegebenen, sondern wirklich ein Dichter, der mit einem reich abgestuften sprachlichen Instrumentarium die Wirklichkeit, an der und unter der er leidet, in ein kontrapunktisches Stimmengeflecht überträgt. Ein gefährlicher Dichter wirklich. Die Obrigkeit wußte, was sie tat, als sie ihn gehen ließ, nur die Untertanen wußten nicht, warum. In der DDR blieb der Name Schädlich bis zuletzt weithin unbekannt. Kaum ein Schriftsteller der DDR ist so wirkungsvoll totgeschwiegen worden wie er. Zwei Jahre nach dem Mauerfall hat er zum ersten Mal – mit sechsundfünfzig Jahren zum ersten Mal – eine Lesung in Ostdeutschland gehalten, an der Goethe-Oberrealschule in Reichenbach (Vogtland), wo er 1935 geboren ist.

II.

Hans Joachim Schädlich ist ein zünftiger Germanist und Linguist – ein poeta doctus, hätte man früher gesagt. Nun wäre es gewiß schlimm um die Literatur bestellt, wenn alle Schriftsteller Philologie studieren wollten, doch im Falle von Schädlich ist das kein Berufsunfall, sondern hat etwas mit der spezifischen sprachlichen Qualität seiner Texte zu tun. Von der „Geburt des Romans aus dem Geiste der Linguistik" hat Walter Hinck im Hinblick auf Schädlichs experimentellen Roman *Schott* gesprochen. Sogar mit dem Reihungsstil der Computersprache scheint dieser Roman auf geistvolle und witzige Weise zu spielen.

Schädlich ist ein hellhöriger Beobachter der Sprache. Man meint den geschulten Dialektologen zu spüren, wenn er seine Personen im angestammten Dialekt reden läßt – was nie bedeutet, daß die artistisch-experimentell hergestellte Dialektsprache papieren wirkt. Man hat nur eben nie den Eindruck, daß Schädlich seine Figuren vulgär-naturalistisch reden läßt. Dazu sind seine Texte sprachlich zu vielschichtig, zu doppelbödig. Ein schönes Beispiel dafür ist das „Kriminalmärchen" aus dem Prosaband *Versuchte Nähe*. Er stellt eine zeitgenössische Kontrafaktur des Märchens von Rotkäppchen und dem bösen Wolf dar. Schädlich hat die Geschichte aus märchenhafter Ferne in prosaische Nähe geholt, welche durch die Mundart Authentizität gewinnt. Auch dies also ein Exempel ‚versuchter Nähe'.

Man könnte Schädlichs erste Prosasammlung mit gutem Recht auch ‚Versuchte Ferne' überschreiben. Schon der erste, titelgebende Text der Sammlung, der die Repräsentation eines Parteivorsitzenden vor dem Volk zum Inhalt hat, versucht mit einer Ironie, die sich nie direkt zu erkennen gibt, das Nahe verfremdend ins Ferne zu rücken, durch eine Art homerischen Sprachduktus zu überhöhen, um eben durch die offenkundige Unangemessenheit dieses Sprachduktus die Hohlheit des ganzen Staatstheaters zu decouvrieren. „Die Tätigen begleiten die Wagen und folgen ihnen; Väter, Söhne auf ihren Schultern, zeigen ihren Söhnen ihn." Signifikant ist vor allem das in schein-pathetischer Inversion – einem der markanten Stilmittel des Autors – an den Schluß des Satzes gestellte „ihn".

Alles wird in einer Art mythischer Abstraktion präsentiert. Weder die Parteisymbole werden direkt bezeichnet noch die Klassiker des Marxismus-

Leninismus beim Namen genannt: man sieht nur „hoch über den Köpfen die Porträts bärtiger Männer". Der Autor läßt sich auf die festliche Perspektive scheinbar ein, macht die lügenhaften Stilisierungen selber mit, um sie durch sich selbst als Maskerade zu enthüllen. Dafür ein Beispiel: „Willkommen in solcher Lage ist der Anblick von Festwagen, auf welchen sportliche Jünglinge Handstände vollführen oder längere Zeit auf dem Kopf stehen und junge Mädchen, in roten und schwarzen Trikots, wie die Jünglinge das Zeichen des Landes auf der Brust, seidene Tücher schwingen im Rhythmus angedeuteten Tanzes oder mit Reifen umgehen nach Art von Jongleuren."

Nicht selten – auch in anderen Skizzen – verfällt Schädlich, der seine Sprache ausdrücklich an den Homer-Übersetzungen von Johann Heinrich Voß geschult hat, in einen daktylischen Rhythmus homerischer Provenienz. (Man kann mit Erfolg das Experiment durchführen, aus manchen seiner Prosastücke veritable Hexameter herauszupräparieren.) – Als Schädlich nach einer Lesung in der Universität Heidelberg im Jahre 1992 von zwei griechischen Studentinnen gefragt wurde, ob er denn auch griechische Literatur lese, antwortete er: „O ja!" Als sie neugierig weiterfragten, welchen Schriftsteller er denn bevorzuge, antwortete er mit leuchtenden Augen: „Homer ..."

Das Ferne wird von diesem Autor mit dem Mittel des Dialekts in die Nähe gerückt, das Nahe durch scheinpathetische Verfremdung in die Ferne, um in dieser wechselweisen Distanzierung des Nahen durch das Ferne und des Fernen durch das Nahe – mit den Mitteln der Sprache – den Blick des Lesers auf die ihn umgebende Realität und für jeglichen falschen Schein zu schärfen. Daher auch der Wechsel zwischen Alltagsgeschichten und historisierenden Erzählungen. Ein Kabinettstück ist der „Besuch des Kaisers von Rußland bei dem Kaiser von Deutschland", das so vollgestopft ist mit historischen Requisiten und Namen, die ungeniert-ausufernd aneinandergereiht sind, daß für aktuelle Bezüge ganz einfach kein Platz scheint. Und doch merkt jeder, daß es Schädlich um die Begegnung zweier kommunistischer Potentaten geht. Das Historische steht nie für sich selbst, sondern ist immer nur der mehr oder weniger satirisch verzerrende Spiegel der Gegenwart.

III.

Schädlich ist ein Sprachartist par excellence, dessen genuines Medium trotz seiner drei Romane die Kurzprosa zu sein scheint. Es versteht sich freilich nach allem hier Gesagten von selbst, daß diese Artistik nie um ihrer selbst willen da ist, sondern daß die Sprache für Schädlich das stets zu schärfende Instrument der literarischen Analysis unserer Wirklichkeit bildet. Bezeichnend, daß er auch immer wieder die Sprache und das Schreiben selbst zu seinem Gegenstand macht, am raffiniertesten in seinem Roman *Schott*, auf ungemein schalkhafte Weise aber auch schon in seinem Kinderbuch *Der Sprachabschneider* (1980), einer Satire auf Sprachverfall und Jargon-Verschnitt landläufiger Rede, mit jener Gestalt des

Herrn Vielolog, der einem Kind ein Sprachelement nach dem andern abhandelt – wie der Mann im grauen Rock Peter Schlemihl seinen Schatten.

Den Tugenden seines ersten Buches begegnen wir auch in *Ostwestberlin*, dem 1987 erschienenen Prosaband, der den Erfahrungsraum DDR nun überschreitet, die wenig goldglänzenden Seiten auch des westlichen Lebens – seiner Randexistenzen, Ängste und Neurosen – enthüllt, wobei er stets, in aller Nähe zum erfahrbaren Detail, doch so weit die Ferne sucht, daß zugunsten des Parabolischen, nicht nur hier und heute, sondern auch dort und morgen Geltenden die Partikularitäten des konkreten Erfahrungsraums zurücktreten.

Nach dem Ende der DDR ist so manches, was in diesem trostlosen Staatsgebilde an Literatur erzeugt wurde, hoffnungslos Makulatur geworden. Schädlichs Prosa hingegen wird gewiß Bestand haben, nicht nur, weil sie keiner nunmehr hinfälligen ideologischen Verführung erlegen ist, sondern weil sie eben alles Allzuaktuelle in ein so paradigmatisches Licht taucht, daß es auch in anderen Zeitzusammenhängen gültig ist. Da ist etwa die Parabel vom Umgang des totalitären Staats mit den Dichtern – „In abgelegener Provinz" (1978) -, die mit den Worten des Gouverneurs schließt: „Einige füttere ich, daß sie mir vorpfeifen. Für andere stampfe ich mit dem Fuß auf. Den dritten zertrete ich den Kopf." Die abgelegene Provinz muß nicht nur die DDR sein!

IV.

Obwohl die konzentrierte Prosaskizze, die Erzählminiatur, die spezifische Gattung Schädlichs ist, hat er doch drei Romane vorgelegt. 1986 erschien *Tallhover*, aus einer Idee entstanden, welche Günter Grass so fasziniert hat, daß er die Titelgestalt des Romans in der Namensumkehrung Hoftaller 1995 im *Weiten Land* seines Prosaepos deutscher Geschichte – makrokosmisch von 1848 bis heute, mikrokosmisch zwischen Mauerfall und ‚Wiedervereinigung' – wieder aufleben ließ.

Tallhover, angeblich am 23. März 1819, an dem Tag und zu der Stunde geboren, als Ludwig Sand Kotzebue ermordete, tritt 1842 in den Dienst der politischen Polizei des Königreichs Preußen und beendet seine Karriere hundertsechsunddreißigjährig während der Ära Ulbricht. Tallhover ist eine Art Ahasver des Geheimdienstes, der ewige Spitzel, der – bis zu seiner Selbsthinrichtung – nicht stirbt, weil er nie gelebt, sich vielmehr selbst zur Allegorie des reinen Staatsdieners gemacht hat, der nicht etwa aus Opportunismus, sondern aus (Autoritäts-)Prinzip, aus der „Liebe zum reinen, unbedingten Staat" sein Leben vollkommen in den (Geheim-)Dienst des Schutzes der jeweils herrschenden Staatsmacht gestellt hat, die über alle inhaltlichen Wandlungen, ideologischen Selbstlegitimationen hinweg für ihn formal identisch bleibt.

Tallhover ist erfüllt von dem ganz und gar deutschen, allem pragmatischen Staatsverständnis ratlos-abwehrend gegenüberstehenden Hang zum absoluten Staat, in dem alles nach idealen Ordnungsvorstellungen verlaufen soll – und der deshalb mit schrecklicher Regelmäßigkeit zur Hölle auf Erden wird, weil er die conditio humana verkennt. Diese schlägt indessen zum Nachteil der ungestörten Reinheit des Staats immer wieder durch, indem die Verantwortlichen, welche die Chance gehabt hätten, die ordnungsstörenden Elemente bis zur totalen Liquidation auszuschalten, „auch nur Menschen" waren: Tallhovers leitmotivische Floskel, die mitnichten mildernde Umstände geltend machen, sondern mit Verachtung die Nachlässigkeit der Staatsträger konstatieren will, ihre Unfähigkeit, der Staatsidee in der Praxis gerecht zu werden.

Aus Opposition gegen diese menschliche Schwäche gerät der radikale Staatsidealist schließlich nach dem Aufstand vom 17. Juni 1953 in paradoxen Konflikt mit dem Staat und wird ins Staatsarchiv abgeschoben, wo vor ihm die deutsche Geschichte mit ihren verfehlten Möglichkeiten, den absoluten Staat durchzusetzen, anhand der Akten, in die er sich vergräbt, abrollt und in ihm einen gigantischen Schuldkomplex auflädt. Er, der sich als lebendiges Individuum zur Allegorie des Staatsschutzes ausgelöscht hat, bürdet sich als ein Ödipus der Geheimpolizei deren ganze verkorkste Geschichte auf und erhofft, daß seine Genossen das von ihm über sich selbst verhängte Todesurteil vollstrecken.

Tallhovers fiktive Biographie ist in 82 fortlaufend numerierte „Aktenstücke" aufgeteilt. Jedes für sich ist ein literarisches Kabinettstück, in dem Schädlich seine an der kleinen Form gewonnene sprachartistische Meisterschaft zur Geltung bringt, akribisch Geschichte vergegenwärtigt, mit subtiler stilistischer Anpassung an den Sprachwandel im Verlauf von Tallhovers imaginärem Leben.

Schädlichs Roman ist in den letzten zehn Jahren, nachdem die Archive des Staatssicherheitsdienstes der DDR aufgeflogen sind, auf gespenstische Weise durch die Realität bestätigt worden, mehr als der Autor selber wohl geahnt hat, ja mehr als ihm lieb sein konnte. Die Wirklichkeit als Plagiat der Literatur! Kein Wunder, daß Schädlich, als er auch seine Stasi-Akte zu Gesicht bekam und zu seinem Entsetzen erfahren mußte, daß er sogar aus nächster, familiärer Nähe bespitzelt worden war, von „Fluchtgedanken" gepackt wurde, wie er in einem Zeitungsartikel äußerte: „Nur fort, über Ozeane hinweg, an einen Ort, wohin keine Nachricht gelangt."

Tallhover hat sich selbst hingerichtet. Doch er versteht seine Guillotinierung als eine Art Opfertod, damit die Ziele seiner überlebenslangen Arbeit in Zukunft vollkommener erfüllt werden. Schädlich gibt sich nicht der Illusion hin, daß mit dem Zusammenbruch der DDR das deutsche Erbübel der „Orientierung am Unwirklichen", wie er sich mit Alexander Mitscherlich ausdrückt, beseitigt sei. Schon bald nach dem Ende der DDR – man braucht nur Stefan Heyms 1992 erschienene *Gedanken über das neueste Deutschland* zu lesen – hat man ja angefangen, ihren ‚guten Seiten' nostalgisch nachzuweinen. Die „welterlöserischen Träume" deutscher Intellektueller (so Schädlich selber), die so oft diese Welt zum Tal der Verdammnis gemacht haben, sind noch längst nicht ausgestorben.

V.

Schädlichs experimenteller Roman *Schott* (1992) zeigt ein in mancher Hinsicht überraschend anderes Gesicht des Autors, der ebenso vielgestaltig zu sein scheint wie der Held seines Romans, wenn es diesen Helden denn gibt. „Schott hat sich entschlossen, zu zweit zu leben." So lautet der erste Satz des Romans. „Liu, der er diesen Entschluß soeben mitgeteilt hat, sieht ihn großäugig an. Liu kennt Schott. Sie sagt, Zu zweit! Willst du mit dir selber leben?" Schott – ein Wesen aus zwei Personen? Nicht nur das, der ganze Roman besteht aus Abspaltungen oder Projektionen Schotts. Die Figuren entwickeln sich durch Vertauschung oder Umkehrung der Buchstabenfolge ihrer Namen oder durch deren Reim auseinander: Schill und Lisch, Mott und Tomm, Ille und Elli, Schott und Mott.

Schott scheint sein eigener Verfasser zu sein, lebt durchaus nicht nur von Gnaden des Roman-Verfassers, der selber als Figur auftritt und mit Schott „durch den Gleichklang zweier Konsonanten" in ihren Namen verbunden ist. Auch Kunstrichter und Leser sind Figuren des Romans; die wesentlichen Instanzen des literarischen Kommunikationsnetzes sind in ihn integriert und erheben wechselseitig Einspruch gegeneinander. Wer hier eigentlich erzählt – insofern überhaupt erzählt wird -, bleibt ebenso unbestimmt wie, ob das Erzählte wirklich oder bloß möglich ist. Ja, fast alles, was in diesem Roman zur Sprache kommt, trägt hypothetischen Charakter, gilt nur „angeblich", „vielleicht", „vorausgesetzt daß" oder „oder". Jedes Handlungsmoment fächert sich in eine Vielzahl von sich wechselseitig neutralisierenden Verlaufsmöglichkeiten auf, die sich durch geometrisch auskalkulierte Sprachspiele ergeben. Das ist von oft überwältigender Komik. Bei einzelnen dieser Sprachspiele fühlt man sich unwillkürlich an die Prosastücke von Robert Walser erinnert – auch er ein Großmeister der kleinen Form.

Der eigentliche Held von Schädlichs Roman ist der Konjunktiv – dieser schwierige Modus, mit dem sich auch Schriftsteller oft so schwer tun. Einen Roman weithin im Konjunktiv zu schreiben – welcher Autor wäre dazu schon rein grammatikalisch imstande, ganz abgesehen von dem zu findenden Inhalt. Hans Joachim Schädlich ist der konjunktivische, der Möglichkeitsdichter par excellence. Wer den „Möglichkeitssinn" besitze, hat einmal Robert Musil gesagt, sage „beispielsweise nicht: Hier *ist* dies oder das geschehen, *wird* geschehen, *muß* geschehen; sondern er erfindet: Hier *könnte*, *sollte* oder *müßte* geschehen; und wenn man von irgend etwas erklärt, daß es so *sei*, wie es *sei*, dann denkt er: Nun, es *könnte* wahrscheinlich auch *anders* sein".

Als einen „Möglichkeitsmenschen" dieser Art hat Musil seinen „Mann ohne Eigenschaften" dargestellt. Ihm wird die Welt nach den Worten von Albrecht Schöne zu einer einzigen „Versuchsstätte". In seinem Essay *Aufklärung aus dem Geiste der Experimentalphysik* (1982) hat Schöne den Physiker und Schriftsteller Lichtenberg als den Ahnherren des experimentellen Konjunktivs dingfest gemacht. Und es ist bezeichnend, daß gerade der naturwissenschaftlich orientierte Romancier Musil sich diesen Konjunktiv so sehr zu eigen gemacht hat – ebenso bezeichnend, daß Schädlich seinen experimentellen Roman durch und durch konjunktivisch konstruiert.

Der Konjunktiv in Schädlichs *Schott* ist der Freiraum einer Phantasie, die sich nicht dem Diktat der Wirklichkeit beugen will – und sich ihm doch letztenendes beugen muß. Der Leser, der den immer weiter ausschwingenden Kreisen der Phantasiewelt Schotts gefolgt ist – bis in die Tiefsee, in die Wüste und in den Unterleib, wird am Ende durch eine grauenhafte, nun ganz und gar nicht mehr konjunktivische, sondern im ausweglosen Indikativ protokollierte Szene förmlich überfallen, welche die brutale Verbrennung der Pilotin Liu, der stets fernen Geliebten Schotts, durch Uniformierte einer feindlichen Macht zum Inhalt hat. „Der Verfasser sagt, So war es." Mit dieser lakonisch-brutalen Absage an den Konjunktiv schlägt der Roman die Tür hinter sich zu. Der betroffene Leser mag sich fragen: War es wirklich so, oder dürfen wir, weil es >nur< der Verfasser sagt, darauf verzichten, es für bare Münze nehmen?

Hier scheint sich der gräßlich-paradoxe Sieg der absoluten Fiktion zu ereignen, die sich am Ende nicht im Sinne romantischer Ironie aufhebt, sondern ihr förmliches Autodafé inszeniert. Die Macht der künstlerischen Phantasie scheint doch immer wieder gebrochen und vernichtet zu werden von der Macht autoritärer Gewalt. Einer Gewalt, die schon zuvor in der plötzlichen Diktatur des anfänglich harmlosen Schill ihre dunklen Schatten auf die Möglichkeitswelt dieses Romans geworfen hat. Dessen Witz, dessen Heiterkeit hebt sich von einem schwarzen, tief pessimistischen Grund ab.

Dieser Pessimismus wirft in Schädlichs Erzählungen *Mal hören, was noch kommt / Jetzt, wo alles zu spät is* (1995) jene Schleier der Heiterkeit nun gänzlich ab. Es sind die beiden Inneren Monologe radikal Vereinsamter, die auf ihr sinnentleertes Leben zurückblicken. Der eine sterbend, eine einzige Wunde, in Schmutz und Gestank dahinsiechend, schließlich tot, hörend, wie der Sargdeckel über ihm geschlossen wird, am Ende auch von seiner letzten ‚Geliebten', einer Fliege, die sich von seinem Eiter nährt, verlassen – die andere im Bewußtsein des „Jetzt, wo alles zu spät is" ihre verflossenen Männergeschichten resümierend, in denen trotz der Suche nach Liebe und seelischer Bindung alles immer doch nur auf krud-episodische, beziehungslose Sexualität zulief.

Schädlich geht hier in der Darstellung des Häßlichen, Ekelhaften, Widerwärtigen über die Grenze des Erträglichen nicht selten hinaus. Was diese Studien als ganze gerade noch ertragbar macht, ist ihre trotz der naturalistischen Details antinaturalistische, totale Fiktionalität, gipfelnd im Dialog des Sterbenden mit ‚seiner' Fliege und dem Monolog des Toten im Sarg, dessen letzte Bemerkung den Titel der Erzählung bildet: „Mal hören, was noch kommt." Schädlich ist in diesen beiden Inneren Monologen in seiner radikalen Decouvrierung von Lebensillusionen und -lügen und der Sprachklischees, die sie einhüllen, an eine Grenze gelangt, die nicht mehr zu überschreiten ist und angesichts derer sich der Leser fragen mag, wie weit es noch bis zur Selbstzerstörung der Literatur ist. In seinem letzten Roman hat der Autor sich glücklicherweise von dieser Grenze ein Stück weit wieder zurückgezogen und zu den Vorzügen seiner frühen Prosa zurückgefunden, auch wenn er ohne die ‚Ästhetik des Häßlichen' nicht mehr auszukommen scheint.

VI.

Hans Joachim Schädlich hat in der Gegenwartsliteratur einen unverwechselbaren Ton zum Klingen gebracht, und er hat vor allem etwas gezeigt, was deutsche Schriftsteller in Ost und West in jüngster Zeit oft haben vermissen lassen: einen unbestechlichen, ideologisch unverführbaren Charakter. Das zeigt noch einmal sein jüngstes Opus *Trivialroman* (1998), in dem die alten Tugenden des Sprachbeobachters mit neuer Virtuosität inszeniert werden. Da findet sich z.B. eine irrwitzig komische Passage, in welcher der „Chef", eine Art krimineller Peeperkorn, der nur in abgebrochenen Sätzen redet, sich von dem kollaborierenden Journalisten Feder sein hilfloses Gestammel in eine wohlgesetzte Rede übertragen läßt.

Daß Schädlich die literaturwissenschaftliche Gattungsbezeichnung „Trivialroman" als Titel wählt, hat durchaus Tradition. Auch Goethe schrieb ein „Märchen", eine „Ballade" und eine „Novelle" – und Schädlich selber das „Kriminalmärchen". Das Spiel mit der Gattung ist eine Grundtendenz seiner Prosa, die sich von seinen ersten literarischen Versuchen an mit einem Hang zur Parabel verbindet. *Trivialroman* ist die Geschichte einer Gangsterbande, die sich hinter einer Zeitung verschanzt, deren korrupter Redakteur der Ich-Erzähler ist. Daß diese Bande nicht für sich steht, sondern eine andere Welt vertritt, das zeigen schon die Namen der Akteure: Dogge, Qualle, Ratte, Natter, Biber, Aal, Wanze – ein recht unerquickliches Bestiarium, dessen Vertreter durchaus die Allegorien dessen sind, was die Volksmeinung mit jenen Tiernamen verbindet.

Die alten Fabeltiere werden im Zeichen immer anonymerer Gewaltverhältnisse durch immer weniger menschenähnliche und menschenvertraute Wesen ersetzt. Der von einer „Horde" von „Gorillas" umgebene Dogge ist der scharfe Hund, der brutale Scherge der Bande, Wanze und seine „Schnüffler" sind ihre Spitzel, Aal und seine „Maulwürfe" betreiben die Wühlarbeit, Qualle ist der schleimige Ideologe und Schönredner, der sich nach der Zerschlagung der Bande zum protestantischen Gemeindeprediger mausert. Aal ist so glatt, wie sein Name verheißt, und Natter so schlangenfalsch, wie es in der Bibel steht. Schädlich spielt ganz bewußt mit solchen – eben trivialen – Zuordnungen. Und wo die Personen keine ganzen Tiere sind, da bleiben sie ein Stück von ihnen – wie Kralle oder Feder, der Ich-Erzähler, der auf die Funktion reduziert wird, durch seine Schreiberei das Krumme gerade und das Gerade krumm zu biegen. Nicht nur Trivialroman, sondern trivialisiertes Tierepos ist Schädlichs neues Buch, man darf durchaus an Goethes *Reineke Fuchs* oder Orwells *Animal Farm* denken. Auch sie spiegeln ja im Tiergleichnis zeitgenössische politische Realität, doch da sie diese Realität eben im Kleid der Parabel verhüllen, veralten sie nicht mit ihr, lassen sich auch auf andere, sogar spätere Realitäten beziehen.

Kein Zweifel, Schädlichs uappetitliche Tierwelt hat den Untergang der DDR und die vielfache wunderbare Wiedergeburt ihrer dubiosen Sachwalter in der neuen Ordnung des wiedervereinigten Deutschland zum Erfahrungshintergrund. Es entbehrte nicht grotesker Komik, den „Schädling" auf der Leipziger Buchmesse 1998 am Rowohlt-Stand seinen *Trivialroman* präsentieren und wenige Gänge weiter „Qualle" und „Wanze" frohgemut ihre neuen Bücher signieren zu sehen. Einmal mehr wurde die Wirklichkeit da zum Plagiat der Literatur.

Freilich, ein Schlüsselroman ist der *Trivialroman* mitnichten. Die Ähnlichkeiten zwischen fiktiven und wirklichen Personen oder Verhältnissen sind nicht zu verkennen, aber die Fabel entwickelt doch ihre Eigendynamik, die in einer Eins-zu-Eins-Gleichung nicht aufgeht. Der korrumpierte Journalist und Intellektuelle, der schnell noch das Hemd wechselt, als es mit den Machthabern bergab geht, und vorgibt, ihnen nur mit der Absicht wirkungsvoller Unterwanderung gedient zu haben oder um einen „mildernden Einfluß" auf sie auszuüben, die Selbstrechtfertigungs- und Entschuldigungsrituale der kriminellen Selbstläufer und opportunistischen Mitläufer, der Angstapparat aus Kalkül – „wenn genügend Angst herrscht, dann finden sich auch genügend Leute, die ihre eigene Großmutter verpfeifen" -, die aalglatte Fähigkeit, sich sofort in neue Verhältnisse zu fügen, wenn die alten untergegangen sind: all dies läßt sich nicht nur auf die DDR und ihre Nachgeschichte, sondern kaum weniger auf das Dritte Reich und andere Gewaltverhältnisse beziehen. Eine Struktur spiegelt sich da wider, die mit all ihrer ‚Trivialität', sprich: ihrer Banalität des Bösen jederzeit wiederkehren kann.

Diese Möglichkeit der Verallgemeinerung begrenzt die historische Aussagekraft von Schädlichs Fabel, aber sie erweitert ihre anthropologische. Und wie sagte doch Aristoteles in der *Poetik*: „Aufgabe des Dichters ist nicht, mitzuteilen, was wirklich geschehen ist, sondern, was geschehen könnte." Dadurch sei sie „philosophischer" als die Geschichtsschreibung, weil sie eben nicht das Besondere, sondern das Allgemeine darstelle. Das aber leistet Schädlichs *Trivialroman* durchaus. Wer ihn als ein Stück Schlüsselliteratur über das Ende der DDR lesen will, kommt weder auf seine Kosten noch wird er ihm gerecht. Diese Fabel in Romanform läßt viele Lesarten zu, und die nächste Generation wird garantiert eine andere haben als wir.

Todd Kontje

Botho Strauß' "Der junge Mann"

Cultural Memory, National Identity, and the East

The reclusive German writer Botho Strauß scored the media sensation of the year with the publication of his essay "Anschwellender Bocksgesang" in *Der Spiegel* of February 8, 1993.[1] In this essay, whose title translates roughly as "rising tide of tragedy," or "impending sense of doom," Strauß gives voice to a cultural pessimism that recalls the mood of Oswald Spengler's *Untergang des Abendlandes* or Thomas Mann's *Betrachtungen eines Unpolitischen*. As he had done in earlier works, Strauß lashes out against the mass media that obliterate all distinctions between public and private. "Infotainment" has produced a nation of half-educated dimwits: "Was einmal die dumpfe Masse war, ist heute die dumpfe aufgeklärte Masse."[2] Such disdain for the contemporary culture industry is not surprising for a writer who has long admired the work of Theodor Adorno, and Strauß drew predictable charges of elitism for his comments. More provocative were the passages in "Bocksgesang" in which Strauß seemed to express sympathy for nationalism, to wax nostalgic for the virtues of discipline in the home and in the state, and to lament the hostility toward soldiers, the Church, and tradition in the Federal Republic of Germany. Perhaps most troubling, however, was Strauß's contention that "Rassismus und Fremdenfeindlichkeit" are "'gefallene' Kultleidenschaften, die ursprünglich einen sakralen, ordnungsstiftenden Sinn hatten."[3] Within a few weeks an outraged Peter Glotz objected that Strauß, perhaps unintentionally, provided a cover for the worst sort of modern hate crime: "Wir hatten gehofft, daß diese Stimmungsmixtur spätestens 1945 im Blut ersoffen sei. Botho Strauß belehrt uns 1993 eines Schlechteren."[4] The left-wing newspaper "die taz" reduced the controversy to a provocative question: "Ist Botho Strauß ein Faschist?"[5]

---

[1] The article was subsequently republished together with several responses in *Deutsche Literatur 1993: Jahresüberblick* (Stuttgart: Reclam, 1994). All references are to this edition.
[2] "Anschwellender Bocksgesang" 267.
[3] "Anschwellender Bocksgesang" 263.
[4] Hage, "Freunde, es wird ernst." Cited from *Deutsche Literatur 1993*, 275.
[5] Title cited from *Deutsche Literatur 1993*, 279.

For anyone who read the essay carefully, the answer would have to be a resounding "no." "Die Verbrechen der Nazis sind jedoch so gewaltig," writes Strauß, "daß sie nicht durch moralische Scham oder andere bürgerliche Empfindungen zu kompensieren sind. Sie stellen den Deutschen in die Erschütterung und belassen ihn dort, unter dem *tremendum* ... eine über das Menschenmaß hinausgehende Schuld wird nicht von ein, zwei Generationen einfach 'abgearbeitet.'"[6] True, Strauß styles himself as a conservative in opposition to what he feels is the liberal mainstream of German society, yet he draws a sharp distinction between his own rightist position and the Neonazi thugs he identifies as his worst, most bitter enemies. True, Strauß cites René Girard on the salutary effect that cultic sacrifices once had for ancient communities, yet he distances this past from modern racism and xenophobia. Strauß's primary goal is not to condemn foreigners in contemporary Germany, but to condemn what he feels is the hypocrisy of knee-jerk liberalism on the left. In this regard his own conservative position parallels right-wing attacks on "political correctness" in the United States, on those "tenured radicals" with children and credit cards who cling to the moral high ground of their youth.[7]

Nevertheless, Botho Strauß is himself in very dangerous territory in "Anschwellender Bocksgesang." Nostalgia for blood sacrifice in the name of the nation, however qualified, is not a sentiment that sits well in a country still shaking from the Nazi past and the aftershocks of Neonazi violence. In a recent publication an apparently chastened Botho Strauß refers wryly to the "Bocksgesang, den ich einmal unvorsichtig berief,"[8] and writes of the personal price he has paid for his "careless" remarks: "Einige, die heute auf mich spucken, kamen früher gern zu Besuch ... Heute schreibt er in den Gazetten: Hängt ihn!"[9] One has the sense, however, that Strauß rather enjoys his own notoriety as the sacrificial lamb of the current culture industry. Having adopted the pose of the misunderstood loner, the prophet of disaster crying in the wilderness, he has retreated to his country home to pursue his melancholy thoughts and to dismiss the affair as a "farce" and a "bitter joke."[10]

For those familiar with Botho Strauß's career prior to 1993, the ideas expressed in "Anschwellender Bocksgesang" should not have come as a surprise. His jeremiad against the evils of mass media in the computer age had begun more than a decade earlier in *Paare, Passanten* (1981), and continue through *Die Fehler des Kopisten* (1997). Strauß has also displayed a consistent interest in German national identity in the wake of National Socialism, both before and after Reunification. Evidence from the literary texts suggests that Strauß is anything but a

---

[6] "Anschwellender Bocksgesang" 261.

[7] Bodo Kirchoff defended Strauß along these lines, claiming that his essay had exposed weaknesses on the left: "Treffer tun eben weh." "Die Mandarine werden nervös." In *Deutsche Literatur 1993*, 277.

[8] *Die Fehler des Kopisten* (Munich: Hanser, 1997) 36.

[9] *Die Fehler des Kopisten* 118.

[10] *Die Fehler des Kopisten* 118.

flag-waving national chauvinist. In *Paare, Passanten*, for example, he writes of "den deutschen Nationalsozialismus" as "unsere einzigartige Geburtsstätte," a point of origin for postwar society from which there can be no escape.[11] As a result of this past, Germans lack "das nationell Positive," the capacity for a healthy attitude toward the nation.[12] The protagonist of the slightly earlier novel *Rumor* (1980) does experience a brief surge of national pride "trotz Hitler" during a drunken conversation about the concentration camps in New York, yet even he admits that his sudden stab of "Heimweh und Liebe" is "zu einem zweifellos imaginären Land."[13] Bekker in any case hardly qualifies as a positive role model. Certainly one of the least pleasant characters to haunt postwar German literature, Bekker staggers through the book in an alcoholic stupor, fluctuating between incestuous desires for his daughter, hatred of his former boss, and delusions of grandeur. Near the end of the novel he adopts a group of unemployed Pakistanis, promises them jobs, and accepts the offer of a bed in their crowded apartment, only to slip out before dawn to alert the police and to have the illegal immigrants arrested. The entire episode is an exercise in self-aggrandizement based on a callous disregard for the human dignity of the foreign workers.

Strauß's most ambitious novel, *Der junge Mann* (1984), also contains sustained reflections on German national identity in the postwar period. Here again, Strauß seems to go out of his way to discredit nationalist sentiments and those who represent them. In the opening pages the narrator writes of unemployed men who spend their days drinking around the kiosk where he gets his morning paper. Although only in their mid 30s in a novel that begins in 1969, they insist that their best friends died at Stalingrad. Their only real friends are their dogs – German shepherds, of course. In this passage Strauß collapses history into an eternal present of the German language; these men "sprechen einfach an einem deutschen Gemurmel mit, das, weit älter als sie selbst, ungestört unterhalb der Zeit dahinrinnt."[14] Strauß develops this idea in the section of the novel entitled "Der Wald." Here a young female bank executive becomes lost in a mysterious forest where she finds a department store called "Der Turm der Deutschen." The store sells only voices from all social classes and from all periods of German history. The owner of the store is introduced as the all-powerful German: he has golden hair and kind eyes, but a nasty mouth like that of a carp; he lives in a giant fish tank. Billing himself as "'das Wesen aller Deutschen,'" he contends that his influence extends to both halves of the currently divided Germany and to all past epochs as well: "'keiner denkt deutsch ohne mich'" (90). The bemused bank executive treats this pompous aquarium dweller "mit seinem deutschen Getuschel" (92) as a relic of the past, however, and proudly declares her faith in

---

[11] *Paare, Passanten* (Munich: Hanser, 1981) 171.
[12] *Paare, Passanten* 172.
[13] *Rumor* (Frankfurt: Ullstein, 1982) 33.
[14] *Der junge Mann* (Munich: Hanser, 1984) 8. Hereafter cited in the text.

the free self-rule of the German people before emerging from his subterranean abode into the light of day.

That Germany's past cannot be shrugged off quite so easily becomes apparent in the longest section of the novel, "Die Terrasse." The section begins with the death of Hitler as Belsazar of the Old Testament, ends with his burial, and consists primarily of conversations and stories among a group of postwar Germans on the model of Boccaccio's *Decameron* or Friedrich Schlegel's *Gespräch über die Poesie*.[15] Hitler/Belsazar dies at dawn, yet time stands still in the pages that follow: "Und so blieb es, blieb es für viele, viele Jahre, allgemein und ausnahmslos; und manche meinen sogar, bis auf den heutigen Tag sei dies starke und schöne Land aus seiner Belsazar-Nacht nicht vollends erwacht" (181). The section contains a debate between Hans-Werner, a modern optimist who embraces the positive potential of the new computer age, and the conservative ideologue Reppenfries, who laments Germany's transformation from a nation rooted in the *Volk* into a permissive modern society in need of "Fassung und Fügung" (195). Reppenfries thus anticipates some of the more disturbing ideas Strauß voices in "Anschwellender Bocksgesang," yet in the context of the novel his character is severely compromised by his penchant for wearing uniforms and his brutal treatment of his wife.[16] Like Bekker before him, Reppenfries cannot be viewed uncritically as Strauß's spokesman in the novel. The section concludes with a grotesque parade of postwar Germans unable to break free of Hitler's legacy: "Derart war also der schlimmste Deutsche durch eine lange Kette von Unfreiheiten verbunden den Nachgeborenen bis ins dritte und vierte Glied" (298). A series of bitter caricatures leads seamlessly from the "professional antifascists" of the 1950s to the student radicals of the 1960s, and concludes with a cry of disgust at the motley crew of contemporary German city dwellers: "ach, ihr einsamen, unglücklichen Städter, die ihr nicht mehr zu enttäuschen seid: ihr taugt nicht, vereinigt zu werden!" (300). Taken together, then, the evidence from Strauß's prose texts of the 1980s suggests that while he is disturbed by the centrifugal forces in modern society and the resulting loss of national tradition, he remains acutely aware of the fascist past that makes it impossible for Germans to celebrate uncritically "das nationell Positive."

In addition to reflections on German history in allegorical and essayistic passages of *Der junge Mann*, Strauß also places his novel into an implicit dialogue with the literary tradition of the *Bildungsroman*. After Wilhelm Dilthey popularized the term around 1870, many German writers and critics of the ensuing decades liked to view the *Bildungsroman* as their national genre: "Es gibt unterdessen eine Spielart des Romans, die allerdings deutsch, typisch-deutsch, legitim-

---

[15] Henriette Herwig, "'RomantischerRelexionsRoman' oder erzählerisches Labyrinth? Botho Strauß: *Der junge Mann*." In *Strauß lesen*, ed. Michael Radix (Munich: Hanser, 1987) 275. Moray McGowan, "Botho Strauß." In *The Modern German Novel*, ed. Keith Bullivant (New York: St. Martin's Press, 1987) 255.

[16] Joseph Federico, "German Identity and the Politics of Postmodernity: A Reading of Botho Strauß's Der junge Mann," *The German Quarterly* 66 (1993): 354-55.

national ist," wrote Thomas Mann in 1916, "und dies ist eben der autobiographisch erfüllte Bildungs- und Entwicklungsroman" (289).[17] Mann joins those who viewed the young heroes of the *Bildungsroman* as typical representatives of the nation of poets and thinkers; at the same time, others drew parallels between the development of the protagonists within the novels and Germany's own movement toward unification. It is therefore fitting that Strauß should structure his own novel about Germany as a modified version of the *Bildungsroman*. Parallels between *Der junge Mann* and earlier texts associated with the genre abound: the opening and concluding sections of the novel focus on Leon Pracht, who, like Wilhelm Meister before him, sets off on a theatrical mission or "Sendung" (31). The phantasmagoric dream sequences in the middle of this "RomantischerReflexionsRoman" (15) recall passages from *Heinrich von Ofterdingen*, and Strauß in fact alludes to Klingsohr's *Märchen* (314).[18] Like Hans Castorp on the magic mountain, Leon Pracht listens largely in silence to the ideological debates between Reppenfries and Hans-Werner (themselves reincarnations of Naphta and Settembrini). Unlike the stereotypical hero who grows up, finds some sort of job, gets married, "und wird ein Philister so gut wie die Anderen auch," as Hegel once sarcastically put it,[19] Leon Pracht never finds his calling and drifts aimlessly from one odd job to the next. Here again, however, he is in good company, as such literary predecessors as Anton Reiser, Heinrich Lee, and Oskar Matzerath prove equally incapable of settling down to responsible adulthood. Finally, the reflections on German culture and history in *Der junge Mann* continue a tradition that extends from Wilhelm Meister's aspirations for a German national theater to examinations of the Third Reich in Mann's *Dr. Faustus*, Grass's *Blechtrommel*, and Lenz's *Deutschstunde*.

Less frequently noted is the extent to which reflections on German national identity in the *Bildungsroman* involve a symbolic geography in which the East plays a particularly important role. In *Der Zauberberg*, for instance, Germany features as "das Land der Mitte" that will have to choose between Western rationalism and Eastern mysticism. Already Wolfram von Eschenbach's *Parzival* (which is in many ways a medieval precursor to the modern *Bildungsroman*) focuses on an encounter between the Orient and the Occident. Parzival's father marries a "heathen" queen and has a child of mixed race with whom Parzival is reconciled in a romance that envisions the Christianizing of the known world as far as India. More than five hundred years later in his *Ideen zur Philosophie der Geschichte der Menschheit*, Herder located the Garden of Eden in the Himalayas,

---

[17] Thomas Mann, "Der Entwicklungsroman." In *Essays 1893-1918*, eds. Hermann Kurzke and Stephan Stachorski (Frankfurt aM: Fischer, 1993) 289. For further sources see Todd Kontje, *The German Bildungsroman: History of a National Genre* (Columbia SC: Camden House, 1993).

[18] On echoes of Romanticism in *Der junge Mann* see Herwig, "'RomantischerReflexionsRoman'" and Heidy M. Müller, "Transformationen romantischer Inspirationsquellen im *Jungen Mann* von Botho Strauß," *Amsterdamer Beiträge zur neueren Germanistik* 24 (1988): 181-99.

[19] Hegel, *Vorlesungen über die Ästhetik* (Stuttgart: Frommanns, 1928) 216-17.

marking the beginning of the *Bildung* of the human race that moved west to ancient Greece and Rome and then north to modern Germany. Thus from medieval to modern times the Orient has played a central role in the German cultural imagination. As a part of Europe, Germany has contributed to the tradition of Orientalism, in which, as Edward Said has argued, the East plays a dual role as "the source of [Europe's] civilizations and languages ... and one of its deepest and most recurring images of the Other."[20] At the same time, however, German intellectuals have often sought to distance themselves from other Western Europeans by claiming special ties to the East, a claim freighted with sinister ideological baggage.[21]

In this context the theme of the Orient takes on particular significance in *Der junge Mann*. In the opening segment of the novel we learn that Leon Pracht's father is a scholar of ancient Middle Eastern religions with a particular interest in Montanus, the leader of a schismatic movement in early Christianity centered in ancient Phrygia (modern Anatolia). Montanus was a chiliastic prophet of a 1000-year *Reich*, and the Phrygians allegedly spoke the lost language of Indo-European, or Indo-Germanic, as nineteenth-century German scholars preferred.[22] The latter detail points to the historical ties between German nationalism and German orientalism, while the former anticipates Strauß's depiction of Hitler as an Oriental despot in "Die Terrasse." As a young man Leon follows in his father's footsteps, dutifully learning Aramaic and Coptic while his contemporaries in the late 1960s are revolting against paternal authority. Leon's expertise in religious mysticism attracts the attention of a young dramatist directing Shaw's *Saint Joan*, and Leon begins his own directorial career with an almost religious sense of mission; the theater will be his "New Jerusalem" (31). Finally, Leon's interest in ancient religious mysticism has an important sexual component: "ich [vertiefte] mich freiwillig und neugierig in jene christlichen Geheimlehren, in denen so viel von weiblicher Weisheit, von 'Gott der Mutter' die Rede war, von einer allmächtigen erotischen Gnade, wie ich es denn empfand" (22). Thus from its inception, Leon's interest in ancient Oriental religion is deeply ambivalent: on the one hand, the East has close associations with both his father's profession and with the German fatherland that will culminate in the conflation of Hitler with Belsazar; on the other hand, the East presents an exotic and eroticized maternal realm as an alternative to patriarchal German nationalism.

Both aspects of Leon's adolescent experience resurface in the section entitled "Die Siedlung." Here an unnamed protagonist who can plausibly be under-

---

[20]. Said, *Orientalism* (New York: Vintage, 1979) 1.

[21] Poliakov, *The Aryan Myth: A History of Racist and Nationalist Ideas in Europe*, trans. Edmund Howard (London: Sussex University Press, 1974); Bernal, *Black Athena: The Afroasiatic Roots of Classical Civilization*, vol. 1 (New Brunswick NJ: Rutgers University Press, 1987).

[22] Bernal, *Black Athena*, 227.

stood to represent either Leon himself or his romantic *Doppelgänger*[23] is hired by authorities in Frankfurt to conduct ethnographic research on an unusual community living northwest of Cologne. The origins of the group are somewhat obscure, but they are described as "moderne Menschen des dritten industriellen Zeitalters" (114) who have undergone a transformation into a different sort of a society, perhaps as a result of radiation emanating from nuclear stockpiles. The community is not economically viable, yet the authorities support and study it as a form of social experiment that might provide useful suggestions for life in a future "'Gesellschaft mit beschränktem Arbeitsbedarf'" (117). At the same time, they keep the group under tight surveillance, and guard against any expansion of the movement.

The alternative society is known as "Synkreas," or "Syks" for short, a name invented in jest by one of the observers who noted that they are *"kreativ – aber eben nur als erfinderische Synthetiker, als Sammler und Resteverwerter"* (118). Combination matters more than innovation for the members of this group, who value "Traum, Spiel, Sammeln, ganzheitliche Vorstellung ... gegen die eiserne Vorherrschaft von abstrakter Logik, Plan, Forschritt und Traditionszwang" (120). The Syks are gradually doing away with binary oppositions in a deliberately imprecise language that substitutes ambivalence for logic. Their politics are equally amorphous: although they are not a lawless society, the Syks shift their allegiance rapidly from one form of government to the next, moving from absolutism to dictatorship to democracy within a matter of weeks. Their clothing changes as fast as their politics: sometimes they wear fanciful costumes; at other times they wear drab gray outfits; at still others the men wear elegant suits while the women wear only colorful body paint. Provisional "Wärmeverbände" have replaced traditional marriages and families.

It is difficult to reduce the Syks to a single allegorical meaning. Certainly they recall aspects of German Romanticism, particularly in their attitude toward religion.[24] The Syks believe that one spirit flows through everything, and they seek contact with this "Großen Schmelzfluß" (135). In a passage recalling Schelling's philosophy they are said to believe that human beings are not the crown of creation, "wohl aber der erste Schritt auf dem unendlichen Weg des sich selbst zu Bewußtsein kommenden Universums" (136). Yet the Syks are also quite up to date, believing that the universal spiritual order reveals itself in a modern semiconductor as well as in the intricate maze of a termite heap. As "synthetic creators" they produce works that evoke early romantic "Symphilosophie" and postmodern pastiche. Elsewhere termed "Romantiker der elektronischen Revolution. Neo-Fragmentarier. Funkenkundige" (369), they express their neoromantic spirituality "in der großen elektronischen Totale" (14) of the postmodern age.

---

[23] Bärbel Lücke, *Botho Strauß: Der junge Mann* (Munich: Oldenbourg-Interpretationen, 1991) 62-63.
[24] Müller, "Transformationen romantischer Inspirationsquellen" 197.

Politically the Syks are equally ambivalent. To a certain extent they exemplify some of the negative connotations of communitarian thought.[25] As their language disintegrates they become incapable of the rational debate necessary in liberal democracies; their tight social organization seems to answer the call for more "Fassung und Fügung" from the politically suspect Reppenfries; and the Syks' longing for a muscular Messiah seems particularly questionable. At other times, however, the peaceful Syks seem much closer to the 1960s counter-culture or its New Age descendants than to the totalitarian culture of the Third Reich. Particularly noteworthy in this regard is the decidedly international, or, more precisely, postnational makeup of the community. At first mysterious climatic changes in Central Europe gave rise to small groups within existing social organizations. "Die Situation änderte sich grundlegend erst mit dem plötzlichen Auftauchen von ausgedehnten Migrations- und Siedlungsbewegungen, über Länder- und Staatsgrenzen hinweg" (114). Within such settlements a "new consciousness" arose that cuts across national borders (117). The Syks, for example, are a strange conglomeration of Islandic fishermen, French actors, Turkish tailors, and German "psychagogues." While fascist society bonded men together in service to a fatherland rooted in blood and soil, the Syks represent an alternative "feminine" society: "alles Wissen war weiblich geworden" (134). The Syks live in the same forest where the bank executive had discovered the "Turm der Deutschen." The tower is still there, but the German voices have vanished: "Im Inneren vollkommen düster und leer, führte lediglich eine hölzerne Wendeltreppe in die Höhe, die aber zugemauert und ausblicklos war" (121). A postnational community has no place for national tradition. Outside the settlement Germany has not disappeared, however, and it is the task of Leon Pracht, or his alter ego, to observe and comment on the Syks to the proper authorities. He thus occupies a position analogous to that of his father in the study of ancient religion: the rational, masculine, German ethnographer investigates an irrational, feminized, non-German society. The postmodern and postnational community of the Syks, in other words, seems to reincarnate the schismatic Christian community of the ancient Orient. Each society, in turn, stands in an uneasy relation to Germany's fascist past as both its close relative and its alien Other.

In "Die Siedlung" Leon unsuccessfully attempts to cross over into Syk society, to "go native." Chapter three of this section begins with a lament at how German society has ground him down: "O diebische Gesellschaft, die Deutschen! Aus der wir kommen und die uns kleingekriegt hat" (149). Leon's new research partner Ines does not share his dissatisfaction, however, and busies herself with her appointed tasks. Ines rejects both Leon's sexual advances and his offer to bring her with him to the Syks. Still sexually frustrated, Leon then fixes his gaze on a young Syk woman named Zinth, but she, too, rejects him, and he is ordered by the Syk authorities to meet his brother's wife in a chalet just outside the borders of the settlement. Surprised to discover that his long-forgotten brother even *has* a wife, Leon obeys and soon finds himself in the grasp of over-

---

[25] Federico, "German Identity and the Politics of Postmodernity."

whelming passion for the woman. In the novel's most controversial sequence Leon ejaculates violently onto the silent woman's upturned face, and later discovers her vomiting in a bathtub full of human excrement. Leon dives into the tub "wie ein christlicher Ritter" (163) and engages in mortal combat with what has become a monster, but then faints to awaken alone in a bed with clean white sheets.

"Brrr" commented Caroline Fetcher in her review of this scene in the novel. "Vielleicht mußte er [Botho Strauß] 'da durch,' aber vielleicht hätte er den größten Teil dieses Expeditionsberichts getrost in einer Schublade liegenlassen können."[26] The scene is indeed disturbing if we read it as a fragment of Botho's great confession, although Strauß insists elsewhere that none of his works are directly autobiographical.[27] In the context of the novel, in any case, the scene frequently cited as evidence of Strauß's pornographic imagination actually leads to the humiliation and defeat of the male protagonist. Immediately after his ejaculation Leon feels overcome with shame and remorse. The subsequent bathtub scene certainly presents the woman in a revolting light, yet diving into fecal matter is also not exactly a task that ennobles the latter-day knight. As it turns out, the entire event has been arranged by the Syks from the start as a way to wean Leon from his fascination with their cult. What he had experienced as a uniquely passionate experience was simply a service provided for the Syks by his brother's wife. In the end the Syks present Leon with considerable charges for all services performed in the chalet; he pays without protest, ironically footing the bill for Syks' successful effort to cast him from their midst.

Particularly noteworthy is the fact that his brother's wife is from the Middle East. When first informed of his waiting visitor, Leon is perplexed: "die Frau meines Bruders? Wer mochte das sein? Soweit ich es verfolgen konnte, hielt sich mein Bruder, Manager einer Hotelkette, seit vielen Jahren in verschiedenen Ländern des Nahen und Mittleren Ostens auf" (156). His suspicions are confirmed when he meets the woman. She does not wear exotic clothing, but "ihre bronzefarbene Haut, ihr schmaler, scharfer Gesichtsschnitt ließen mich nicht an ihrer levantinischen Herkunft zweifeln" (158). By choosing an "Oriental" woman as both Leon's lover and the Syk sex-worker, Strauß draws on a long tradition in which the Westerner surveys "the passive, seminal, feminine, even silent and supine East."[28] As Said and others have noted, the Orient was a place where Western men could indulge in otherwise forbidden sexual acts, and Strauß adds a piquant touch by including a hint of adultery in Leon's affair with his brother's wife. After his sexual encounter with the woman, Leon is sure that he has caused her to sin against the customs of her native land: "Ich war mir gewiß,

---

[26] Fetscher, "Wilhelm Meisters Wechseljahre," *Der Spiegel*, 13 August 1984. Cited from Lücke, *Botho Strauß* 163-64.

[27] "Er habe im Grunde noch nie eine autobiographische Zeile verfaßt" reports Volker Hage. "Schreiben ist eine Séance" in *Strauß lesen*, ed. Michael Radix (Munich: Hanser, 1987) 208.

[28] Said, *Orientalism* 138.

gegen das Gesetz, dessen Wurzeln ich in der tiefen Religiosität und Heimattreue dieser Frau vermutete ... auf eine unversöhnliche Weise verstoßen zu haben" (161).

In the economy of the novel, the Oriental woman serves as a fitting representative of the "effeminate" Syk society that stands in opposition to modern Germany, while suggesting a link between the postnational European cult and the mystical Middle Eastern religious sect of antiquity. Ironically, however, the very woman who seems to initiate Leon into Syk society actually sends him back to the Germany he longs to escape. He awakens from his nightmarish adventures to see a mighty (German) oak outside his window. On his way out of the community he stops for a final conversation with his brother's wife, who presses "ihr schönes, morgenländisches Gesicht" against a fence (169). Leon kisses her fingertips, but Ines drags him away. He feels betrayed by her report to the authorities, who show no sympathy for his "feminine" intelligence and fire him. He spends the rest of the long, hot summer in a shabby room in Frankfurt.

The Orient features prominently again in Leon's one clearly autobiographical narrative in *Der junge Mann*. In the section entitled "Die Terrasse" Leon describes how he once travelled to Istanbul to attend the funeral of a Turkish actor and poet who had been his close friend in Germany. The funeral takes place on the Asian side of the city. Afterwards the despondent German takes a ferry back to the European shore. On the boat he fixes his downcast eyes on a woman's shoes standing next to him. They exit the ferry together, and he finds himself drawn as if by a magnetic force to the woman's apartment where they engage in frenzied sex. He awakens alone, and soon discovers that he is one of several men whom the woman, named Mero, has seduced and enchanted. Only a fragment of his own self escapes her spell and is drawn to the voice of a young girl singing beyond the walls of Mero's garden. It turns out to be none other than Mero herself, but as a sixteen-year-old girl. Before long Leon and the younger Mero are locked in a magical embrace interrupted by the older Mero at the height of Leon's passion. Fearful that he will petrify into a "Priapic pillar" (240), Leon begs the older Mero to finish what her younger self began. She obliges him briefly, but soon becomes distracted by the young Mero. The two are reunited as he watches, a scene which magically removes both his sexual frustration and his grief. He leaves Istanbul feeling deeply rested and at peace.

In several ways this episode recalls Leon's affair with his brother's wife. Again the German man has passionate sex with an unfamiliar woman associated with the Near or Middle East. "Mero" is Greek for madness or intoxication, and with her Leon experiences Dionysian rapture.[29] Once again, however, what begins as a male fantasy ends with the woman in control, as Mero turns out to be a modern Circe who steals men's souls. We later learn that Mero's widowed father remarried when she was in her teens, at which point she developed her seductive powers. In psychological terms, then, Mero suffers from an unresolved Electra complex and becomes a kind of *femme fatale* as a result. Leon, who as a

---

[29] Herwig, "RomantischerReflexionsRoman" 276.

young director had been the target of abuse from two older actresses, again becomes subject to a powerful woman.

As it turns out, Mero is not Greek or Turkish at all, but the daughter of a German diplomat. The fact that Leon's "Oriental" seductress is really German parallels the sense of disappointment he feels as a visitor to the East: "Von der berühmten Goldenen Stadt hatte ich vorerst nur die schäbigsten Grauheiten der Neubauviertel gesehen" (222). Mero leads him to a dingy building that Leon describes as "eine bescheidenere Ausgabe ... jener häßlichen, billigen Betonklötze, die wesentlich zu dem enttäuschenden Eindruck beigetragen hatten, die auf mich die Stadt der Sultane, Odalisken und prunkvollen Märchen gemacht hatte" (224). The Orient is thus revealed as a Western fantasy that has little to do with life in modern Istanbul. Correspondingly, the pseudo-Oriental Mero can seduce men only if they have entered a fantasy realm that detaches them from their normal waking reality: "So hatte es etwa den Schmächtigen erwischt, als er im Topkapi-Serail in der Gewänder-Sammlung der Sultane umherging und blendender Stoff und Edelstein ihn schon halb in die Welt von Tausendundeiner Nacht versetzt hatten" (234). Leon's grief and the unfamiliar, if disappointing, surroundings also make him susceptible to Mero's wiles, and he, too, enters a fantasy world that intoxicates, enthralls, but eventually releases him from its spell.

As in the earlier sections of the novel, the Orient features less as a real place than as an imaginary space associated with loss of self, femininity and sexuality, mysticism and exoticism – a space, in other words, defined in terms of its opposition to masculinity, individuation, rationality, and the German fatherland. At the same time, however, Mero's German identity suggests that the "Orient" is also part of Western consciousness. Notably, Leon meets Mero on the ferry between Asia and Europe: both stand on the threshold, in a space that simultaneously underscores the opposition between East and West and undermines the distinction. Leon's story, in turn, is embedded in the section of the novel that draws clear parallels between the ancient Oriental king and the modern German megalomaniac. Hitler is at once the embodiment of evil who released irrational passions in a fascist regime that is diametrically opposed to the functioning democracy of the Federal Republic "in einer am Ende doch glücklichen Periode deutscher Geschichte" (11), and the ghost who haunts a postwar Germany which remains "vom bittersten Erbe des Frevlers belastet" (296). As if to underscore the tie between Germany's Nazi past and the present Federal Republic, between Dionysian intoxication and Socratic rationality, between Oriental despotism and Occidental democracy, Strauß freezes time in "Die Terrasse" to a perpetual dawn: the rising sun of a new era remains frozen in the East of the past.

Time does start moving toward the end of "Die Terrasse," and Leon eventually emerges from a series of dream-like adventures to find a woman's disembodied face in the forest. He picks it up, kisses her on the mouth, and is finally able to close his eyes. Here, as when he leaves Istanbul, when he awakens after his nightmarish struggle with the monster in the bathtub, or when he escapes

Ossia in his tower at the end of the novel, Leon finds moments of liberation and peace. Does the burial of Belsazar/Hitler that restarts the clock suggest that the Germans have the chance to put the past behind them as well, that the voices of history have been silenced? Two images seem to suggest as much: Leon emerges from the dream-garden in "Die Terrasse" to find little cabins filled with technical equipment that recalls the projection screen beneath the "Turm der Deutschen," but the equipment is now covered with dust. After he leaves the Syks Leon sees an entire archive of cassette tapes hanging in the oak tree outside his window, but the tapes are shredded and hopelessly ensnarled. In both cases the modern memory machines have become dysfunctional. Yet despite such moments of relative calm, Leon Pracht never achieves a sense of lasting personal or professional mastery in the novel. Germany's past, it seems, might resurface at any time. "'Ausländer raus' und so, das sind bleibende Sachen, die liegen in Deutschland so sicher in der Luft wie saurer Regen," says one character when under hypnosis. Leon recoils in horror, rejecting a modern sociological explanation of contemporary xenophobia for something approaching myth: "Ich glaube, aus diesem jungen Geschöpf das Anwehen eines alten Unheils, eines geschichtlichen Fluchs viel eher zu verspüren als eine Jugend- oder Wohlstandsnot" (197). The tapes from the archive may be tangled, but the oak tree is still alive.

"Es ist schade, ganz einfach schade um die verdorbene Überlieferung," writes Strauß near the end of "Anschwellender Bocksgesang."[30] In an essay notorious for its rebarbative prose, this sentence stands out for its simplicity, if not banality. If in the same essay Strauß refers to the enormity of Nazi crimes, how can he lament lost traditions and seek "Wiederanschluß an die lange Zeit, die unbewegte"?[31] In part, Strauß continues his polemic against left-wing intellectuals who read the past through a reductive lens leading always and only to the Third Reich. As Volker Hage reported in a conversation of 1986, "er [Strauß] sei inzwischen allergisch gegen 'rüde Kurzschlüsse' der Art, daß sofort 'Heinrich Himmler' geschrien werde, wenn einer 'Meister Eckhart' sagt. 'Das ist die Fortsetzung der Barbarei mit antifaschichtischen Mitteln.'"[32] In another sense, Strauß's interest in cultural memory can be seen as a manifestation of a widespread attempt in the 1980s and '90s "to slow down information processing, to resist the dissolution of time in the synchronicity of the archive, to recover a mode of contemplation outside the universe of simulation and fast-speed information and cable networks."[33] Such an appeal to memory and tradition runs the risk of becoming a regressive, reactionary phenomenon of the sort Frederic

---

[30] "Anschwellender Bocksgesang" 268.

[31] "Anschwellender Bocksgesang" 259. "'Wiederanschluß' (ist Botho Strauß der historische Kontext dieses Begriffs bewußt?)" wrote a flabbergasted Joachim Vogel in his response to the essay. *Der Spiegel* 10 (1993): 236-37.

[32] Hage, "Schreiben ist eine Séance" 214-15.

[33] Andreas Huyssen, *Twilight Memories: Marking Time in a Culture of Amnesia* (New York: Routledge, 1995) 7.

Jameson has derided in his comments on "nostalgia films."[34] As Strauß makes quite clear in the introduction to *Der junge Mann*, however, the time is past when we could tell tales of organic personal development, or when philosophy or religion could provide a single grand narrative that would make sense of the world. On the one hand, time for Strauß hurtles forward in a series of transformations that defy human efforts to order them in stories of either progress or decline. On the other hand, the present moment seems frozen "in der großen elektronischen Totale" (14) of the third industrial age. In an effort to avoid both the negative totality of the simulacrum and the seductive lure of an old-fashioned organicity, Strauß structures his postmodern *Bildungsroman* as a series of layers that thicken time, that provide it with density and thus defy its inexorable onrush: "Statt in gerader Fortsetzung zu erzählen, umschlossene Entwicklung anzustreben, wird er dem Diversen seine Zonen schaffen, statt Geschichte wird er den geschichteten Augenblick erfassen, die gleichzeitige Begebenheit" (10).[35] In conjuring the past, however, Strauß summons evils spirits as well as redemptive solutions to cultural amnesia; as he put it, the tradition is itself *verdorben*, contaminated by memories that continue to haunt the Federal Republic. With his vision of Germany caught between a despised present and a poisoned past, it is perhaps not surprising that Botho Strauß can only conceive of future change as catastrophe.

---

[34] Jameson, *Postmodernism, or, The Cultural Logic of Late Capitalism* (Durham NC: Duke University Press, 1991) 19.

[35] See similar comments in Arthur Williams, "Botho Strauß and the Land of his Fathers." *Literature on the Threshold: The German Novel in the 1980s*, eds. Arthur Williams, Stuart Parkes, and Roland Smith (New York: Berg, 1990) 294-95.

Paul Michael Lützeler

Hans Christoph Buch und Heinrich von Kleist: Verlobung, Hochzeit und Scheidung in St. Domingo

I.

„Die Besinnung auf ein Kleistsches Erbe der deutschen Literatur" habe, so Walter Hinck, „dem Erzähler Buch offenbar gut getan".[1] Der Kritiker bezog sich auf den Band „Traum am frühen Morgen", der 1996 erschienen ist. Was Tektonik und Struktur, Lakonie und Ironie der dort versammelten Geschichten betrifft, ist das Hincksche Kompliment angebracht. Darüber hinaus läßt sich auch in thematischer Hinsicht in Buchs Texten eine Nähe zum Werk Heinrich von Kleists nachweisen, besonders zur Novelle „Die Verlobung in St. Domingo". Woher rührt diese Faszination? Der Autor gehörte in den sechziger und frühen siebziger Jahren wie Peter Schneider und Uwe Timm zu jenen jungen Schriftstellern, die ihre Prägung durch die Studentenbewegung erfuhren, und die selbst deren Vorstellungen, Ziele und Krisen formulierten und artikulierten. Seine Essayanthologie *Kritische Wälder*[2] von 1972 zeigt, daß Buch nie zu den Befürwortern der damals favorisierten Dokumentarliteratur gehört hat, daß er auch in den gesellschaftskritisch engagiertesten Jahren von der Autonomie der Literatur nicht lassen wollte, weil eine Dichtung im Dienst keine aufklärerische Funktion haben könne und damit zur politischen Wirkungslosigkeit verurteilt sei. In Kleist muß Buch schon früh einen wahlverwandten Frondeur erkannt haben. Dessen Werk nämlich ist voll von Motiven des politischen Widerstands, der Rebellion und des Befreiungskriegs, also von Themen, die zentral für die 68er Generation waren. Die identifizierte sich – im Gegensatz zum Großteil der Vätergeneration – mit dem Widerstand gegen Hitler und verbreitete mit ihren Solidaritätsbekundungen für die ‚Dritte Welt' ein postkoloniales Bewußtsein.[3]

---

[1] Walter Hinck, „Spielplatz der Helden. Hans Christoph Buch schildert einige unerhörte Begebenheiten", *Frankfurter Allgemeine Zeitung* Nr. 187 (13.8.1996): 28.
[2] *Kritische Wälder. Essays. Kritiken. Glossen* (Reinbek bei Hamburg: Rowohlt, 1972)
[3] Vgl. *Protest! Literatur um 1968. Eine Ausstellung des Deutschen Literaturarchivs* (Marbach: Deutsche Schillergesellschaft, 1968). Vgl. ferner: Paul Michael Lützeler, „Von der Intelligenz zur Arbeiterschaft: Zur Darstellung sozialer Wandlungsversuche in den Romanen und Reportagen der Studentenbewegung", in: *Deutsche Literatur in der Bundesrepublik seit 1965* (Königstein: Athenäum, 1980), S. 115-134.

In Kleists Novelle „Die Verlobung in St. Domingo" und in seinem Drama *Die Hermannsschlacht* ist das gesamte Geschehen durch einen Befreiungskrieg beherrscht.[4] Aber auch in anderen Texten des Autors gehören Aufstände gegen Besatzer und Unterdrücker, gegen Fremdherrschaft und Willkür zum stofflichen Repertoire. *Prinz Friedrich von Homburg* schildert, wie die Schweden in Brandenburg einfallen, um das Land zu okkupieren. Die Besatzer sollen vertrieben werden, und diese Forderung bestimmt den Verlauf der dramatischen Handlung. Der Prinz erhält am Schluß des Stückes eine letzte Bewährungschance: Falls er die Schweden in einem zweiten Feldzug besiegt und vertreibt, wird er die Hand der Prinzessin Natalie, der Nichte des Kurfürsten, erhalten. Natalie von Oranien selbst ist Opfer einer rechtlosen Besatzungsmacht: Sie ist von den ihre Heimat kolonisierenden Spaniern enterbt und vertrieben worden. Mit unterschiedlichen Mitteln setzen der Prinz und die Prinzessin alles daran, den Kurfürsten Friedrich Wilhelm davon abzuhalten, Natalie als Friedenspfand dem schwedischen König zur Gemahlin zu geben. Damit wäre das ursprüngliche brandenburgische Ziel des Krieges, die Wiederherstellung der Souveränität, nicht zu erreichen. Von den politischen Pamphleten und Gedichten ganz zu schweigen, sind in allen literarischen Kleist-Texten, in denen es um den Kampf um nationale Unabhängigkeit geht, die Anspielungen auf die französisch-napoleonische Okkupation nicht zu übersehen. Aktualität hatte die Figur der Natalie im *Homburg* aus zwei Gründen: Zum einen hätte jeder mit der Geschichte Preußens vertraute Zuschauer gewußt, daß der Einfall der Schweden zur Zeit des Großen Kurfürsten durch Ludwig XIV. erzwungen worden war, daß es sich also indirekt um einen französischen Feldzug handelte. Zum anderen lebte damals nach der Besetzung Hollands durch die Franzosen der Erbprinz Wilhelm von Oranien am preußischen Hof in Berlin, weil er mit Wilhelmine, eine der Schwestern König Friedrich Wilhelms III., verheiratet war.[5] Dem zeitgenössischen Leser bzw. Zuschauer konnten in der *Hermannschlacht* und im *Homburg* die Anspielungen auf die Franzosen nicht verborgen bleiben. In Deutschland bzw. Brandenburg/Preußen standen in der Gegenwart keine römischen oder schwedischen, sondern französische Truppen, und die Niederlande waren nicht durch Spanien, sondern durch Frankreich annektiert worden. Die vom Kurfürsten ins Auge gefaßte Heirat seiner Nichte mit dem schwedischen König dürfte eine Anspielung auf die Ehe zwischen Napoleon und der habsburgischen Kaisertochter Marie Louise gewesen sein. Diese Verbindung hatte Österreich in noch stärkere Abhängigkeit von Frankreich gebracht. Das abschließende „In Staub mit allen Feinden Brandenburgs!" (3, 289) im *Homburg* wäre bei einer Aufführung zu Lebzeiten von Kleist sicher der damaligen Zensur zum Opfer gefallen. Auch im *Zerbrochnen Krug* sind

---

[4] Vgl. dazu die Analysen in den beiden von Walter Hinderer herausgegebenen und bei Reclam in Stuttgart erschienenen Bänden: *Interpretationen. Kleists Dramen* (1997) und *Interpretationen. Kleists Erzählungen* (1998). Kleists Werke werden in der Folge (mit Bandziffern und Seitenangaben in Klammern) zitiert nach der von Helmut Sembdner 1964 herausgegebenen siebenbändigen dtv-Ausgabe.

[5] Vgl. Fritz Hackert, *Erläuterungen und Dokumente. Heinrich von Kleist. Prinz Friedrich von Homburg* (Stuttgart: Reclam, 1979), S. 5.

vergleichbare Hinweise nicht zu übersehen bzw. zu überhören, in denen „Spanien" gesagt und „Frankreich" gemeint ist. Frau Marthe schildert so drastisch wie komisch – gleichsam frei nach Schiller – den Verlauf der Geschichte des Abfalls der Vereinigten Niederlande von der spanischen Regierung (2, 28ff.). Das *opus delicti*, der schwer angeschlagene Krug, zeigte in seinem ehemals heilen Zustand die Übergabe der Herrschaft der Niederlande von Karl V. an seinen Sohn Philipp II. Damit ist in der Komödie jenes historische Datum bezeichnet, an dem die religiöse Unterdrückung und ökonomische Ausbeutung wie auch der (im Drama ebenfalls erwähnte) Widerstand der niederländischen Geusen begann. Der Richter Adam verhält sich so, „als ob die Spanier im Lande wären" (2, 59), wird also als eine Art interner ‚Besatzer' gesehen. Eve fordert nach langem Zögern ihren Ruprecht auf, Adam zu vertreiben: „Geh", ruft sie ihm schließlich zu, „schmeiß ihn von dem Tribunal herunter" (2, 66). Bevor es zu diesem Akt privater Revolte kommt, hat der korrupte Richter bereits die Flucht ergriffen. Um ein Abschütteln der Besatzungsketten, um einen klassischen Befreiungskrieg geht es auch im Gründungsmythos der Amazonen, wie deren Königin ihn dem geliebten Feind Achilles in der *Penthesilea* erzählt (2, 221ff.): Die Äthiopier, also ein afrikanischer Stamm, hatten die Skythen Kleinasiens mit Krieg überzogen, die Männer getötet und die Frauen vergewaltigt. Die Macht des äthiopischen Königs Vexoris über die Skythen sollte dadurch besiegelt werden, daß er ihre Königin Tanais zur Frau nimmt. In diesem Moment scheinbar vollständiger Unterwerfung erheben sich die Frauen unter der Führung ihrer Königin, schütteln das Joch der ausländischen Okkupanten ab, indem sie sie ermorden und begründen ihren unabhängigen skythischen Amazonenstaat. Mit ihrer repressiven inneren Ordnung und ihren permanenten Kriegszügen unterscheiden sie sich in der Folge allerdings kaum von jenen barbarischen Unterdrückern, von denen sie sich befreiten. Den Aufstand gegen die Verfassung des Amazonenstaates, der individuelle Liebe verbietet, führt das Schicksal der Königin Penthesilea vor Augen, die sich am Schluß der Tragödie vor ihrem Selbstmord vom „Gesetz der Fraun" (2, 257) lossagt. Penthesilea ist das Gegenstück zur Königin Tanais und verkörpert durch ihre individualistische Rebellion das Ende des alten, an unpersönlichen Staatsmaximen orientierten Regimes. Kleist hatte ein gutes Gespür für die Dialektik von Revolutionskriegen und warnte vor deren Verselbständigung, noch bevor die europäischen Befreiungskriege gegen Napoleon begonnen hatten. Weniger direkt – aber für den historisch geschulten Leser nicht zu übersehen – sind die Anspielungen auf die französische Okkupationspolitik in „Die Marquise von O...". Das unerhörte Ereignis findet während des Zweiten Koalitionskrieges gegen die Französische Republik statt, als der russische Feldherr Suworow, der den Oberbefehl über die österreichischen und russischen Truppen hatte, im Frühjahr und Sommer 1799 die Franzosen aus Italien vertreibt. Kleist erinnert so hintersinnig wie vordergründig an diesen Sieg. In der prekären, schließlich aber doch Glück verheißenden Verbindung zwischen der Marquise und dem russischen Grafen ist vielleicht eine Referenz vor dem ehemaligen wie künftigen Verbündeten Rußland enthalten, dem einzigen gewichtigen Gegner, den Napoleon auf dem Festland bei Erscheinen der Novelle noch hat. Michael Kohlhaas führt als bürgerlicher Rebell einen Privatkrieg gegen die seine Existenz bedrohende Aristokratie und etabliert sich – Selbsthelfer, der er ist – vorübergehend im Schloß von Lützen als souveräner Herrscher. Kleist wählte für die Kohlhaas'sche Residenz bewußt Lützen, denn hier starb (hundert Jahre nach der Novellenhandlung) 1632 Gustav Adolf den Tod auf dem Schlachtfeld. Der schwedische König wurde vom deutschen Protestantismus als Befreier begrüßt; seine Aktionen aber waren vom Standpunkt der Legitimität – darin Kohlhaas verwandt – höchst problematisch. In der Kunstlegende „Die heilige Cäcilie oder die Gewalt der Musik" bestimmen protestantische Rebellion und Bilderstürmerei den Verlauf des Geschehens. War es im „Kohlhaas" Martin Luther, der zur Befriedung des Aufstands beitrug, ist es in der „Cäcilie" ein gegenreformatorischer Wunderglaube, der die Gemüter zur alten Ordnung zurückführt. Umsturz und Aufstand wurden in den Jahren nach der französichen Revolution gerne im Bild des Erdbebens veranschaulicht. Auch Kleists Erzählung „Das Erdbeben in Chili" ist in diesem Kontext zu sehen. Es liegt in der Logik der Titelmetapher, daß während des Erdbebens auch die etablierte politische Ordnung vorübergehend verworfen wird: Man erklärt die Macht des Vizekönigs für nicht existent (4, 138).

Gleichzeitig wird im „Erdbeben in Chili" ein weiteres Thema angeschlagen, das schon den studentisch bewegten Hans Christoph Buch fasziniert haben muß: das der Beziehung zwischen europäischer Metropole und abhängiger Kolonie, eine Relation, die heute im Mittelpunkt postkolonialer Theoriebildung steht. Besonders Edward Said hat mit seinem kontrapunktisch-komparatistischen Verfahren gezeigt, wie fruchtbar die Herstellung dieser Beziehung für die interkulturell arbeitende Literaturwissenschaft sein kann. Auch Homi Bhabhas Studien zur kulturellen Hybridität in der postkolonialen Kondition sind hier zu nennen.[6] Jeronimo und Josephe planen, als sie sich nach der Katastrophe wiedergefunden haben, aus der Kolonie Chile ins Mutterland Spanien zurückzukehren. Im *Zerbrochnen Krug* gilt das Leben in der Kolonie ebenfalls keineswegs als verlockend. Ruprecht erfüllt die Vorstellung mit Entsetzen, als Soldat für den Kolonialdienst in Ostindien eingezogen zu werden. Die ganze Handlungverwicklung der Komödie wird ausgelöst durch die Angst vor dem Tod in holländisch Indonesien. Nur ein Drittel der dorthin geschickten Soldaten – so weiß Eve zu berichten – überlebt den Einsatz dort und kann in die Heimat zurückkehren (2, 67). Adam hat diese Furcht bei Eve geschürt, hat ihr – ein Fall sexueller Nötigung – vorgetäuscht, daß Ruprecht für den Einsatz in Batavia (dem heutigen Djakarta) konskribiert werde, und daß dort das „gelbe Fieber" (2, 24) auf ihn warte. Der Schreiber Licht klärt das konsternierte junge Paar am Schluß darüber auf, daß die angeworbenen Truppen lediglich zum „Dienst im Landesinneren" (2, 68) bestimmt seien, womit Adams erpresserischer Amtsmißbrauch entlarvt ist. Die Komödie erinnert nicht nur an den früheren Zustand der Niederlande als spanische Kolonie, als das Land Objekt und Opfer auswärtiger Unterdrückung war, sondern auch an den Schrecken, den das gegenwärtige

---

[6] Edward W. Said, *Kultur und Imperialismus* (Frankfurt/Main: S. Fischer, 1994). Homi K. Bhabha, *The Location of Culture* (London und New York: Routledge, 1994).

Holland selbst als Kolonialmacht sogar in der eigenen Bevölkerung verbreitet. Die Kolonie als *locus terribilis*: das ist ein Thema in Kleists Werk, das noch nicht genug berücksichtigt wurde, ein Aspekt, der in Kleists „Die Verlobung in St. Domingo" mit Vehemenz in den Vordergrund rückt. Im *Michael Kohlhaas* kommt die entgegengesetzte und im europäischen Bewußtsein verbreitetere Fluchtrichtung zur Sprache. Kohlhaas will sich, nachdem er den Pakt mit Nagelschmidt geschlossen hat, von Hamburg aus „nach der Levante oder nach Ostindien, oder so weit der Himmel über andere Menschen, als die er kannte, blau war" (4, 67) einschiffen. Sein Fluchtwunsch ist so vage, daß er im Kontext des Kolonialthemas nur am Rande vermerkt werden kann.

Über den Befreiungskrieg der Sklaven auf dem westlichen, d.h. dem französischen Teil der Insel Santo Domingo zwischen 1791 und 1803 wurde in der zeitgenössischen deutschen und europäischen Presse ausführlich berichtet.[7] Man kann davon ausgehen, daß Kleist über die Geschehnisse dort genau unterrichtet war. Hinzu kommt, daß er im Frühjahr 1807 einige Wochen in just jenem Gefängnis Fort Joux bei Pontarlier im französischen Juragebirge unweit der Schweizer Grenze als angeblicher preußischer Spion einsitzen mußte, in dem der Freiheitskämpfer Toussaint Louverture vier Jahre zuvor auf Befehl Bonnapartes zu Tode geschunden worden war. Kleist erwähnt Toussaint Louvertures Gefangenschaft im Brief an seine Schwester Ulrike vom 23. April 1807 (7, 32). Der Zufall, daß er im gleichen Kerker wie der schwarze General in Haft gehalten wurde, gab Kleist vielleicht den Anstoß dazu, die Novelle von Gustav und Toni zu schreiben. Für jemanden wie ihn, der immer wieder die Geschichte konsultierte, um sich Hoffnung auf eine künftige Niederlage Napoleons zu machen, war der Stoff geradezu ideal. Die antibonapartistischen europäischen Schriftsteller von William Wordsworth bis Ernst Moritz Arndt hatten Toussaint Louverture als Helden gefeiert[8], und so überrascht es nicht, daß Kleist den Aufstand in der französischen Kolonie Saint-Domingue literarisch gestaltet. Aber ist es nicht verwunderlich, daß in der „Verlobung" der Name Toussaint Louverture an keiner Stelle erwähnt wird? Schon das Nennen des Freiheitskämpfers wäre als schrilles Signal der Opposition gewertet worden, und man könnte meinen, daß Kleist aus Zensurrücksichten auf die Nennung verzichtet hätte. Das ist unwahrscheinlich, da Toussaint Louvertures Nachfolger Jean-Jacques Dessalines in der Erzählung mehrfach erwähnt wird, und dessen Name wirkte verständlicherweise nicht minder als Reizvokabel bei Napoleon und seinen Anhängern. Kleist hat wohl mit Bedacht die Erzählung in das Jahr 1803 verlegt, in jene Zeit, als Toussaint Louverture nicht mehr lebte und als Dessalines, sein ehemaliger Adjutant, zum Führer im Befreiungskrieg gegen die Franzosen aufgestiegen war. Toussaint Louverture verkörperte zwar die Emanzipation der Schwarzen von der Herr-

---

[7] Vgl. Karin Schüller, *Die deutsche Rezeption haitianischer Geschichte in der ersten Hälfte des 19. Jahrhunderts* (Köln, Weimar, Wien: Böhlau, 1992).

[8] Vgl. Paul Michael Lützeler, „Napoleon-Legenden von Hölderlin bis Chateaubriand (1798-1848)", in: *Geschichte in der Literatur. Studien zu Werken von Lessing bis Hebbel* (München: Piper, 1987), S. 264-299. Zu Wordsworth Sonett „To Toussaint L'Ouverture" vgl. Buchs *Die Scheidung von San Domingo*, S. 162.

schaft der Weißen auf Saint-Domingue, aber seine Politik hatte darauf abgezielt, die karibische Insel im Machtbereich Frankreichs zu belassen. Erst Dessalines begann den eigentlichen Unabhängigkeitskrieg, mußte ihn beginnen, als Bonaparte klarmachte, daß er die Sklaverei auf Saint-Domingue wiedereinführen wollte. Am 1. Januar 1804 konnte Dessalines die Unabhängigkeit der Insel erklären und die souveräne Republik Haiti ausrufen. Dessalines, nicht Toussaint Louverture, war der karibische Hermann der Cherusker, war der erste General und Staatsmann, dem es gelungen war, sich aus der französischen Bevormundung, ja Versklavung zu freien und Bonaparte eine nicht mehr revidierbare Niederlage beizubringen. Diese katastrophale und vollständige Besiegung des Ersten Konsuls auf Saint-Domingue kann nur – auch wenn die Größendimensionen anders waren – mit jener verglichen werden, die der französische Kaiser zehn Jahre später 1812/1813 in Rußland erlebte. Dessalines machte mit seinem erfolgreichen Befreiungskrieg von 1803 Weltgeschichte. Bonaparte hatte 1802 mit England Frieden geschlossen, um den Rücken zur Etablierung eines amerikanischen Kolonialimperiums frei zu bekommen. Bei diesen Plänen sollte die – rein französisch – regierte Insel Santo Domingo die strategische Basis abgeben, von der aus politisch, militärisch und ökonomisch nach Norden und Süden hin die Region erobert werden sollte. Geopolitisch gesehen bildete Saint-Domingue die ideale Ausgangsposition für Bonapartes Pläne, dies umso mehr, als der ehedem spanische Ostteil der Insel (die heutige Dominikanische Republik) 1795 in französischen Besitz übergegangen war. Wenig mehr als dreihundert Jahre zuvor hatte Kolumbus der Insel den Namen Hispaniola gegeben und für Spanien reklamiert. Madrid hatte von Hispaniola/Santo Domingo aus ein amerikanisches Kolonialreich errichtet. In Napoleons amerikanischen Kalkulationen spielte auch die Tatsache eine Rolle, daß das ehemals von Spanien beherrschte Territorium Louisiana (etwa ein Viertel der heutigen USA) im Jahr 1800 französisch geworden war. Dem riesigen Gebiet fehlte noch eine französische administrative und verteidigungsmäßige Infrastruktur.[9] Dessalines durchkreuzte Bonapartes ehrgeizige Ziele, indem er ihnen die reale Basis entzog. Als Bonaparte sah, daß Saint-Domingue kaum zu halten war, verkaufte er in einer Panikreaktion 1803 das Territorium Louisiana an die USA für den Pappenstiel von fünfzehn Millionen Dollar. Damit war für den Ersten Konsul das kurze amerikanische Abenteuer zu Ende, die Phantasie vom Columbus redivivus erledigt. Nach den vier Jahre zuvor in Ägypten gescheiterten Asienplänen (Bonaparte als neuer Alexander) konnte jetzt nur noch, was die Weltmachtpläne des Ersten Konsuls betraf, die europäische Karte ausgepielt werden. Das geschah zum Schaden der Alten Welt, auf die sich von Stund an die geballte militärische Aggression des Despoten entlud, der sich jetzt zum *Pater Europae*, zum neuen Carolus Magnus stilisierte.[10]

---

[9] Zu Napoleons Amerikaplänen und der Rolle, die Saint Domingue in ihnen spielen sollte, vgl. Robin Blackburn, *The Overthrow of Colonial Slavery 1776-1848* (London und New York: Verso, 1988), S. 245f.

[10] Vgl. C.L.R. James, *The Black Jacobins. Toussaint L'Ouverture and the San Domingo Revolution* (New York: Vintage Books, 1989); Eric Williams, *From Columbus to Castro: The History of the Caribbean 1492-1969* (London: André Deutsch, 1970). Zu Napoleons Euro-

II.

Hans Christoph Buch fand über die in den sechziger und siebziger Jahren aktuellen Themen von Befreiungskrieg und Antikolonialismus in Kleists „Verlobung in St. Domingo" einen Grundtext. Diese Novelle hat ihn zu einer Reihe von Büchern inspiriert. Zu berücksichtigen ist allerdings auch, daß den Autor verwandtschaftliche Beziehungen mit Haiti verbinden. Ende des vorigen Jahrhunderts wanderte sein Großvater, der Apotheker Louis Buch, nach Haiti aus, und noch heute leben einige seiner Verwandten dort. Von den siebzigern bis in die neunziger Jahre hat der Autor nach Besuchen in der Karibik (seine erste Reise dorthin fand 1968 statt) eine Reihe von Reportagen über die politischen Entwicklungen auf Haiti, dieses Armenhaus der Welt, geschrieben.[11] 1976 veröffentlichte Buch eine Geschichte des Befreiungskampfes der schwarzen Sklaven auf Saint Domingue unter dem an Kleists Novelle erinnernden Titel „Die Scheidung von San Domingo".[12] Das ist ein Stück solide recherchierter und kompilierter Historiographie, und mir scheint, daß dieser Text viel der Dokumentarliteratur der siebziger Jahre verdankt, von der Buch sich als als Theoretiker distanziert hatte. Diese Darstellung kann jedem Kleistforscher empfohlen werden, der die Hinweise in der „Verlobung in St. Domingo" auf das faktische Geschehen von 1803 sowie auf die Vorgeschichte der Versklavung der Afrikaner in der Karibik verstehen will. Mit der „Scheidung" im Titel spielt Buch auf die rassistische Politik Bonapartes an. Die Jakobiner hatten 1793/94 die Abschaffung der Sklaverei im allgemeinen und auf der reichsten französischen Kolonie, nämlich Saint-Domingue, im besonderen durchgesetzt. Mehr als ein halbes Jahrhundert vor Lincoln war durch Robespierre die Sklaverei im französischen Machtbereich verboten worden. 1802 jedoch revidierte der ausdrückliche Befehl des Ersten Konsuls diesen menschheitsgeschichtlichen Fortschritt. Bonaparte befahl seinem Schwager und Generalkapitän Leclerc, Toussaint Louverture zu entmachten, eine französische Administration in Saint Domingue erneut zu errichten und die Sklaverei wieder einzuführen. Um dieses Diktat durchzusetzen, landete Leclerc Anfang 1802 mit einer stolzen Armada von 86 Schiffen auf der Insel. Sein Heer von 22.000 Soldaten wurde – obwohl in den folgenden Monaten noch massiv verstärkt – innerhalb von zwei Jahren fast völlig aufgerieben. Die Franzosen starben während der Regenzeit zu tausenden am Gelbfieber, gegen dessen Erreger die Schwarzen weitgehend immun waren. Das Gelbfieber wurde von Tous-

---

papplänen vgl. Paul Michael Lützeler, *Die Schriftsteller und Europa* (Baden-Baden: Nomos, 2. Aufl. 1998), S. 33-71.

[11] Vgl. *Das Hervortreten des Ichs aus den Wörtern* (München: Hanser, 1978); *Karibische Kaltluft* (Frankfurt/Main: Suhrkamp, 1985).

[12] *Die Scheidung von San Domingo. Wie die Negersklaven von Haiti Robespierre beim Wort nahmen* (Berlin: Wagenbach, 1976).

saint Louverture und Dessalines in die Kriegsstrategie miteinbezogen, wie später der Zar Schnee und Eis in die Taktik der Verteidigung Rußlands einbeziehen wird. Dessalines Befreiungskampf endet in der Scheidung von Schwarz und Weiß. Er antwortet 1803 auf Bonapartes rassistischen Eroberungskrieg mit einem gleichfalls rassistischen Bürgerkrieg, in dem, wie es im ersten Satz der Kleistschen Novelle heißt, „die Schwarzen die Weißen ermordeten". „Wie die Negersklaven von Haiti Robespierre beim Wort nahmen" lautet der Untertitel von Buchs *Die Scheidung von San Domingo*. An der Peripherie des französischen Einflußbereichs wird der Aufstand gegen die von Napoleon intendierte Abschaffung der Republik und ihre größte Errungenschaft, die universalen Menschenrechte, geprobt, d.h. die Kolonie streitet mit den Mitteln der jakobinischen Metropole gegen das neue bonapartistische Machtzentrum. Buch bringt zu Beginn seiner historiographischen Arbeit eine poetische Vignette an: Er führt wie in einer surrealistischen Traumsequenz Toussaint Louverture und Kleist im Kerker von Fort Joux zusammen. Toussaint wird dort

> „in eine Gefängniszelle gesperrt, zusammen mit dem deutschen Dichter Kleist, der hier seine Novelle ,Die Verlobung in St. Domingo' neu schreiben muß, unter der strengen Aufsicht des Negergenerals, der säbelrasselnd in dem engen Verlies auf und ab geht. Kleist kommt nie über den ersten Satz hinaus: ,Zu Port au Prince, auf dem französischen Anteil der Insel St. Domingo, lebte, zu Anfange dieses Jahrhunderts, als die Schwarzen die Weißen ermordeten' – dann nimmt ihm Toussaint, der weder lesen noch schreiben kann, das Manuskript aus der Hand und zerreißt es. Der arme Kleist, der mit einer schweren Kette an seinem Schreibtisch festgeschmiedet ist, wischt sich den Schweiß von der Stirn und macht sich von neuem an die Arbeit. Ab und zu huscht Anna Seghers herein und bringt ihm eine Tasse Kaffee" (S. 9).

Buch will gleichsam nachholen, was Kleists Novelle seiner Meinung nach vermissen läßt: die Geschichte der Befreiung der Schwarzen aus der Perspektive der Sklaven zu schreiben. Da dies einem europäischen Autor nicht möglich ist, ist die Episode ins Traumhafte verschoben. Anna Seghers taucht auf, weil sie nach ihrer Rückkehr aus dem mexikanischen Exil sechs „Karibische Geschichten" verfaßte, deren erste, die bereits 1947 entstandene „Hochzeit von Haiti", ebenfalls auf den Kleistschen Titel anspielt. Während der Emigration hatte sie die Dominikanische Republik besucht, nicht jedoch Haiti.[13] Buch sagte in einem Interview über Kleists Novelle: „Das ist der einzige deutsche Text von Rang in der Literaturgeschichte, der sich mit dem Sklavenaufstand auf Haiti beschäftigt und der zugleich voller historischer und politischer Mißverständnisse, sogar Vorurteile steckt und trotzdem ein großartiges Stück Literatur ist".[14] Das Lob ist bemerkenswert, und die Einwände sind so allgemein, daß sie im Grunde gegen jede Art von Geschichtsdichtung und Historiographie vorgebracht werden

---

[13] Vgl. Herbert Uerlings, *Poetiken der Interkulturalität. Haiti bei Kleist, Seghers, Müller, Buch und Fichte* (Tübingen: Niemeyer, 1997), S. 49ff.

[14] „Fünf Annäherungen an Haiti – ein Gespräch mit dem Schriftsteller Hans Christoph Buch, geführt von Joachim Möller und Jörn Stückrath", in: *Diskussion Deutsch* 23 (1992), S. 90.

können. Mit „Mißverständnis" und „Vorurteil" haben auch Buchs eigene Vergleiche der karibischen Freiheitskämpfer mit Lenin oder Mao zu tun, wie sie in der *Scheidung von San Domingo* angestellt werden.

Zwischen 1984 und 1992 veröffentlichte Buch seine Haiti-Trilogie, und in allen drei Bänden dieser postmodernen, Phantastisches und Faktisches mischenden Romane fungiert Kleists Novelle „Die Verlobung in St. Domingo" als Intertext. Der erste Band der Trilogie erschien unter dem Titel *Die Hochzeit von Port-au-Prince* 1984.[15] Dem Anfangsteil des Romans („Die sieben Leben des Kaimans") ist als Motto jenes Zitat aus Kleists Novelle vorangesetzt, das schon am Beginn der *Scheidung von San Domingo* erwähnt wurde: „Zu Port au Prince, auf dem französischen Anteil (...)". Auch an das Gefängnis auf Fort Joux, in dem Toussaint Louverture und Kleist einsaßen, wird erneut erinnert. Hier heißt es zwar richtig, daß Kleist „vier Jahre nach" Toussaints „Tod" Gefangener auf Fort Joux war, aber zu den dichterischen Freiheiten, die Buch sich herausnimmt, gehört auch diesmal die These, Kleist sei „in die gleiche Zelle" wie Toussaint „eingeliefert" worden (was nachweislich nicht stimmt), ja daß er dort „seine bekannte Novelle ,Die Verlobung in St. Domingo'„ geschrieben habe (was Spekulation ist) (S.81). So wenig es in der *Scheidung von San Domingo* um die Trennung zweier Personen geht, so wenig hat die *Hochzeit von Port-au-Prince* mit der Trauung eines Paares zu tun. Beide Titel beziehen sich auf die bis zum Unerträglichen belastete Beziehung der französischen Kolonialherren zu den schwarzen Sklaven von St. Domingue am Beginn des 19. Jahrhunderts. Im ersten Teil des Buches, der eigentlich kein Roman, sondern eine Sammlung von Erzählungen ist, wird – um im Bild zu bleiben – quasi eine Bluthochzeit in Erinnerung gerufen: die Kämpfe zwischen Leclerc und Toussaint bzw. zwischen deren Nachfolgern Rochambeau und Dessalines. Das Buch enthält mit der Novelle „Meine Ehre heißt Treue" auch eine Travestie der Kleistschen „Verlobung in St. Domingo". Nicht die Zeit (bei Buch handelt es sich um das Jahr 1938), aber doch der Ort (die Insel Haiti) ist identisch, und die Namen der Protagonisten (Gustav und Toni) sind von Kleist entliehen. Das Ganze ist nicht mit einem tragischen Ausgang versehen, sondern als Farce gestaltet. Auch hier ist ein Zitat aus dem Anfang von Kleists „Verlobung" als Motto vorangestellt, nämlich die Entgegnung der alten Babekan auf Gustavs Frage, ob sie eine Negerin sei: „Ihr seid gewiß ein Weißer, daß Ihr dieser stockfinsteren Nacht lieber ins Antlitz schaut, als einer Negerin!" Gustav von R. ist ein junger Fähnrich auf dem Schulschiff Schleswig-Holstein, das im Januar 1938 Port-au-Prince angelaufen hat. Er verliebt sich Hals über Kopf in Toni, eine „exotisch aussehende junge Frau – die Tochter des deutschen Apothekers von Port-au-Prince" (S.244). Seine Heiratsabsichten revidiert er aber so plötzlich wie er sich verliebt hat. Der nationalsozialistische Schiffsarzt hält ihm nämlich einen Vortrag darüber, daß Toni als Kreolin „rassisch vollkommen minderwertig, total vernegert und verjudet" sei und für die Heirat mit einem Arier nicht in Frage komme. Gustav gibt dem politischen Druck nach. Nicht nur, daß er seine Liebe zu Toni verleugnet, er wird auch als

---

[15] *Die Hochzeit von Port-au-Prince. Roman* (Frankfurt/Main: Suhrkamp, 1982).

Spion im Dienst des Diktators Trujillo gegen Toni angesetzt. Sie ist mit einem sog. Terroristen befreundet, der den Umsturz der Regierung in der Dominikanischen Republik vorbereitet. Buch spielt hier auf Aktionen des haitianischen Schriftstellers Jacques Roumain (1907-1945) an, der sich in der Nachfolge Toussaint Louvertures und Dessalines sah. Mögliche tragische Verwicklungen werden dadurch verhindert, daß bei einem gemeinsamen Kinobesuch Gustavs und Tonis (Toni liebt Horrorfilme mit Boris Karloff) ein Unwetter über die Insel einbricht und die beiden jungen Leute auseinandertreibt. Die Geschichte endet in postmoderner Ambivalenz: entweder ist Gustav während des Orkans unter einem zusammenstürzenden Haus begraben worden, oder er hat die Schleswig-Holstein erreicht, den Krieg überlebt und ist während der bundesrepublikanischen Wirtschaftswunderzeit Schiffsbauunternehmer geworden. Nun verbringt er seinen Lebensabend als reicher Bankrotteur auf den Bahamas, um dort „von seiner Jugendliebe auf Haiti zu träumen" (S. 265). Toni braucht eine Weile, um sich von der Gustav-Affäre zu erholen. In den fünfziger Jahren, so heißt es, sei sie „Kosmetikberaterin bei Elizabeth Arden" in New York geworden, und schließlich habe sie in Los Angeles ihrem alten Filmidol Boris Karloff den Haushalt versorgt (S.266).

Im zweiten Band der Haiti-Trilogie, in dem Roman *Haiti Chérie* von 1990, trägt eine Erzählung den Titel „Die Verlobung von Cap Haitien". Wieder hat Buch ein Babekan-Zitat aus Kleists „Verlobung in St. Domingo" vorangesetzt: „Ist es nicht, als ob die Hände *eines* Körpers, oder die Zähne *eines* Mundes gegen einander wüten wollten, weil das *eine* Glied nicht geschaffen ist, wie das andere?" Obwohl Babekan die Worte Gustav gegenüber in heuchlerischer Absicht äußert, berührt sie treffend den Wahnsinn des Rassenkrieges, der 1803 zwischen Rochambeau und Dessalines tobt. Gegen solche widersinnigen Kämpfe wendet sich in „Die Verlobung von Cap Haitien" der (von Buch stark fiktionalisierte) Jakobiner Sonthonax. Cap Haitien war das frühere Cap Français, die Hauptstadt der französischen Kolonie. Den historischen Hintergrund bilden die 1790er Jahre, als nach dem Sturz der französischen Monarchie im Jahre 1792 der Kommissar Sonthonax die Menschenrechts- und Antisklaverei-Dekrete des Pariser Konvents auf St. Domingue durchsetzen soll. Um seinen Antirassismus zu unterstreichen, verlobt Buchs Sonthonax sich mit der Farbigen Erzulie Fréda, mit „Tante Erzulie", eine in der Trilogie immer wieder auftauchende, von Buch erfundene haitianische Sagen- und Märchenfigur. Nachts ist Erzulie die Geliebte Sonthonax', tagsüber arbeitet sie als Spionin für Toussaint Louverture. Verlobung und Hochzeit des ungleichen Paares werden immer wieder durch Aufstände von Schwarz und Weiß unterbrochen bzw. verzögert. Schließlich schiebt Toussaint den jakobinischen Kommissar nach Frankreich ab, um ohne französische Kontrolle auf Saint-Domingue regieren zu können.

Wie der erste Band, enthält auch der zweite eine Verlobungs- bzw. Hochzeitsgeschichte, die im 20. Jahrhundert spielt: „Die Hochzeit von Duvalierville". Die Heirat von „Baby Doc" mit der New Yorker Schulfreundin Michèle ist wieder (wie schon die Liebe vom Nazi-Gustav zur Apotheker-Toni) als Farce erzählt, allerdings als blutige Farce, denn das gegen Schluß erwähnte Ende der

Duvalier-Diktatur kostete tausende von Menschenleben; die Opfer des Duvalier-Regimes insgesamt sind unzählbar. Immer wieder kommt Buch in seiner Haiti-Trilogie auf die Despotie und die Menschenrechtsverletzungen im Haiti des 20. Jahrhunderts zu sprechen.

Im dritten Band der Haiti-Trilogie *Rede des toten Kolumbus am Tag des Jüngsten Gerichts* von 1992 geht es nicht mehr um Verlobungs- und Hochzeitsgeschichten. Im dritten Teil des Romans („Das Ende des Regenbogens") erzählt er die Geschichte von Elsässern, die 1763 unter Ludwig XV. nach Santo Domingo auswanderten und dort elendig zugrunde gingen. Die Geschichte wendet sich am Schluß ins Märchenhafte, wenn es heißt, daß die einzig Überlebenden ein „blondes Mädchen" mit dem „Namen Toni" und der schwarze Schiffsjunge „Nanky" gewesen seien. Nanky ist in Kleists Novelle einer der beiden Söhne Congo Hoangos, und Toni ist bekanntlich Gustavs Geliebte. Nanky war in Buchs Geschichte mit jenen Peitschenhieben bestraft worden (S. 223), die nach Kleist Babekan für ihre gesellschaftlichen Transgressionen zu erdulden hatte. „Wie im Märchen von Dornröschen" (S. 232) retten sich Buchs Nanky und Toni „nach sieben Tagen und Nächten über sieben Berge und durch sieben Täler an einen einsamen Ort, Savanne Isolée genannt" (S. 233). Oder aber – so ein alternatives Ende des Märchens –: „Der liebe Gott" schickte „den Kindern (...) einen Regenbogen", auf dem entlang sie „bis an die Pforten des Paradieses gelangten", wo ihnen jene „Heilige Jungfrau" (S. 233f.) erscheint, an die die Kleistsche Toni sich flehend um Hilfe in ihrer Liebesnot und Existenzangst wendet.

Bei kaum einem anderen Autor der Gegenwart hat Kleist so sichtbare literarische Spuren hinterlassen wie bei Hans Christoph Buch. Direkte und versteckte Zitate in der Haiti-Trilogie verdanken sich auch Kleistschen Briefen oder Essays, und angespielt wird auf Szenen oder Figuren in „Das Erdbeben in Chili", „Penthesilea" und „Die heilige Cäcilie oder die Gewalt der Musik". Aber das sind Nebensächlichkeiten im Vergleich zur permanenten Präsenz von Kleists „Verlobung in St. Domingo". Buch schafft durch die intertextuelle Verschränkung der Kleistschen Novelle mit seinen Arbeiten eine Lesesituation, durch die dem Text des Romantikers immer neue Aspekte abgewonnen werden, und bei der die postmodernen und postkolonialen Romane Buchs[16] eine geschichtliche Tiefendimension erhalten. Man erkennt während der Lektüre der historiographischen und fiktionalen Haiti-Arbeiten von Hans Christoph Buch, wieviel an Historischem in der „Verlobung von St. Domingo" angesprochen wird, und wie reich das poetische Potential ihrer Figuren ist.

---

[16] Zur postkolonialen deutschen Literatur vgl. *Der postkoloniale Blick. Deutsche Schriftsteller berichten aus der Dritten Welt*, hrsg.v. Paul Michael Lützeler (Frankfurt/Main: Suhrkamp, 1997) und *Schriftsteller und 'Dritte Welt'. Studien zum postkolonialen Blick*, hrsg. v. Paul Michael Lützeler (Tübingen: Stauffenburg, 1998).

Walter Hinck

Eichendorffs Gedicht „Sehnsucht",

gelesen im Zeitalter des Naturschutzparks

Es schienen so golden die Sterne,
Am Fenster ich einsam stand
Und hörte aus weiter Ferne
Ein Posthorn im stillen Land.
Das Herz mir im Leib entbrennte;
Da hab ich mir heimlich gedacht:
Ach, wer da mitreisen könnte
In der prächtigen Sommernacht!

Zwei junge Gesellen gingen
Vorüber am Bergeshang,
Ich hörte im Wandern sie singen
Die stille Gegend entlang:
Von schwindelnden Felsenschlüften,
Wo die Wälder rauschen so sacht,
Von Quellen, die von den Klüften
Sich stürzen in die Waldesnacht.

Sie sangen von Marmorbildern,
Von Gärten, die überm Gestein
In dämmernden Lauben verwildern,
Palästen im Mondenschein,
Wo die Mädchen am Fenster lauschen,
Wann der Lauten Klang erwacht
Und die Brunnen verschlafen rauschen
In der prächtigen Sommernacht. –

In diesem Gedicht, das in Eichendorffs Roman „Dichter und ihre Gesellen" von der Italienerin Fiametta gesungen wird und so die Erinnerung an Mignons Sehnsuchtslied in Goethes „Wilhelm Meister" weckt, sind sie fast alle da, die Signalwörter romantischer, Eichendorffscher Poesie: der Sternenhimmel, der Mondschein, die „Felsenschlüfte" und die Wälder, die Gärten und die Lauten, die Marmorbilder und Paläste, der Gesang der wandernden Gesellen und das Rauschen der Quellen, das Posthorn, die Einsamkeit und die Sehnsucht. Man hat das Kulissenhafte der Szenarien Eichendorffs erkannt, die Wiederholung oder die wechselnde Kombination eines begrenzten, requisitenhaften Bestands an Motiven, deren Austauschbarkeit, das Stereotype des Fensterblicks. Aus diesem engen Motivnetz fällt auch das Gedicht „Sehnsucht" nicht heraus.

Und trotzdem, was besagt dieses Wissen noch, wenn man die Gedichte Eichendorffs einzeln liest, wenn man in den je eigenen Zauberbann der Gedichte gerät? Zu diesem Gedicht habe ich ein ganz besonderes Verhältnis, das ich erklären muß. Ich wurde nach dem Kriegsende mehrere Jahre in einem Gefangenenlager festgehalten. In Hörnähe lag der Bahnhof der Stadt, am Lager vorbei führte die Straße zur Stadtmitte. Unser Beobachtungs- und Wahrnehmungsstandpunkt hinter dem Stacheldraht hatte mit dem Fensterplatz des Einsamen in Eichendorffs Gedicht eines gemeinsam: Das wirkliche Leben lag jenseits der unmittelbaren Erreichbarkeit. Straßenpassanten und vor allem das Rollen der Züge und die Pfeifsignale der Lokomotiven erzeugten genau jene Empfindungen, die sich im Gedicht zusammenfassen im Ausruf „Ach, wer da mitreisen könnte". Wie entfernt mir auch der Sprecher des romantischen Gedichts, wie wenig vergleichbar unsere Situation sein mochte, Eichendorffs „Sehnsucht" traf ins Innere eigener Wünsche, Hoffnungen, Tagträume. So wurde und blieb „Sehnsucht" eines meiner Lieblingsgedichte. Noch heute weckt jedes ferne Rollen der Züge und Pfeifen der Lokomotiven in mir sofort die Assoziation zum Posthorn in Eichendorffs Gedicht. (Tatsächlich ist ja fernes Rollen des Zugs am Abend oder des Nachts zu einem „romantischen" Relikt unserer modernen Zivilisation geworden.)

Damals setzte das romantische Inventar des Gedichts mit seinen Bildern unberührter und menschlich besiedelter Natur meine Einbildungskraft in Gang, entschädigte nicht nur den Gefangenen für eine abhanden gekommene Welt, sondern entführte ihn auch in Gefilde reiner Phantasie. Posthorn, Wälder- und Quellenrauschen oder „dämmernde Lauben" wurden zu Codewörtern, die immer neue Vorstellungen herbeiriefen, in denen Erinnertes und Erhofftes wunschtraumhaft verschmolzen.

Heute lese ich viel mehr die Melancholie, die der Sehnsucht im Gedicht unterlegt ist, mit. Es läßt sich ja nicht übersehen, daß dem Einsamen im Gedicht die berückende Welt der Landschaften, der Gärten und der Musik in doppelter Weise entrückt ist: Sie wird nur durch das Lied der Wandernden noch gegenwärtig. Was wir als romantische Zauberwelt empfinden, erscheint zum großen Teil schon im Gedicht als eine ästhetisch vermittelte Welt, ist Poesie in der Poesie.

Damit nimmt das Gedicht eine Distanz vorweg, in die uns das Zeitalter der Industriegiganten und der technischen Medien erst recht versetzt hat: Natur ist ganz ins Reservat zurückgedrängt, ins Naturmuseum, sie hängt an der Herz-Lungen-Maschine der Naturschutzparks. Hier wie dort gilt die Sehnsucht etwas fast Verlorenem. So wird das Gedicht zur Elegie.

Alexander von Bormann

Im Dickicht des Nicht-Ich

Durs Grünbeins Anapäste

Durs Grünbein hat sich sehr schnell als einer unserer begabtesten Lyriker profiliert, und der Büchnerpreis 1995 hat dem Rechnung getragen. Schon der Band *Grauzone morgens* (1988) des 1962 in Dresden geborenen, in Berlin lebenden Dichters erregte Aufsehen. Die Gedichte des zweiten Bandes, *Schädelbasislektion* (1991), verabschiedeten sarkastisch den hohen Ton: „Was von Seele zu schwafeln/ Liegt gerad so verquer". Hier sei – einer der bestimmenden Forschungsintentionen Walter Hinderers folgend – der geraden Verquertheit von Grünbeins Versen nachgegangen, der Hypothese gemäß, daß er das Verquer immer wieder auch einmal gerade zu richten sucht und daß wir das beispielsweise an seinen Anapästen studieren können. Warum nicht von einem Formmotiv ausgehen? „Das Gedicht", befand Walter Hinderer 1980 im Rückblick auf die inhaltlich inspirierten Strömungen der siebziger Jahre, „hat sich dergestalt in die Realität eingelassen, sich mit ihr vollgestopft, daß es sich wieder leisten kann, für die Inhalte die adäquate Form zu suchen und schlanker zu werden."[1] Grünbeins Anapäste stehen hier als Beispiel für diese These.

1. „Und das Glück ist kaum". Kleine Semantik des Anapäst.

Josef Weinheber hat sich als ein Meister des Worts, nicht als ein Schöpfer, eher als Epigone im Sinne von Karl Kraus verstanden, und seine Kunstlehre ist ideologisch hoch aufgeladen und leicht kritisierbar. Gleichwohl ist sein Gespür für die überkommenen Formen und für die Bedeutung, die ihnen im Gebrauch der Jahrhunderte zugewachsen ist, stark entwickelt und gutteils (nicht durchweg) taktvoll bestimmt. Im Gedicht *Der Anapäst* denkt er der Verfügungsgewalt nach, die den Rhythmen innewohnt, einer Macht, die das Subjekt übersteigt bzw. ihm vorausliegt, die es jedenfalls relativiert: „Ich als Takt – ohne Tat – hab es nie so gewollt." Und ein wenig später: „Aber mein ist die Schuld. Was geschuldet ist,

---

[1] Walter Hinderer: Arbeit an der Gegenwart. Zur deutschen Literatur nach 1945. Würzburg 1994. S. 113

gilt."² Das ist nun schwere Fracht für dieses steigende/steigernde, ins Freie strebende Metrum. Weinheber denkt in seiner Verssemantik den eigenen Verstrickungen nach und kommt auf den problematischen Status des Subjekts, das gegen alle gegenwärtige Erfahrung (s)eine Souveränität zu behaupten sucht. 1945, beim Zusammenbruch des von ihm mitgetragenen ‚Dritten Reichs', hat er sich denn auch entleibt. Im *Anapaestus mysticus* wird der Rhythmus – das Metrum hat sich mit dem „Tanzmäßigen des Gesanges" (Herder) verbunden und eine eigene Signatur gewonnen – noch einmal semantisch bestimmt:

> Das Geheimnis beginnt mit dem Schritt.
> Und der Schritt nimmt uns tänzerisch mit.
> Einmal eins, zweimal zwei, dreimal drei:
> Und zu früh, und genug, und vorbei.

Den Schritten nachzugeben, sie mitzugehen und nicht zu fragen, wo die Fahrt zu Ende geht, wird hier als Schuld erlebt: „Unser Herz ist nicht eben mehr da". Auf den Anapäst wird die Erfahrung abgebildet, daß das Ich nicht bei sich selber ist. Die Strophen 2 und 3 des Gedichts *Linie* (1951) von Alexander Xaver Gwerder gehen vom Nicht-Gestillten dieser Tanz-Klangfigur aus:

„Kein Gestilltes,/ nur Schein dir/ zur Stunde/ der Nacht -/ als Erfülltes/ ein Nein hier/ zu Munde/ gebracht.// So die Welt,/ so der Stern,/ so der Blick/ aus Traum -/ so zerfällt/ alles fern/ und das Glück/ ist kaum."³

Wenn man versucht, den Anapäst zu semantisieren, darf das größte Anapäst-Gedicht im Deutschen nicht fehlen, Droste-Hülshoffs *Im Grase*. Es umschreibt – nichts weniger als biedermeierlich – die Glücksmomente des Einklangs mit der Natur als Stunden von Sekundendauer, weist also deutlich auf den Widerspruch der Zeitempfindung, und vielleicht ist ja der Schlußreim Gwerders (Traum/kaum) als Gruß an die Droste zu werten, deren Gedicht mit dem Reim „Saum/Traum" schließt. Der Anapäst, so lehren es die entsprechenden Texte, läßt kein Verweilen zu, wenn, dann nur im Modus des „Kaum". Im Droste-Gedicht ist (vergeblich) versucht, den Skandal der Flüchtigkeit des Glücks mit Naturbildern zu beruhigen:

> Stunden, flüchtger ihr als der Kuß
> Eines Strahls auf den trauernden See,
> Als des ziehenden Vogels Lied,
> Das mir nieder perlt aus der Höh',
> Als des schillernden Käfers Blitz,
> Wenn den Sonnenpfad er durcheilt,
> Als der heiße Druck einer Hand,
> Die zum letzten Male verweilt.⁴

[2.] Josef Weinheber: Der Anapäst. In: Hier ist das Wort. Sämtliche Werke II. Salzburg 1954. S. 453

[3.] Alexander Xaver Gwerder: Nach Mitternacht. Lyrik. Hrsg. von Roger Perret. Zürich (Limmat) 1998. (Ges. Werke 1). S. 317

Stephan Hermlins *Ballade von der Königin Bitterkeit* läßt sich mithilfe der (z.T. katalektischen) Anapäste als Gruß hinüber zum Droste-Gedicht deuten. „Warum blieb es nicht so?" fragt sein Text elegisch, beruft die bitteren Erfahrungen des Zweiten Weltkriegs und deutet die Abschieds-Hand zornig um:

> Wenn nichts mehr blieb als die Bitterkeit,
> Kann die abschiedsmüde Hand
> Jäh sich ballen zur Faust. Und den Blick
> Setzt der Haß in Brand.[5]

Flüchtigkeit wird hier mit der wörtlichen Flucht in Bezug gesetzt, doch der Pointe („ohne Gedächtnis" gehst du hin) widersprochen. Im Droste-Gedicht war die „liebe Stimme" erinnert worden, freilich in einem bestürzenden Modus, die Idyllik des Liegens im Grase wird radikal verkehrt:

> Wenn aufs müde schwimmende Haupt
> Süßes Lachen gaukelt herab,
> Liebe Stimme säuselt und träuft
> Wie die Lindenblüt' auf ein Grab.

Wenn Hermlins bittere Ballade mit dem Zuruf beginnt: „Sprecht, ihr Stimmen, ich höre euch noch", so ist, meinen wir, auch die Stimme der Droste eingeschlossen. (Im Gespräch darüber betonte Hermlin, er habe doch, als er das Gedicht schrieb, gar keine Bücher zur Hand gehabt. Als ich anfing, die Droste-Zeilen herzusagen, führte er sie weiter; das Gedächtnis bleibt die Mutter der Musen.) – Daß der Anapäst „mit freierer Stirn" spricht als andere Metren, hat auch Mandelstam vorgeführt, dessen schmerzlich schönes Gedicht aus Woronesch *Doch vielleicht ist's die Spitze zum Irrsinn* einen gelösten Augenblick im Wissen festhält, daß die Ermordung nicht mehr lange auf sich warten lassen wird:

> Gleichsam Gäste mit freierer Stirn.
> Nicht im Himmel – auf Erden, hier unten,
> Einem Haus, reich erfüllt mit Musik.
> Nur erschreck sie nicht, nur keine Wunde –
> Noch zu leben, wie gut, wenn's uns glückt.[6]

Auch die poetische *Definition der Poesie* von Boris Pasternak ließe sich als Zeugnis für den entgrenzenden Duktus des Anapäst anführen: „Lachen würde

---

[4] Annette von Droste-Hülshoff: Sämtliche Gedichte. Frankfurt/Main (Insel) 1998. S. 308

[5] Stephan Hermlin: Gedichte und Prosa. Berlin (Wagenbach) 1965. S. 20 f.

[6] Ossip Mandelstam: Die Woronescher Hefte. Letzte Gedichte 1935-1937. Aus dem Russischen übertragen und hrsg. von Ralph Dutli. Zürich 1996. S. 191

den Sternen wohl stehn".⁷ Und daß der Anapäst ins Offene zielt, läßt sich selbst noch einem aphoristischen Gedicht von Erich Fried ablesen, das ironisch diese Semantik einsetzt. Er hat es *STATUS QUO (zur Zeit des Wettrüstens)* genannt: „Wer will/ daß die Welt/ so bleibt/ wie sie ist/ der will nicht/ daß sie bleibt".⁸ Feinsinniger findet sich die metrische Semantik bei Stefan George realisiert, der das Steigen des Jahrs in Anapästen gibt: „Es lacht in dem steigenden jahr dir/ Der duft aus den gärten noch leis..." Die aufkommende Wehmut im Gedanken, daß Steigen (des Jahrs) eigentlich Fallen (der Lebenskurve) bedeutet, läßt ihn vom Anapäst zum Daktylus wechseln: „Verschweigen wir was uns verwehrt ist/ Geloben wir glücklich zu sein".⁹

2. „Erst ein Blindflug macht frei"

Grünbeins sehr spezifisches Interesse für Anatomie, für Körper- und Reflextheorien ist von der Überzeugung getragen, daß die materialistische Physiologie (Pawlow) und der Behaviorismus die Geheimgeschichte zweier Totalitarismen abbilden. Zugleich versteht sich seine Lyrik als Forschungsarbeit zur „pränatalen Dressur", als Frage danach „wo du herkommst", und – nicht ohne Sarkasmus – als mit Ludwig Wittgenstein geteilte Verwunderung darüber, „daß alle die Menschen, deren Schädel man geöffnet hat, ein Gehirn hatten".¹⁰ Dieser Gestus könnte sich leicht (weil billig zu haben) zur großsprecherischen kulturkritischen Attitüde verselbständigen, und Grünbeins Lyrik gibt dem auch einmal schon nach (etwa im neuen Band *Nach den Satiren*).

> Durch laute Straßen
> Ziehen bewaffnete Kinder zum Duell auf den Schulhof.
> Halb verwelkt sind die Rosen, die der stumme Verkäufer
> Anpreist wie ein gehetztes Tier. Vor dem bösen Blick
> Aus dem Kinderwagen schreckt selbst die Mutter zurück.
> An einer Kreuzung hackt ein Mädchen auf Kohlköpfe ein.
> Vielleicht sind sie fremd hier, sie alle, wütend, zur Unzeit
> Geboren zu sein, unterm falschen Sternbild.¹¹

Jedes Bild stimmt natürlich, die Fernsehnachrichten bestätigen das fast täglich. Gleichwohl regt sich ein gewisser Überdruß ob der Häufung von kulturkritischen Notizen. Rilkes *Duineser Elegien*, vielleicht ein heimliches Vorbild, auch

---

[7] Boris Pasternak: Definition der Poesie. Aus dem Russischen von Elke Erb. In: Jahrbuch der Lyrik 1995/96. Hrsg. von Christoph Buchwald und Joachim Sartorius. München (Beck) 1995. S. 50

[8] Erich Fried: Gedichte. Hrsg. A.v.Bormann. Stuttgart 1993. S.28

[9] Stefan George: Das Jahr der Seele. Einzelausgabe. Godesberg 1907. S. 93

[10] Durs Grünbein: Falten und Fallen. Gedichte. Frankfurt/M. 1994. Motto

[11] Grünbein: Nach den Satiren. Frankfurt/Main 1999. S. 95 f.

die *Sonette an Orpheus* versperrten sich nicht der Zeitkritik und konkreten Bildern; das Gleiche gilt für Benn oder für Enzensberger. Aber die Indizien der Realität waren mehrfach austariert, und es ist die Frage, die wir stellen, ob Grünbeins Anapäste (u.a.) dies ausreichend leisten können. Gibt es das noch für ihn: „Freude die aufspringt wie Fische in einem Teich"? (Immerhin eines seiner Lieblingszitate.)[12] Vermutlich nicht einfach so, sondern nur im Zusammenhang mit einem analytischen Zugriff auf das sich neigende Jahrhundert: „Die Existenz erklärt sich und wird Heiterkeit."[13] (Als Motto zitierte er Charles S. Peirce: „Man is a thought-sign.")

Immerhin ist der Titelzyklus, der den Band *Schädelbasislektion* (1991) eröffnet, in gereimten Anapästen geschrieben. Dem Zyklus kommt programmatische Bedeutung zu, nicht nur durch die betonte Stellung am Anfang, auch vom Thema her (und, setzen wir hinzu, durch seine Metren). Grünbein denkt darin, in ausreichend anstößigen Bildern, dem Hiat zwischen Sprache und Ich nach, den als „Streun"zone (3) zuzugeben schon energisch über poststrukturalistische Vereinfachungen hinausgeht. Er beschwört „diesen Traum vom Leichthin" (2), der doch allen Vergewisserungen absagen muß, will er nicht enttäuscht werden: „Erst ein Blindflug macht frei." (2) Das wird widerrufen, mit Denkfiguren, die dem als Motto zitierten Peirce nicht ganz die Treue halten. Peirce hat die Verkettung der Zeichen im Hinblick auf Kant und auf Nietzsche ‚fröhlich' ausgelegt: als einen Sinnbildungsprozeß, der immer wieder auf einen operativ denkenden Interpreten zurückverweist, jedenfalls grundlegend auf seine eigene Überholung angewiesen ist.[14] So fällt die rhetorische Frage Durs Grünbeins nach dem Subjekt und seiner (un)verbürgten Identität, fällt seine Formel vom „Irrgang der Zeichen" hinter die fundierende Erkenntnis der Prozessualität unseres Denkens und Verstehens zurück:

> (4)
> Ohne Drogen läuft nichts
> Hier im Irrgang der Zeichen
> Wo du umkommst gesichts-
> Los in blinden Vergleichen.
> Träumend... Rate für Rate
> Von den Bildern beäugt.
> Wer ist Herr der Opiate
> Die das Hirn selbst erzeugt?

---

[12] Vgl. *Schädelbasislektion* S. 124
[13] Ebd., S. 131
[14] Vgl. dazu Wilhelm Köller: Der sprachtheoretische Wert des semiotischen Zeichenmodells. In: *Zeichen, Text, Sinn. Zur Semiotik des literarischen Verstehens.* Hrsg. von Kaspar H. Spinner. Göttingen 1977 (VR 1436). S. 7-77

Nun sagt ein (solches) Gedicht, muß man annehmen, eine Befindlichkeit aus, nicht eine Lehrmeinung. Und so ist es die härteste Probe auf unsere These vom entgrenzenden, ins Offene zielenden Anapäst, wenn er hier einen Irrgang abbilden soll. Aber was für einen? Doch einen, dem die Drogen-Verheißung des Auf- und Ausbruchs in ungekannte Erfahrungswelten an die Stirn geschrieben stand, was ebenso für die illusorischen Menschheitsträume von Versöhnung/Einheit gilt: „Gegen Zeit imprägniert:/ Bruch der aufgeht im All." (3) Grünbein setzt sich in diesem kleinen Zyklus mit Gottfried Benn auseinander bzw. zusammen. Dem berühmten *Ikarus*-Gedicht Benns war (im Zyklus *Der Psychiater*) das Gedicht *Cocain* vorgeordnet, das die Formel „zersprengtes Ich" (hier) emphatisch entwickelt. Die erste Strophe von *Cocain* lautet:

> Den Ich-zerfall, den süßen, tiefersehnten,
> Den gibst Du mir: schon ist die Kehle rauh,
> Schon ist der fremde Klang an unerwähnten
> Gebilden meines Ichs am Unterbau.

Die Sehnsucht gilt einer Ich-Identität, die den ‚Unterbau' (und seine Klänge, Gefühle, Un-Sprachen) ein- und nicht ausschließt. Die Ikarus-Figur steht bei Benn für die äußerste Konsequenz dieser Sehnsucht nach Ent-Formung, Entwurzelung, „Systementballung", „Vermetzung an die Dinge", Entstirnung, „thalassaler Regression", für ein spätes Ich, dem „die Lücke für die Trance" nicht genügt, das den Untergang romantisch-wörtlich begreift: Danach meint „die alte Sage der See" die „Rettung sie alleine/ des Hirn ins Regressiv".[15] Der Sturz des Ikarus wird bei Benn in dieser Weise als Regression gedeutet, als „strömende/ Entstirnte/ Matte/ Getragenheit". Erde ruft, so schloß das Krebsbaracken-Gedicht; hier tut die Sonne das gleiche: „Mit junger Glut die Schläfe mir zerschmelzend/ Auftrinkend das entstirnte Blut –" Grünbein nimmt dieses Thema auf und verschärft es zur „Schädelbasislektion". Die (ersehnte?) Erfahrung der Entstirnung (das Leiden am Hirn ist auch bei ihm ein häufiges Motiv) kann keine Antwort sein, wo das Ich sich längst als Plural weiß. Dann wird es nicht mehr von einer Stimme garantiert (die nicht mehr seine ist), sondern der Stummheit oder dem Rauschen überantwortet. Einheitserfahrung hieße die eigene Mortifikation wollen:

> (5)
> Unterm Nachtrand hervor
> Tauch ich stumm mir entgegen.
> In mir rauscht es. Mein Ohr
> Geht spazieren im Regen.
> Eine Stimme (nicht meine)
> Bleibt zurück, monoton.

---

[15] Gottfried Benn: Was singst Du denn... In: G.B., Gedichte. Hrsg. von Bruno Hillebrand. Frankfurt 1986 (FiTb 5231). S. 211

Dann ein Ruck, Knochen, Steine.
... Schädelbasislektion.

Im Melos solcher Verse ‚vergißt' Grünbein den kulturkritischen Diskurs, doch es sind diese Verse, die ihn tragen, ihm einen Anhalt geben, ohne den er bald einbräche. Hierfür noch zwei Beispiele aus den folgenden Bänden.

3. „Also weiter im Vers": *Biologischer Walzer*

Mensch ohne Großhirn heißt der mittlere Zyklus des Bandes *Falten und Fallen*. Die entsprechende Gedichtfolge greift auf die Erfahrungen in der DDR zurück – „Gab es mehr als Flucht?" – und setzt einige Wege aus, porträtiert Haltungen, Geheimrezepte („Arkana"), wie man den Zwängen zu entgehen suchte und gleichwohl Kondizionierungen unterlag:

> Erstes Arkanum, das hieß/ Blanker Sarkasmus, List über alle Maßen/ Zerrissenheit, was vom Wissen bleibt...//
> Zweites Arkanum, das war/ Indifferenz, die totale, Qualen verschalend und Male/ Wie sie die Herkunft verschreibt./ Unsichtbar tätowiert/ Ist es die Haut die in Schweigen hüllt...
> Drittes Arkanum, das hieß/ Alles willkommen was kommt. Biegsam und isotrop,/ Bis es im Kleinsten, in den Gelenken denkt./ Ausgerenkt/ Jeder Arm der zu halten sucht was unhaltbar ist. (...)[16]

Nun verlassen sich diese Gedichte aber kaum auf die historische Beglaubigung des physiologischen Ansatzes, sondern überantworten ihn einer allgemeinen Kulturkritik. Das führt auf eine fast nicht endbare (wiederum Rilke nahe) *Variation auf kein Thema* in 38 elfzeiligen Strophen. Diese wird wiederum durch den Anapäst in *Biologischer Walzer* austariert. Es ist mehr als eine melodische Leerformel, die die Anfangs- und Schlußstrophe bestimmt und dem Text die Rondoform leiht: „Wenn es stimmt, daß wir schwierige Tiere sind/ Sind wir schwierige Tiere weil nichts mehr stimmt" – ein Chiasmus, der gekonnt das „nichts" betont.

Immer wieder dringen Grünbeins Verse ins „Arkadien des Unbewußten" vor, suchen eine Sprache, die unseren Verständigungen vorauslag, vorausliegt: „Schmerzen, Orgasmen, Angstlust in einem Klang,/ Gutturales Getöse, Brandung von Anfang an,/ In die der Körper zurücktaucht, umspült, belebt..." Die Besonderheit dieser Lyrik ist nicht ohne Programm: Poesie als Erkundung der Sprachen, die uns konstituieren; mit der Erfahrung: „Aber die Sprachen greifen nicht wirklich zu." Grünbein zieht die Konsequenz: „Also weiter im Vers."[17]

---

[16] Grünbein: Falten und Fallen. S. 72-74
[17] *Hälfte des Ohres*. In: *Falten und Fallen. Gedichte*. Frankfurt/ Main 1994. S. 123

Vers, das wird sehr wörtlich genommen: Die Formenvielfalt ist groß, der Umgang mit Metrik, Rhythmen, Melos besonders engagiert. Poesie übertreibt immer die Wirklichkeit, bis sie in die Nähe von Wahrheit gerät. So gehen diese Gedichte davon aus, daß „alles codiert" ist, sprechen vom „Leben auf Abruf", von den Alpträumen, die unsere Zeit und unser Wissen uns auferlegen. Auch von der Kindheit, ja der Geburt, dem erwachenden Körperbegehren, dem Übertritt in die Sprache des Symbolischen/ des Verständigtseins ist die Rede. Der „Riß zwischen Namen und Dingen" bestimmt die moderne Poesie: das Wissen, daß es kein versöhnendes Zauberwort mehr gibt, daß die Bedeutungen, die Namen sich ineinander verhaken, nicht mehr bei den Dingen ankommen. Grünbein wendet diese Einsicht nicht der Klage zu, sondern definiert den alten Begriff Magie neu – nicht mehr als Verschwinden der Differenz von Wort und Ding (wie früher), sondern als Chance der Poesie, „als einziges Echolot ins Verbotene" vorzudringen. Damit wird auch der Gegenstand der Poesie, werden „die Dinge" jedem Vorwissen entzogen, wird das Sagen der Maßstab, nicht das Rühmen. Darauf ist zu bestehen, weil die Tonart Grünbeins wiederum dem Duktus Rilkes sehr nahekommt. Grünbeins Elegien haben das Ende des Jahrtausends im Blick, doch der hohe Ton ist umkodiert: „Und der Blick ist schon kalt/ Bevor das Leben erkaltet." Grünbein hat hierfür den Ausdruck Sarkasmus, will keine Beschönigung gelten lassen:

> Fröstelnd unter den Masken des Wissens,
>   Von Unerhörtem verstört,
> Traumlos am Tag unter zynischen Uhren,
>   Fahrplänen, Skalen, beraten
> Von fröhlichen Mördern, vorm Monitor, –
> So wird man Sarkast...[18]

Er geht auf den Ursprung des Wortes zurück: sarkázein „die Knochen bloß legen/ das Fleisch abschaben". So versteht sich der Rückgang auf den Körper als Absage an alte Metaphysiken, als Abschaben früheren Trostfleisches: „Denk von den Wundrändern her, vom Veto/ Der Eingeweide, vom Schweigen/ Der Schädelnähte. Das Aufgehn der Monde/ Über den Nagelbetten führt/ Andere Himmel herauf, strenger gestirnt."[19]

Die Gedichte Grünbeins nehmen noch an Komplexität zu, sind vielstimmig in Ton und Ansatz, mehrfach gestuft und unterlegt, etwa mit der römischen Liebeselegie, den Oden der Sappho, barocken Versen und Alltagsrelikten, dem Pathos des Sozialismus (Iwanows und Brauns *Eisenwagen*) und den Sprachspielen des Surrealismus (*Das Ohr in der Uhr*) – es gibt keine ‚jungfräuliche' Poesie. Unsere Kulturbemühung um „geordnete Zeit" wird nicht eben als aussichtsreich, sondern als *Mißklang* beurteilt: „Wie lange, bis die Vorhersagen stimmten, wurden Kriege geführt/ Um Tonleitern, Herzrhythmen, Pausen. Als

---

[18] Ebd., S. 42
[19] Ebd., S. 38

würde geordnete Zeit/ Uns weniger hinfällig, weniger grausam machen."[20] Das Titelgedicht *Falten und Fallen* vertraut sein bißchen Hoffnung wiederum einem Körperbild an: „Deutlich/ War diese Spur von Vergessen in allen Hirnen, Falten, Gesichtern,/ Flüsternd, bis auf den Lippen das dünne Apfelhäutchen zerriß."[21] Es ist einmal mehr ein Anapäst-Gedicht, das die kulturkritischen Gesten, die nun in der Tat weit über Rousseau hinausgehen, dekonstruiert: sie überbietet und zu einem (Neu)Anfang bringt.

Biologischer Walzer

Zwischen Kapstadt und Grönland liegt dieser Wald
   Aus Begierden, Begierden die niemand kennt.
      Wenn es stimmt, daß wir schwierige Tiere sind
         Sind wir schwierige Tiere weil nichts mehr stimmt.

Steter Tropfen im Mund war das Wort der Beginn
   Des Verzichts, einer langen Flucht in die Zeit.
      Nichts erklärt, wie ein trockener Gaumen Vokale,
         Wie ein Leck in der Kehle Konsonanten erbricht.

Offen bleibt, was ein Ohr im Laborglas sucht,
   Eine fleischliche Brosche, gelb in Formaldehyd.
      Wann es oben schwimmt, wann es untergeht,
         Wie in toten Nerven das Gleichgewicht klingt.

Fraglich auch, ob die tausend Drähtchen im Pelz
   Des gelehrigen Affen den Heißhunger stillen.
      Was es heißt, wenn sich Trauer im Hirnstrom zeigt.

Zwischen Kapstadt und Grönland liegt dieser Wald
   ... Ironie, die den Körper ins Dickicht schickt.
      Wenn es stimmt, daß wir schwierige Tiere sind
         Sind wir schwierige Tiere weil nichts mehr stimmt.

Das Gedicht, ziemlich genau die Mitte von *Falten und Fallen* bestimmend, hat schon eine gewisse Karriere hinter sich, war mehrfach prominent in Zeitschriften und Almanachen abgedruckt. Seine zentrale Geste bleibt haften, sie ist in Anapästen gegeben, und wiederum ‚sagt' das etwas. (Es ist nichts weniger als selbstverständlich, den Walzer als Daktylus zu denken; támtata – das mag ein

---

[20] Ebd., S. 96
[21] Ebd., S. 97

Ländler sein; der Wiener Walzer ist anapästisch akzentuiert: tatatám.) Zum Walzer, zur musikalischen Anlage gehört, daß Motive wiederkehren, daß der Schluß im Anfang schon aufklingt. Und vielleicht auch, daß ihm von vornherein Dissonanzen beigemischt sind. Als These schließt ‚Unstimmigkeit' die erste Strophe und als Befund das Gedicht ab: „Wenn es stimmt, daß wir schwierige Tiere sind/ Sind wir schwierige Tiere weil nichts mehr stimmt."

Die Zeilen überzeugen durch ihre Mischung von Vorsicht – das Wenn tut bedenklich – und Entschiedenheit: Es stimmt ja wirklich nichts mehr. Die Aussage erscheint wie ein Zitat: Jemand muß das behauptet haben; zugleich wie eine Zustimmung, ja Begründung. Sehr gründlich ist die freilich nicht gemeint. Das Wiederholungsspiel der Formeln läßt sich – so wenig wie das Walzertempo – nicht auf Ab- und Herleitungen ein, sondern gibt den Vorwurf zurück, dem Hegel-Adorno-Argument nahe: Wie kann es ein richtiges Leben im falschen geben! Der Schein einer Argumentation wird durch die Überkreuzstellung von Satzteilen, einen Chiasmus, erzeugt: stimmt – Tiere – Tiere – stimmt. Die rhetorische Tradition will, daß man beim Chiasmus auf jene Worte achtet, die einander direkt begegnen, wo die Bedeutung sich in der Wiederholung verstärkt oder der Sinn umspringt/ aufgerieben wird, also „schwierige Tiere" bzw. „wir sind"/ „sind wir". Es geht um Zuschreibungen, lehrt uns die Form, und fraglich ist, wer da verantwortlich ist.

Wer freilich glaubte die These nicht?! Evidenzen noch und noch. Ernst Bloch etwa hat ihre *Spuren* gesammelt, als Beispiele eines Weniger oder Mehr, „das in den Geschichten nicht stimmt, weil es mit uns und allem nicht stimmt". Grünbein meint die Formel noch genauer. In *Schädelbasislektion* war ihm das Gedicht „ein gehirnphysiologischer Resonanzkörper". Für eine „Neuro-Romantik", eine „biologische Poesie" hat er sich ausgesprochen, möchte einer Stimme nachgeben, die sich „tief in der Sprache, im Dickicht des Nicht-Ich" verliert. Damit ist er zugleich einem zentralen Theorem der modernen Lyrik auf der Spur: Andeutung eines Sprechens zu sein, das das Ich übersteigt, das Ich unterschreitet, es untergräbt wie begründet.

Hundsein ist dem Dichter ausdrücklich vertrauter als Menschsein – das mögen DDR-Erfahrungen sein, die hier durchkommen, sie sind aber vielfach übertragbar. Im Kontext des Gedichts *Portrait des Künstlers als junger Grenzhund* heißt es: „Hundsein ist Müssen, wenn du nicht willst, Wollen/ Wenn du nicht kannst und immer schaut jemand zu." Es ist dem Andenken Pawlows gewidmet und „allen Versuchshunden der Medizinischen Akademie der russischen Armee". Wie diese Hunde findet sich der Mensch „im Gestell". Grünbeins Interesse für Anatomie und Physiologie bestimmt die Bildlichkeit des Gedichts. Es motiviert sich politisch, reicht aber vermutlich in tiefere Schichten. Die biomechanischen Studien Pawlows, dem Lenin in der Zeit des Bürgerkriegs die Lebensmittelration verdoppelte, und die amerikanische Spielart, der Taylorismus/ Behaviorismus, interessieren Durs Grünbein als „die Geheimgeschichte zweier Totalitarismen". Von dorther, vom Ideal einer perfekten Steuerung aus, erscheint Bewußtsein als Verhängnis. Der Mensch – ein Versuchstier. Grünbeins Pointe: Die totalitären Träume sind von der Wirklichkeit längst eingeholt, ja überholt worden. Sein Gedicht versucht eine Antwort auf die (postmoderne) Frage, ob vielleicht der Körper als Widerstand gegen die Vergesellschaftung, gegen unsere Abrichtung gedacht werden kann. Ja und Nein: Die Frage selbst ist ironisch und verurteilt jede Antwort.

Nun treibt der *Biologische Walzer* freilich die kulturkritische Attitüde nicht so weit wie der Kontext, davor bewahren ihn die Anapäste. *Mensch ohne Großhirn* heißt der folgende Zyklus; durch ein *Museum der Mißbildungen* streift Grünbein wie einst Benn durch die Krebsbaracke. Der *Biologische Walzer* hingegen wiederholt den Gang des Menschen in die Zivilisation: Die unerklärliche Gabe der Sprache, aus dem Begehren gewachsen („steter Tropfen im Mund") und dieses paradox vertretend, führt, als Verzicht auf unmittelbare Triebbefriedigung, zu Kultur und Geschichte. Diese als „Flucht in die Zeit" zu imaginieren, nimmt eine Kafkasche (jüdische) Denkfigur auf. Entfremdung und Beisichsein sind dasselbe.

Grünbeins Gedichte arbeiten nicht, wie mangelnde Kompetenz gelegentlich unterstellt, mit modischen Floskeln, sondern mit Andeutungsrede und metonymischen Verkettungen, wie sie zur europäischen Moderne gehören: als Ausdruck des Wissens, daß es keinen der Sprache vorgelagerten Sinn gibt, daß Sinn nicht nur als Ursache, sondern auch als Effekt der Signifikanten, der Sprache, zu denken sei. Julia Kristeva hat der poetischen Sprache in diesem Prozeß einen ganz besonderen Rang zugewiesen und, wenn man so will, eine Begründung für den Walzertakt dieses Gedichts gegeben:

„Was wir als *Sinngebung* bezeichnen, ist eben jene unbegrenzte und nie abgeschlossene Erzeugung, jenes unaufhaltsame Funktionieren der Triebe auf die Sprache zu, in ihr und durch sie hindurch, auf den Austausch und seine Protagonisten, das heißt auf das Subjekt und die Institutionen zu, in ihnen und durch sie hindurch. Dieser heterogene Prozeß ist weder anarchische Zerstückelung noch schizophrene Blockierung, sondern eine *Praxis* des Strukturierens und Destrukturierens, er ist Vorstoß hin zu den subjektiven und gesellschaftlichen *Grenzen*, und nur unter dieser Voraussetzung ist er Lusterleben und Revolution."[22]

Was unsere Hochkultur für die Humanisierung der Hominiden, für die Menschwerdung, bedeuten kann, wird vom Gedicht sehr skeptisch beurteilt und zugleich dem Anapäst/Walzertakt überantwortet. Das setzt den Abschied vom kulturkritischen Lamento voraus, dem die Vorstellung einer ehemals heilen Welt zugrundeliegt, ebenso freilich eine Abkehr vom Sprachkonzept des deutschen Idealismus. Ist der Riß etwas Ursprüngliches, verändert das den Ton, auch den Klageton. Es gibt Dissonanzen genug, und die vielen Anstalten zur Beherrschung der Natur werden den Menschen wieder zum Affen machen. „Ein metaphysisches Tier" heißt der Mensch dem Dichter, „streunend zerstreut", nur in Widerspruchsformeln faßbar.

Die Strophen 3 und 4 gehen davon aus, daß der Mensch über seine tierische Biologie nicht weit hinausgekommen ist: bedingte Reflexe, wohin man sieht. Die

---

[22] Julia Kristeva: Die Revolution der poetischen Sprache. Deutsch von Reinold Werner. Frankfurt/M. 1978 (es 949). S. 31

biologischen Forschungen, denen auch Grünbeins Interesse gilt, haben nichts geklärt, „offen" und „fraglich" bleiben deren Schlüsse. Die letzte Strophe wiederholt im ganzen die erste, das Gedicht ist zyklisch gebaut. Das paßt zum Walzer wie zur Liedform: beide problematisieren nicht. Die Verständigung zum Thema liegt dem Text voraus, das Lied bestimmt ein „einfaches Singen und Sagen" (Hegel). Einfach? Der „Wald aus Begierden" ist die zentrale Metapher, und wir wissen nicht erst aus Calvinos *Baron auf den Bäumen* (1960), daß er von Kapstadt bis Grönland ganz schwerwiegende Einbußen hat hinnehmen müssen. So ist es Ironie, täte man so, als ließe sich der Körper, die Biologie des Menschen, vor dem Gestus unterdrückender Beherrschung retten, ins Dickicht zurückschicken. Fraglich, offen, unerklärt bleibt der Mensch hinter seinen Wissensanstrengungen zurück, ein Tier, dem im Anapäst vielleicht nicht Freiheit, aber ein Ausweg gelänge[23]? Zumindest die sokratische Erkenntnis zu wissen, wie wenig es weiß?

Ein Walzer mag das Gedicht heißen, weil seine ironische Gebärde über jedes kulturpessimistische Lamento und über jeden ideologiekritischen Gestus hinaus ist. Nimmt man die Anapäste ernst, so öffnen sich die Zeilen einem suchenden Gestus, einem richtungsfreien Schwirren, einer Fraglichkeit, auf die auch die Wenn-Sätze verweisen. Und der Vergleich mit Drostes *Im Grase* läßt sich noch einmal ansprechen. Nicht nur daß die Droste das Gras bereits als Dickicht nimmt, darin sich der Leib verliert und ein intimes Verhältnis zum Tode gewinnt, so sehr, daß die Erinnerung an die gestorbenen Lieben den geradezu grotesken Ausdruck findet: „Wenn im Busen die Toten dann,/ Jede Leiche sich streckt und regt..." Auch die Trauer und der flüchtige Blick sind ihr Motive der Selbstversunkenheit des Ich: „Stunden, flüchtger ihr als der Kuß/ Eines Strahls auf den trauernden See..." Grünbeins physiologische Variante kommt nur bis zur Fraglichkeit, „was es heißt, wenn sich Trauer im Hirnstrom zeigt,/ Jeden flüchtigen Blick ein Phantomschmerz lenkt". Das Dennoch, mit dem Annette von Droste-Hülshoff ihr Gedicht schließt, ist poetologisch das edelste ihrer Zeit: Auf kärgliche Gaben sei mit Verschwendung zu antworten: „Nur für jeden kärglichen Strahl/ Meinen farbig schillernden Saum".

Ein vergleichbares Dennoch ließe sich bei Grünbein in der farbig schillernden Form konstatieren. Nicht nur daß sein Gedicht sich (mehr oder weniger) auch als alkäische Ode lesen ließe. Die zyklische Form, der Anfang im Schluß, spiegelt den Chiasmus der Themenfigur. Die Anapäste überlegen sozusagen, „wie in toten Nerven das Gleichgewicht klingt". Die Wiederholung der Hypothese „Wenn es stimmt" schließt ein Gedicht ab, das seine Beispiele in barock häufender Aufzählung ins Unendliche vermehren könnte. Seine „schillernde" Fügung widersteht immerhin diesem Sog. Als Poesie ist das Gedicht Laboranalysen und Elektroversuchen überlegen – und selbstverständlich auch Interpretationen. Sein melodischer Duktus und die (behauptete) Nähe zum Droste-

---

[23] Vgl. Franz Kafka: *Ein Bericht für eine Akademie*. In: F.K., *Sämtliche Erzählungen*. Hrsg. von Paul Raabe. Frankfurt/M. 1970/ 1988. S. 150

Gedicht zeigen es, wie Grünbein 1991 für lyrische Momente allgemein erhoffte, als „Stimme im Gespräch mit dem Gedächtnis".

4. Gespräch (nicht nur) mit dem Dämon

Wie unschuldig ist doch Hölderlins Votum fürs Gespräch: „Doch gut/ Ist ein Gespräch und zu sagen/ Des Herzens Meinung, zu hören viel/ Von Tagen der Lieb',/ Und Thaten, welche geschehen."[24] Ein solcher Austausch – sowohl miteinander wie mit der Vergangenheit – ist selten geworden. Nun sind Grünbeins Texte zwar gutteils dialogisch angelegt, aber weniger im Sinne Mandelstams und Celans, an „Herzland"[25] wollen sie nicht landen, es sind Gespräche im Sinne Benns. Der hatte zitierend die These vertreten, ein Gedicht sei an die Muse gerichtet, „und diese ist unter anderem dazu da, die Tatsache zu verschleiern, daß Gedichte an niemanden gerichtet sind."[26] Mandelstam nahm eine solche These als Zeichen von Wahnsinn, mindestens Gestörtheit.[27]

Grünbein setzt aber nicht (wie sein Gewährsmann Richard Wilbur) die Muse ein, sondern den Dämon. Das ist keine Schreckgeste für fromme Gemüter, sondern ein Gruß zu Baudelaire hinüber, dessen Sonett *La Destruction/Die Zerstörung* das Ich dem Dämon unterstellt weiß: „Sans cesse à mes côtés s'agite le Démon/ Unaufhörlich an meiner Seite (an meinen Flanken) regt sich der Dämon."[28] Grünbeins Anapäst-Gedicht *Gespräch mit dem Dämon auf halbem Wege* steht am Ende des neuen Bandes *Nach den Satiren* und nimmt den Dämon auch ein wenig sokratisch auf. Hätte er sich nur an Baudelaire gehalten, wäre der Anapäst unpassend gewesen. Der Dämon ist ein wenig das *alter Ego* im Text, das Daimonion des Ichs, ein haßgeliebter Spion, fast ein Buchhalter, für den das zeitweilig bewohnte Subjekt ein „sadistischer Flirt" ist[29]. Für Sokrates war das Daimonion eine innere Stimme, die ihn davon abhielt, etwas Ungemäßes zu tun oder zu sagen; es trat nicht in bestimmter Gestalt hervor. Und auch Goethe hat die Dämonen in dieser Weise entlastend eingesetzt: Wenn ihm irgend etwas nicht gut auskam, fand er sich „von den Dämonen öfters hin und wider geführt", denen er gern attestierte, daß sie „ihre Pfoten in all dem Spiel haben".[30] Interes-

---

[24] Friedrich Hölderlin: *Andenken*. In: Sämtliche Werke II. Stuttgart 1951. S. 189
[25] Vgl. Paul Celan: Bremer Ansprache (1958). Gesammelte Werke III. Frankfurt/Main 1983. S. 188
[26] Gottfried Benn: *Probleme der Lyrik* (1951). In: Essays und Reden in der Fassung der Erstdrucke. Hrsg. von Bruno Hillebrand. (FiTb 5233). Frankfurt/Main 1989. S. 511
[27] Ossip Mandelstam: Über den Gesprächspartner (1913). In: Gesammelte Essays I/ 1913-1924. Hrsg. von Ralph Dutli. Zürich 1991. S. 7 ff.
[28] Charles Baudelaire: *Les Fleurs du Mal/Die Blumen des Bösen*. Sämtliche Werke Bd.3. Hrsg. von F. Kemp u.a. München/Wien, 2.A. 1989. S. 286 f.
[29] Durs Grünbein: *Nach den Satiren*. Frankfurt/Main 1999. S. 214-216
[30] Goethe: Briefe. Hamburger Ausgabe in vier Bänden. 1965. Band 3, S. 506; Band 4, S. 407

sant an dieser Redeweise ist, daß das Subjekt hier konsequent dialogisch gefaßt wird, als Verständigung mehrerer Stimmen, die nicht frühzeitig zum Schweigen gebracht werden, ein Gedanke, der in einem deutlichen Spannungsverhältnis zum cartesianisch-kantischen Postulat der Autonomie des Subjekts steht.[31]

Grünbeins anapästisch geführtes Gespräch mit dem Dämon ist also zugleich ein Gespräch mit der Tradition; doch das darf nicht als Argument gebraucht werden, um das Gedicht ‚weich' zu machen – es hat die Härte des Totengesprächs, wie es die Droste geführt hat, und wenn wir die Vertauschung Muse/ Dämon noch einmal aufnehmen, sagt dieser Adressat, daß es mit Hölderlins Gespräch aus und vorbei ist. Dem Dämon vertraut sich das Ich an: „So beschützt mich dein Flüstern,/ Wenn mein Brustton versagt." Und wie Faustus sich zur Gesellschaft des Mephisto herbeiließ, so nimmt das Ich den Dämon hin: „Dennoch Dank. Ohne dich wär die Strecke (aus sovielen „Jetzt!")/ Unerträglich gewesen. In Gesellschaft mit dir..." In der vorletzten Strophe bricht das Ich den Rhythmus (energischer als sonst):

> Laß uns offen sein, Dämon. Für dich bin ich bald
> Episode im Traum, – der die Namen wechselt, die Körper tauscht.

Der Abbruch des Anapäst denkt das Ende des Lebens, und zwar auf östliche (nicht-westliche) Weise als Austausch der Gestalt. (Der Tod ist dann kein Skandal.) So ist kein Raum mehr für den tänzerischen Schritt und seine Verheißung, uns ins Offene mitzunehmen. Der Weg, der mit den Schritten entsteht (und so die Welt begehbar macht), kann nicht gedacht werden, wo Metaphysik wieder Einzug hält. So waren vielleicht auch die Anapäste Episode in einem Traum, von dem sich Grünbein wieder verabschiedet hat?

---

[31] Vgl. hierzu Vf.: Das dämonische Weib (1.: Goethe über das Dämonische). In: Codierungen von Liebe in der Kunstperiode. Hrsg. von Walter Hinderer. SfR III. Würzburg 1997. S. 213 ff.

Gerhard Neumann

Patrick Süskind: „Das Parfum"

Kulturkrise und Bildungsroman

> Wer zeigt mit Fingern auf einen Geruch?–
> *Rilke, Die Sonette an Orpheus*[1]

I

Man hat gelegentlich die These aufgestellt, daß der deutsche Bildungsroman, kaum hatte Goethe ihn mit seinem „Wilhelm Meister" in vier Ansätzen über ein Lebensalter hinweg konfliktvoll genug in Szene gesetzt, sich schon wieder aus der Literaturgeschichte zu verabschieden begann. Dennoch hat das Konzept einer Identitätskarriere, die auf Bildung und Liebe gegründet ist, die deutsche Literatur weiter beschäftigt; und zwar als ein Muster des imaginären Sozialen, einer utopischen Konstruktion, die ihre Faszination bis in das eben endende 20. Jahrhundert hinein nicht eingebüßt hat. So scheint es mir der Mühe wert zu sein, dieses Konzept an einem der großen deutschen Bucherfolge im letzten Drittel unseres Jahrhunderts, an Patrick Süskinds Mythogramm „Das Parfum" von 1985 nämlich, noch einmal auf die Probe zu stellen.

Wollte man ein wenig vereinfachen, so könnte man behaupten, daß der Bildungsroman im Lauf seiner Karriere von Karl Philipp Moritz bis zu Thomas Mann oder gar Botho Strauß einem einzigen Thema gewidmet ist, nämlich der zunehmend prekärer werdenden Konstruktion des neuen Subjekts, wie es sich seit der großen bürgerlichen Revolution auf emphatische Weise zu Wort gemeldet hatte; und zwar im Spannungsfeld zwischen den konkurrierenden ‚Großdiskursen' von *Natur* und *Kultur*. Es ist ein Spannungsfeld, das sich auf der Wende vom 18. zum 19. Jahrhundert öffnet und durch zwei extreme Exponenten gekennzeichnet ist: das gewaltige Konzept der französischen Enzyklopädie mit ihrem Anspruch auf universelle Verstehensordnung einerseits, die Bewegung pietistischer Selbsterfahrung mit ihrer gewissenhaft verantworteten Innerlichkeit

---

[1] Rainer Maria Rilke, Sämtliche Werke. Erster Band. Gedichte. Erster Teil, hrsg. vom Rilke-Archiv in Verbindung mit Ruth Sieber-Rilke, besorgt durch Ernst Zinn, Frankfurt am Main 1955, S. 741.

andererseits. In diesem Spannungsfeld gewinnt das Argument des menschlichen Körpers in seiner Physis, aber auch jenes andere der Bilder, welche die soziale Imagination von diesem Körper entwirft und in Geltung setzt, eine bedeutende Rolle. Man könnte geradezu von der – wie schon so oft in der Geschichte der Kultur sich abermals einstellenden – *Entdeckung* des Körpers zwischen den vernunftgestützten Wissensordnungen einerseits, dem emphatischen Willen zum Gefühlsausdruck und zur Tiefenerforschung des Selbst andererseits sprechen. Goethes „Werther" drückt diese Konstellation von Materialität und affektvoller Selbstvertiefung auf das Vollkommenste aus. Ohne Zweifel beruht diese neue Modellierung korporaler Identität auf der Neuformierung des Sozialen, wie sie sich in der Französischen Revolution und dem in ihr reklamierten Recht auf Eigentümlichkeit des Einzelnen abzeichnet; wie sie aber auch in der nordamerikanischen Verfassung und ihrer Proklamation des Rechts auf individuelles Glück, das sich in Lebensqualität niederschlägt, aufzufinden ist.

Die Erfahrungsräume, innerhalb deren eine so verstandene, dem Subjekt sich öffnende Identitätskarriere sich zu entwickeln hätte, stehen dabei im Zeichen stufenweiser Ausweitung: von dem Haus, das die Kleinfamilie beherbergt, über die Landschaft, die Haus und Hof umschließt, und die Stadt, in der ‚la cour et la ville' sich konturieren, bis hin zur exotischen Fremde der gerade entdeckten Weltteile und zum Gewölbe des Kosmos, das sich über allem Irdischen erhebt. Von größter Bedeutung in diesen sich wandelnden, aber auch konkurrierenden ‚Topologien' sind aber dann die in der bürgerlichen Welt neu entstehenden Diskursformationen, die Wissens- und Redeordnungen, die auch neue Bedingungen der Erzählbarkeit von menschlichem Leben schaffen. Es sind Diskurse, die sich zwischen sehr verschiedenen Leitvorstellungen spannunsvoll entwickeln, die durch Parolen wie Bourgeoisie und Adel, Bildung und Besitz, Wunsch und Gesetz, Durchschnittsmensch und schöpferisches Genie markiert sind. Ein neu sich artikulierendes, vielleicht sogar dominierendes Dispositiv dieses kulturellen Geschehens und der Begründung seiner Erzählbarkeit ist nun aber das Theater; und zwar gerade in seiner Umsetzung aus dem feudalen in einen bürgerlichen und bürgerlich-nationalen Kontext. Die Konstruktion des neuen Subjekts nimmt, wie vielleicht nie zuvor in dieser emphatischen Form, die Gestalt einer Inszenierung an, einer In-Szene-Setzung der Soziabilität des Menschen gewissermaßen. Und hier ist es wohl wiederum vor allem die Frage nach der Sozialisierbarkeit von Liebe, die neue Dimensionen annimmt. Geht es doch um die programmatische Verwandlung der in der Familie gelernten Empfindungen in sozial legitimierte und die Sozietät legitimierende Kräfte, mithin um die Transformation von Wunsch und Trieb in dasjenige, was seit den Rousseauistischen Utopien *contrat social* heißt, aber eigentlich ein Paradox zum Ausdruck bringt: nämlich die ebenso wünschenswerte wie unmögliche Konfundierung von Allianz und Passion, von Ehe und Liebe, und die immer wieder geprobte Installation dieses Affekt-Paktes im sozialen Gefüge. Mit der Behauptung einer Welthaftigkeit dieses Paktes und seiner gleichzeitigen Inwendigkeit, der Verlagerung dieses Sozialisations-Geschehens in die ‚innere Arena' des Subjekts, wandelt sich naturgemäß auch die Topographie, die Inszenierungslandschaft oder Bühne, auf der solche Modellierungen des ‚Ich' in Szene gesetzt werden könnten: und zwar auf dem Weg des Körpers durch die Welt zum einen, auf dem Weg der Empfindungen und Gedanken durch die Räume der Einbildungskraft zum anderen. Vielleicht hat Goethe mit seinen beiden Protagonisten Meister und Werther gleich zu Beginn die ‚Flügelmänner' für beide Entwicklungsmöglichkeiten in die Welt der Literatur gesetzt. Das kulturelle Szenario jedenfalls ist zwiespältig genug: Während Jean Pauls Helden (und mit ihnen der Goethesche Werther) die Reise in die dunkle Tiefe und Unbewußtheit ihrer Seele, „unser wahres, inneres Afrika", wie Jean Paul einmal gesagt hat[2], antreten, geht die Erkundung der europäischen wie der überseeischen Welt (man denke an Wilhelm Meisters Auswanderungspläne) mit Riesenschritten voran; während Goethe seinen „Werther" schreibt, befindet sich Cook auf seiner zweiten Expedition in die australisch-neuseeländische Welt, und der Maler Hodges wie der Schriftsteller Forster sind dabei, die dort sich ereignenden *encounter*-Situationen als ethnologische Dokumente in Bild und Schrift festzuhalten. Es sind Entdeckungsreisen, die einer doppelten Erfahrung des Fremden gelten: dem Fremden in der anderen, unbekannten Kultur und dem Fremden im anderen Geschlecht.

„Ich bin gebildet genug, um zu lieben und zu trauern", sagt Mignon einmal in Goethes „Meister"-Roman. Sie faßt, in dem ihr eigenen melancholischen Grundton, zusammen, was man später als einen prägenden Grundgedanken des deutschen Bildungsromans hervorgehoben hat; die Frage nämlich, wie es gelingen kann, Liebesgeschichte und Bildungskonzept in einem ‚Lebenslauf' und seiner Glückserwartung zusammenzuführen. Was Liebe, Ehe, Beruf und Weltverstehen im günstigen Fall miteinander zu verbinden verspricht, ist dabei das neu sich bildende Dispositiv der Karriere.[3] In seinem für die hier in den Blick genommenen Zusammenhänge ergiebigen Buch „Liebe als Passion" geht Niklas Luhmann auf diese Kernfrage einer Liebes- als Bildungsgeschichte ein. Er hebt hervor, daß es in einem so verstandenen ‚Lebenslauf' darauf ankomme, daß „für Liebe, Sexualität und Ehe eine neue Einheitsformel gesucht und in der Idee persönlicher Selbstverwirklichung gefunden wird".[4] So verstanden ist es die progressive Vermittlung von Augenblick und Lebensganzem, von erotischer und

---

[2] Jean Paul, Selina. In: Jean Paul, Werke. Sechster Band, hrsg. von Norbert Miller, München 1963, S. 1182.

[3] Kleist hat dieses Bild und seine melancholische Disposition in einem Brief an seinen Freund Ernst von Pfuel vom 7.1.1805 unvergeßlich zusammengefaßt: „Wie flogen wir vor einem Jahre einander, in Dresden, in die Arme! Wie öffnete sich die Welt unermeßlich, gleich einer Rennbahn, vor unsern in der Begierde des Wettkampfs erzitternden Gemütern! Und nun liegen wir, übereinander gestürzt, mit unsern Blicken den Lauf zum Ziele vollendend, das uns nie so glänzend erschien, als jetzt, im Staube unseres Sturzes eingehüllt! [...] *So* umarmen wir uns nicht wieder! So nicht, wenn wir einst, von unserm Sturze erholt, denn wovon heilte der Mensch nicht! einander, auf Krücken, wieder begegnen." Die Kategorie der Identitäts-"Karriere" beziehe ich aus Niklas Luhmann, Copierte Existenz und Karriere. Zur Herstellung von Individualität. In: Riskante Freiheiten. Individualisierung in modernen Gesellschaften, hrsg. von Ulrich Beck und Elisabeth Beck-Gernsheim, Frankfurt am Main 1994, S. 191-200.

[4] Niklas Luhmann, Liebe als Passion. Zur Codierung von Intimität, Frankfurt am Main 1982, S. 150f.

epistemischer Karriere, die zu einer glückenden Identitätskarriere führt. In dieser erst verbinden sich Begehren und Verstehen, Trieb und kulturelles Zeichen, ‚Liebe' und ‚Bildung'. Erst in einem solchen Konzept kann es auch gelingen, das kulturelle Muster eines ‚Bildungsromans' zu realisieren, in dem Wahrnehmung der Welt, Darstellung der Welt und Erkenntnis ihrer Ordnungsgestalt auf die Bildung und Modellierung des in ihr tätigen Subjekts bezogen erscheinen. Vor diesem kulturgeschichtlichen Hintergrund wird erkennbar, daß es drei verschiedene, aber doch aufeinander bezogene Problemfelder sind, die Beachtung verdienen und die auf die Identitätskarriere des Subjekts Einfluß gewinnen.

Zunächst läßt sich feststellen, daß – vor dem Hintergrund des wissenschaftlichen Fortschritts – eine neue und emphatische Erkundung sich auf die Organe und Medien der Wahrnehmung und ihrer Funktionalisierung in der Welt richtet. Zu nennen ist, zum einen und vor allem, die Aufmerksamkeit auf die fünf Sinne, das „fünfsinnliche Sensorium", wie Jean Paul sagt, und die ihnen seit der Antike implizite Hierarchisierung und Konfiguration im Erkenntnisakt; zum anderen aber die Beobachtung jener medialen Erweiterungen des grund-sinnlichen Repertoires durch technische, chemische und mediale Instrumente, Organe oder Prothesen, die mit der Entwicklung und dem Fortschritt der Naturwissenschaften verbunden sind – vom Magnetismus über die Musik zur Optik und Chemie.

Eine zweite Aufmerksamkeit richtet sich sodann auf den Künstler als Protagonisten des Menschlichen, gleichsam als Piloten im Erkunden der Weltordnung. Gebildet werden heißt in diesem Sinne, selbst bildend zu sein. Es ist dem Einzelnen aufgegeben, die Techniken der Weltaneignung sich seinerseits anzueignen und schöpferisch an den Strukturen und Modellierungen beteiligt zu sein, die Welt und Gesellschaft erschaffen. In diesem Sinne sind Bildungsromane zugleich Künstlerromane. Ihre Helden sind Dichter, Maler, Schauspieler, Improvisatoren, Musiker, Bildhauer – oder gar Universalgenies. Auch hier erweist sich als prekärster Punkt des Karrierekonzepts, daß Autonomie in Konkurrenz mit kopierter Existenz und Selbstverdopplung tritt und daraus Komplikationen, ja Pathologisierungen sich bei der Modellierung von Identität in der Gesellschaft ergeben.[5]

Eine dritte Form der Aufmerksamkeit schließlich gilt der Unverwechselbarkeit und Eigentümlichkeit des Subjekts selbst; der komplexen Behauptung seiner Unveräußerlichkeit einerseits, seiner möglichen Kompatibilität mit den Gesetzen und Verabredungen der Gesellschaft andererseits. Die ganz offensichtliche Zuspitzung des Bildungsromans des 19. Jahrhunderts auf diese Frage und diesen Konflikt rührt wohl an den wichtigsten und zugleich heikelsten Punkt der heraufziehenden und sich stürmisch entwickelnden bürgerlichen Gesellschaft. Mit dieser Frage nach der Bildung des ‚eigentümlichen' Subjekts verknüpft sich nun aber seinerseits erneut das Wahrnehmungsproblem, die Frage also, welche Medien es sind, mit deren Hilfe die Arbeit an der Natur und an der Gesellschaft, als ein schöpferisches Tun, möglich und produktiv wird. Wahrnehmung der Welt und Praxis der Kommunikation rücken so, vermittelt durch die Medien und technischen Möglichkeiten, in unmittelbare Nähe. Bildungsromane, so könnte

---

[5] Luhmann, Copierte Existenz, a.a.O. S. 191.

man also sagen, sind, unter diesem Aspekt betrachtet, zwar Proben aufs Exempel der Identität; sie sind aber zugleich auch Experimente auf die medialen Möglichkeiten des Erkennens und Kommunizierens.

Der entscheidende Punkt für das Verständnis von Patrick Süskinds Roman „Das Parfum" ist nun wohl darin zu suchen, daß er ein auf die Wahrnehmungs- und Konstruktionskraft des Geruchssinns zugespitztes Experiment eines Bildungsromans darstellt. Es handelt sich um ein literarisches Experiment, das in ausgedehnterer Weise bisher nur ein einziges Mal vor Süskind durchgeführt worden ist, nämlich in Joris-Karl Huysmans Dekadenzroman „A rebours" von 1884.[6] Die Frage, die Huysmans Roman so gut wie derjenige Süskinds stellen, lautet: Wie bilde ich mich und mein Selbst durch Wahrnehmung der Welt und durch Aufnahme des Wissens und der Techniken, die an ihrer Bildung, an ihrer Konstruktion beteiligt sind? Welche Möglichkeiten der Wahrnehmung eröffnen sich, wenn ein bislang kulturell verkümmerter Sinn in den Mittelpunkt rückt? Es wäre in diesem Zusammenhang nicht schwer zu zeigen, daß in früheren Bildungsromanen ähnliche, auf *andere* Sinne orientierte Bildungsexperimente vorliegen: die Privilegierung des Gesichtssinns in Kellers „Grünem Heinrich", diejenige des Gehörs etwa in Heinses „Ardinghello" oder „Hildegard von Hohenthal", jene andere wiederum der Berührung in Mörikes „Maler Nolten" oder in Hans Christian Andersens zu Unrecht vergessenem „Improvisator" und, wenigstens partiell, die Hervorhebung des Geschmackssinns in Jean Pauls „Siebenkäs" oder abermals in Kellers „Grünem Heinrich". Einen Bildungsroman, der ganz auf den Geruchssinn ausgerichtet ist, wird man in dieser Reihe vergebens suchen.

Für den weiteren Hintergrund unserer Frage ist dabei von Bedeutung, daß seit der Antike eine Geschichte der wechselnden Hierarchisierung der Sinne zugleich immer auch als eine Geschichte der Verknüpfung von Wahrnehmungstheorie und Schöpfungstheorie gelesen werden kann[7], und daß in diesen Versuchen vor allem der Gesichtssinn – „mit den Augen des Geistes" heißt die von Platon geprägte Formel für die Wahrnehmung der Welt – und des weiteren dann – seit den Versuchen der deutschen Romantiker, der Musik als Wahrnehmungsorgan die Überhand über das Visuelle zu geben – allenfalls der Gehörsinn dominiert.[8] Die Zwiespältigkeit in der Einschätzung des Tastsinns als Erkenntnismedium und ästhetisches Organ im Feld des Materialismus ist nur allzu bekannt. Verhält es sich doch in der Tat so, daß das Interesse an der Berührung als Form gegenständlicher Erfahrung erst im 18. Jahrhundert für kurze Zeit in den Mittelpunkt einer Ästhetik als Lehre von der Wahrnehmung der Welt rückt: im Mate-

---

[6] Vgl. hierzu Gerhard Neumann, "Kunst des Nicht-Lesens". Hofmannsthals Ästhetik des Flüchtigen. In: Hofmannsthal – Jahrbuch zur europäischen Moderne, Bd. 4/1996, S. 227-260. Dort Hinweise auf Mörike, Baudelaire, Marcel Proust.
[7] Diese Zusammenhänge werden ausführlicher entwickelt in Neumann, Kunst des Nicht-Lesens, a.a.O. S. 240ff..
[8] Christine Lubkoll, Mythos Musik. Poetische Entwürfe des Musikalischen in der Literatur um 1800, Freiburg im Breisgau 1995.

rialismus eines Condillac und seines legendären Statuen-Experiments[9]; in Boureau-Deslandes Pygmalion-Einakter von 1741, der Descartes Formel ‚ich denke also bin ich' eine überraschende sensualistische Wende gibt: ‚ich fühle also bin ich'[10]; in Herders „Plastik"-Aufsatz von 1770 schließlich, der zum ersten Mal nachdrücklich die These vertritt, daß erst Berührung Wahrnehmung und Erkennen schaffe; erst in der Berührung mit der tastenden Hand, so Herder, offenbart sich die antike Statue als „eine Art von Plastik der Seele"[11], während die Fernsinne Gesicht und Gehör phantasmatisch bleiben – und Geschmack und Geruch, die chemischen Sinne, ohnehin nach wie vor auf den untersten Rängen der Wahrnehmungsskala verharren. Unbestritten hat dabei der Geruch, als der gröbste und nicht semiologisierbare Sinn, die unterste Stufe inne: Der Geruch, so lautet das Verdikt, hat keinen Code, der ihm kulturelle Relevanz verschaffen könnte.[12] Es ist Goethe, der dieser Grundeinsicht in die Hierarchie der Sinne den bündigsten – und folgenreichsten – Ausdruck gibt. Er schreibt:

> Wie der Magnet im Eisen wirkt, so wirkt die Farbe im Auge! und ich möchte sagen: so hoch das Auge über dem Eisen steht so viel höher steht die Farbe über der magnetischen Wirkung. Wer die physischen Wirkungen, die höchsten, die wir kennen Farbe und Ton hinunter ziehen wollte, würde sich sehr verkürzen, wer jene untere heraufziehen wollte würde sich einen bloßen imaginativen Spaß machen: alles kommt darauf an was der organischen Natur und dieser in ihren höchsten Zuständen gemäß ist, es mag, darf und soll übrigens in Kombination mit seiner irdischen Base bleiben.[13]

Es hat wohl nicht mehr als partikulares Interesse, wenn man, in dieser Philosophiegeschichte der Sinne, auf Charles Fourier, einen Zeitgenossen Goethes, hinweist, der in seiner „Théorie des quatre mouvements et des destinées générales" von 1808 und noch in einem weiteren Buch, der „Théorie de l'Unité univer-

---

[9] Condillac behandelt das Problem in seinem „Traité des sensations" von 1754. Im ersten Kapitel „Des premières connaissances d'un homme borné au sens de l'odorat" zeigt er, daß eine Statue, die nur mit dem Geruchssinn begabt wird, den Weg in die Welt der Objekte nicht findet. Sie hält zum Beispiel den Geruch, der ihr zuströmt, für einen Teil ihres Selbst: „La statue se sent odeur de rose." Erst der Tastsinn erschließt ihr den Gegensatz zwischen Subjekt und Objekt. Condillac, Traité des sensations. Traité des animaux, Paris 1984 (Corpus des œuvres de philosophie en langue française), S. 17ff., 21ff.

[10] „A présent, disoit-elle, je ne puis douter que je ne vive. Ce que vous appellez plaisir acheve de me convaincre de mon être, & de me persuader sa réalité. Je vis certainement, puisque j'en suis enyvrée." Boureau-Deslandes, Pigmalion ou la statue animée. In: Rolf Geissler, Boureau-Deslandes. Ein Materialist der Frühaufklärung, Berlin 1967, S. 117-132, hier S. 127.

[11] Herders Sämmtliche Werke, hrsg. von Bernhard Suphan, Bd. 8, Berlin 1892, S. 152.

[12] Dan Sperber, Über Symbolik, Frankfurt am Main 1975, S. 162-163; 165.

[13] Goethe, Die Schriften zur Naturwissenschaft, hrsg. im Auftrag der Deutschen Akademie der Naturforscher Leopoldina von K. Lothar Wolf u.a.. Erste Abteilung: Texte, Bd. 11, Aufsätze, Fragmente, Studien zur Naturwissenschaft im Allgemeinen, bearbeitet von Dorothea Kuhn und Wolf von Engelhardt, Weimar 1970, S. 43. Vgl. noch: „Das *Schmeckbare* und *Riechbare* habe ich alle Ursache in die Chemie zu verweisen." (ebd.)

selle" von 1822, als Ordnungs- und Erfahrungsmuster der Welt ein seltsames Aroma-Konzept entwickelt, demgemäß das Universum als aus einer Kopulation von Aromen entstanden begriffen werden soll. Fourier nimmt in der Geschichte unseres Problems eine ganz singuläre Stellung ein. Weder die griechische Philosophie, noch das Christentum bieten ihm Ansätze für seine Wahrnehmungshypothese. Für Aristoteles ist der Geruch – um seiner Grobheit und kulturellen Unmodellierbarkeit willen – der unterste der Sinne.[14] Das Christentum steuert zu diesem wahrnehmungsstrategischen Argument noch das Moment moralischer Ächtung bei: Duft wecke Sinnlichkeit und nur der Opfergeruch, „der Ruch der Heiligkeit", sei vor Gott angenehm – die römische Antike wird, in ihrer Philosophie der Wahrnehmung, diesem Verdikt folgen.[15] Eine bedeutsame Stelle in der Geschichte der Einschätzung des Geruchs als Organ von Wahrnehmung und Erkenntnis nimmt Rousseau ein. Er nennt in seinem „Émile" (auch einem ‚Bildungsroman', wenn man so will) das Odorat „un de nos premiers maîtres de philosophie". In einer folgenreichen Überlegung versucht Rousseau aus dem Phänomen des Geruchs die Unterscheidung zwischen Natur und Kultur, als die zentrale Frage seiner Philosophie überhaupt, abzuleiten. Während dem Wilden, also dem ‚natürlichen Menschen', der Geruchssinn wie dem Tier zur Orientierung in der Welt dient, ihm aber keinen Genuß bereite, verkümmere das Odorat in der Zivilisation und bringe so sein ‚kulturelles' Supplement, die Phantasie, als Organ der ‚feinen Unterscheidung', hervor. Die Phantasie erst wecke das kulturelle Organ des Geschmacks. Helmut Plessner wird dies später zu der These zuspitzen, daß Triebverlust zur Produktion von kulturellem Mehrwert führe, daß der Instinktverlust zuletzt in Kultur, in Entscheidungsfreiheit umschlage.[16] Es fügt sich in dieses Szenario, daß Kant vom Geruchssinn behauptet, er „führe schlechterdings zu nichts", und Hegel diesen Sinn gänzlich aus der Kunst ausschließt. Der Materialist Feuerbach dagegen attestiert Hegel folgerichtig einen „Mangel an Nase" und nennt dessen Philosophie eine „fleischlose". Und Nietzsche wird sein eigenes Genie in den „Nüstern" vermuten und seiner „Witterung", als seinem schöpferisch-philosophischen Instinkt, vertrauen. Was für die Philosophie gilt, könnte man mit Einschränkungen auch für die Dichtung in Anschlag bringen. Zwar gibt es eine orientalische Linie der Gerüche in der Literatur, die, aus der Quelle der semitischen Literaturen gespeist und im Hohelied Salomonis ihr wichtigstes Zeugnis findend, über Salben, Öle und Gewürze schwache Spuren in der europäischen Literatur hinterläßt. Aber es bieten sich doch, aufs Ganze

---

[14] Quer dazu steht Platons Theorie des Hundes als des philosophischsten Tiers: Ihm allein, aufgrund seines Geruchssinns, sei es gegeben, Freund und Feind untrüglich zu unterscheiden. Platon, Politeia 374e-375e; vgl. hierzu K.A. Neuhausen, Platons philosophischer Hund bei Sextus Empiricus. In: Rheinisches Museum für Philologie 118 (1975) S. 240-264.
[15] Jean Pierre Albert, Odeurs de Sainteté. La mythologie chrétienne des aromates, Paris 1990. (Editions de l'Ecole des Hautes Etudes en Sciences Sociales)
[16] Die Darstellung von Corbin über den Geruch in der Geschichte operiert – schon im Titel – mit diesem Rousseauschen Beschreibungsmuster: Alain Corbin, Le miasme et la jonquille. L'odorat et l'imaginaire social des XVIIIe-XIXe siècles, Paris 1982. (dt. Pesthauch und Blütenduft. Eine Geschichte des Geruchs, Berlin 1984)

gesehen, nur wenige signifikante Beispiele. Das europäische 19. Jahrhundert gibt mit Mörikes Mozart-Novelle ein klassisches Exempel, Baudelaire hat eine Theorie des Geruchs und der Parfums entwickelt und Marcel Proust läßt seine „Recherche" mit einem Geschmacks- und Geruchserlebnis beginnen. Allein Huysmans „A rebours" aber bietet so etwas wie eine serielle, keine Unterschiede machende Erprobung aller fünf Sinne, in der, vielleicht zum ersten Mal in der Geschichte der Literatur, die Forderung nach einer Grammatik und Syntax der Gerüche erhoben wird und das Kapitel über den Geruchssinn in einer Exegese jener „Texte", wie sie die Gerüche bilden, kulminiert.[17]

Ein kursorischer Durchgang – wie der eben unternommene – durch die europäische Wahrnehmungs-Kultur und der Versuch einer Situierung des Geruchs-Arguments in deren Geschichte führen zu einer Reihe von Einsichten: Gerüche, so kann man folgern, sind aus dem semantischen Feld weitgehend ausgeschlossen. Der sprachliche Code reicht nicht aus, um sie zu artikulieren. Der Geruch, als Argument, gewinnt aber dort Funktion, wo er, aus einer Schwächung der Sinnlichkeit heraus, in das kulturelle Organ der Phantasie umspringt. Das Schwinden der natürlichen Sinnlichkeit führt zur Hybridisierung des Imaginären, zur kulturellen Fähigkeit einer Unterscheidung der feinsten Differenzen. Gerüche bleiben unterhalb und außerhalb der Memoria-Ästhetik; sie subvertieren sie, eben weil sie in kulturellen Zeichen nicht fixierbar sind. Für eine Ästhetik des Flüchtigen gibt es in der europäischen Kultur keinen Ort. Das Interesse an Gerüchen wird da wach, wo sie an die Sprache grenzen; Gerüche werden da wirksam, wo sie ins Imaginäre transfundieren.

Vor dem im Vorangehenden skizzierten Hintergrund mag deutlich geworden sein, daß sich Süskinds Roman „Das Parfum" offenbar bewußt und konstruktiv in diese zwiespältige Tradition einordnet.[18] „Das Parfum" präsentiert sich als Bildungsroman, der das Abenteuer der Wahrnehmung in Szene setzt und daraus die Bildung eines Subjekts emanieren läßt; freilich, so muß man hinzufügen, geschieht dies in subversiver Weise. Denn der Sinn, der allein zum Organ von Bildung werden soll, entzieht, ja verweigert sich jedem kulturellen Code, jedem *contrat social* – er stiftet weder Gedächtnis, noch Verträge, noch Individualität. Die Auseinandersetzung mit dem klassischen Bildungsroman, die Süskind führt, erfolgt dabei auf dreierlei Weise. Einerseits erweist sich „Das Parfum" als Kontrafaktur des herkömmlichen Bildungsroman-Modells; denn es gibt sich als ein Text zu erkennen, der dem alten Raster ein neues, jedem kulturellen Code

---

[17] „il déchiffrait", wird von Des Esseintes, dem Helden von „A rebours" gesagt, „maintenant cette lange, variée, aussi insinuante que celle de la littérature [...]" (194) Man müsse Grammatik und Syntax der Gerüche begreifen und für das Kulturverständnis nutzbar machen. (142) Die Geschichte der Gerüche folge Schritt für Schritt derjenigen unserer Sprache. (142) Des Esseintes studiere und analysiere die Seele dieser Essenzen, er treibe geradezu Textexegese (143): „Des Esseintes étudiait, analysait l'âme fluide, faisait de l'exégèse de ces textes [...] et, dans cet exercice, son odorat était parvenu à la sûreté d'une touche presque impeccable." (196) Joris-Karl Huysmans, A rebours. Le drageoir aux épices, Paris 1975 (série „Fins de Siècle")

[18] Patrick Süskind, Das Parfum. Die Geschichte eines Mörders, Zürich 1985. Stellenbelege nach dieser Ausgabe künftig im Text.

widersprechendes, unterlegt. Zum zweiten muß Süskinds Roman als Montage, als intertextuelles Ensemble von Elementen früherer Bildungs- und Wahrnehmungstexte, und als deren künstliche Zerlegung gelesen werden. Und schließlich erweist sich Süskinds Roman als eine Probe aufs Exempel des Bildungsromans unter den speziellen medialen Bedingungen von Subjektmodellierung und Identitätskarriere im 20. Jahrhundert.

So gesehen ist es nur konsequent, wenn Süskinds Roman selbst, und zwar in dem, was er erzählt, einen Rückblick in jene Epoche gewährt, in der die Idee des Bildungsromans entstanden ist. Die geschilderten Ereignisse werden in der Mitte des 18. Jahrhunderts zur Zeit Ludwigs XV. angesiedelt. Diese Epoche wird von dem Roman ein Jahrhundert der Zersetzung genannt (78), ein Zeitalter der Dekadenz, ja der „Verlotterung" (106). Von Bedeutung ist dabei zumal, daß Süskinds Roman die Frage nach der neuen Entdeckung der Sinnlichkeit (in ihrer korporalen Modellierung) im Feld des Materialismus und der entstehenden Enzyklopädie aufgreift: als die Entstehung einer philosophischen Theorie der Sinne, der Wahrnehmung, der Konstruktion und Bildung des Subjekts. Es ist ein philosophisches Konzept, in welchem die Theorie des Descartes von entscheidender Bedeutung ist. Dessen berühmtes Doppelproblem einer Verankerung der Erfahrung des mit sich identischen Subjekts im Akt des Denkens (‚Ich denke, also bin ich') und in dem diesem zugeordneten Akt der Perspektivierung (‚ich habe eine Zentralperspektive, also bin ich') bildet den Hintergrund jener Frage, die sich Grenouille, der Held von Süskinds Roman, zu stellen hat: Welches Organ meines sinnlichen Haushalts ist es eigentlich, das zu jener legendären Erfahrung zu führen verspricht, die Jean Paul, in seiner „Selberlebensbeschreibung", mit dem triumphalen Ruf „ich bin ein Ich" begrüßt?[19]

Dabei stellt sich Süskinds Bildungsroman, ganz nach bewährtem Muster, natürlich die dreifach gestufte Kardinalfrage nach der Konstruiertheit des Ich aus den Sinnen, nach der Bedingung der Möglichkeit von Wahrnehmung und zuletzt nach der Bildung, die aus dem Zusammenspiel von Disposition und Determination – wie Goethe sich gelegentlich ausdrückt – erwächst. Verortet wird diese Frage nun aber in einer Welt der Diskurse, wie sie, in komplexem Zusammenspiel, für das endende 18. und das entstehende 19. Jahrhundert in Ansatz zu bringen sind. Es sind jene Redeordnungen in der Welt des aufsteigenden Bürgertums, innerhalb deren die Frage nach der Herausdrängung des Subjekts aus dem diskursiven Gewebe einer unverortbaren, überwachenden und strafenden Macht zunehmend virulent wird. Ist doch mit dieser Frage nach der Macht konkurrierender Redeordnungen zugleich auch die Frage nach der Stabilität des Ich in diesem diskursiven Gewebe erhoben; eines Ich, dessen emphatische Gestalt im Geniegedanken kulminierte. Worauf es Süskind ankommt, ist also wohl

---

[19] „An einem Vormittag stand ich als ein sehr junges Kind unter der Haustüre und sah links nach der Holzlege, als auf einmal das innere Gesicht ‚ich bin ein Ich' wie ein Blitzstrahl vom Himmel vor mich fuhr und seitdem leuchtend stehen blieb: da hatte mein Ich zum ersten Male sich selber gesehen und auf ewig." Jean Paul, Selberlebensbeschreibung. In: Jean Paul, Werke. Sechster Band, hrsg. von Norbert Miller, München 1963, S. 1061.

eine Überschichtung der historischen Frage nach dem Subjekt der Genie-Epoche durch die ihm zeitgenössische kulturelle Formation der Postmoderne samt ihren Problemen. Süskind verankert mithin die ‚postmoderne' Frage nach dem Tod des Subjekts im entmaterialisierten Gewebe der Rede in einer anderen historischen Situation, der des 18. Jahrhunderts, die in der Konfrontation von Diskursstruktur und Originalgenie ihre wichtigste Zuspitzung erfuhr. Aber auch die Frage nach der Kunst und ihrer Verklammerung mit dem Problem des Subjekts, seiner Sinnlichkeit und seines schöpferischen Substrats, wird von Süskind prononciert gestellt. „Das Parfum" ist ein Künstlerroman im eigentlichen Sinne. Schließlich aber wird von Süskind auch die Frage nach der Liebe, die zwischen Bildung und Trauer, zwischen Wissenseuphorie und Melancholie eingelagert ist, als eigentliche Triebkraft einer Bildungsgeschichte ‚zwischen den Geschlechtern' aufgegriffen und im Bildungsgang seines Helden Grenouille aufgearbeitet. Es geht um eine Modellierung des Problems, wie Hegel sie in dem berühmten „Selbstbewußtsein"-Kapitel seiner „Phänomenologie des Geistes" vorgenommen hatte: Liebe als Wechselanerkennung.[20] „Sie anerkennen sich als gegenseitig sich anerkennend" (147), schreibt Hegel. Und er nennt diese „Bewegung des Selbstbewußtseins in der Beziehung auf ein anderes Selbstbewußtsein" (146) einen „Kampf auf Leben und Tod". (149) Eben diese Konstellation samt der in ihr angelegten, emphatischen wie riskanten Pointierung wird von Süskind in seinem Bildungsroman und anhand seines Helden, des Künstlers Grenouille, erörtert.

II

Im Folgenden möchte ich nun versuchen, vor dem skizzierten wahrnehmungsgeschichtlichen Hintergrund den Roman Patrick Süskinds genauer in den Blick zu nehmen und das in ihm artikulierte Kulturmuster zu beschreiben. Dabei wird man nicht umhin können, zunächst einmal das exemplarische Strukturgefüge des Bildungsromans wahrzunehmen: eine Wanderschaft, die den Helden durch die Weite Franreichs führt, die Wahrnehmung der Welt, die als Versuch verstanden wird, das Selbst zu bilden und sozial zu etablieren. Auffallend in Süskinds Text ist freilich eine ungleiche narrative Gewichtung dieser Identitätskarriere, die der Held Grenouille durchläuft. Der erste Teil des Romans umfaßt Geburt und Kindheit des Helden, zeigt seine primäre Sozialisation – freilich ohne Familie – in der Großstadt Paris und siedelt dieses initiale Ereignis auf dem Cimetière des Innocents, einem Pariser Friedhof, und dem Fischmarkt an. Ebenfalls noch dem ersten Teil zugehörig sind – im Sinne von Goethes „Wilhelm Meister" – die *Lehrjahre* des Helden, die dieser zunächst bei dem Gerber Grimal, sodann bei dem Parfümeur Baldini verbringt; Stationen seiner sekundären Sozialisation, wie man sagen könnte. Dieser erste Teil umfaßt nicht weniger als 45% des Romans.

---

[20] Georg Wilhelm Friedrich Hegel, Theorie-Werkausgabe. Werke 3. Phänomenologie des Geistes, hrsg. von Eva Moldenhauer und Karl Markus Michel, Frankfurt am Main 1970, S. 147. Belegstellen nach dieser Ausgabe künftig im Text.

Der zweite Teil, den man die *Wanderjahre* des Helden nennen möchte, nimmt nur noch 22% des erzählten Geschehens ein. Er zeigt den Rückzug Grenouilles aus der Welt, seinen Aufenthalt in der Höhle auf dem Plomb du Cantal und seine mystisch-asketischen Versuche, in strenger Klausur Selbsterkundung zu treiben – in der freien, ‚wilden' Natur, in einer geruchlosen Welt. Der dritte Teil, den man als Grenouilles *Meisterjahre* bezeichnen könnte, erstreckt sich sodann über 32% des narrativen Volumens. Hier geht es um den Erwerb der Meisterschaft im Umgang mit dem Medium des Geruchssinns. Grenouille hält sich in der Hochburg der Parfümeure auf, in der südfranzösischen Stadt Grasse, in der das ‚Natur'-Genie Grenouille sich der vollendeten Kultur des Aromas, wie sie die Welt der Parfümeure zu bieten hat, bemächtigt. Der letzte Teil des Romans könnte mit dem Titel „Apotheose und Untergang" überschrieben werden. Er zeigt die hybride Selbstkonstruktion des Helden und seine finale Auslöschung, die – in einer Art lebensgeschichtlichem Kreisbogen – wieder nach Paris und zu dem Cimetière des Innocents zurückführt. Dieser abschließende Teil des Romans umfaßt ganze fünf Seiten, kaum mehr als 1% des Romans.

Ein zweiter Durchgang durch den Süskindschen Text, dem ich mich nun widmen möchte, ist imstande, auch die Binnenmarkierungen dieser Entwicklungsphasen des Helden genauer zu bestimmen. Man könnte geradezu von einer Sozialisationstheorie sprechen, die verborgen der Konstruktion des Romans zugrundeliegt; einer Entwicklungsfigur, welche die Bildung des Subjekts als markiert durch eine Reihe von Krisen auffaßt, die sich über den ganzen Lebensgang verteilen.[21]

Grenouille, der Held von Süskinds Roman, wird im Zeitalter Ludwigs XV. geboren; mitten hinein in eine Krisensituation der Geschichte, die den Niedergang des Feudalismus oder, wenn man so will, die Vorbereitungsphase der Französischen Revolution markiert. Grenouilles Geburtstag ist der 17. Juli 1738; sein Lebensalter umfaßt neunundzwanzig Jahre bis zu seinem Tod am 25. Juni 1767. Damit erfüllt sein Leben eben jene exemplarische Spanne, die, nach dem Bericht des Neuen Testaments, auch Jesus durchlief, bevor sein öffentliches Wirken begann.[22] Grenouilles Geburt erfolgt nicht aus der Familie heraus, sondern aus einer Situation, die man als afamiliale Urszene bezeichnen könnte. Denn er wird auf dem Fischmarkt geboren, in einem chaotischen, durch den erregten Ekel akulturellen Geruchsmilieu – und zwar als ein Kind, das paradoxerweise selbst geruchlos ist, weder ‚Natur' noch ‚Kultur' hat, ein Wesen, das ‚keinen Stallgeruch besitzt'. Schon der erste Schrei des Kindes tötet die Mutter; von einem Vater ist im ganzen Roman nicht ein einziges Mal die Rede. Das erste Wort, das aus dem Mund des Kindes kommt, lautet „Fisch". Mit sechs Jahren hat Grenouille, wie

---

[21] Erik H. Erikson. Identität und Lebenszyklus. Drei Aufsätze, Frankfurt am Main 1966; Erikson hat in mehreren Publikationen sein Konzept an exemplarischen Lebensläufen, etwa Gandhis oder Luthers, erprobt. Vgl. z.B. Erik H. Erikson, Young Man Luther. A Study in Psychoanalysis and History, New York 1958.

[22] Es ist eine Kontrafaktur, die Tradition hat: Werthers Selbstmord findet am Vorabend des Weihnachtsfestes, kurz vor Mitternacht statt, also unmittelbar vor jenem historischen Augenblick, in dem sich die Geburt des Helden und Erlösers der Welt ereignet.

das befremdliche Neugeborene genannt worden war, „die Welt vollständig olfaktorisch erfaßt" (34); mit zwölf Jahren finden wir ihn als Lehrling bei dem Gerber Grimal; es ist die Zeit, in der dem selbst Geruchlosen das Strukturmuster des Kulturellen, wenn auch in gröbster Form, aufgeht: die wertende Trennung der sinnlichen Wahrnehmung, deren Codierung, die durch die Worte „Gestank" und „Parfum", die in das sensuelle Chaos eingreifen, gekennzeichnet ist: „Hier war es auch, daß Grenouille zum ersten Mal Parfums im eigentlichen Sinn des Wortes roch [...]" (47)

Die zweite Phase in Grenouilles ‚sensualistischem' Dasein wird durch ein Feuerwerk markiert. Es ist der 1. September 1753, die Feier der Thronbesteigung des Monarchen. Grenouille erlebt diese Situation mit fünfzehn Jahren; man könnte diesen Augenblick als Ausbruch einer Pubertäts- oder Adoleszenzkrise bezeichnen. Licht-Eklat und Geruchs-Eklat stoßen hier zum ersten Mal aufeinander: Es ist – im Sinne des konventionellen kulturellen Verständnisses – die Erfahrung des Konflikts zwischen dem ‚höchsten' und dem ‚niedrigsten' Wahrnehmungsvermögen. Da ist ein bisher nicht erfahrener Geruch, der Grenouille den „Schlüssel zur Ordnung aller anderen Düfte" (50) in die Hand zu spielen scheint. Es ist der Geruch eines Mädchens. Grenouille sucht diesem Unbekannten, dem *imprévu*, das ihm begegnet, durch schon Angeeignetes, das *déjà vu* der Sprache gewissermaßen, beizukommen: Er bedient sich zweier sprachlicher Vergleiche, um sich dieses unerhörten Geruchs zu vergewissern: seiner *Struktur* zum einen – dieser Duft gleiche einem „Band": „Die Straße duftete nach den üblichen Düften von Wasser, Kot, Ratten und Gemüseabfall. Darüber aber schwebte zart und deutlich das Band, das Grenouille leitete" (53) –; seiner *Qualität* zum anderen – dieser Geruch war „wie ein Stück dünner schillernder Seide [...] und auch wieder nicht wie Seide, sondern wie honigsüße Milch, in der sich Biskuit löst" (52). „Milch und Seide" – Geschmacks- und Tastsinn dienen Grenouille als (unzulängliche) Medien der Aneignung des Unbegreiflichen. Grenouille, so berichtet der Text, findet, gezogen von dem Duftband, das Mädchen, er tötet sie und „sammelt einatmend alle ihre Düfte", er „verleibt sich ihren Geruch ein, bis sie welk gerochen ist" (55f.). Aneignung des sinnlich Wahrgenommenen gestaltet sich für Grenouille nicht durch Zeichen, deren Uneigentlichkeit er nicht akzeptiert, sondern durch Gewalt gegen das wahrgenommene Objekt und durch dessen ‚Verzehr': „Er wollte wie mit einem Prägestempel das apotheotische Parfum ins Kuddelmuddel seiner schwarzen Seele pressen, es haargenau erforschen und fortan nur noch nach den inneren Strukturen dieser Zauberformel denken, leben, riechen" (55); die Einverleibung des Geruchs also als „Kompaß im Spiralenchaos" (57).

Eine neue Krise stellt sich ein, als Grenouille die Werkstatt des Gerbers Grimal verläßt und das Atelier eines Parfümeurs, nämlich Baldinis, betritt. Es ist die Begegnung mit der für ihn gleichsam vorgeschafften Bildungsinstitution – vergleichbar der Begegnung Anton Reisers mit der Institution der Kanzelrede, Wilhelm Meisters mit dem Theater. Es ist ein Augenblick, in dem *déjà vu* und *imprévu* zusammenspielen, ein Zusammenschießen retentionaler und protentionaler Kräfte – wie Husserl sich ausgedrückt hatte – im ‚Ereignis' der Wahrnehmung, eine *Anagnorisis*. Die Eigentümlichkeit des Ich trifft mit jener Institution zusammen, die diesem Ich – und nur diesem – die medialen Möglichkeiten der Welterkundung erschließt. Grenouilles Erfahrung lautet denn auch, ‚archimedisch' gesprochen, „daß er von hier aus die Welt aus den Angeln heben würde". (90) Gleichzeitig erfährt aber Grenouille in dieser Situation die Bedingungen, ja die notwenige Disponierung einer etablierten Redeordnung, eines durch die kulturelle Entwicklung gestifteten Zeichensystems, das die Ordnung der sinnlichen Erfahrungen begründet und sogar allererst ermöglicht. Da ist zunächst Frangipani, der legendäre Diskursbegründer, dem Baldini seine Parfumkunst verdankt. Frangipanis Erfindung war die Darstellung einer „essence absolue" durch Destillation. Er habe, um in der Sprache des Romans zu bleiben, die „Abstraktion in der Materie" erfunden (125), die Herstellung der Essenz, ja der Welt als Duft durch das Destillat.[23] Baldini erscheint Frangipani gegenüber dagegen nur als der Handwerker; er ist der Regelbefolger, der sich den Gesetzen des von Frangipani etablierten Diskurses unterwirft. Baldini gegenübergestellt wird dann jedoch Pélissier, ein Parfümeur, der die Rolle des Erfinders und Improvisators innehat; ein Künstler oder ‚Poet' des Duftes. Aus dieser Dreierkonstellation wird nun im Lauf des Romans noch eine vierte, bislang gewissermaßen ‚leerstehende' Position entwickelt: diejenige des *Originalgenies*, welche Grenouille beansprucht, der mithin das letzte Glied in dieser kulturellen Kette vom Diskursbegründer über den Handwerker und den Künstler bis hin zum Genie darstellt.

Eine entscheidende Funktion in diesem Feld – und damit auch für die semiologische ‚Bildung' Grenouilles – gewinnt aber nun Pélissier. Er ist es nämlich, der ein Parfum kreiert, das „Amor und Psyche" heißt und als überaus erfolgreich sich erweist. Was Pélissier gelingt – und damit steht er in der langen Tradition der Transfundierung des naturalen in ein kulturelles ‚Sensorium' -, ist die Verwandlung eines überlieferten Mythos, einer Schicksalserzählung, in eine Duftkomposition, also gewissermaßen die Kodierung des unkodierbaren Geruchs durch einen zuvor erzählten Text. „Amor und Psyche" – eine mythologische Geschichte, welche in den spätantiken Roman des Apuleius, dem man den Titel „Der goldene Esel" gegeben hat, eingefügt ist – stellt auf ihre Weise eine Art Bildungsroman dar. Der Gott Amor nähert sich Psyche; ihr ist es nur erlaubt, seine Gegenwart zu fühlen, nicht aber, ihn zu erblicken.[24] Als der Gott schläft, macht Psyche, gegen das Verbot, den Versuch, einen Blick auf den Schlafenden zu werfen. Heißes Öl tropft aus ihrer Lampe auf den Liegenden, dieser erwacht,

---

[23] Durch die Erfindung der Essentialisierung habe Frangipani „den Duft befreit von der Materie, hatte den Duft vergeistigt, den Duft als reinen Duft erfunden, kurz: das Parfum erschaffen. Was für eine Tat! Welch epochale Leistung! Vergleichbar wirklich nur den größten Errungenschaften des Menschengeschlechts wie der Erfindung der Schrift durch die Assyrer, der euklidischen Geometrie, den Ideen des Plato und der Verwandlung von Trauben in Wein durch die Griechen." (71)

[24] Apuleius, Metamorphosen oder der goldene Esel. Lateinisch und deutsch von Rudolf Helm, Berlin 1959 (Schriften und Quellen der alten Welt Band I): „namque praeter oculos et manibus et auribus sentiebatur", S. 138.

die Strafe der Trennung wird verhängt. Es beginnt eine Prüfungsgeschichte, die über viele Stationen schließlich zu einem glücklichen Ende führt. Was nun das Parfum Pélissiers in Szene setzt, ist die Essenz dieses Initiationsritus sexuellen Begehrens, eines *rite de passage*, dem die Mystin unterzogen wird. Das Parfum, in dem sich ein Grundmuster sozialer Erfahrung essentialistisch verdichtet, wird so zu einer Begründungserzählung, die das kulturelle Argument für die ‚Liebe auf den ersten Blick' liefert – also genau das, was Grenouille, in Gestalt einer ‚Liebe auf den ersten Geruch', wenn man so sagen darf, in der Nacht des Feuerwerks erfahren und vergeblich zu bewältigen gesucht hatte: durch Ausagierung des Liebesakts als Tötungs- und Einverleibungsakt. Das entscheidende Moment in dieser Konfrontation von Pélissiers ‚Mythos als Parfum' und Grenouilles ‚Destillation' des geliebten Duftes ist aber der Umstand, daß Pélissier ‚erzählt', Grenouille aber ‚kopiert'; daß Grenouille versucht, durch ein technisches Verfahren der Parfumgewinnung dem ‚Liebesobjekt' in seiner Dinglichkeit, seiner Materialität, seine „duftende Seele zu entreißen". Zu Grenouilles tödlicher Enttäuschung erweist sich nämlich die traditionelle Technik der Destillation als nicht geeignet, diesen Akt als kommunikatives Geschehen zu realisieren. Führt solche Destillation doch zur Zerstörung, nicht zur Bewahrung. Grenouille verfällt in eine Depression und tödliche Krankheit; eine Lebenskrise, die aus der Einsicht, oder doch zumindest der Erfahrung erwächst, daß die Barriere der Isolation unüberwindlich erscheint. „Er wollte seines Innern sich entäußern, nichts anderes, seines Innern, das er für wunderbarer hielt als alles andere, was die äußre Welt zu bieten hatte" (140); er erfährt, aufgrund des Mythos von Amor und Psyche, daß dies nur durch den ‚anderen' zu erreichen ist; und er verzweifelt an dem Scheitern dieses Vorhabens, das er nur als technisch, als ein Problem des olfaktorischen Verfahrens, begreifen kann. Grenouilles Krise löst sich erst, als er von einem verbesserten Verfahren solchen Kopierens, im Sinne eines sich entäußernden Aneignens, erfährt: dem Verfahren des „enfleurage", welches das Pressen und Destillieren weit übertrifft, und in drei Formen erscheint, dem *enfleurage à chaud*, dem *enfleurage à froid* und dem *enfleurage à l'huile*. (137) Es ist ein Verfahren, welches verspricht, das Berührungsbegehren durch das Medium von Wasser oder Öl zu stillen; ein Verfahren, durch Kontakt-Kopie eine materiale Semiotisierung des Liebes-Aktes zu erzielen. Grenouille macht sich auf die Suche nach diesem neuen Verfahren, durch ‚Liebe' Identität zu erwerben.

Damit beginnt ein weiterer Abschnitt in Grenouilles Leben. Er hebt mit seiner Flucht aus Paris an, wo er nichts mehr zu lernen vermag. Seine Wanderjahre beginnen mit einem Experiment auf die Einsamkeit. Grenouille zieht sich auf die Höhe des Plomb du Cantal, ein Bergmassiv südlich von Clermont Ferrand zurück, zugleich damit aber in eine Höhle im Berginneren: in die Askese einer geruchlosen Welt, einer aller Sinnlichkeit entrückter Meditation. Auch dieses Ereignis trägt Züge eines *rite de passage*, einer Übergangsschwelle zwischen bedingungsloser Isolation und Rückkehr in die Gesellschaft.[25] Diese Krise, in welcher Regression einerseits, Entzug sinnlicher Wahrnehmung und Neubildung von Selbsterfahrung andererseits in Konflikt treten, währt sieben Jahre. An die Stelle der Gerüche tritt hier für Grenouille ein „Seelentheater" (168), welches er als ein inneres „Welttheater" (159), ein im ‚Erzählen' von Welt fundiertes imaginäres Erfahrungsmuster, zu begreifen sucht. Dieser Weg nach Innen, der – nach dem Vorbild herkömmlicher Bildungsromane – eine Erneuerung von Identitätsfindung hätte vorbereiten können, führt aber Grenouille in eine neue Katastrophe. Er gelangt zu der Erkenntnis, daß er „seinen eigenen Geruch" zwar *weiß*, ihn – und damit sich selbst – aber gleichwohl „nicht riechen kann". Er ist außerstande, sich selbst in seiner Sinnlichkeit zu erfahren; und zwar weder durch die ‚Liebe auf den ersten Blick', noch durch ‚Selbstberührung'.[26] Auch der Weg in die Einsamkeit und geruchlose Höhenluft des Berges, der Grenouille in seiner ‚Bildungsgeschichte' zur Erfahrung der Landschaft, der Natur und zuletzt seines Ich hätte führen können, hat sich für ihn als Sackgasse erwiesen.[27]

Grenouille macht sich also abermals auf und kehrt in die Gesellschaft zurück. Er begegnet dem Marquis de la Taillade-Espinasse und wird von diesem vor der Gesellschaft und, genauer genommen, vor der Akademie, als ‚wissenschaftlicher Fall' in Szene gesetzt. Taillade-Espinasse ist der Schöpfer einer Fluidaltheorie – man könnte in ihm eine Mischung aus den historischen Vorbildern eines Franz Anton Mesmer und Charles Fourier vermuten – und unterwirft Grenouille jenen Experimenten, die seit dem endenden 18. und beginnenden 19. Jahrhundert der Erkundung der Geburt des Menschen aus der Natur, seiner Konstruktion als Kulturwesen, dienten: wie, vielleicht am eindringlichsten, der Fall des Kaspar Hauser; wie aber auch jene exemplarischen Geschichten, die Karl Philipp Moritz im „Magazin für Erfahrungsseelenkunde" versammelte; wie schließlich die Fallstudien der in der Salpêtrière internierten und einem Publikum ‚vorgeführten' Hysterikerinnen Charcots, deren Vorstellungen Sigmund Freud so stark beeindruckten und deren Darbietungen er in dem inneren Theater seiner Psychoanalyse nachinszenierte.[28] Während dieser Zeit als medizinischanthropologisches Demonstrationsobjekt lernt Grenouille nicht nur die Pa-

---

[25] A. van Gennep: Les rites de passage, Paris 1909; Victor Turner, The Ritual Process. Structure and Anti-Structure, Ithaca /N.Y. 1969.

[26] Eine Urszene, die auch Proust an den Anfang seiner „Recherche" stellt: die versuchte Erschaffung des ‚geliebten anderen' durch Selbstaffektion, die Inszenierung des Sündenfalls im Paradies beim Versinken in den Schlaf. Marcel Proust, A la recherche du temps perdu, Bd. 1, Paris 1954ff. S. 14f.. Eine Vorstudie zu dieser Szene der „Recherche", welche die Geburt der Wünsche aus dem eigenen Körper mit großer Klarheit exponiert, bietet das Prosastück „Sommeils" in Marcel Proust, Contre Sainte-Beuve suivi de nouveaux mélanges, Paris 1954, S. 61-67.

[27] Joachim Ritter hat diese kulturelle Urszene in seinem Aufsatz „Landschaft" bei Petrarca nachgewiesen; sie mag ein Modell auch für Süskind gewesen sein. Joachim Ritter, Subjektivität. Sechs Aufsätze, Frankfurt am Main 1989

[28] Jean Martin Charcot und Paul Richer, Die Besessenen in der Kunst, hrsg. von Manfred Schneider in Zusammenarbeit mit Wolfgang Tietze, Göttingen 1988.

thosformeln der Kultur nach- und dabei vorzuspielen – er wird von dem Marquis auf ein Podest gestellt und muß die Gesten, Posen und Tanzfiguren der Zeit in Szene setzen (186) –, es gelingt ihm auch, indem er diesem Code der Selbstinszenierung folgt, in einer neuen chemischen Experimentenserie sich selbst jenen „Geruch des Menschlichen" zu erschaffen, der ihm bisher gefehlt hatte. Grenouille konstruiert ein bislang unerhörtes Parfum: „Es war ein seltsames Parfum, das Grenouille an diesem Tag kreierte. Ein seltsameres hatte es bis dahin auf der Welt noch nicht gegeben. Es roch nicht wie ein Duft, sondern wie *ein Mensch der duftet.*" (191) Auf dieses Parfum, das ihm selbst, als Individuum, den bislang fehlenden ‚eigentümlichen' Index des Natürlichen verschafft, setzt Grenouille aber nun einen weiteren, ‚Kultur' inszenierenden Duft, ein *Parfum* im eigentlichen Sinne. Was hier entsteht, ist ein modernes Identitätsmuster: Es impliziert die Konstruktion einer virtuellen Identität in Form einer „angemaßten Aura, eine Duftmaske" (306), in der gewissermaßen ein *Kultur*index auf einen *Natürlichkeits*index aufgepfropft wird. Damit erscheint das eigentliche Wesen des Menschen als ein konstruiertes, als ein im Sinne von ‚Naturkultur' künstlich erzeugtes.[29] Der geruchlose Grenouille konstruiert sich aus dem Spiel seiner Wahrnehmungsakte selbst und schafft ein Wesen, das organisch und technisch zugleich ist; ein Wesen, dessen Identität nicht in einem Lebenskern, sondern in der Hybridisierung des Sinnesmaterials besteht, an dem sich sein Sinnesapparat abarbeitet.[30] Erst von diesem Augenblick höchster Künstlichkeit an kann Grenouille paradoxerweise seine Leerstelle im Begegnungsraum der Menschen verlassen und wird von den andern, deren Bahnen er kreuzt, auch tatsächlich ‚wahrgenommen'. Ineins damit macht er die Erfahrung, daß er, aufgrund seiner konstruktiven Kompetenz, Macht über diese anderen zu gewinnen vermag – und zwar, indem er technische Kompetenz und kommunikative Performanz in der Konstruktion des Aromas, das Sympathie hervorbringt, verknüpft.

Die fünfte Station auf dem Wege Grenouilles durch die Welt bildet Grasse, die legendäre Stadt der besten Parfümeure der Welt. Hier erlebt Grenouille zum zweiten Mal jene ‚Urszene' der Wahrnehmung des anderen, die in der Sphäre kultureller oder mythischer Erzählungen den Namen ‚Liebe auf den ersten Blick' trägt. Er gewahrt nun zum zweitenmal einen „Geruch, so exquisit, wie er ihn in seinem Leben noch nicht – oder doch nur ein einziges Mal – in die Nase bekommen hatte... Er mußte näher an diesen Geruch heran" (214). Hier wird noch einmal die Erkennungs-Szene, die eine Berührungs-Szene ist, in ihrer Einmaligkeit und ihrem Immer-Schon der Wiederholung, als Phantasma einer Kontakt-Kopie, als das Ereignis-Spiel von *imprévu* und *déjà vu* zu Bewußtsein gebracht. Wieder sind es „Düfte wie farbige Bänder eines Regenbogens" (215), die ihn zu einem Mädchen führen. „Das Mädchen war noch ein Kind. Aber was für ein

---

[29] Diesen Begriff beziehe ich aus Gerhard Kaisers für die Konzeption des ‚neuen Subjekts' im 19. Jahrhundert zentralem Gottfried-Keller-Buch. Gerhard Kaiser, Gottfried Keller. Das gedichtete Leben, Frankfurt am Main 1981.
[30] Donna Haraway, A Manifesto for Cyborgs, 1989. Vgl. vor allem Donna Haraway, Simians, Cyborgs and Women. The Reinvention of Nature, New York 1991.

Kind!", heißt es im Text. Aber nun will Grenouille das Mädchen nicht sogleich töten, wie jenes andere in der Rue des Marais in Paris. Vilemehr wolle er, wie es heißt, sich den Duft dieses Mädchens „wahrhaftig aneignen; ihn wie eine Haut von ihr abziehen und zu seinem eigenen Duft machen. Wie das geschehen sollte, wußte er noch nicht. Aber er hatte ja zwei Jahre Zeit, es zu lernen." (218) Grenouille erfährt den Namen des Mädchens – sie heißt Laure Richis. Und er entschließt sich, den erotischen Augenblick, den die Mythen erzählen, den er aber im Medium des Geruchs nicht zu verewigen vermag, in einem abermaligen Versuch zu konstruieren. „Ihn interessierten keine alten Geschichten", heißt es einmal, „ihn interessierte ausschließlich der neue Vorgang [...] das Destillat." (127) Grasse, die Hochburg der Parfümeure, scheint ihm nunmehr die Mittel zur Vervollkommnung seiner Wahrnehmungs- und Darstellungstechnik zu bieten. An die Stelle des Handwerks tritt jetzt die Kunst und ihre Handhabung durch das Genie. Grenouille entschließt sich, die Konstruktion von Identität durch Liebe, die in der Familie zu lernen ihm versagt war, durch Kunst zu bewältigen. Wieder scheint es die Institution zu sein, die ihm die Mittel hierzu an die Hand gibt. Er verdingt sich, im Haus der Parfümeurswitwe Arnulfi, als Gehilfe von deren Gesellen und Geliebtem, Druot. Hier lernt er das Verfahren der Mazeration, des Kochens in Öl, und jenes andere des Lavage, des Auswaschens des feinsten Duftes aus der Pomade (224), sowie schließlich, als Krönung kunstvollster Technik, den *Enfleurage* kennen[31]; jenes Verfahren, mit dem es gelingt, den Dingen den Duft, als ihre Seele, „nicht einfach zu entreißen", sondern ihnen diesen „regelrecht abzuschmeicheln". (228) Dieses neue Verfahren, so Grenouille, ist dazu ausersehen, ihn nun endlich in den Stand zu setzen, einen gesteigerten Duft zu erzeugen, der ‚Liebe inspiriert': „Des Menschen Duft an und für sich war ihm auch gleichgültig. Des Menschen Duft konnte er hinreichend gut mit Surrogaten imitieren. Was er begehrte, war der Duft *gewisser* Menschen: jener äußerst seltenen Menschen nämlich, die Liebe inspirieren. Diese waren seine Opfer." (240)

Aus dieser neuen Erkenntnissituation heraus macht sich Grenouille an sein grausiges Geschäft. Er tötet vierundzwanzig junge Mädchen, gewinnt ihnen ihren Duft durch Enfleurage ab und benutzt diese so gewonnenen „Adjuvantien" (246), um aus ihnen und dem Duft der Vollkommensten, Laure Richis nämlich, ein „Duftdiadem zu schmieden", das alle Kraft in sich verdichtet, ‚Liebe zu inspirieren': ein Kraftakt der Konstruktion von ‚Kulturnatur'. Der Akt der ‚Abstraktion in der Materie', den Grenouille damit bewerkstelligt, impliziert die Schaffung eines chemischen Codes, der ‚Kommunikation erzeugt'. Grenouille konstruiert mit technischen Mitteln ein Ensemble olfaktorischer Elemente, ein Diadem aus vierundzwanzig und einem Arom, Abstraktion und Verdichtung, Form und Materie zugleich. Was hier, in Grenouilles Tätigkeit der Erfindung von Liebe, simuliert wird, ist nichts Geringeres als die Konstruktion der Frau

---

[31] Enfleurage: ein Verfahren, durch Einfetten des Körpers, dem der Duft abgewonnen werden soll, das Aroma zu binden und dieses im Nachinein durch Ausschmelzung, das ‚Auswaschen' der Pomade, zu isolieren.

schlechthin, der ‚Primadonna', als einer Zusammensetzung individueller ‚Glieder' zu einem höheren Prinzip, jenem Idol, das die je Einzelne in ihrer ganzen Vollkommenheit niemals zu sein vermag. Grenouille, der über kein anderes Medium verfügt, drückt diese Konstruktion in der Kunst-Sprache der Parfümeure aus. Die vierundzwanzig Mädchen lieferten, so Grenouille, die Basis-, Mittel- und Kopfnote, Laure aber die Herznote des Parfums, das auf vollkommene Weise ‚Liebe zu inspirieren vermag', also gewissermaßen *im materialen Code* die ‚Geschichte' von Amor und Psyche in Szene setzt. Was Grenouille hier unternimmt, ist die ‚materiale' Simulation dessen, was der Dichter mit seinen poetischen Worten bewerkstelligt. An die Stelle einer so gearteten Symbolik setzt Grenouille das ‚materiale' Verfahren der Kontakt-Kopie. Dabei orientiert sich Grenouille, wie der Name seines Opfers ‚Laure' andeutet, an Petrarcas „Canzoniere" und der Konstruktion eines weiblichen Idols in diesem Text; aber nicht nur Petrarcas „Canzoniere" scheint hier einen literarischen Fond zu bilden. Auch schon Dante, in seiner „Vita Nuova", erbaut das erotische Ideal einer Frau in einem Ensemble von vierundzwanzig Sonetten, deren Herznote – um in der Sprache Grenouilles zu bleiben – Beatrice darstellt: Sie ist die Gestalt, der das Lob des *ganzen* Textes gilt.[32] Wie der Dichter um seiner poetischen Konstruktionen willen geliebt wird, so der Parfümeur Grenouille – dies ist seine Erwartung – um seiner Aroma-Kreationen willen, die er durch Kontakt-Kopie gewinnt und die er sich selbst zu applizieren weiß; als ‚konstruierte' Pheromone gewissermaßen, wie die moderne Neurophysiologie sich ausdrückt, als chemische Fabrikationen, die kommunikative Prozesse einleiten und steuern.[33] Was Grenouille ins Werk zu setzten unternimmt, ist nichts Geringeres als eine ‚materiale Ästhetik', die dem Wahrnehmungsgeschehen auf die Spur zu kommen und dieses konstruktiv zu simulieren versucht – eine Abstraktionleistung in der Materie und innerhalb der Materie, die dem Verfahren des Dichters, seiner semiotischen Ästhetik und der in ihr angelegten semiologischen Konstruktion (bis hin zur Vorstellung einer ‚poésie pure') supplementär ist.

Nach Vollendung seines mörderischen Werks, das ihm das ideale Parfum einer Identität, die ‚Liebe inspiriert', verschafft hat, wird Grenouille, wie es sich für

---

[32] Dante Alighieri, Vita nuova. Introduzione di Edorado Sanguineti, note di Alfonso Berardinelli, Milano 1982.
[33] Hierzu die Forschungen des Biologen und Verhaltensforschers Jürgen Boeckh, Regensburg, sowie die maßgebliche Arbeit von Volker Jahnke, H.-J. Merker, Elektronenmikroskopische Untersuchungen des menschlichen vomeronasalen Organs. In: HNO 5 (1998) S. 502-506; dort weitere Literaturangaben. Vgl. auch Hildebrand, J.G. und Shepherd, G.M. In: Annual Review of Neurosciences 20 (1997) S. 595-631; Porter, L.W. und Rosenzweig, M.R. In: Annual Review of Psychology 45 (1994) S. 419-449; Stern, K. und McClintock In: Nature 392 (1998) S. 177-179; Cutler, W.B. et al. In: Arch Sexual Behaviour 27 (1998), S. 1-2; Monti-Bloch, L. et al. In: J. Steroid Biochem. Molc. Biol 65 (1998) S. 237-242 und, etwas allgemeiner, Grammer, K. und Jütte, A. In: Gynäkol.-Geburtshilfliche Rundschau 37 (1997) S. 150-153. Pheromone sind Elemente eines körpersprachlichen Codes, der mit dem Geruchssinn nicht wahrnehmbar ist; Pheromone sind, im Gegensatz zu Hormonen, die in den Körper hineinwirken, chemische Signale, die nach außen abgegeben werden; mithin Medien chemischer Kommunikation, Lockstoffe, denen ein eigenes Organ, das Vomeronasalorgan, zugeordnet ist.

den Bildungsroman eines Mörders gehört, als solcher entdeckt und zu Folter und Tod verurteilt. Um sich zu retten, bedient sich Grenouille der von ihm selbst konstruierten Identitäts-Prothese, gewinnt mit dem in ihr erschaffenen Duft die Liebe aller, der Richter, der Henker, der Zuschauer, ja der Opfer; sie alle verfallen ihm in Liebe, selbst der Vater Laures, der Ermordeten, bittet, ihn adoptieren zu dürfen. Und wieder kollabiert Grenouilles Konstruktion. Er ergreift die Flucht. Das Gelingen seiner technischen Strategie erweist sich erneut als Katastrophe, als Zusammenbruch des chemisch erschaffenen, kommunikativen Phantasmas. Er hatte erreicht, wie es im Text heißt, „sich vor der Welt beliebt machen" (304). Er hatte sich den göttlichen Funken „durch unendliches Raffinement ertrotzt", „er hatte die prometheische Tat vollbracht"; er sei größer als Prometheus und verdanke all dies nur sich selbst – nicht der Familie, nicht der Gesellschaft, nicht Gott. (304) Gleichwohl aber muß Grenouille sich eingestehen, daß er Haß auf die, die ihn lieben, empfindet; daß er Ekel verspürt, da er „roch, wie unwiderstehlich [sein Parfum] wirkte und wie mit Windeseile sich verbreitend es die Menschen um ihn her gefangennahm". (304) Und er kommt zu einer dreifach ihn zerstörenden Einsicht: Er ist gescheitert bei dem Versuch, „sich seines Inneren zu entäußern"; es ist ihm nicht gelungen, durch die Erfahrung des Geliebtwerden in sich selbst Liebe zu finden; es ist ihm mißraten, mit chemischen Mitteln eine kommunikative Identität zu konstruieren.[34] Es scheint, als sei wieder eine Schlacht verloren gegangen in der langen Reihe von Versuchen, in jenem Kampf „auf Leben und Tod" sich zu bewähren, den Hegel mit dem Satz „sie anerkennen sich als gegenseitig sich anerkennend" bezeichnet hatte.

Die letzte Phase auf Grenouilles Weg, der ihn durch Mitteleuropa geführt und an dessen Anfang auch eine Flucht gestanden hatte, ist nun die Flucht zurück nach Paris. Er kehrt zu dem Cimetière des Innocents, von dem er ausgegangen war, zurück. Die Erfahrung der Einsamkeit, die er gemacht hatte, hatte sich „als unlebbar erwiesen. Ebenso wie die andere Erfahrung, die des Lebens unter den Menschen. Man erstickte da und dort. Er wollte überhaupt nicht mehr leben. Er wollte nach Paris gehen und sterben. Das wollte er." (315) Die Fähigkeit, durch Konstruktion Liebe einzuflößen und Macht auszuüben, hatte ihm nicht genügt. An ihrem Ende sieht er seine Bildungskarriere, die eine Karriere der vollkommenen Herrschaft über sein Wahrnehmungsvermögen gewesen war, als gescheitert an. Am Cimetière des Innocents – wo er hergekommen war – findet Grenouille bei seiner Rückkunft ein mörderisches Gesindel. Er übergießt sich mit dem Parfum, das ‚Liebe inspiriert', wird von den Fremden zerrissen und in einem Akte orgiastischer Anthropophagie verschlungen. Seine Selbstauslöschung nimmt dabei noch einmal die Gestalt einer Apotheose an. Das Baccha-

---

[34] Bemerkenswert in dieser Geschichte der naturwissenschaftlichen oder kulturellen Konstruktion kommunikativer Kompetenz ist der Umstand, daß dieses Problem schon die Goethezeit umtrieb – nicht zufällig wohl unter dem Einfluß des ungeahnten Aufschwungs der Naturwissenschaften. Das Rätsel der Goetheschen „Wahlverwandtschaften" in dieser Geschichte der ‚Codierung von Liebe' hat hier seine Stelle.

nal, das am Schluß des Romans steht, setzt das zentrale Tabu der europäischen Kultur, den Verzehr eines Menschen durch den anderen, in Szene gesetzt. Es ist zugleich eine Anspielung auf das christliche Gottesopfer wie das griechische Tragödienopfer und die in beidem auf zwiespältige kulturelle Weise tabuisierte Anthropophagie.[35] Als das mörderische Gesindel nach der Orgie, in deren Verlauf der Mörder Grenouille verzehrt wird, wieder ‚zu sich selbst' erwacht, heißt es: „Sie hatten zum ersten Mal etwas aus Liebe getan." (320) Es ist der letzte Satz des Süskindschen Romans. In ihm scheint auch ein struktureller Hinweis auf das Ganze dieses ‚Bildungsromans' verborgen: Der Text Süskinds gibt sich als eine materialistische Kontrafaktur zum abendländischen Ritual des Gott-Essens – als eines humanen Erlösungsereignisses – zu erkennen. Er inszeniert, auf Liebe und Bildung gegründet, die Negativität einer Bildungskarriere. Sollte er sich damit, bei aller drastischen Zuspitzung, nicht in der Tat in eine lange, bis in das endende 18. Jahrhundert zurückreichende Reihe stellen?

III

Es ist das Besondere und vielleicht Außerordentliche des Süskindschen Romans, daß er, in seiner initialen Konfiguration, genau auf dasjenige verzichtet, woraus der traditionelle Bildungsroman seine Lebens-, Liebes- und Bildungserzählung bezieht: das familiale Dreieck nämlich und die ödipale Kleinfamilie, in der es seine soziale Wirkung entfaltet. An die Stelle dieses Mythos einer familialen Urszene, die als kulturelles Grundmuster ihre Wirkung über das ganze 19. und noch 20. Jahrhundert entfaltet, setzt Süskind merkwürdiger Weise ein von der Naturwissenschaft und von der Ethologie erst im 20. Jahrhundert aufgedecktes Wahrnehmungsmodell; an die Stelle des durch die soziologische und psychoanalytische Beobachtung in Geltung gesetzten Verhaltensmusters tritt bei ihm ein solches der Verhaltensforschung. Das Merkmal, auf das es Süskind dabei anzukommen scheint, ist dasjenige der Überkreuzung von Konstruktion und Instinkt. Süskind selbst akzentuiert diesen Sachverhalt von Anfang an. Es heißt schon ganz zu Beginn des Romans von Grenouille: „Er war zäh wie ein resistentes Bakterium und genügsam wie ein Zeck, der still auf einem Baum sitzt und von einem winzigen Blutströpfchen lebt, das er vor Jahren erbeutet hat." (27) Was hier noch im Status eines Vergleichs erscheint, wird im Lauf des Romans gleichsam ‚verwörtlicht', Grenouille *wird* ‚der Zeck': „So ein Zeck war das Kind Grenouille" (29), heißt es da zwar zunächst noch; schon sehr bald aber artikuliert der Text pure Identifikation: „Der Zeck Grenouille regte sich wieder [...] Die Jagdlust packte ihn." (43)[36] Was Grenouille, dem Helden des Bildungsromans, zugeschrieben wird, ist das Verhaltens-, das Wahrnehmungs- und das Kommunikations-Konzept eines Insekts. Die Zecke ist charakterisiert durch ein höchstentwickeltes selektives Kommunikationssystem, das freilich demjenigen

---

[35] Jan Kott, Gott-Essen. Interpretationen griechischer Tragödien, München/Zürich 1975.
[36] Belegstellen z.B.: 27,29,41,43,90,114,168,242,244.

diametral entgegengesetzt ist, das Hegel, in der „Phänomenologie des Geistes", mit dem Satz „sie anerkennen sich als gegenseitig sich anerkennend" charakterisiert hatte. Die Zecke kennt nichts in der Welt als warmes Blut. Sie sitzt oft jahrelang auf einem Ast und läßt sich erst fallen, wenn sie das Duftband eines lebenswarmen Organismus wahrgenommen hat und dessen Laufbahn sich mit der Position, die sie selbst innehat, kreuzt. Sie besitzt – so hat Roland Barthes es einmal ausgedrückt – lediglich eine einzige Wahrnehmungs-Ausrichtung; diese freilich arbeitet untrüglich und Leben erhaltend.[37] Wenn es nicht vermessen wäre – aber Süskinds Argumentation legt es nahe –, so könnte man, was naturwissenschaftlich ausgedrückt sich als ‚untrügliche Wahrnehmungsausrichtung' präsentiert, im kulturell-schicksalssemantischen Sinne den ‚*kairos*' nennen, aus dem das Dämonische eines Existenzganges hervortritt. Der ‚postmoderne' Bildungsroman Süskinds macht, indem er ein ethologisches, auf chemischer Kommunikation beruhendes Wahrnehmungsmuster reklamiert, gleichsam die Probe aufs Exempel jenes Schicksalsmusters, das seit Goethes Bildungsroman die Szene regiert. In diesem neuen Zusammenhang hat das familiale Triangel seine Geltung verloren; die ‚Konstruktion' von Identität und Beziehung tritt an seinen Platz. Nicht anders ist zu erklären, warum Süskind die Vorstellung vom „solitären Zeck" (242) den ganzen Roman hindurch leitmotivisch immer wieder beruft. Aus diesem Blickwinkenkel heraus mag es nicht überflüssig sein, die Stufen, in denen sich der deutsche Bildungsroman über das 19. Jahrhundert hinweg entwickelte, in einer Rückwendung noch einmal kurz zu betrachten.

Goethes Bildungsroman geht ganz und gar aus dem familialen Dreieck hervor. Wilhelm Meister sucht seine Identität zu finden, indem er, in einem kommunikativen Akt, seinen Familienroman zu erzählen unternimmt; indem er also versucht, jene neuen Begegnungen in der Welt, die ihm sein Lebensgang gewährt, an das Ursprungsmuster, das ihm seine Mutter – in der Erstfassung des Romans seine Großmutter – mit dem Geschenk des Puppentheaters und des in diesem enthaltenen Repertoires mythischer Menschheitsgeschichten zugeeignet hatte, anzubinden; sie gewissermaßen aus diesem heraus neu und für seine Identität produktiv zu entwickeln. Dies wird evident, wenn Wilhelm Meister schon zu Beginn des Romans in der Begegnung mit Mariane, seiner ersten Liebe, sogleich

---

[37] Im Zusammenhang einer grundsätzlichen Erörterung der Bedingung der Möglichkeit von kultureller Wahrnehmung und deren Geschichte hat Roland Barthes in einem entlegenen Text von 1977 über den „Blick" genau dieses Beispiel der Zecke in Anspruch genommen, um die Überkreuzung von ethologischem und semiologischem Interesse zu dokumentieren. In diesem Text heißt es: „La tique peut rester des mois inerte sur un arbre, attendant qu'un animal à sang chaud (mouton, chien) passe sous la branche; elle se laisse alors tomber, colle à la peau, suce le sang: sa perception est sélective: elle ne sait du monde que le sang chaud." Ausgehend von dieser ethologischen Beobachtung kommt Barthes auf die spezifische Form *menschlichen* Wahrnehmens zu sprechen, das ja seinerseits als Augenblick korporeller Aufmerksamkeit verstanden werden kann. Freilich unterscheide sich menschliche Wahrnehmung von tierischer dadurch, daß es ihr gegeben sei, zu „schielen", oder besser: die Fokalitäten zu wechseln. Roland Barthes, *Œuvres complètes*. Édition établi et présentée par Éric Marty. Tome I 1942-1965, Tome II 1966-1973, Tome III 1974-1980, Paris: Éditions du Seuil, 1993-95. Hier III,740.

seine Lebensgeschichte zu erzählen beginnt und die geliebte Frau bittet, dasselbe zu tun – eine buchstäblich vollzogene ‚Erzeugung' der Beziehung zur Frau aus dem Erzählen des ödipalen Mythos.

Thomas Manns späte Bildungsromane – wenn man die Josephs-Tetralogie und die Geschichte des Hochstaplers Felix Krull als solche bezeichnen will – stehen ganz und gar im Zeichen des erklärten Ziels der Helden, „sich vor der Welt beliebt zu machen" – ganz so, wie dies auch bei Grenouille der Fall ist. Hier, bei Thomas Manns Helden, kommt es aber nicht mehr auf das *Erzählen* einer tatsächlichen Lebensgeschichte an, sondern auf das *Erfinden* einer solchen, auf das Kopieren wohl auch, das Simulieren einer geeigneten Geschichte, mit der es gelingen kann, das Begehren des anderen, sei es im eigenen oder auch im anderen Geschlecht, zu wecken. Joseph kopiert den Mythos; Krull simuliert, mit Hilfe seines vom Paten Schimmelpreester gerühmten Kostümkopfs, mit seiner Liebe für Verdopplungen die gültigen kulturellen Klischees. Es ist das Modell des Hochstaplers als Bildungskünstler, das hier in Geltung gesetzt wird, des Stimmenimitators, der keine eigene Stimme mehr besitzt – so wird es Thomas Bernhard später ausdrücken.[38]

Grenouille dagegen, der solitäre Zeck, geht noch einen Schritt weiter. Er strebt danach, seine Identität und kommunikative Kompetenz durch ein materiales Verfahren zu gewinnen, dessen Konstruktionsgeheimnis er zu ergründen sucht: und zwar als die Kontakt-Kopie der „Enfleurage", als das „Abschmeicheln des Seelendufts eines Anderen" zum Zweck von dessen Aneignung und Einkonstruktion in das eigene Identitätsskelett. Es ist keine semiologisch zu nennende, sondern vielmehr eine chemische Kommunikation, um die es hier geht. Sie erwächst nicht aus dem Mythos, sie tritt aus dem physiologischen Sensorium hervor. Geht es dabei doch um ein Konzept der Konstruktion von ‚Selbst' und ‚Beziehung', das im Bereich der Chemosensoren verbleibt – im Bereich des unbewußt arbeitenden, das Beziehungsgeschehen gleichwohl nachhaltig steuernden Vomeronasal-Organs.[39] Die bemerkenswerte Neuerung Süskinds, so möchte man sagen, besteht nun aber darin, daß er sein neues, in diesem Sinne ‚ethologisches' Romanmodell im Sinne einer Kontrafaktur der bislang leitenden Muster aus der Geschichte des Bildungsgedankens inszeniert. So gesehen scheint es hier in der Tat nicht unberechtigt, von einem „postmodernen" Roman zu sprechen, einem Roman, der als ‚nur aus Zitaten zusammengesetzt' und diese unterlaufend sich erweist, also das traditionelle Modell als ganzes zwar rekapituliert, aber ineins damit gewissermaßen virtualisiert. Diese Montage-Struktur des Süskindschen Romans läßt sich durch einen Aufweis der zahlreichen und sehr offensichtlichen Reminiszenen, die sein Hintergrund-‚Szenario' bilden, unschwer genauer in den Blick rücken.

---

[38] Thomas Bernhard, Der Stimmenimitator, Frankfurt a.M. 1986. (Bibliothek Suhrkamp 770)

[39] Die Studien Boeckhs und Vahnkes geben über diesen biologischen und ethologischen Vorgang genaueren Aufschluß.

Mit jener für die Entwicklung Grenouilles fundamentalen Situation der eigentlichen ‚Entdeckung' des Geruchs, in der sich eine Bewährung der Identitätserfahrung ankündigt, jener Situation nämlich, die Grenouille auf einem Holzstoß zeigt, wo ihn die Überfülle der Gerüche überschwemmt, hat Süskind ganz offensichtlich auf Jean Pauls legendäre Erfahrung aus dessen „Selberlebensbeschreibung" angeknüpft, die sich im Blick auf die Holzlege ereignet und dem kindlichen Selbst wie ein Blitz den Gedanken „ich bin ein Ich" zuspielt. Für die Identitätsfindung, die durch die Wahrnehmung der Landschaft als Natur eingeleitet wird, und die buchstäblich ‚geruchlos', aber aus dem Organ des Imaginären erwächst, wie Grenouille sie auf dem Plomb du Cantal erlebt, hat Süskind ganz ohne Zweifel auf Petrarcas Bericht über seine Besteigung des Mont Ventoux Bezug genommen: Handelt es sich doch um ein legendäres Grundmuster europäischer Ich-Erfahrung, die aus dem Landschaftserlebnis einerseits, dem Aufstieg im Terrain als Medium der Reflexion und Abstraktion andererseits erwächst. Für die Szene des Initiationsrituals in Gestalt einer Prüfungsgeschichte, die durch das Parfum „Amor und Psyche" in Szene gesetzt wird, ist des Apuleius spätantiker Roman „Metamorphosen oder Der goldene Esel" in Anschlag zu bringen. Für Baldinis Verknüpfung von Erinnerung und Parfum in seiner Kreation des Duftes „Nuit napolitaine" hat Süskind auf Mörikes Novelle „Mozart auf der Reise nach Prag" zurückgegriffen – jene Stelle nämlich, in der der gedankenverlorene Komponist, eine verbotene Orange pflückend und ihren Duft genießend, sich einer frühen Kindheitserinnerung aus Neapel entsinnt, in dieser seine erste erotische Begegnung aus dem Dunkel wieder ans Licht tritt und daraus zuletzt eine musikalische Komposition sich entwickelt, das Duett nämlich zwischen Don Giovanni und Zerline. Die Idee von der Kristallisation eines Frauenidols und dessen Erschaffung aus einem Duftdiadem, wie es Grenouille in der Tötung der vierundzwanzig Jungfrauen zum einen, der Erhebung Laures zu deren Herznote zum anderen ins Werk setzt, muß als Anspielung auf die Gründungsszenen der europäischen Minnetheorie in den Werken Dantes und Petrarcas gelesen werden. Was die Fluidum-Theorie einer kosmischen Kommunikation angeht, wie sie der Marquis de la Taillade-Espinasse vertritt, der Grenouille zu seinem Experimentierobjekt macht, so dürfte sich diese auf das Phänomen des romantischen Mesmerismus einerseits, vielleicht aber auch auf Fouriers Aromatheorie beziehen lassen. Als eine deutliche Quelle für die Situierung des ‚Subjekts' Grenouille in der Geruchswelt, ja dem Pesthauch der Großstadt gibt sich Rilkes Bildungsroman der „Aufzeichnungen des Malte Laurids Brigge" zu erkennen, der in weitläufigen Passagen seines Beginns die Gerüche und die Geräusche der Großstadt Paris als Geburtsmilieu des Malteschen Ich reklamiert und auch das Thema des „eigenen Todes", wie ihn der Kammerherr stirbt und wie er sich in der Ziehmutter Grenouilles wiederholt, zu Süskinds Roman beisteuert. Freilich kehrt, kulturhistorisch konsequent, in Rilkes Roman wie ein Orgelpunkt die stereotype Formel „Ich lerne *sehen*" wieder, die in Süskinds Roman zu der Grenouilleschen Formel „Ich lerne *riechen*" umgeschrieben wird. Im übrigen geistert offenbar

Rilkes Parfumgedicht „Persisches Heliotrop" und dessen Formel von „der Düfte Himmelbett" durch den Süskindschen Text.[40] (57,70)

Des weiteren aber hat Süskind – getreu seinem ethologisch-kulturwissenschaftlichen Konzept – in seinem Roman Standardwerke der Parfümeurkunst, wie etwa Edmond Roudnitska[41], oder Kulturgeschichten, wie Eugene Rimmel[42], eingearbeitet; gleichermaßen aber das wichtige Buch über die Funktion des Geruchs in der Kultur, Alain Corbins „Pesthauch und Blütenduft" von 1982, berücksichtigt[43]. Von nicht zu unterschätzender Bedeutung scheint mir dabei zu sein, daß die Konstruktion des Romans auf Resultaten der jüngeren Geruchforschung, wie sie etwa Jürgen Boeckh und vor allem Volker Jahnke vorgelegt haben, zurückgreift – namentlich durch die Voraussetzung von Düften als Botschaften, die chemische, vom Bewußtsein nicht wahrgenommene Dialoge zwischen Freund und Feind ermöglichen.

So könnte man behaupten, daß das Bildungsparadigma, welches Süskind durch seine Kontrafaktur des ‚klassischen Bildungsromans' sichtbar macht und eben dadurch zugleich unterläuft, sich als aus drei Texturen gewebt erweist. Da sind zum einen Zitate historischer Kulturmodelle, wie das der vorrevolutionären Dekadenz unter Ludwig XV., wie das der romantischen Naturwissenschaft, der historischen Anthropologie und ihrer Kasuistik, wie sie sich etwa um die Gestalt Kaspar Hausers gerankt hatte und schließlich dasjenige der Physiognomik als Kulturtheorie, der es gegeben zu sein schien, den „Duft von der Stirn abzulesen" (95), wie es einmal im Roman heißt. Des weiteren bedient sich der Roman zahlreicher literarischer Modelle und Vorgaben, die von Dante bis Rilke reichen. Zuletzt aber weiß er zeitgenössische Wissenskonzepte kulturtheoretischer Art zu nutzen, wie sie die Ethologie, die Biologie, die Kulturhistorie und die Parfumtechnologie zu bieten haben.

Abschließend sind noch zwei Problempunkte aufzugreifen, die Süskinds Roman als genuin postmoderne Form eines Bildungsromans ausweisen.

Der erste Zusammenhang ist aus einem paradox konfigurierten Beobachtungsfeld heraus zu entwickeln: Süskinds Protagonist Grenouille reagiert in extremer, seismographischer, Kontakt-Kopien des ‚Wirklichen' herstellender, aber fundamental antisymbolischer Weise auf Wahrnehmungen, die – in der ihm eigenen Welt – die Gestalt von Geruchsnuancen annehmen. Er vermag diese sämtlich ‚material' zu registrieren – aber er strömt selbst keinen Geruch aus, der Ausdruck seiner nüancierten, aus kultureller Differenzierung geborenen Eigentümlichkeit sein könnte. Grenouille wird nicht zum Subjekt und kann nicht mit Subjekten kommunizieren. Was seine technisch-konstruktive Tätigkeit ins Werk setzt, könnte als radikale Virtualisierung von Kommunikation bezeichnet werden. Er konstruiert zwar den Duft eines Menschen als eine beliebig reproduzier-

---

[40] Rilke, Sämtliche Werke, a.a.O. S. 630f.
[41] Edmond Roudnitska, Le Parfum, Paris 1980.
[42] Eugene Rimmel, Magie der Düfte. Die klassische Geschichte des Parfüms, Dreieich 1985.
[43] Corbin, Le miasme et la jonquille, 1982.

bare Struktur von ‚Kulturnatur'; er provoziert aber dadurch keinen Dialog, keine das Wechselgegenüber anerkennende Kommunikation, sondern zuletzt nur eine anthropophagische Orgie der Einverleibung, die der Zerstörung menschlicher Gesellschaft und der in dieser herrschenden symbolischer Ordnung dient. Damit – indem er nämlich genau diese Geschichte als ‚negative' Bildungsgeschichte erzählt – bezeichnet Süskind zwei wesentliche, paradox-komplementäre Momente der zeitgenössischen Kultur und ihrer historischen Wurzeln. Eine erste These zielt darauf, daß sich unendliche Differenziertheit und Differenzierbarkeit der Wahrnehmung als entscheidendes Merkmal der modernen Kultur ausmachen läßt. Es ist die These von der radikalen Konstruktion sozialer und menschlicher Wirklichkeit durch das ins Hybride getriebene Prinzip der Ausdifferenzierung; eine These, wie sie etwa Niklas Luhmann in seinen sozialen Diagnosen vertritt. Eine zweite, der ersten sich entgegenstellende These aber lautet, daß als ein wesentliches Merkmal der postmodernen Literatur die Löschung des Eigentümlichkeitskerns des Subjekts ausgemacht werden könne. Das Subjekt sei aus unserer Kultur verschwunden; es sei durch die Diskurse, die einander im Gewebe der Kultur Konkurrenz machen, aus diesem herausgedrängt. Es habe seine Kontur verloren, wie eine Spur im Sand, vom Meer überspült. Michel Foucault hat diese These historisch entwickelt, Jacques Derrida hat ihr philosophische Kontur gegeben.

Es ist aber noch auf einen zweiten Zusammenhang aufmerksam zu machen, der in Süskinds Roman thematisch gemacht wird. Während der erstgenannte Thesenzusammenhang die Komplementarität von Ausdifferenzierung und Schwinden des Subjekts betrifft, bezieht sich dieser zweite auf die gründende Vorstellung von der Wiederentdeckung des Körpers in der Postmoderne; und zwar des Körpers in enger Verknüpfung mit dem in ihm angelegten Wahrnehmungspotential. Dabei konzentriert sich der Roman Süskinds auf jene olfaktorische Lücke, die in der Ästhetik des Abendlandes seit der Antike klafft, die aber in unserer zeitgenössischen Kultur auf zutiefst paradoxe Weise besetzt erscheint. Einerseits ist alle Anstrengung der Industrie unseres Kulturkreises auf die panische Austilgung des Körpergeruchs, des „Gestanks", wie er noch das 18. Jahrhundert ‚wie selbstverständlich' geprägt hatte, ausgerichtet. Begriff und Funktion des ‚Deodorants' markieren diesen Zusammenhang. Andererseits aber ist unsere Kultur von einer hybriden, ja exzessiven Produktion von Parfums bestimmt, die künstliche Paradigmen der Wahrnehmung erschaffen. In den zahllosen, kulturelle Embleme setzenden Benennungen von Parfums spiegelt sich förmlich der ganze kulturelle Kosmos der gegenwärtigen Zivilisation wieder.[44] Und schließlich manifestiert sich mehr und mehr eine prononcierte Suche der Wissenschaft wie der Industrie nach einem „Parfum, das nicht riecht", das aber gleichwohl menschliches Verhalten allgemein steuert und unbemerkt reguliert, ja das

---

[44] Es erweist sich als schöne Bestätigung meiner Theorie, daß die Industrie im Frühjahr 1999 konsequenterweise ein Parfum mit dem Namen „Culture", als dem Supersignifikanten aller Kulturzeichen, kreiert hat. (Maurer & Wirtz) Eine Erforschung dieses ‚enzyklopädischen' Konzepts der Parfum-Namen verdiente eine eigene Untersuchung.

sich in strategische Konzepte der Manipulation umsetzen läßt. Diese letztere Erkenntnisabsicht könnte man – vielleicht nicht einmal unabhängig von ihrer strategischen Nutzung – beinahe jener Freudschen Entdeckung des Unbewußten an die Seite stellen, die ja bekanntlich eine Revolution in der Wahrnehmungs- und Kommunikationssituation der Moderne herbeigeführt hat. Impliziert doch dieses Forschungsinteresse den Versuch der Konstruktion eines Parfums, das nicht riecht und das gleichzeitig unser Verhalten, unser Weltverstehen, unsere Kommunikationsakte, unsere Philosophie – die gleichsam lebensnotwendige Unterscheidung von Freund und Feind – interpungiert oder gar uneingeschränkt steuert.

Patrick Süskinds Roman entwickelt die Identitätsfrage – als die von alters her gültige Kernfrage des Bildungsromans – aus der neuerlichen Erkundung der Codierbarkeit der Welt; und zwar vor dem genannten Hintergrund der einander widersprechenden, aber gleichwohl komplementären Thesen von der ausdifferenzierenden Konstruktion der Wirklichkeit (Konstruktion *ist* buchstäblich Ausdifferenzierung), vom Schwinden des Subjekts in der Diskursrealität und von der Relevanz des Körpers und seiner Sinnlichkeit im Spannungsfeld zwischen Hybridisierung, Löschung und Kryptisierung des Sinnes- und des Wahrnehmungsvermögens. Ist es die Kultur, die die Arbeit der Sinne und ihrer Konstruktion der Wirklichkeit steuert? Oder ist es doch vielmehr jene verborgene, aber wirkmächtige Natur, deren Organe und Signalfunktionen sich nur noch nicht zu erkennen gegeben haben? Es gibt nur wenige Autoren der Gegenwartsliteratur, die diese komplexe Frage nach dem noch möglichen Subjekt in der zeitgenössischen Kultur so differenziert und zugleich so intelligent gestellt haben wie Süskind; und zwar mit den postmodernen Mitteln der kopierten Zitate, der Zitatkollagen und der Kontrafaktur. „Das Parfum" erzählt die Krise einer Kultur immer noch einmal als Bildungsroman.

Es wäre einer abschließenden Erwägung wert, ob dasjenige, was Patrick Süskind mit seinem Bildungsroman versucht hat, nicht einem generellen Muster im Verband postmoderner literarischer Konstruktion entspricht. Süskinds primäres Interesse gilt nicht mehr einem Subjekt, nicht einer charaktervollen Persönlichkeit, nicht einer genealogischen Kette und nicht den Mythen, die die Form einer Identitätskarriere prägen und lenken. Süskinds Interesse richtet sich vielmehr auf das *Medium* der Wahrnehmung, der Erkenntnis und der Konstruktion von Welt und von Kommunikation. „Das Parfum" ist die Monographie eines Sinnes, des Geruchs, und seiner Funktion im Spiel zwischen Natur und Kultur. Genau genommen steht aber dessen virtualisierende Kraft im Mittelpunkt, der Übertritt aus Materialität in Imagination, welcher freilich eine klar markierte Differenz zwischen Natur und Kultur nicht mehr erkennbar werden läßt.

Blickt man nun auf einige andere Romane jüngerer Produktion, so zeigen sich merkwürdige Verwandtschaften; sei es, daß die menschlichen Sinne selbst, sei es, daß deren Prothesen, die technischen, optischen, elektrischen oder elektronischen Medien zu Protagonisten des Romans avancieren. Leitfunktion mag hier Thomas Pynchons Kultroman „Gravity's Rainbow" von 1973 einnehmen, der an die Thematisierung eines zerstörerischen Mediums, der V2-Raketen des

Zweiten Weltkriegs, die Problematik der Aggression, des Sexualverkehrs und des Zeichentausches knüpft. Bruce Chatwick hat in seinem australischen Roman „The Song Lines" von 1987 Wege und Klangfiguren der Ureinwohner, die zur Erhaltung ihrer eigenen territorialer Identität den Kontinent durchwandern, zu Helden seines Textes gemacht. Nicholson Baker schreibt einen Roman „Vox", in dem ganz schlicht das Telefon den ‚Helden' abgibt.[45] Georges Perec stellt in seinem Roman „Un cabinet d'amateur. Histoire d'un tableau" (1979) das Moment der Fälschung – im Sinne von Verdopplung und kopierter Existenz und ihres Bezugs zum Problem der Identitätskarriere – in den Mittelpunkt des Geschehens. Simon Winchester schreibt einen Roman mit dem Titel „The Surgeon of Crowthorne" (1998), dessen eigentlicher Protagonist nicht der genannte Feldscher, sondern die Institution des Oxford English Dictionary ist, ein Sprachmedium, das den Haushalt einer ganzen Kultur zu regeln unternimmt. John von Düffel gibt in seinem Roman „Vom Wasser", der ebenfalls 1998 erschien, eine Nachkriegsgeschichte, die am medialen wie materialen Faden der Lebensflüssigkeit sich entwickelt. W.G. Sebald konzipiert in seinem Roman „Die Ringe des Saturn. Eine englische Wallfahrt" (1995) eine Kartographie der englischen Landschaft, die aus dem Zusammenspiel von Schrift, Zitat, Kopie und Photographie hervortritt und das beobachtende ‚Subjekt' als imaginäre, ja virtuelle Instanz konturiert. Christine Wunicke, in „Fortescues Fabrik" (1998), fingiert eine Geschichte der Erfindung der Photographie als Bildungsroman. Und Botho Strauß hat in seinem Text „Beginnlosigkeit. Reflexionen über Fleck und Linie" (1992) dem elektronischen Bildschirm eine Schlüsselfunktion in einer Beziehungsgeschichte zugewiesen, in seinem Text „Die Fehler des Kopisten" von 1997 dem Phänomen einer Kopierkultur die Protagonistenrolle in einer ‚Familiengeschichte' verliehen.

Das Doppelthema von Kulturkrise und Bildungsroman konvergiert in der Frage nach der Funktion der Medien und ihrer virtuellen Gewalt in der Gesellschaft. Der Bildungsroman hat als Medienroman eine neue Gestalt gefunden.

---

[45] Nicholson Baker, Vox, New York 1992.

Ingrid und Günter Oesterle

Der Imaginationsreiz der Flecken von Leonardo da Vinci bis Peter Rühmkorf

Inspirationsquellen: Leonardo da Vinci, Paul Klee, Max Ernst und Günter Grass

Nur wenige Vorschläge von Künstlern für Künstler haben sich einer derart wachsenden Beliebtheit vom 18. Jahrhundert bis in die neueste Kunst und Literatur des 20. Jahrhunderts erfreuen können, wie Leonardo da Vincis „Vorschrift einer neuerfundenen Art des Schauens" und „Skizzierens". Um „wandelbare, neue Ideen" zu entdecken, empfiehlt Leonardo, „auf Mauerflecken hinzusehen oder in die Asche im Feuer, in die Wolken oder in Schlamm".[1] Die Begründung für diese „neuerfundene" Art „des Schauens" ist denkwürdig im Zeitalter der Durchsetzung der Perspektive als linearer Wahrnehmungsschneise. Ausgerechnet „durch verworrene und unbestimmte Dinge wird nämlich der Geist zu neuen Erfindungen wach." Umrissen ist damit eine neuartige Inspirationslehre. Leonardo da Vinci favorisiert sie zunächst für drei Bereiche der Malerei: die Darstellung von Schlachten, von Landschaften und von „ungeheure(n) Dingen", z. B. Teufeln. Entscheidend in jedem Fall ist, das Gestische und Situative einzufangen. Zukunftsweisend und umstürzend ist darüber hinaus die Verbindung der Erfindungslehre mit einem neuen Skizzenstil. Akzeptiert wird damit das Unvollkommene, Imperfekte, Korrekturbedürftige der Linienführung zugunsten des Primats, spontane Ausdruckswerte zu erfassen.[2]

Die Rezeptionsgeschichte der Entdeckung Leonardos ist verästelt, vielfältig und anhaltend bis ins 20. Jahrhundert. Wenige Beispiele mögen das belegen. Ein eindrückliches Zeugnis für eine Inspirationsquelle im Sinne Leonardos hält das Tagebuch Paul Klees fest, auch wenn es mehr als unwahrscheinlich ist, daß der neunjährige Paul Klee Leonardos Vorschlag kennen konnte.

---

[1] Leonardo da Vinci: Das Buch von der Malerei. In: Heinrich Ludwig (Hg.): Quellenschriften für Kunstgeschichte und Kunsttechnik des Mittelalters und der Renaissance. Wien 1882, S. 56.
[2] Vgl. Ernst H. Gombrich: Die Kompositionsmethode Leonardos. In: E. H. G., Kunst der Renaissance I. Stuttgart 1985, S. 79-86.

> Im Restaurant meines Onkels, des dicksten Mannes der Schweiz, standen Tische mit geschliffenen Marmorplatten, auf deren Oberfläche ein Gewirr von Versteinerungsquerschnitten zu sehn war. Aus diesem Labyrinth von Linien konnte man menschliche Grotesken herausfinden und mit Bleistift festhalten. Darauf war ich versessen, mein 'Hang zum Bizarren' dokumentierte sich.[3]

Anders verhält es sich bei Max Ernst. Er bezieht sich explizit auf Leonardo. Am zehnten August 1925 macht er sich gezielt daran, „die technischen Mittel zu entdecken, die eine klare Verwirklichung der Lektion von Leonardo mit sich brachten".[4] Er zitiert und montiert die einschlägigen Stellen aus Leonardos „Traktat der Malerei", um dann in seinem Bericht fortzufahren:

> Es begann mit einer Erinnerung aus der Kindheit. Es hatte eine Vertäfelung aus nachgemachtem Mahagoniholz, das sich gegenüber von meinem Bett befand, die Rolle des optischen 'provocateur' übernommen, eine Vision im Halbschlaf hervorzuzaubern. Ich befand mich nun an einem regnerischen Abend in einem Gasthaus an der See. Da suchte mich eine Vision heim, die meinem faszinierten Blick die Fußbodendielen aufdrängte, auf denen tausend Kratzer ihre Spuren eingegraben hatten. Ich beschloß, dem symbolischen Gehalt dieser Heimsuchung nachzugehen und um meine meditativen und halluzinatorischen Fähigkeiten zu unterstützen, machte ich von den Fußbodendielen eine Serie von Zeichnungen, indem ich auf sie ganz zufällig Papierblätter legte und diese mit einem schwarzen Blei rieb. Als ich intensiv auf die so gewonnenen Zeichnungen starrte, auf die 'dunklen Stellen und andre von zartem lichtem Halbdunkel', da war ich überrascht von der plötzlichen Verstärkung meiner visionären Fähigkeiten und von der halluzinatorischen Folge von gegensätzlichen und übereinandergeschichteten Bildern, mit der Eindringlichkeit und Schnelligkeit wie sie für Liebeserinnerungen charakteristisch sind.
> Meine Neugierde erwachte, und staunend begann ich unbekümmert und voll Erwartung zu experimentieren. Ich benutzte dazu die gleichen Mittel, alle Arten von Materialien, die ich in mein Blickfeld bekam: Blätter und ihre Adern, die rauhen Kanten eines Leinenläppchens, die Pinselstriche eines 'modernen' Gemäldes, den abgewickelten Faden einer Spule usw. Da taten sich vor meinen Augen auf: menschliche Köpfe, Tiere, eine Schlacht, die mit einem Kuß endete (die Windsbraut), Felsen, das Meer und der Regen, Erdbeben, die Sphinx in ihrem Stall, die kleinen Tafeln rings um die Erde, die Palette Cäsars, falsche Positionen, ein Gewebe aus Eisblumen, die Pampas, Peitschenhiebe und Lavafäden, Felder der Ehre, Überschwemmungen und seismische Pflanzen, Fächer, der Sturz des Kastanienbaumes. Die Geistesblitze unter 14 Jahren, das geimpfte Brot, die gepaarten Diamanten, der Kuckuck, Ursprung des Pendels, der Schmaus des Todes, das Rad des Lichtes. Ein System von Sonnengeld. Die Gewandung der Blätter, die faszinierende Cypresse. Eva, die einzige, die uns bleibt. Unter dem Namen Naturgeschichte habe ich die ersten Resultate, die ich durch die Prozedur von frottage (Durchschreibung) gewann, zusammen-

---

[3] Paul Klee: Tagebücher 1898-1918. Hg. v. der Paul-Klee-Stiftung. Kunstmuseum Bern. Bearbeitet von Wolfgang Kersten. Stuttgart 1988, S. 19.
[4] Max Ernst: Geschichte einer Naturgeschichte. Zuerst veröffentlicht 1926 bei Jeanne Bucher, Paris. Zit. aus: Max Ernst: Gemälde, Plastiken, Collagen, Frottagen, Bücher. Hg. v. Uwe M. Schneede. Ausstellung des Württembergischen Kunstvereins. Stuttgart 1970, S. 42.

getragen. Angefangen bei das Meer und der Regen bis zu Eva, die einzige, die uns bleibt.[5]

Leonardos Inventionsmodell des Zusammenspiels von Schauen und Erfinden angesichts einer amorphen Vorgabe gilt jedoch nicht allein für die bildende Kunst. Der Schriftsteller Günter Grass berichtet, daß sein berühmter Roman „Die Blechtrommel" in einem „feuchten Raum geschrieben" worden sei, in dem an einer nassen Wand ständig Wasser herablief:

> Es war immer eine Bewegung drauf. Das war für mich eine dauernde Quelle der Inspiration. Gerade weil nichts in festen Konturen festzustellen war und ständig Bewegung da war, sich immer etwas ereignete, hielt diese feuchte Wand auch meine Phantasie regelrecht 'in Fluß'. Die konkrete Erfahrung war zuerst einmal nur die Wand. Und die weitere konkrete Erfahrung ist jetzt, daß etwas Konturloses, etwas Vages besonders dazu geeignet sein kann, Dinge in Gang zu setzen, in Bewegung zu bringen, während sehr hart umrissene Gegenstände, schon ausgedeutete Sachen in sich steril sind und keinen Spielraum mehr erlauben.[6]

Aufmerksam auf die Imaginationsstimuli durch „verworrene und unbestimmte Dinge" rät der Schriftsteller und bildende Künstler Grass zu einem spezifischen Studium der Werke Döblins: „Es lohnte die Untersuchung, inwieweit und wie oft das Bild von Baumstämmen, glatten, trockenen wie schwarzen, feuchten, schwitzenden Rinden, zwischen denen etwas geschieht, Döblins Werk beeinflußt hat".[7]

Die Parenthese „zwischen denen etwas geschieht", deutet freilich darauf hin, daß es sich bei solchem Schauen nicht mehr um eine renaissancefreudige Augen- und Inventionslust handelt, sondern um eine im Kern mystische Meditation, die einen Schock auslöst. Döblin berichtet:

> Wie ich zu Kriegsende aus Elsaß-Lothringen den Wallenstein ohne Schlußkapitel nach Hause brachte, fühlte ich, suchte ich in mir herum, wie ich ihn enden sollte. Am besten, dachte ich manchmal, gar nicht. Dann wurde ich damals 1919 in Berlin, von dem Anblick einiger schwarzer Baumstämme auf der Straße tief betroffen.[8]

An die Stelle der Augenlust und des Inventionsspiels tritt der Schock. Der italienische Futurist Umberto Boccioni hat die Erfahrung des Grotesken präzis umschrieben: sie beinhaltet die Preisgabe eines Beobachterstatus' zugunsten eines

---

[5] Ebd. Vgl. Max Ernst: Halluzination. In: Jenseits von Malerei. Zuerst erschienen in: Cahiers d'Art 1936. Wiederabgedruckt: Max Ernst. Retrospektive zum 100. Geburtstag. Bonn 1991, S. 283 f.
[6] Gespräche mit Günter Grass. In: G. G.: Werkausgabe. Bd. 10. Hg. v. Klaus Stallbaum. Darmstadt 1987, S. 266.
[7] Günter Grass: Über meinen Lehrer Döblin. Rede zum 10. Todestag Döblins. In: Essays, Reden, Briefe, Kommentare. In: G. G., Werkausgabe. Bd. 9. Hg. v. Daniela Hermes. Darmstadt 1987, S. 251.
[8] Ebd.

Taumels. Die statische Perspektive zerfällt; die Separierung zwischen Außen und Innen, zwischen Subjekt und Objekt schwindet, stabile Einheiten zerfallen. Der Mensch steht nicht mehr beobachtend vor den Dingen, „sondern die Dinge kreisen in der Empfindung und der Mensch lebt und wird in ihrem Kern".[9]

Die langanhaltende Faszination des Vorschlags von Leonardo da Vinci durch „verworrene und unbestimmte Dinge", als da sind „Mauerflecken, Asche im Feuer, Wolken oder Schlamm", den „Geist zu neuen Erfindungen" anzuregen, dürfte mit der Tatsache zusammenhängen, daß wir es hier mit einer Übergänglichkeit zwischen 'reiner' Projektion (bzw. Halluzination) ohne einen äußeren Stimulus und äußere, wenn auch noch so marginale Anreize zur Imagination zu tun haben. „Das Bild, das ich in dem Mauerfleck, an der Tapete wahrnehme, ist mein Ich, so wie es sich nach Außen projiziert, aber es ist auch das Außen, so wie es sich noch in mich hineinprojiziert. Auch kann man sagen, daß die Kräfte der Identifizierung und die der Entfremdung simultan ins Spiel treten: es wird nicht leicht sein, zwischen dem zu unterscheiden, was dem Subjekt angehört, und dem, was die Welt bezeichnet, auf die es sich bezieht".[10] Diese Durchlässigkeit, „bei der der Unterschied zwischen Subjekt und Objekt schwindet"[11], läßt sich bei Kleinkindern nachweisen. Die physische und soziale Umgebung des Kleinkindes teilt sich noch nicht auf in bestimmt konturierte, separate Gegenstände. Die Umwelt ist ein „saumloses Gebilde" (seamless fabric).[12] Diese Übergänglichkeit zwischen Außen und Innen ist auch beim Aufwachen oder Einschlafen anzutreffen bzw. zu Beginn einer Erkrankung oder bei der Genesung. Immanuel Kant hat den Punkt präzis auszumachen versucht, an dem wir uns im Zustand des Erwachens, noch im Halbschlaf, beim Vagieren und Schweifen unserer Einbildungskraft ertappen, um dann gleichsam im gänzlichen Erwachen „die Chimäre in unsere Gewalt" zu bringen.[13]

Kants Warneinstellung gegenüber „unregelmäßigen Figuren" und die Folgen für die Dichtung

Kants, übrigens mehrfach und in Varianten angestellte Beobachtung ist für die im Zivilisationsprozeß von der Renaissance zur Aufklärung ausmachbaren Verschiebungen höchst aufschlußreich. Im Vergleich zu Leonardo da Vincis Emp-

---

[9] Vgl. Umberto Boccioni: Gli scritti inediti. Milano 1971.
[10] Jean Starobinski: Die Einbildungskraft als Falle. In: J. St.: Psychoanalyse und Literatur. Frankfurt 1990, S. 78.
[11] Ebd.
[12] Vgl. Edmund Leach: Anthropological Aspects of Language: Animal Categories and Verbal Abuse. In: William Lessa und Evon Vogt. New York 1972, S. 206-220.
[13] Immanuel Kant: Versuch über die Krankheiten des Kopfes. In: I. K.: Werke. Hg. v. Wilhelm Weischedel. Bd. 2. Darmstadt 1968, S. 894.

fehlung wird die Inspirationsquelle in bestimmter Weise neu situiert und korrespondierend dazu thematologisch erweitert. Während es sich bei Leonardo um die Profanierung religiös motivierter Meditationspraxis gehandelt haben dürfte, die nun speziell für künstlerische Zwecke säkularisiert wurde, spricht Kant von einer bestimmten Art nicht-meditativer „Zerstreuung", die er im Zustand zwischen Schlafen und Wachen ansiedelt. Die seit Leonardo bekannten Mauerflecken werden zwar zitiert, aber ins Innere des Hauses, „an eine(n) nahe(n) Wand", verlegt.[14] Konsequenterweise werden die neuen Imaginationsfelder im Interieur angesiedelt, nämlich angesichts „mancherlei Fäden"[15] oder „unregelmäßige(r) Figuren" von „Bettvorhänge(n)".[16] Die Verschiebung vom künstlerischen Inspirationsanreiz in der Natur bei Leonardo zur Alltagssituation des Nichtkünstlers im häuslichen Innenraum bei Kant ist mit einer Warneinstellung gegenüber der schweifenden Einbildungskraft und ihrer schließlichen Abwertung verbunden. Präzis wird der Punkt fixiert, an dem das „lässige und sanfte", wenn auch „unangenehme" Delirieren in die pathologische „Phantasiererei" übergeht. Der „focus imaginarius" steht unentwegt im Verdacht, aus der Kontrolle zu geraten. Kant leugnet mit dem Ludistischen dieser im Subjekt lokalisierten „Spiele der Einbildungskraft", daß sie eine Objektseite haben und ihr Anlaß in „Spielen der Natur" zu finden sein könnte.[17] Sie sind ganz und gar subjektive und zudem krankheitsverdächtige Kopfgeburten; sie werden physiologisch als „Verziehung der Hirngefäße"[18] erklärt bzw. psychologisch als Produkte des Wünschens, Begehrens oder gar der Leidenschaften verstanden. Sie verweisen strikt zurück auf das Subjekt als dessen Einbildungen, Täuschungen, ja „Selbstbetrug"; sie sind nicht prospektiv gedacht auf ein entstehendes Neues hin, eine große Erfindung, sondern projektiv als Einbildungen des Subjekts.

Die Überlegungen Kants bedeuten in mehrfacher Hinsicht eine Zäsur. Es zeichnet sich eine strikte Zweiteilung der menschlichen Einbildungsfähigkeit ab; sie wird einerseits in das Ressort der Anthropologie andererseits der Ästhetik eingewiesen. In der „Kritik der Einbildungskraft" werden „Papiertapeten" und „Laubwerk zu Einfassungen" als Beispiele für die „freie Schönheit" der „bloßen Form nach" ästhetisch lizensiert, gerade weil ihre Ornamente in Ansehung des Gegenstandes nichts, keinen bedeutungshaltigen Begriff und keinen gegenständlichen Zweck voraussetzen.[19] Sie teilen Zweck- und Bedeutungslosigkeit mit den Flecken, unterscheiden sich aber in ihrer formalen Qualität regelmäßiger symmetrischer Ordnungen von deren amorpher Erscheinung. Im Bereich der Anthropologie hingegen werden Flecken als wilde „Chimären" und ihre subjektive Herkunft aus den schweifenden Einbildungen als „Verrückung" und „Selbstbe-

---

[14] Ebd.
[15] Immanuel Kant: Träume eines Geistersehers, erläutert durch Träume der Metaphysik. In: (Anm. 13), S. 956.
[16] Kant (Anm. 13), ebd.
[17] Kant (Anm. 15), S. 973
[18] Ebd., S. 957.
[19] Immanuel Kant: Kritik der Urteilskraft. Hg. v. Karl Vorländer. Hamburg 1963, S. 69 f. (§ 16).

trug" von Phantasten herabgesetzt,[20] weil hier ein Semantisches, Zweckhaftes, geradezu Obsessives aus dem rein Formalen herausimaginiert werde.

Fortan lassen sich zwei Geschichten schreiben. Auf der einen Seite läßt sich eine unstrittige Erfolgsgeschichte des von Leonardo initiierten artistischen Inspirationskonzepts rekonstruieren, „aus verworrenen und unbestimmten Dingen" „neue Erfindungen" zu kreieren. Sie deckt sich streckenweise mit der Geschichte der ästhetischen Methodisierung der Flecken und ästhetischen Erfassung des Zufalls. Sie reicht von Addisons „Pleasure of imagination"[21] bis zu Cozens Methode der Wolkendarstellung[22], von Hemsterhuis' Skizzentheorie[23] bis hin zu einer der genauesten Übersetzungen von Leonardos Vorschlag in Wackenroder und Tiecks „Herzensergießungen eines Klosterbruders"[24]; sie läßt sich nachspüren bis in den als Inzitament für die Einbildungskraft dienenden Blick auf eine amorphe Menschenmenge von oben wie sie in E. T. A. Hoffmanns „Des Vetters Eckfenster" vorgeführt wird.

Die zweite Geschichte könnte mit Descartes Abwehr und Kritik der Chimären als „composita mixtura" beginnen.[25] Sie ist eine Geschichte von Grenzbestimmungsversuchen, die unter dem Motto stehen könnte „Der Schlaf der Vernunft erzeugt Chimären".[26] Immanuel Kant schreibt sie fort und überträgt sie auf Leonardo da Vincis Anregung, neuartige Erfindungen durch das Schauen auf Flecken in altem Gemäuer etc. zu kreieren. Angesichts der unterstellten Pathologieanfälligkeit der Einbildungen konzentriert sich nun das gesamte Interesse auf den Umschlagpunkt in die außer Kontrolle geratende Phantasie. In der Romantik treffen beide Geschichten zusammen: einerseits dienen Flecken und andere amorphe Gegenstände als Stimuli der Phantasie, andererseits kapriziert sich die narrative Darstellungsenergie auf den schwer ausmachbaren Übergang von den noch durch das Subjekt steuerbaren Einbildungen hin zu den Delirien, Halluzinationen und Visionen. Man könnte versuchen, romantische Erzählungen

---

[20] Kant (Anm. 13), S. 894; Kant (Anm. 15), S. 957.

[21] Vgl. Werner Brönnimann: Addison as Semiotician: The Threefold Structure of Spectator 28. In: Udo Fries (Hg.): The Structure of Texts. Tübingen 1987, S. 201 f. Neil Saccamano: The Sublime Force of Words in Addison's 'Pleasures'. In: ELH 58 (1991), S. 83 f.

[22] Vgl. die Darstellung im Folgenden

[23] François Hemsterhuis: Über die Bildhauerei. In: F. H.: Philosophische Schriften. Hg. v. Julius Hilß. Bd. 1. Karlsruhe 1912, S. 13 f.: „Es scheint als habe der berühmte Leonardo da Vinci ähnlich über Skizzen gedacht, weil er will, daß die Maler auf Mauern und Wände, die zufällige Flecken haben, aufmerksam sein sollen. Diese unregelmäßigen Flecken, meint er, erzeugten oft Ideen zu ganz vortrefflich angeordneten Landschaften."

[24] Wilhelm Heinrich Wackenroder, Ludwig Tieck: Herzensergießungen eines kunstliebenden Klosterbruders. In: W.H.W., Sämtliche Werke und Briefe. Hg. v. Silvio Vietta. Bd. 1. Heidelberg 1991, S. 76 f.

[25] Vgl. Andreas Gipper: Von wirklichen und eingebildeten Monstern. Über die Rolle der Imagination in Diderots 'Lettre sur les aveugles'. In: Rudolf Behrens, Roland Galle (Hg.): Historische Anthropologie und Literatur. Würzburg 1995, S. 155 f.

[26] Vgl. Francisco Goya: El sueño de la razón produce monstruos. Capricho 43, 1796. Vgl. Martin Warnke: Chimären der Phantasie. In: Claudia Brink und Wilhelm Hornbostel (Hg.): Pegasus und die Künste. München 1993, S. 66 f.

danach zu sortieren, auf welche Weise sie mit den von Leonardo so benannten „verworrenen und unbestimmten Dingen" anfangen, wobei sich die Motivpalette Leonardos verbreitet zu ornamentalen Formen auf Vorhängen und Tapeten oder unlesbaren Schriftzeichen, um schließlich das von Kant sogenannte „Gebrechen der Erkenntnis" im Nachlassen der phantasiesteuernden „Aufmerksamkeit" bis zu dem Punkt zu verfolgen, wann es ins Halluzinatorische umschlägt.

Ein berühmtes Beispiel für ein derartiges Aus- und Überschreiten einer 'wachen Vision' zur Halluzination stellt Edgar Allan Poes Erzählung „Ligeia" dar. Beschrieben wird dort der „fantasmagorische Effekt" eines Gemaches, hervorgerufen durch „wild-groteske" Holzschnitzereien, mehr noch aber durch in Bewegung gehaltene arabeske Stofftapeten, Vorhänge und Teppiche:

> (...) und Schritt auf Schritt, wie der Besucher seinen Ort im Raum veränderte, sah er sich umzingelt von einer endlosen Folge gespenstischer Bildungen, wie sie den Aberglauben des Nordmannen eigen sind, oder in den Schlummerstunden schuldiger Mönche aufsteigen.[27]

In diesem arabesken Ambiente überläßt sich der Erzähler „leidenschaftlich" seinen „wachen Visionen von Ligeia", seiner verstorbenen Geliebten bis dieses Delirieren umschlägt in die an „Wahnsinn" grenzende Halluzination einer leibhaftigen Begegnung mit der Verstorbenen. Eben diese Überganglichkeit von der künstlich hergestellten 'wachen Vision' zu der jenseits aller Kontrolle des Verstandes erfahrenen Halluzination greift Wolfgang Hilbig in seinem Roman „Übertragung" auf, um, Poes „Ligeia" zitierend, diese Erfahrung in das arbeitsweltliche Ambiente einer Fabrikhalle zu versetzen.[28]

Lichtenbergs „Beschreibung eines sonderbaren Bettvorhangs" und die Rückgewinnung ästhetischer Inventionsdispositionen

1764 hatte Immanuel Kant seinen „Versuch über die Krankheiten des Kopfes" publiziert, 1766 war von ihm eine Polemik gegen Swedenborg unter dem Titel „Träume eines Geistersehers" erschienen. In beiden anonym publizierten Abhandlungen finden sich ein gegenüber Leonardo neuartiger Imaginationsimpuls und eine andersartige Bewußtseinslage, ein Bettvorhang statt Mauerflecken und der alltägliche Übergang zwischen Wachen und Schlafen statt künstlerischer Inventionsbereitschaft.

Es ist Lichtenberg, der wenige Jahre nach Kant noch im gleichen Jahrzehnt genau an diesem Beispiel von der Pathologiedisposition der subjektiven Einbildungen und den „Gebrechen des Kopfes" zurücklenkt auf die ästhetische Inven-

---

[27] Edgar Allan Poe: Ligeia. In: E. A. P.: Arabesken. Deutsch von Arno Schmidt und Hans Wollschläger. Werke Bd. 1. Olten 1966, S. 625.
[28] Wolfgang Hilbig: Eine Übertragung. Frankfurt 1992, S. 328.

tionsdisposition und die Stärken der Einbildungskraft. Seine Notiz schließt mit der Bemerkung: „Leonardo da Vinci soll diese Beschäftigung jungen Malern empfehlen."[29] Lichtenberg stellt seine Beobachtungen also ausdrücklich in den Horizont von Leonardos ästhetischen Inventionsempfehlungen. Seine Notiz beginnt, anders als Kants subjektzentrierte Bemerkungen über die „Gebrechen der Erkenntniskraft", mit einer Wendung zum Objekt. „Beschreibung eines sonderbaren Bettvorhanges" ist der erste Satz seines Erfahrungsberichts, in dem er in ein und derselben Person, einem Experiment vergleichbar, zum Beobachter des Betrachters und Zeichners wird. Dabei formuliert er eine über Leonardos Anweisung für Künstler und Kants Grenzziehung gegen Krankheit hinausgehende Entdeckung. Die Schöpfungsvielfalt der Einbildungskraft angesichts diffuser Projektionsflächen ist offen und ohne Grenzen, während die allein auf den Hervorbringenden angewiesene artistische Realisation auf Grenzen der Produktivität stößt.

Lichtenberg, so teilt der Bericht mit, hatte versucht, „allerlei" lächerliche Gesichter „auf einen Bogen Papier nebeneinander zu zeichnen", war aber schon bald mit seiner darstellerischen Variationskraft am Ende: „Ich hatte aber noch nicht 40 Köpfe gezeichnet, als ich mich schon erschöpft fühlte." Um so überraschter war er, unter Zufallsbedingungen, welche er exakt wie eine Experimentalanordnung beschreibt, die alle künstlerischen Fähigkeiten überbietende Originalität der Einbildungskraft im Zusammenspiel mit einem formal unbestimmten Gegenüber zu entdecken:

> Im folgenden Jahr legte mich ein kleines Flußfieber in ein Bette, das einen schrägen Himmel hatte, durch dessen nicht gar dichtes Gewebe, das noch dazu aus ziemlich ungleichen Fäden bestund, die weiße Wand durchschien. Hier zeigte sich eine unzählbare Menge der seltsamsten und drolligsten Gesichter. Ich konnte in einer Fläche, die kaum so groß als ein Quartblatt war, über 100 hervorbringen, und jedes hatte mehr Ausdruck und Eignes als sonst in den gezeichneten Gesichtern anzutreffen ist. (...) Wenn ich einen Kopf hatte, so nahm ich seinen Mund zum Auge und den Augenblick stund ein neuer da, der mich bald anlächelte bald anfletschte, ein dritter lachte mich aus und ein vierter blickte ihn höhnisch an. Es ist unmöglich alle die hustenden, niesenden und gähnenden Stellungen zu beschreiben, die sich mir vorstellten. Hätte ich sie mit eben der Kraft zeichnen können, mit welcher sie sich meinem Auge und (meiner) Einbildungskraft darstellten, ich würde gewiß diesen Vorhang verewigen.[30]

Lichtenberg erwähnt in diesem Zusammenhang zwar die Empfehlung Leonardos an junge Maler, nicht jedoch Kants Beobachtungen, mit denen er doch Wahrnehmungssituation, Gemütslage und Bezug auf das Motiv der „Fäden der Bettvorhänge" gemeinsam hat.

Bedeutsamer aber als jedwede Art von Filiation ist im Vergleich zu Leonardo und Kant die klare Feststellung einer unüberwindbaren Kluft zwischen der

---

[29] Georg Christoph Lichtenberg: Schriften und Briefe. Hg. v. Wolfgang Promies. Bd. 1. München 1968, S. 175.
[30] Ebd.

unerschöpflichen Produktivität der Einbildungskraft und einem unaufhebbaren Defizit an künstlerischer Realisation. Lichtenbergs Notiz formuliert in nuce die Entdeckung des „serapiontischen Prinzips", wie E.T.A. Hoffmann diese Spaltung später nennen wird.[31] Die Depotenzierung der Kunst angesichts der zu unendlichen Gestalten und Ungestalten fähigen Schaffenskraft der Phantasie geht bei Lichtenberg einher mit einer weiteren, in Zukunft abrufbaren Beobachtung. Sie betrifft zweierlei Eingriffsmöglichkeiten in das Imaginationsgeschehen: Die Inventionssituation ist inszenierbar und die Imaginationsvielfalt ist potenzierbar. Was sich bei Lichtenberg zufällig ergibt, die Krankheit und das Ambiente eines weiß getünchten Raumes mit schräg ausgelegtem Betthimmel aus nicht zu dichtem Gewebe, das zudem aus „ziemlich ungleichen Fäden bestund", schien im Zeitalter des Siegeszugs der camera obscura jederzeit herstellbar; ebenso war eine dem Fieberzustand vergleichbare Erhitzung der Einbildungskraft durch künstliche Ingredienzen zu erzeugen.

Alexander Cozens „neue Methode" einer künstlichen Herstellung des Fleckengewirrs

Mit Alexander Cozens wechselt das okular initiierte Imaginationsverfahren aus dem Geschehen im Kopf unmittelbar hinüber in die malerische Praxis als Ausgangsbasis. Der englische Maler begründet eine „neue Methode"; selbstgeschaffene originelle Landschaftskonzeptionen auf Papier bzw. Leinwand sollen die Erfindung herausfordern und unterstützen. Cozens methodisiert artistisch eine zweite Stufe der Inventionslehre Leonardos auf dem Niveau aufklärerisch-naturwissenschaftlicher Herstellbarkeitsrationalität. Nach der ersten Inventionsphase im Blick auf naturgegebene Unbestimmtheitsstellen bei Leonardo werden die daraus entstandenen Skizzen wiederum zum Imaginationsimpuls.

Souverän nutzt Cozens die Ergebnisse der zeitgenössischen Assoziationspsychologie, die Genielehre und die Garten- bzw. Landschaftstheorie. Geradezu revolutionär ist der Ausgangspunkt, weil er jegliche Kopie von Landschaft außer Kraft setzt. Cozens artifizielles Verfahren beginnt gezielt nicht mit einer ideengeleiteten Zeichnung, sondern mit der Herstellung von simplen, bedeutungslosen Tintenklecksen, die mit schneller Hand motorisch kreativ auf das leere weiße Papier gebracht werden.[32]

Die Kunst beginnt mit der Unkunst, das Werk mit dem Zufall. Zumindest aus traditioneller Sicht bedient sich Cozens sogenanntes „blot"-Verfahren nichtkünstlerischer Formen. Die künstliche Herstellung des Fleckengewirrs (blot) ist

---

[31] Vgl. Brigitte Feldges, Ulrich Stadler: E.T.A. Hoffmann: Epoche-Werk-Wirkung. München 1986, S. 54 f.
[32] Werner Busch: Die Ordnung im Flüchtigen – Wolkenstudien der Goethezeit. In: Goethe und die Kunst. Hg. v. Sabine Schulz. Frankfurt 1994, S. 521.

die zufallsoffene Produktion eines Möglichkeitsspielraums mit geringem Gestaltungszugriff („An artificial blot is a production of chance, with a small degree of design").[33] Die ausschließliche Konzentration auf die Gesamtanlage der Komposition gibt die Details frei für zufällige Formationen. Cozens steht am Beginn der „systematischen Ausbeutung des Zufalls", wie Max Ernst später seine Collageproduktion charakterisieren wird.[34]

Das „blot"-Verfahren zeitigt eine Reihe von Vorteilen, die Cozens eigens hervorhebt. Der Einsatz dieses künstlerischen Vorgehens erlaubt Korrekturen gegenüber groben, die Geschmackskonventionen verletzenden Ausgangskonstellationen einer unnatürlichen Entfaltung der Einbildungskraft („and should it happen that a blot is so rude or unfit (...) a remedy is always at hand").[35] Es kehrt die bisherigen Verhältnisse um, das Verhältnis von Imagination und Verstand, von Idee und zeichnerischer Ausführung. Die Einbildungskraft wird zunächst freigelassen, um dann im Nachhinein einer Kontrolle unterzogen zu werden („imagination leads, while the judgement regulates").[36] Was Delacroix später in Auseinandersetzung mit der spätklassizistischen Favorisierung der Linie als seine Produktionsweise beschreiben wird[37], ist bei Cozens vorweggenommen:

> To sketch in the common way, is to transfer ideas from the mind to the paper, or canvas, in outlines, in the slightes manner. To blot, is to make varied spots and shapes with ink on paper, producing accidental forms without lines, from which ideas are presented to the mind".[38]

Gerechtfertigt wird die Abkehr von der Naturnachahmung mit dem Argument, den Produktionsprinzipien der Natur zu folgen. Das „blot"-Verfahren verdankt sich einer kunstkritischen Naturwahrnehmung, die die Umbesetzung von der klassizistisch favorisierten Linie zur Farbdominanz als naturgegeben behauptet: „To blot (...) is conformable to nature: for in nature, forms are not distinguished by lines, but by shade and colour".[39] Cozens kommt dadurch zu dem revolutionären Ergebnis: „To sketch is to delineate ideas; blotting suggests them"[40]

Gerade der vage und unbestimmte Anfang mit dem 'blot' erweitert die Möglichkeiten der Erfindung über die Grenzen des Naturstudiums hinaus („it

---

[33] Alexander Cozens: A New Method of Assisting the Invention in Drawing Original Compositions of Landscape. London o. J. Abgedruckt in: Jean-Claude Lebensztejn: L'art de la tache. Introduction à la Nouvelle méthode d'Alexander Cozens. Editions du Limon 1990, S. 471 ff.

[34] Zit nach D. Mahlow: Der Zufall, das Denken und die Kunst. In: B. Holeczek und L. v. Mengden: Zufall als Prinzip-Spielwelt, Methode und System in der Kunst des 20. Jahrhunderts. Heidelberg 1992, S. 63.

[35] Cozens (Anm. 33), S. 471

[36] Ebd., S. 473.

[37] Vgl. Günter Oesterle: Die folgenreiche und strittige Konjunktur des Umrisses in Klassizismus und Romantik. In: Schrift und Bild in der Romantik. Hg. v. Gerhard Neumann u. Günter Oesterle. Würzburg 1999, Anm. 24 u. 25.

[38] Ebd., S. 472

[39] Ebd., S. 473.

[40] Ebd., S. 472.

has the strongest tendency to enlarge the powers of invention, being more effectual to that purpose than the study of nature herself alone").[41] Die Gefahr eines Abgleitens ins Phantastische und Unnatürliche ist freilich durch die Rückkoppelung der „blot"-Deutung an die Erinnerung gebannt. Die Flecken rufen nämlich Erinnerungen an gespeicherte Ideen von Landschaften („the store of ideas") wach, die vorab nicht alle bewußt verfügbar waren.[42] Das „blot"-Verfahren erhöht die Chancen von „Varietät" und Originalität („want of variety and strength of character").[43] Die Expressivität der Teile, d. h. die „picturesqueness"[44], nimmt zu.

Zusammenfassend läßt sich sagen: Cozens setzt das Gesamtkonzept Leonardos fort, dessen Skizzentheorie und dessen Inspirationsvorschlag und methodisiert sie. Hatte Leonardo seine Inspirationsquellen in Gegenständen amorpher Natur gefunden, so schafft sich der Künstler im Falle Cozens seine Anregungen selbst aus den Gegebenheiten seiner Materialien und seiner Arbeitsweisen, aus eigenem Willen, eigener, motorisch geführter Hand.[45] Der Ideenfindungsprozeß geht in den Prozeß intentionaler Gestaltung über. Zudem wird nun Imaginationstätigkeit als Zusammenspiel von Erfindungs- und Erinnerungsstimulation gedacht, Erfindung an die Stimulierung von erinnerten Landschaften zurückgebunden. Mit der Herstellung der Flecken im „blot"-Verfahren erhält das Wechselreiten von Intentionalem und Zufälligem gegenüber Leonardos Hinweis eine neue, auch vom Material bestimmte Dimension (man denke nur an den Vorschlag Cozens das Blatt zunächst zu knüllen). Cozens Phasenaufteilung, die quantitativ eine Fülle von 'blots' gewährleistet und danach mit Hilfe eines Transparentpapiers die Auswahl und Reinigung vorsieht, zeigt an, daß und wie der Zufall gelenkt wird. Er wird, wie Renate Lachmann ausführt, „autorisiert, als selbständiger Produzent und Agent aufzutreten, zugleich aber entmündigt. Seine Erzeugnisse werden von der Kunst usurpiert".[46]

Justinus Kerners „Klecksographien" als Purgatorium

In den „Klecksographien" des schwäbischen Romantikers Josef Kerner aus der Mitte des 19. Jahrhunderts läßt sich die Preisgabe der Kunstintention und eine damit einhergehende Steigerung des Unwillentlichen feststellen. Im Vorwort wie in den Erläuterungen zu einzelnen Klecksgebilden betont Kerner nachdrücklich, „daß man nie das, was man gerne möchte, hervorbringen kann und oft das Ge-

---

[41] Ebd., S. 473
[42] Ebd., S. 474.
[43] Ebd., S. 473 f.
[44] Ebd., S. 474.
[45] Ebd., S. 420. Vgl. H. W. Janson: The „Image made by Chance". In: Renaissance Thought. Essays in Honor of Erwin Panofsky. New York 1961, S. 254 f.
[46] Renate Lachmann: Zum Zufall in der Literatur, insbesondere der Phantastischen. In: Gerhard v. Graevenitz u. Odo Marquard (Hg.): Kontingenz. München 1988, S. 407.

genteil von dem entsteht, was man erwartet"[47] Man hat plausibel machen können, daß zwischen Alexander Cozens „blot"-Verfahren und Kerners „Klecksographien" ein Anregungszusammenhang besteht.[48] Die Unterschiede sind jedoch erheblich. Die Klecksographie ist bei Kerner kein Inventionsverfahren für Kunstzwecke; sie kennt keinen Übergang vom „blot" zum Gestalten. Das führt einerseits zur Zunahme des Zufälligen[49], andererseits zur Zulassung von Deutungsversuchen. Die Kleckse werden semantisiert, ja geradezu ein Medium sprachlich konturierender Deutungslust und -fixierung.

In Kerners „Klecksographie" überschneiden sich esoterisch religiöse Praktiken[50] mit einem humorvollen Deutungsspiel geselligen Charakters.[51] Die klecksographierten Gebilde Kerners stammen aus verschiedenen Gelegenheiten und Zeiten und werden nachträglich zu einem Zyklus zusammengestellt. Dieser erhält seine Gliederungsakzente durch die verschiedenen Formen von Reuebezeugungen, Bußen, Warnungen, Vorausdeutungen und Teufelsbannungen. Ansonsten bedient sich Kerner klecksend, reimend und deutend unterschiedlichster literarischer Gattungen und Traditionen; er greift zurück auf satirische Exempla (385, 387, 390, 407), auf Geister- und Schauergeschichten (391, 393, 397, 399, 401, 404 f.), auf die Volksballade (411), auf Monsterdarstellungen (422 f.) sowie auf Metamorphosen und Verpuppungen „zwischen Raupe und Schmetterling" (394 f., 398, 426).

Die „Klecksographie" befreit sich mit ihrer Falzmethode von Pinsel und Bürste; gegenüber der Zeichenkunst und Malerei setzt sie sich autonom als Phantasiespiel ohne Kunstabsicht. Durch die Herstellung von Symmetrie in dem ihr eigenen Verfahren der Falzung schafft sie eine Verdoppelung des Flecks, sogenannte „Doppelbildungen" rechts und links von einer Mittellinie. Hatte Leonardo in die Flecken neben Landschaften und Schlachtengetümmel auch absonderliche Ungeheuerlichkeiten hineinimaginieren können, den Projektionsanteil bei diesen Erfindungen jedoch nie vergessen, so „scheinen" für Kerner „diese Bilder in der Natur zu liegen" (527) und daher auch der Praxis der „Urvölker" nahezustehen.[52] In der Einleitung zu den „Klecksographien", die auf eine

---

[47] Justinus Kerner: „Klecksographie". In: J. K.: Ausgewählte Werke. Hg. v. Gunter Grimm. Stuttgart 1981, S. 370. Die im Folgenden im Text stehenden Seitenzahlen beziehen sich auf diese Ausgabe.

[48] Lebenstejn (Anm. 33), S. 93.

[49] Kerner betont durchgängig, daß die Klecksographie „ohne mein Zutun" geschehe. Kerner (Anm. 47), S. 382.

[50] Kant hatte sich schon mokiert gezeigt, wenn „Sammler" „etwa im fleckichten Marmor die heilige Familie, oder, in Bildungen von Tropfstein, Mönche, Taufstein und Orgeln, oder sogar wie der Spötter Liskow auf einer gefrorenen Fensterscheibe die Zahl des Tieres und die dreifache Krone entdecken". (Kant (Anm. 15), S. 973).

[51] Vgl. die These Friedrich Schlegels: „Der Daemon die eigentl[iche] Rom[antische] Relig[iöse] Idee – läßt sich sehr gut romantisieren." Vgl. F. Sch.: Fragmente zur Poesie und Literatur. Hg. v. Hans Eichner: Kritische Friedrich-Schlegel-Ausgabe) Bd. 16. Paderborn 1981, S. 223.

[52] Kerner (Anm. 47), S. 370

Jahre zuvor geschriebene Briefstelle rekurriert[53], findet Kerner es „bemerkenswert", daß die klecksographierten „Doppelbildungen"

> sehr oft den Typus längst vergangener Zeiten aus der Kindheit alter Völker tragen, wie zum Beispiel Götzenbilder, Urnen, Mumien usw. Das Menschenbild wie das Tierbild tritt da in den verschiedensten Gestalten aus diesen Klecksen hervor, besonders sehr häufig das Gerippe des Menschen.[54]

Je weiter sich die Klecksographie von der Orientierung auf die Zeichenkunst entfernt (Kerner schreibt: „ich bin der Zeichenkunst ganz unfähig")[55], desto entschiedener nähert sie sich der Tradition der Bilderrätsel und „Hieroglyphen".[56] Der Begriff „Klecksographie" selbst, eine Wortschöpfung aus dem Kreise Kerners, dürfte eine Analogiebildung zu Stenographie sein, nur daß in diesem Fall ein der Schrift Vorgängiges gelesen und gedeutet wird.

Es hätte nahegelegen, in dem durch Klecksographie gewonnenen, gleichsam historistischen „Bilderschatz" kollektive Bilder verschiedener Kulturen, Kulturstufen, Archetypen, „magische Urbilder" zu sammeln, etwa „japanische Pagoden (...) mexikanische Götzen (...) türkische Götzen" und sie zu ergänzen durch „das mystische Bild eines Alchimisten oder Theosophen".[57] Diese ursprünglich geplante Anlage hat Kerner im Nachmärz verworfen und durch den Motivkomplex der „Hadesbilder" ersetzt. Die Exotismen aus „der Kindheit der Urvölker"[58], d. h. aus einer räumlich und geschichtlich fernen Welt, werden ausgetauscht zugunsten einer abendländischen „Geographie des Jenseits"[59], die ihre Chimären aus modernen Materialien, aus der „Druckerschwärze"[60], dem Kaffee[61] und vor allem dem „Dintenfaß" herauskriechen läßt. Die phantastischen Figuren der Klecksographie reproduzieren die gesellschaftliche Alltagswelt mit Gestalten des Pfarrers, Apothekers, Wucherers, Gerichtsschreibers, der eitlen Dame und der des Autors.

Schrift macht Abwesendes anwesend; daher sind ihr von Alters her magische Eigenschaften zugesprochen worden. Tintenkleckse tendieren zur Widersacherseite der Schrift[62], für den Schriftgelehrten Martin Luther, der das Tintenfaß benutzt, um den Leibhaftigen zu treffen und damit einen Imaginationsimpuls seiner Erscheinung an der Wand erschafft, ebenso wie für den Dichter Clemens

---

[53] Ebd., S. 527.
[54] Ebd., S. 570.
[55] Ebd.
[56] Ebd., S. 527.
[57] Ebd.
[58] Ebd.
[59] Jacques Le Goff: Die Geburt des Fegefeuers. Vom Wandel des Weltbildes im Mittelalter. München 1990, S. 15.
[60] Kerner (Anm. 47), S. 428.
[61] Ebd., S. 387.
[62] Man vergleiche das als Strafvollzug zu verstehende Eintauchen der vormärzlichen Rebellen in ein Tintenfaß in Dr. Heinrich Hoffmanns „Struwwelpeter". Vgl. Marie-Luise Könneker: Dr. Heinrich Hoffmanns „Struwwelpeter". Untersuchungen zur Entstehungs- und Funktionsgeschichte eines bürgerlichen Bilderbuchs. Stuttgart 1977, S. 198 f.

Brentano, der den Philister „Tintenklecks" in der Weltgeschichte tituliert[63] und mit seiner Abhandlung „Der Philister vor, in und nach der Geschichte" Luthers Tintenfaßwurf im Medium der Literatur „etwas weitläufiger nachmacht(e)".[64] Kerners Klecksographie, d. h. Klecksschreibung bzw. Klecksschreibweise, unterläuft zwar primär die Konturierungsschärfe der Schrift mit Hilfe der aus dem gleichen Material wie die Zeichen stammenden Kleckse, aber sie ruft diese letztlich gegenüber der klecksend heraufbeschworenen Imaginationsdämonie als Deutungsmacht herbei. Die Klecksographie etabliert sich als Zwischenreich zwischen Klecks und Schrift, als ein Imaginations- und Deutungsraum, in dem Phantasie durch ein spezielles Bild-Textgefüge lesbar gemacht wird. Als solche bringt sie zum Vorschein, was Schrift eo ipso zu verdecken scheint. Schon das Eintauchen der Feder ins Tintenfaß birgt, so die Entdeckung des Klecksographen, noch vor Einsetzen des Schreibvorgangs die Gefahr der Entfesselung von Spuk-, Dämonen- und Schreckensvorstellungen.

> Die ihr schreibt, nehmt euch in acht!
> Weil ich Klecksograph entdecket,
> Daß im Tintenfaß oft stecket
> Eines gift'gen Dämons Macht.

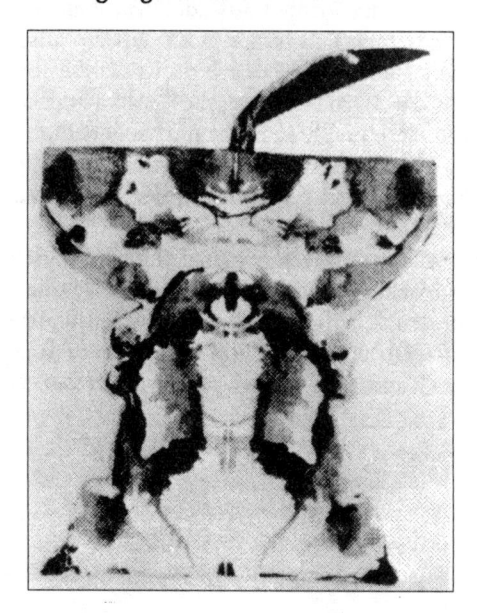

(Abb. 1)

---

[63] Clemens Brentano: Der Philister vor, in und nach der Geschichte. In: C . B.: Werke. Hg. v. Wolfgang Frühwald. Bd. 2. München ³1980, S. 982. Vgl. Günter Oesterle: Arabeske, Schrift und Poesie in E. T. A. Hoffmanns Kunstmärchen „Der goldne Topf". In: Athenäum. Jb. für Romantik 1991. Hg. v. Ernst Behler u. a. Paderborn 1991, S. 105 f.
[64] Ebd., S. 983.

> Hier das Dintenfaß mit stummer Feder,
> Wenn man's umdreht, sieht mit Staunen jeder:
> Wie in einen Dämon tierisch kraß
> Sich umwandelt oft das Dintenfaß. (382)

Das Vexierbild des Tintenfasses gibt preis, was im Material der Schrift verborgen liegt. Schließlich leitet sich Mephistopheles nicht von ungefähr von „tofel", d. h. „Besudler" her.[65] Kerner warnt ausdrücklich vor den Verstellungskünsten der Teufel (421). Die Klecksographie deckt die dem Schriftmaterial Tinte implizite Befleckungsgefahr auf, indem sie diese sichtbar, fixierbar, benenn- und deutbar macht. Die Offenlegung des Versteckten erlaubt dem Klecksographen nicht nur die Entlarvung des Bösen in den „Höllenbildern", sondern gibt ihm auch die purgatorische Chance zur Entsühnung des Bösen in den „Hadesbildern" beizutragen. Kerner greift auf diese Weise die seit dem 12. Jahrhundert verbreitete Auffassung von einem „Mittel"- und Zwischenreich der Verstorbenen zwischen Diesseits und Jenseits, zwischen Hölle und Paradies auf. Die Vorstellungen von einem Fegefeuer reaktualisiert er durch Verweis auf die Naturkunde und den beobachteten Befund eines „Mittelzustand(es)" zwischen Raupe und Schmetterling:

> Aus dieser Naturanschauung ging hauptsächlich der später von mir verteidigte Glaube eines Mittelreichs hervor, eines Zustandes, in dem der Mensch, sich selbst anheimstellt, wie die Raupe die Flügel zum Schmetterling, die Flügel einer höhern Psyche erst entwickelt und zu solcher reif wird.[66]

Die Klecksographie macht auf Grund ihrer intermediären Struktur zwischen materiellem Fleck und vergeistigtem Zeichen die im Zwischenreich lebenden Sünder in ihrer Körperhaftigkeit dingfest; sie vermag deren Zustand und ihre Erlösungschance zu diagnostizieren (387), „aus der Nacht zum Licht" (376) und aus „dem Gefängnis und der Schale des Körpers" (565) sich zum Geistigen zu erheben. Das Tintenfaß vertritt demnach die „temporäre Hölle" des Purgatoriums.[67] An die Stelle des Gebets für die Toten tritt die Diagnostik der Klecksographie. Freilich finden sich im Fegefeuer nicht nur Menschen in Gestalt körperlich gemarterter Verstorbener, sondern auch Dämonen. Die alte Vorstellung von „zwei Kategorien" im Fegefeuer[68] greift Kerner mit der von ihm vorgenommenen Zweiteilung in „Hadesbilder" und „Höllenbilder" auf, um ihnen eine bestimmte Richtung zu geben. Daß die „Höllenbilder", die am Ende des Zyklus der Klecksographie plaziert sind, gegenüber den „Hadesbildern" eine Steigerung darstellen sollen, versteht sich von selbst, daß sie aber auch aus einem bestimmten eigenem

---

[65] Vgl. Artikel: Teufel. In: Historisches Wörterbuch der Philosophie. Hg. v. Joachim Ritter u. Karlfried Gründer. Bd. 10. Basel 1998, Sp. 1035.
[66] Justinus Kerner: Das Bilderbuch aus meiner Knabenzeit. Erinnerungen aus den Jahren 1786-1804. In: Werke (Anm. 47), S. 253.
[67] Jacques Le Goff: Phantasie und Realität des Mittelalters. Stuttgart 1990, S. 149.
[68] Ebd., S. 150.

Material stammen, bedarf der Erwähnung. Die „Zöglinge aus Mephistos Musterschule" (427), die „schwarze(n) Geist(er)" (427) und „teuflische(n) Fratze(n)" (428) steigen „aus noch tiefrer Nacht" (421) als der üblichen Tintenschwärze. Sie kommen nämlich aus dem untersten „Dintensatze" hervor (421). Der „Weltkönig" (429) des Bösen aber, „die klecksographierte Unnatur" (429) entsteht aus der „Druckerschwärze" (428). Angesichts dieser zwiefachen Population des klecksographierten Fegefeuers verfolgt der Klecksograph eine heilkundliche Doppelstrategie: gegenüber den reuigen Sündern bietet sein Klecksographieren ein Reinigungsritual, gegenüber den „nicht zu bessernden Gesellen" der Hölle (421) nutzt er die Möglichkeiten des Exorzismus.[69] Diese unterschiedlichen Strategien verändern die Bild-Text-Dominanz. In den der Läuterung zugeführten „Hadesbildern" ist das Klecksgebilde gegenüber dem beigefügten Text zeitlich und sachlich primär; in den „Höllenbildern" wird der Klecksographievorgang angesichts der erscheinenden teuflischen Fratzen hingegen unterbrochen (422). Das zum Exorzismus fähige Wort gewinnt über das Klecksbild Gewalt, bannt und vertreibt es. Die Pointe freilich ist, daß am Ende des Zyklus nicht nur das Wort gegenüber dem Bildfleck siegt, sondern auch Tinte und Handschrift gegenüber der Höllenmacht der mechanischen Druckerschwärze. Während zum Abschluß der „Hadesbilder" ein Selbstporträt (416 f.) (vgl. Abb. 2) und ein Christus im „Schatten Reich" (418 f.) klecksographiert werden, um die Botschaft einer glückenden Korrespondenz von Reue und Entsühnung mitzuteilen, wird in den beiden vorletzten „Höllenbildern" einerseits der Ermächtigungsversuch des Druckerschwärzeteufels[70] mit Blick auf den „Schwarzkünstler" „Faustus" (428)[71] abgewehrt, seine erfolgreiche Vertreibung aber wird im Medium des Zitats des „Luthrische(n)" Tintenfaßwurfs durchgeführt. (Abb. 3) Auf diese Weise gelingt der Klecksographie, die zunächst ja „des gift'gen Dämons Macht" (382) freigesetzt hat, durch Läuterungsrituale und Exorzismus den erhoffbaren Umschlag des Häßlichen der Kleckse in die allseitige Harmonie zu prophezeien. Zum Abschluß erweitert sich das Text-Bild-Gefüge um die Musik; der Brunnen der „teuflische(n) Nachtschmetterlinge" wird übertönt vom Klang eines „Engel Chors" und der Prophezeiung einer Reharmonisierung der Welt.[72]

Hundert Jahre später wird Peter Rühmkorf das purgatorische Verfahren der Klecksographie Kerners profanieren und ironisch in die Welt der Weißmacher

---

[69] Vgl. das Kapitel „Dämonologie". In: Der sympathetische Arzt. Texte zur Medizin im 18. Jahrhundert. Hg. v. Heinz Schott. München 1998, S. 296 f.

[70] Vgl. den Brief Achim von Arnims an Goethe, Berlin, den 28. Mai 1819: „Meine Fehler hat der Drucker noch vermehrt, dieses Völkchen ist nun einmal mit dem Teufel im Bunde, dem es seine Erfindung auch danken soll." In: Goethe und die Romantik. Briefe mit Erläuterungen. 2ter Teil. Hg. v. Carl Schüddekopf und Oskar Walzel. Weimar 1899, S. 145.

[71] Vgl. Barbara Könneker: Faust-Konzeption und Teufelspakt im Volksbuch von 1587. In: Festschrift Gottfried Webers. Hg. v. Heinz Otto Burger u. Klaus von See. Bad Homburg 1967, S. 167 f.

[72] Auf einer Tagung in Luzern hat jüngst Hans-Georg von Arburg (Genf) einen Vortrag über Kerners Klecksographien gehalten. Dieser Vortrag wird in einer überarbeiteten Fassung in Bälde im Fink-Verlag München erscheinen.

Der Imaginationsreiz der Flecken

des 20. Jahrhunderts versetzen. Das Motto seiner „Kleinen Fleckenkunde" lautet denn auch:

„Die Methode Justinus Kerners ist der beste Fleckenentferner."

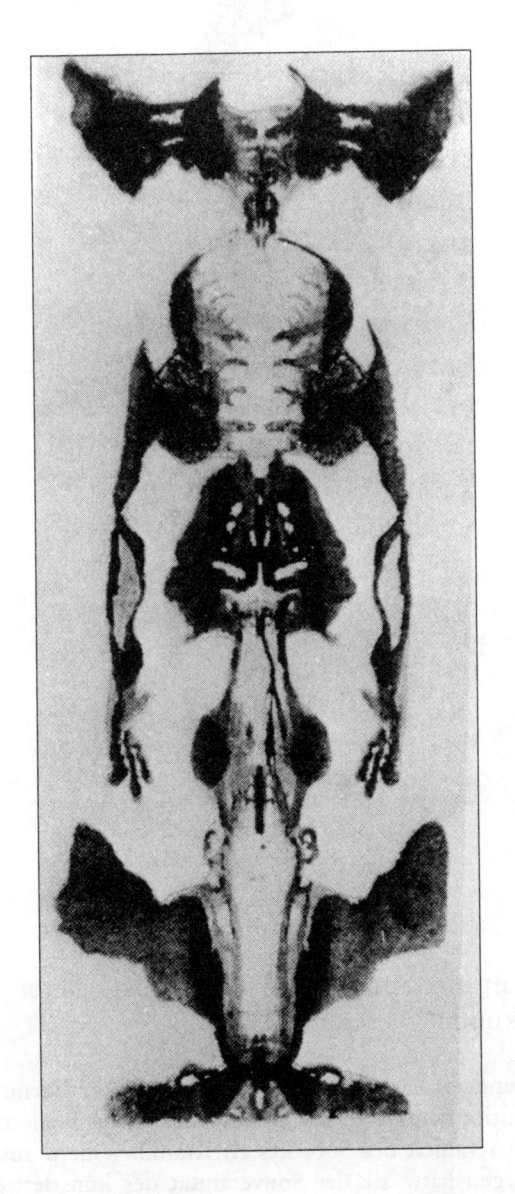

(Abb.2)

(Abb. 3)

Artistische Inventions- und Imaginationslust. Peter Rühmkorfs „Kleine Fleckenkunde"

Mitte des 18. Jahrhunderts hatte mit allem Ernst kritischer Vernunft der Philosoph Kant die Inventionskapazität des Unbestimmten im Blick auf die gefährdete Bewußtseinssouveränität des Subjekts als Krankheitsherd ausgemacht. Der Maler Cozens hingegen hatte sie der Souveränität des künstlerischen Subjekts überantwortet und in den Produktionsprozeß von Kunstwerken methodisch planvoll integriert. Mitte des 19. Jahrhunderts rücken der schwäbische Mediziner

Justinus Kerner und der französische Schriftsteller Victor Hugo ihre Klecksereien ins Ludistische, Gesellige mit Nähe zu spiritistischen Praktiken. Mit beiden Autoren geraten Flecken und ihre Unbestimmtheit ins Feld der Literatur. Während Kerner die von ihm entwickelte Klecksographie in der doppelten Medialität von Bild und Text durchführt und auf diese Weise semantisierend einer didaktisch-religiösen Interpretation unterwirft, sind Hugos häufig mit Schriftzeichen versetzte, durch die Anfangsbuchstaben des Autornamens geradezu den Zufall „autorisierende" Fleckenspiele artistische Experimente im Spannungsfeld von Arabeske und „écriture automatique".[73]

Im 20. Jahrhundert schlägt die Auseinandersetzung mit der Inventionsmethode Leonardos und der Klecksographie Kerners drei Wege ein. Wachsende Konjunktur erhält das artistische Inventionsverfahren und Fleckenexperiment in der bildenden Kunst mit der zunehmenden Ermächtigung des Zufalls im künstlerischen Prozeß durch Kunstrichtungen wie Dadaismus und Surrealismus. Sie sind in unserem Kontext knappest durch Max Ernst zu Beginn dieses Aufsatzes vertreten und sollen nicht weiter verfolgt werden. Hermann Rohrschach entdeckt die Imaginationspräzisierung durch ein deutungsbestimmendes Subjekt als wissenschaftlich aussagefähig und methodisierbar für die Psychologie.[74] Der nach ihm benannte Rohrschachtest ist ein psychodiagnostisches Verfahren, das das Subjekt wieder in den Mittelpunkt rückt und dessen Blick auf das Vage und den von ihm ausgehenden Reiz der Einbildungskraft wieder in den Horizont der Pathologie stellt.

Peter Rühmkorfs „Kleine Fleckenkunde" ist eine höchst artistische, ludistische Fleckenreflexion[75], die das Nachdenken, Rückstrahlen und Spielen ebenso umfaßt wie den Reflex als Reaktion und Widerschein, den „Angstreflex" (48) und den Lichtreflex. Sie führt gegenüber psychologischen und naturwissenschaftlichen Reflexen einen eigenen, ästhetischen „Fleck-Reflex" ein (52). Er wirkt optisch und akustisch gestaltevozierend in Bild und Sprache. So erfindet Rühmkorf angesichts eines bestimmten Bild- und Sprachmaterials seiner Klecksographie das bild- und sprachphantastische, imaginäre „Klecksogravieh" (51). (Abb. 4) Der aufgeschlossene Sinn für das Amorphe trifft in der Fleckenreflexion Rühmkorfs auf neue Ordnungen jenseits der naturwissenschaftlichen von Linné oder Brehm, solche, in denen der „Linné" als Pflanzengestalt erblühen kann und „Brehm" ein Flügeltier bezeichnet (75). Er findet neue Gestalten, die die Entwicklung der Arten und Sprache nicht hervorbrachte, phantastische, erotische, verspielte, schöne. Die „Fleckenkunde" verarbeitet aufs Eigensinnigste ästhetische, psychologische, moralische, religiöse Fleckentheoreme und -praktiken von Leonardo an. Ihr Motto könnte Rühmkorfs poetische Erläuterung für den „Fleck-Reflex" sein:

---

[73] Vgl. Thomas Bremer, Günter Oesterle: Arabeske und Schrift. Victor Hugos „Kritzeleien" als Vorschule des Surrealismus. In: Zeichen zwischen Klartext und Arabeske. Hg. v. Susi Kotzinger und Gabriele Rippl. Amsterdam 1994, S. 187-218.
[74] Vgl. Ewald Bohm: Lehrbuch der Rohrschach-Psychodiagnostik. Bern 1951.
[75] Peter Rühmkorf: Kleine Fleckenkunde. Zürich 1982. Die Seitenzahlen im Text beziehen sich auf diese Ausgabe.

> Blind auf einen Fleck gestiert,
> wendet nichts zum Hellen.
> A B E R:
> Flecken reflektiert,
> schimmert wie Libellen. (53)

Die Strophe, die einer aus einem Klecks durch Falzung entstandenen Flügelgestalt zugeordnet ist, führt nicht nur das seit Justinus Kerner konstitutive Zusammenspiel vom Klecksen und Schreiben, imaginationsbereitem Sehen und Lesen, von Bild und Text in der Klecksographie vor Augen. Sie gibt auch klecksographische Spieldispositionen innerhalb der sprachlichen Gebilde selbst zu erkennen, die Anlehnungen an die Symmetrieachse innerhalb der Strophe in der Strophenmitte etwa oder innerhalb einer Zeile das Hörbarwerden eines Fleckenhaften der Reflexion selbst im Wort reflektieren. Rühmkorf entdeckt weit über das Wortspiel hinaus den Reim als „die Klecksographie des Ohrs" (54) und „Palindrome", wie ein Untertitel der „Fleckenkunde" lautet, als Wortklecksographien mit Symmetrieachse, die als Gedichtzeile optischen Klecksographien zugeschrieben werden.

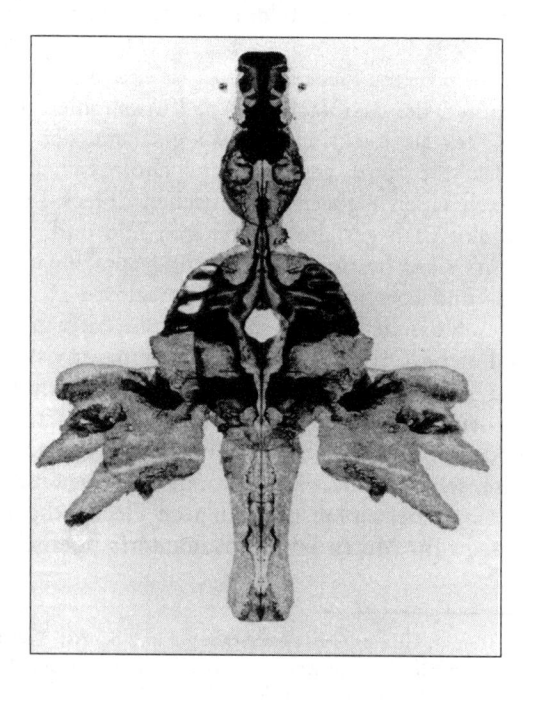

(Abb. 4)

Derart erobert Rühmkorf die Klecksographie nicht nur genuin für Sprache und Literatur, sondern rückerobert darüber hinaus ihr ästhetisches und artistisches Inventionspotential, das seit Rorschach psychologisch eingebannt war. Unter dem Untertitel „Von den Klecksen und ihren Reflexen" entbietet die „Fleckenkunde" einen „Gruß an Rorschach", in dem Klecks und Klecksographie ihre psychologische 'Undurchschaubarkeit' behaupten (47). In vielen Varianten wird das klecksographische Spiel der Paarung etwa von Klecks und Strich, der Vereinigung, Zeugung bis hin zur Jungfernzeugung (45) der Psychologie gleichsam artistisch entwendet. Der Klecks ist die Ursprungsphantasie schlechthin. Nicht das Wort war am Anfang, sondern: „Am Anfang war der Klecks" (11) lautet der Schöpfungsbericht des Klecksographen und Schriftstellers, das Ungestalte, nicht die Schrift. Voll „Gottvertrauen" wendet sich der Klecks an seinen „Erzeuger", den Klecksographen und Künstler, der ihm durch einfachen „Kniff" (26) bzw. durch artistische „Tricks" (11) Gestalt verleiht. Indem Rühmkorf den Klecks aus der psychologischen Deutungsdominanz befreit, überläßt er ihn erneut der Imaginationslust der Leser und Beschauer sowie den Kunstgriffen des Artisten, den „Kniffen" des Klecksographen und dem Zufall:

> So wartet jeder Klecks auf seine Chance:
> Zeig ihm den Kniff und wünsch ihm Renaissance. (69)

Schon das Motto der „Fleckenkunde" bringt zum Ausdruck, wie sehr sie Justinus Kerners Methode der Klecksographie verpflichtet ist. Sie folgt deren Symmetrisierung des Kleckses durch Falzung und deren doppelter Medialität von Text und Bild. Gleichwohl zeigen der Text und das dazugehörige Klecksgebilde, daß sich Rühmkorfs graziös beschwingte Figuren aus den amorphen Klecksen durch Kunst und Artismus befreien. Aus der schaurigen, weltanschaulich eingefärbten Tintendämonologie Kerners wird die ludistisch 'Flecken reflektierende' (59) Kunst des Fleckenverwandlers Rühmkorf. Seine Klecks- und Textcollagen lassen sich als direkte Antwort auf Kerners teuflische Tintenwelt lesen:

> Naht der Diabel dir
> scheußlich wie nie:
> auf! Und erfabel dir
> Totemtier - Schnabeltier - (50)

Der Schrecken auslösende Tintenklecks, wie ihn „ Die Wahlverwandtschaften" Goethes und E.T.A. Hoffmanns „Goldner Topf" dokumentieren, sowie der Angst abwehrende Tintenklecks, wie ihn Luther auf der Wartburg inszenierte, wird karnevalistisch aufgehoben:

> Dies ist der Lutherklecks ...
> Dies ist ein Angstreflex ...
> ... jenes der Kletterluchs
> ... jenes ein Jux. (48/49)

Rühmkorf verlegt das religiös motivierte „memento mori"-Programm Kerners, von der Schlacke zum Geist aufzusteigen, allein in die Form und ihre beflügelnde Leichtigkeit. Anspielungsreich läßt er „Faust" das Schlußwort sprechen:

> Hast du den rechten Fleck am Herz,
> dann gib ihm noch die Drehung!
> Ein jeder Klecks will himmelwärts
> und lechzt nach Auferstehung. (104)

Alle Tabus, die den Flecken belasten, das Beschämende, Schmutzige, Obszöne, Schuldhafte, Saumlos-Chaotische werden durch den Kunstkniff des Falzens aufgehoben. Der karnevalistischen Perspektive fallen nicht nur die weltanschaulichen Teufelsbeschwörer, sondern auch die modernen psychodiagnostischen Charakteranalytiker anheim. Konsequent wird Rohrschach als „Herr Doktor Arschroch" satinisiert (47). Der Fleck wird von seiner materialen und weltanschaulichen Schwere befreit, beflügelt und zum Tanzen gebracht. Dabei ist sich der Klecksograph Rühmkorf des Anteils von Zufall und Fortuna an seiner Kunst bewußt: „Leider wird nicht jeder Klecks / was er werden sollte." (77) Optimistisch ist er jedoch im Blick auf das Mögliche: „Es kann in einer Mißgeburt / sehr wohl ein Falter stecken." (104)

Rühmkorfs „Kleine Fleckenkunde" ist anspruchsvoller als der erste Eindruck es nahelegt. Das Spektrum ihrer Themen und Perspektiven geht von der Theologie, zur Philosophie, Psychologie, der Evolutionslehre bis hin zur Sprache, der Kunst und dem „Klassische(n) Erbe". (98) Genesis und Geltung nicht der Kunst allein, sondern auch der Wissenschaft und des gegenwärtigen Welt- und Kommunikationsverhaltens stehen zur klecksographischen Text-Bild-Disposition. Das ursprungsmythische und ästhetische Leitthema wie Unform zur Form, Klecks zur Gestalt sich wandelt, wird klecksographisch eingeholt. Die „Fleckenkunde" nutzt die Chance der amorphen, vagen Flecken, auch in Fragen der Kunst vorarbeitsteilig, im alten Sinne von „techne" vorzugehen: zum Falzen gehört der handwerkliche Kniff, das 'Pressen' „in eine Ordnung" (12), das Geschick. Die Umgestaltung des Amorphen in Geformtes wird gewaltsam vollzogen durch „zusammenbügeln" (35), „zusammenstauchen" (20), drücken, glätten und plätten.

Geburtshelfer und formaler Angelpunkt im klecksographischen Verwandlungsspiel der Ungestalt in Gestalt ist der Falz und seine Symmetrie erzeugende Mittellinie.[76] Kerner hatte sie zur Grundlage der Klecksographie gemacht, nutzte aber ästhetisch bewußt die Möglichkeiten der Symmetrie, Paarung und Spiegelung nur rudimentär. Rühmkorfs Artistik und Equilibristik hingegen entfaltet sich aus dieser Nahtstelle. Ästhetische Pointe der „Fleckenkunde" ist die bewußte Formgebung durch Symmetriebildungen. Der „Kniff" (26), die Symme-

---

[76] Vgl. das Themenheft zu Symmetrie. In: Studium Generale. Juli 1949, insbesondere den Aufsatz von Wolf von Engelhardt, S. 203 f. Wir verdanken diesen Hinweis Albert Spitznagel.

trieachse, ist der einzige formal durchgängige Kunstgriff. Das variantenreiche Widerspiel zwischen Linie und Fleck ist damit eröffnet. Mit welch artistischem Raffinement die Symmetrie eingesetzt wird, zeigt sich u. a. in der Handhabung der Buchform, der Nutzung ihrer Mittelachse (20 f., 52 f., 72 f.) sowie der Überraschungsmöglichkeiten des Umblätterns (17 f., 107 f.). Souverän werden die Spielmöglichkeiten „horizontaler" und „vertikaler Spiegelung" (54, 94 f.) ergriffen, ebenso der Mechanismus der „Umklappung" (28/29). Meisterhaft ausgeschritten wird die Choreographie variantenreicher gestaltverwandter Doppelbildungen von der „Zoologie" (57) an bis hin zu verschiedenen Tanzfiguren und Tänzen (58/59). Was immer sich mit Paarung, Verkoppelung und Spiegelung assoziieren läßt, Erotisches, Religiöses, Philosophisches, Psychologisches, es findet sich hier (82)! Geschickt und spielerisch werden die Symmetrieoperationen der Natur aufgegriffen und vieldeutig vorgestellt, den Blick auf die biblische Genesis und Goethe („In jedem Kleckser ruht versteckt / ein Ur-Insekt"; (64/65)) ebenso freigebend wie auf die wissenschaftlichen Ordnungen von Linné oder Brehm (75). (Abb. 5) Schließlich gelingt durch Symmetriebildung ein genuiner Text-Bild-Bezug, wenn der „Reim zur „Klecksographie des Ohrs" (54) erklärt wird und das „Palindrom" zur Form „wechselseitiger Erhellung" (91) von Text und Bild.

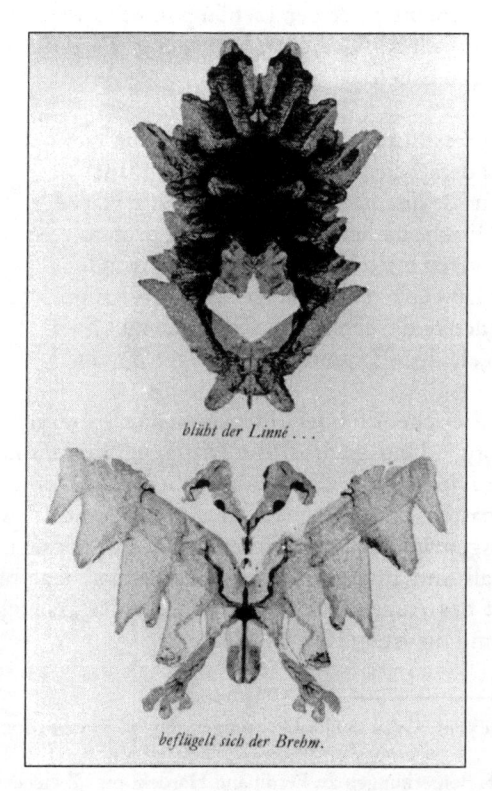

(Abb. 5)

Die eigentlich ästhetische Brisanz der „Fleckenkunde" eröffnet sich freilich an der Grenze der Symmetrie, an dem Widerspiel von amorphem Klecks und isomorpher Figur, an dem Gegensatz zwischen Fleck und Linie. Hier zündet die Leitidee des kleinen Buches, die philosophisch, ästhetisch und nomologisch durchbuchstabiert wird: erst die Paarung binärer Opponenten, von Gerade und amorpher Masse (32), von Linie und Substanz (36), von Fokus und Symmetrie (26), ergibt ein lebendiges Ganzes:

> *Die reine Lehre*
> Vertraue nie der reinen Lehre!
> Die Achse gebe dem Stoff die Ehre.
> Der Inhalt soll sich auch nicht zieren;
> er hat für sich kein Gesicht zu verlieren.
> Erst wenn sich ein Kniff am Kleckser besäuft,
> erahnt man, wie das Leben so läuft. (34)

Daß in dem artistischen Widerspiel von Klecks und Linie aufs Heiterste die ästhetische Kontroverse zwischen Klassizismus und Romantik oder Reminiszenzen an die Ornamentästhetik des fin de siécle wach werden, ließe sich durchweg zeigen. Insbesondere scheint einer der Lieblingsautoren Peter Rühmkorfs, Ferdinand Hardekopf, mit seinem Gedicht „Abneigung" Pate für die „Kleine Fleckenkunde" gestanden zu haben:

> Ich presse zu Linien die lästigen Bäche
> Und denk' die ent-ölten in ebenen Plan;
> Ich hasse den Raum ich vergöttre die Fläche,
> Die Fläche ist heilig, der Raum ist profan.
> Ich werde mich listig der Plastik entwinden
> und laß euch gebläht im gedunsenen Raum.
> Ich denke die lieblichsten Schatten zu finden
> Im gefälligen Teppich, im flächigen Traum.[77]

Selbst das zu einem Zwischentitel der „Fleckenkunde" gewählte „Zwiegespräch" erinnert an Hardekopf.[78] Und doch ist die Differenz zu dem kongenialen Vorgänger und damit zu Jugendstil und Dada nicht zu übersehen: es gibt keine Teppiche, keine Schatten und keine Träume in Rühmkorfs Klecksographien. Dafür gibt es ein ausgeprägtes, hoch differenziertes Bewußtsein von dem Balanceakt zwischen Zufall und Intention. Das „Geständnis" legt offen, es handelt sich um eine „Kunst des Augenblicks" (107), in der der „Heilige Geist" durchschlägt oder nicht „und nix ist." (109) Es lautet:

---

[77] Ferdinand Hardekopf: Gesammelte Dichtungen. Hg. v. Emmy Moor-Wittenbach. Zürich 1963, S. 55.
[78] Peter Rühmkorf: Bemerkungen zu Ferdinand Hardekopfs „Zwiegespräch". In: 131 expressionistische Gedichte. Hg. v. Peter Rühmkorf. Berlin 1986, S. 79 f.

> Was uns an diesen Spielen rührt,
> das ist mit Schweiß nicht zu erkaufen.
> Es ist zur Hälfte programmiert,
> zur Hälfte so gelaufen. (107)

Im Vergleich zu Leonardos Inventionsmethode hat sich der Erfindungsimpuls in die Spannung zwischen Programm und Zufall verlagert, d. h. in den Arbeitsvorgang mit seinen Materialvorgaben und Widerständen. Von Dada und Surrealismus unterscheiden sich das Rühmkorfsche „blot"-Verfahren und seine Gebilde allerdings durch die ironische Integration der Bildung. Das an den Schluß gesetzte Doppel-Portrait bietet dafür den Schlüssel. Die „Kleine Fleckenkunde" endet mit dem „Kleine(n) Latinum" des Artisten Peter Rühmkorf.

> Das ist die ganze Tintessenz:
> Der Anfang mündet in den Exit –
> Was sagt ihr nun, Herr Peter Squenz?
> Fortuna fecit, Rühmkorf klexit. (111)

Nun weiß man ja, daß Diminutive es so in sich haben. In der Tat steckt in der Frage an Herrn Peter Squenz eine aufschlußreiche literarische Anspielung. Peter Squenz ist nämlich das Pseudonym eines modernen Autors schwäbischer Mundartgedichte und so seltener Erscheinungen in der Gegenwartslyrik wie *lateinischer Gedichte* mit dem Namen Josef Eberle.[79] Sie sind im Stile Ovids und Martials verfaßt. Nun stehen diese beiden lateinischen Dichter in der Tat für zwei Prinzipien und Qualitäten, die in der „Fleckenkunde" im wahrsten Sinne des Wortes zu Buche geschlagen sind: Metamorphose und satirischer Witz. So gesehen reiht sich hintergründig und ironisch das kleine Buch ein ins „Klassische(s) Erbe", wie sein letzter Untertitel lautet. Schaut man dem Vorschlag Leonardos folgend lange genug auf das Doppelportrait Rühmkorfs am Ende der „Fleckenkunde", dann sieht man den im Jahre 1929 geborenen Autor zwinkern. (Abb. 6)

Kann man also, nach all den Doppelbildungen, für zwei Jubilare, den Schriftsteller Peter Rühmkorf und den Literaturwissenschaftler Walter Hinderer, eine bessere Widmung finden als jene auf der Innenseite des Titelblattes der „Kleinen Fleckenkunde"? Sie lautet:

„Den letzten Resten der Besten"!

---

[79] Artikel Josef Eberle, auch: Sebastian Blau, Josephus Apellus, Peter Squenz. In: Walter Killy: Literaturlexikon. Bd. 3. Gütersloh 1989, S. 143.

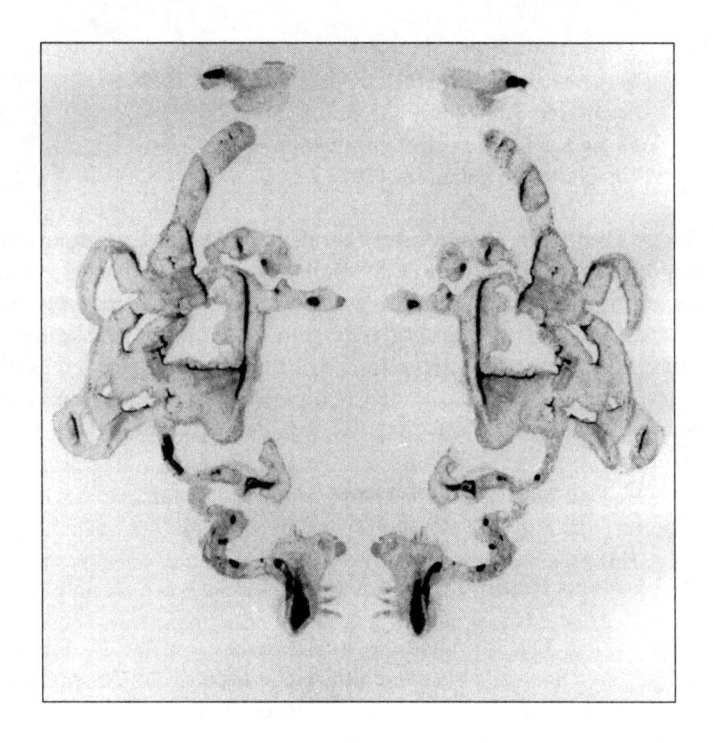

(Abb. 6)

Robert E. Norton

"*Schlafes Bruder* – Sinnes Schwund": Robert Schneider and the Post-Postmodern Novel

There is hardly a single aspect of Robert Schneider's 1992 novel that, on careful inspection, does not turn out to be in some way problematic. Its constitutive paradoxes begin with its difficult birth, now an integral part of the book's mythology. For *Schlafes Bruder* almost never saw the light of day. Having been rejected by over two dozen publishing houses before finally being accepted by the former East German firm of Reclam Leipzig, it went on to become one of the biggest bestsellers in post-war German history, with well over 600,000 copies already sold by 1995.[1] Within the same period, it was translated into over twenty languages, and in 1995 the filmmaker Joseph Vilsmaier produced a movie based on the novel, with a screenplay written by the author. Although *Schlafes Bruder* was Schneider's first book and he was only 31 when it appeared, he is now regarded as a celebrity and, judging from recent interviews and newspaper accounts, he clearly relishes the privileges his sudden fame and wealth make possible in a culture infatuated with both.

This sort of enormous popular success is usually reserved for the Tom Clancys, John Grishams, and Danielle Steeles of this world, but not for writers with any kind of literary pretensions. And yet that is precisely what Schneider seems to be. With few exceptions, critics have hailed the book as a virtuoso performance, praising especially the linguistic feat of evoking the early nineteenth-century, backwoods atmosphere of the fictitious village of Eschberg, which Schneider imaginatively placed in the Austrian province of Vorarlberg. Making liberal use of archaic words and antiquated syntax, even inventing the odd phrase to add an even more exotic flavor to the mix, Schneider fashioned an idiom that was entirely his own, but one that still conveys the sense of a distant, vaguely historical past. Fanciful, though evocative verbs such as "schuhen," "nasen," "jellen" or "glaren" (for "laufen," "riechen," "schreien" and "anstar-

---

[1] See *Über "Schlafes Bruder": Materialien zu Robert Schneiders Roman*, ed. Rainer Moritz (Leipzig: Reclam Verlag, 1996), 12. All further references to this collection will appear in the text as ÜSB, followed by the number of the page from which the quotation was drawn. All citations of the novel are to the hardcover first edition and will appear in the text as SB, along with the respective page number.

ren"), while wholly outgrowths of Schneider's imagination, nevertheless seem to lend a convincingly rustic tone to the linguistic tenor of the whole. One critic called the book a "Wunder," claiming that it puts its readers under a spell (ÜSB 148) while another fairly accurately predicted that "Dieser Roman wird wie eine Droge wirken" (ÜSB 166).

But it is not just the language of the book that works so powerfully on its admirers. Schneider also taps the emotional reserves contained in the great thematic repertory of the post-Romantic literary tradition. He draws on, among others, the familiar themes of unrequited love ending in lonely death; the misunderstood or unrecognized genius; the passionate artist who falls into madness; the transformative power of music, and so on. In fact, Schneider makes recourse to so many conventional topoi that there has been some uncertainty about its true generic character. It contains elements we variously associate with the "Heimatroman," the literary chronicle, fairy tale, and parable. Given this abundance of formal contrivances, some have darkly suspected a parody lurking beneath the disingenuous exterior, a postmodern send-up of the very conventions it exploits. Yet the distinct earnestness with which the fate of the protagonist is narrated, and the equally unmistakable invitation extended to the reader to take the story as seriously as it appears to take itself, make it difficult to maintain the emotional distance that mere pastiche more or less unavoidably creates. Indeed, the clamorous reception granted the book is itself a sign that readers did not view the novel as an exercise in sterile intellectual self-gratification – or in what Schneider himself once contemptuously referred to as "Hirnwichserei" (ÜSB 17).

So how are we to understand *Schlafes Bruder*? The question is less simple to answer that it initially appears. On the surface, the book seems easy enough to grasp. The hero of the tale is Johannes Elias Alder, born in 1803 as the illegitimate son of the village priest, who experiences a mysterious acoustic conversion when he is a boy, which lends him superhuman powers of hearing. Owing to his aural gifts, he develops a musical sensibility of extraordinary complexity and fineness just by listening to the church organist play. But since he never receives any formal musical training, in fact never even leaves his village until after the age of twenty, his talent remains wholly untutored. Said by the narrator to be one of the greatest musical geniuses ever to have lived, Elias Alder never learns how to write or read music, and he dies anonymously, without a single work of his ever having been written down and preserved.

Interwoven into this story of exceptional but unfulfilled promise is the mawkish account of Elias's similarly frustrated love life. Also as a boy, he falls in love with his cousin, Elsbeth. Throughout the rest of his life he harbors his secret passion, confessing his feelings to no one, but blindly hoping that one day she will return his affection. When she becomes pregnant by someone else in the village, Elias resolves to commit suicide by the unconventional means of depriving himself of sleep. For, as he once heard a travelling preacher say, "wer schläft, liebt nicht." Death, the brother of sleep – hence the title of the novel – finally releases Elias at the age of 22, following seven days and nights of delirious wakefulness.

The bulk of the narrative is devoted to fleshing out the details of this relatively straightforward tale, interspersed with related anecdotes and set pieces about the nature of life in Eschberg. But one of the more striking features of the novel is that we learn practically nothing about the inner lives of any of the characters; it is as if we see them solely from the outside. Both Elias and Elsbeth remain virtual strangers not just to themselves and one another, but to the reader as well. Any individuality they possess emerges not from their character but almost entirely from their external attributes. We know what Elias looks like, what he wears and what he does, but the most we discover about his person is that he is "fromm" (SB 45) and that his heart is "gut" (SB 51). About Elsbeth, too, we find out no more than that she was "ein stilles Kind von ausgeglichener Art und gutem Charakter" (SB 98). But even the descriptions of their physical appearance have a decidedly formulaic quality about them. When Elias appears for the music festival in nearby Feldberg, he looks as if he stepped out of central casting made up in the costume of an early nineteenth-century provincial: "Da stand er nun, unser Held, im schwarzen, verschwitzten Gehrock, barfüßig mit dreckigen Fuß- und Fingernägeln, fettigen Haarsträhnen und von üblem Geruch" (SB 166). The slightly detached stance the narrator takes toward "our hero" in this passage, along with the audible undertone of ridicule, only heighten the sense that we are looking at a stock figure.

Even though we are told a great deal about the other inhabitants of Eschberg, they are not a very appetizing lot. Venal, crude, hypocritical, mean, superstitious, and vengeful, there is not a single redeeming figure among them. We witness mothers who contemplate murdering their own children if they become too much trouble, teachers who beat their pupils bloody, villagers who lynch one of their own whom they scapegoat for starting a fire, others who torture animals, and a further assortment of drunks, imbeciles, and whores. Incest is so commonplace in Eschberg that there seem to be more cases of Down syndrome – or, as they are provocatively called in the book, "mongoloids" – and hydrocephaly than there are normal children. Even Elias, in addition to his unusual musical endowment, prematurely reaches puberty and is said to attract the attention of the village women because of his abnormally developed member. His mysterious transformation brings about other physical anomalies as well, including eyes that turn, we read, the color of urine. In 1892, long after Elias had died, the last of three devastating fires to afflict the village during that century destroys what was left of Eschberg and kills all but one of its remaining denizens, who then expires 20 years later. It almost comes as a relief to know that this nasty little collection of genetically perverted miscreants has been wiped from the face of the earth.

Perhaps the single most prominent thematic motif played out through the length of the novel is that of religion, and particularly the Catholicism that is inseparable from the culture of the real Vorarlberg in which Schneider locates his story. It is so ubiquitous – on virtually every page there is some reference to God, the Church, its rites and practices – that Mark Werner speculated that

Schneider had intended to write a veiled "Heiligenlegende" (ÜSB 100). But a closer look reveals that here, too, religion appears to be used more for its outward effect, as a kind of lexical prop, than for any more substantive reason, and most often to the detriment of religion itself. The religious faith of the villagers most often serves as a means of demonstrating their hypocrisy, gullibility and corruption. The priests in the novel are, in addition to being adulterers, also shown to be depraved liars and self-interested frauds; during the so-called "Festo Trinitatis" a cow wanders into the chapel and relieves itself onto the words "AVE MARIA" spelled out in the carpet of flowers on the floor; and when Elias has a vision of God, the Deity is depicted as a grotesque figure, a wounded mute baby whose outstanding feature is that he lacks a navel. At the beginning of the book, the narrator states outright that the account of Elias Alder's, whose talents were so cruelly wasted, is itself intended as "eine Anklage wider Gott" for having devised the "satanischen Plan" (SB 11) of bestowing those gifts on Elias without giving him the chance to develop them. Quite apart from the theological soundness of the viewpoint, the book delivers by any measure a dark assessment of the human condition. There is no room in the novel for any of the cardinal virtues: not charity, not faith, and certainly not hope. Indeed, this is what Schneider's narrator has to say about hope: "Eine jede Hoffnung ist ohne Sinn" (SB 133). (This statement is also typical of the numerous pithy, though unsubstantiated pronouncements scattered throughout the novel.) And since hope, albeit narrowly focused on Elsbeth, was all Elias had (he is unconscious of his musical gifts and thus insensible to any fulfillment they might offer), it must appear that his life, too, is finally rendered devoid of meaning – to himself as well as to us.

What, then, is the point of all of this? Or, as another critic wondered: "was will Schneider überhaupt erzählen?" (ÜSB 165). Are we, in the end, supposed to take away a sense of tragic loss over a talent that could not flourish in an atmosphere of ignorance, apathy and baseness? That love is ennobling even if, or precisely when, there is no consummate union of two bodies and souls, but only the self-sacrifice of one to the idea of the other? Or is there some other, hidden message, buried under these rather hackneyed formulae, but promising a better insight? Even Elias's putative father, Seff, has trouble understanding the boy he takes to be his son, saying to himself at one point: "Gottverreckt mit dem Bub ist etwas falsch!" (SB 27). We, as readers, similarly begin to suspect early on that something is not quite right with the book, either.

The main problem is that *Schlafes Bruder* is a wholly artificial construct, a purely synthetic creation that nevertheless insists on being taken as the opposite. There is no part of the book that is not counterfeit, a studied simulacrum of literary form – with the one exception, perhaps, of the venom the author exudes in his depictions of Eschberg. But it would be a mistake to imagine that *Schlafes Bruder* merely represents an ironic game for Schneider. It is true that we are not meant to "believe" in the possibility of redemption in Elias's boundless love for Elsbeth, nor are we expected to "believe" in the musical "genius" he develops: these are literary conventions that are nothing other than the ingredients the author uses to manufacture his story. But it is also true that the vehemence of his animosity toward his own creations, his lack of sympathy for them or their plight, betray a personal investment on Schneider's part, negative though it is, that lends the whole narrative its hard-to-pin-down urgency. Nevertheless, Schneider's critique – if it is one – is an easy critique, avoiding all of the difficult questions of his own time and his own society by leaping past them back into a fantasy realm. (It is no accident that Elias is born more than a decade before that most troublesome of German composers, Richard Wagner, and that his music thus remains uncontaminated by everything that name implies.)

But it is not just that Schneider's themes are well-known, or time-tested, it is their very quality of being instantly recognizable and easily assimilable that makes them useful to him. Schneider has constructed the novel using rough-hewn archetypal cultural building-blocks, knowing he could rely on them to generate their own meaningful energy, but with no intention of producing something new or original, except in the most formal sense. Everything in the novel seems meant to provide local color, nothing is intended to have any greater significance that was not a function of its place value in establishing either a desired mood or background. The "meaning" of the text is not the result of an organic process of gradual accretion or unfolding, but instead resides, ready-made, in the individual components Schneider borrows, adapts and rearranges into a new assemblage. It is through this controlled combination of thematic and narrative components that retain, in fact rely on, a kind of autonomous semantic value beyond their structural significance within the work itself, that the novel manages to captivate not just the average reader looking for a stimulating confirmation of the familiar, but also practiced, sophisticated critics whose palate demands more refined fare. Experienced readers readily recognize the numerous literary parallels and borrowings in the book, with many having noted the affinities to Günter Grass's *Blechtrommel*, Thomas Mann's *Doktor Faustus*, several of Hermann Hesse's novels, the similarities between Schneider's Eschberg and Gottfried Keller's Seldwyla, or, more close to home, the obvious kinship of the novel with the other major contemporary German bestseller, Patrick Süskind's *Parfüm*.

Schneider thus succeeds in providing both kinds of readers with what they want by putting it in the form of what they already know. As long as one reads the book against the appropriate horizon of expectations – either as a sentimental love story or as high-brow intertextual recreation – it works tolerably well. Problems occur when the one type of reader tries to approach the book from the perspective of the other. Thus, when Karin Fleishanderl excoriates the book as only the latest among a series of "Kitschphänomene des zwanzigsten Jahrhunderts" to achieve an enormous commercial success and denounces it as the "Lektüre der Halbgebildeten" (ÜSB 19), one feels that she is right, but also somehow missing the point, as if she had broken the pact between author and reader by demanding more than had been agreed upon. Similarly, any reader who responded in an immediate way to the superficial emotional appeal of the novel would find a discussion of its literary ancestry or formal construction irritating or irrelevant. Martin Doerry comes closest to its essential nature when he asks if the novel is "Kitsch? Persiflage?" and answers: "Weder – noch" (ÜSB 163) Actually, it is both – and more.

Schneider has pulled off the trick of writing a postmodern novel that wants to deny its alienated origins and regain an innocence it never had. The seemingly naive employment of inherently ironic material, the apparently unconscious use of the instruments of deception, produces a disorienting amalgam of disingenuous candor that partly accounts for the difficulty in deciding whether the book is a parody or not. There is a kind of calculated honesty, or rather fake genuineness, underlying his technique. For one, Schneider dispenses with many of the conventional techniques of sustaining fictional illusion. There is, for instance, no suspense about the outcome of the story: we are told what will happen at the end on the first page of the novel, indeed in the very first sentence. Or, in another moment, the narrator announces that Fritz, Elias's half-brother, does not interest him and will thus disappear from the story. "Aus dem Mund des Fritz Alder ist uns kein einziges Wort überliefert. Wäre eines überliefert, es interessierte uns nicht" (SB 49). This kind of narrative mischievousness momentarily puts us off balance, interrupts the illusion of apparently candid storytelling and threatens to tip the scale in favor of a clever spoof. Yet the novel succeeds in persuading its readers that, beneath the surface, there is a core to be taken seriously. Paradoxically, the primary means by which Schneider induces us to accept a promise he never makes good on is the idiosyncratic language he invented for the book.

In an interview he gave in 1993, Schneider said that the prose of the novel is a "Kunstsprache," "die überhaupt nicht existiert, die auch nirgendwo gesprochen wird" (ÜSB 20). The reason he had to spell this out is that this "artificial language" seems so authentic in its artful realization. But the authenticity it possesses results solely from his technical mastery of this wholly made-up medium. It seems related to the way we are impressed by special effects in a movie: what we know to be completely impossible takes on a momentarily believable guise through a purely mechanical ruse. August Everding gives striking testimony of degree to which Schneider's language can invite and legitimate the fusion of the imaginative and the real, apparently erasing the boundaries between the two: "Die Sprache fängt mich ein, sie zündet meine Phantasie, weckt meinen Verstand, reizt meine Sinne. [...] ich spiele die Orgel, ich verbrenne im Dorf, ich fliehe den Schlaf. Ich nähere mich einer bisher ungenannten unbekannten Liebe. Diese Sprache zwingt mich, Bilder zu entwerfen von Landschaften, die ich nicht kannte und jetzt kenne, zwingt mich nachzuempfinden, derer ich noch nicht gegenwärtig war, läßt mich Töne und Tonfolgen komponieren, die ich noch nie improvisiert hatte, derer ich aber mächtig war – " (ÜSB 32). It is the force of Schneider's language that makes possible this kind of imaginative realization of what was never real in the first place.

Stripped of the linguistic veil of Schneider's mannered prose, the rest of the novel dissolves into a collection of non-sequitors and pseudo-wisdom. If we examine what appear to be the over-arching conceptual nodes that might offer some substance to the formal invention, things do not improve. The absurdity of the notion that "wer liebt, schläft nicht," and of the opposite conclusion that whoever sleeps does not love, would appear to be so obvious that their very silliness causes us not to inquire too deeply into their meaning. There are other maxims that initially sound as if they make sense, which, on further reflection, reveal themselves to be either banal or simply unsupportable. After his encounter with God, for instance, Elias discovers that he no longer feels his consuming passion for Elsbeth and concludes that God had released him from his torment. "Erlösung aber," the narrator sentitiously informs us, "ist die Erkenntnis der Sinnlosigkeit allen Lebens" (SB 147). One might be able to make a case for the truth of the general statement – although that is hard to imagine – but the text of *Schlafes Bruder* itself provides that argument neither implicitly through the unfolding events of the plot, nor on the explicit level of rational argument. To do so would run counter to the whole tenor of the novel. In a world where all belief has been lost, everything becomes equally credible. To argue for the rightness or wrongness of a position is to have misunderstood that premise in the first place.

Schlafes Bruder is a book made for an age not just in which everything has been turned into useable material, but where the manufactured object is made to play the role of a natural product. This is the essential difference between the postmodern novel and Schneider's work. The postmodern sensibility preserved its own peculiar integrity, always reminding itself and its spectators that, behind the mask of contingency and play, a sovereign subject still held sway, that there was a knowing intelligence manipulating the levers of artifice. The world was declared to be an assemblage of props by the postmodern mind, where nothing enjoyed a privileged status and everything could be interchanged with anything else. But there was never the disingenuous attempt to make the world, or the self, appear to be more than they were. The postmodern gesture was the performance of a kind of open duplicity, one that wanted us to observe the mechanism at work. Schneider seems to want to go one step further by viewing falsity as the only form of authenticity we have left, thus lending a certain legitimacy to the play of forms but at the expense of the basic sincerity about its intentions – shifty though they might in themselves have been – that the postmodern stance preserved.

Robert Schneider seems to have accepted that we live in a world that everyone has already agreed is false, one that is increasingly manufactured and contrived. But not only is no one supposed to be shocked or dismayed by this fact anymore, we are to take a kind of comfort in the predictable uniformity produced by the absence of meaningful difference. What at first appears to be different turns out to be what we have already known all along, and we are meant to take comfort precisely in the experience of perpetual sameness. Schneider himself underscores at one point the essential unity of the pre-industrial world he draws and our own. While describing the encroachment of modernity in Eschberg – at the end of the novel, roads are being widened and the first factories are beginning to be built – the narrator comments that this development "würde dieses elende Bauernland dereinst in ein prosperierendes Zentrum elender Geldsüchtigkeit verwandeln" (SB 152). If anything, our world is even more depraved than the one depicted in the novel. When the young people of Eschberg begin going into the nearby town of Götzberg, which is comparatively speaking a veritable cosmopolitan Mecca, they return with a vocabulary that is "reicher, farbiger, verderbter" (SB 153). One can only imagine how things would have looked had Schneider set his tale within the present. (He gave an inkling in his follow-up piece, a brief playlet about racial intolerance called, significantly, "Dreck").

The void at the heart *Schlafes Bruder* is, one might say, a constitutional emptiness, the semantic parallel to a world in which all formal appearance is fungible, where everything is available for the taking. It is, in the final analysis, the effort to supplant postmodernism with a radical version of itself, the attempt to stage its own self-overcoming. But, having passed through the phase of postmodern self-consciousness, the post-postmodern novel does not – cannot – return to a pre-lapsarian naiveté. Schneider wants his readers to believe that even lies can be true. It would seem, given the enthusiastic embrace his novel has received, there are more than a few who do.

Stanley Corngold

"Fürsorge beim Vorlesen":
Bernhard Schlink's Novel *Der Vorleser*

This essay is written in friendship and admiration for Walter Hinderer, whose abundant work is flooded through by the same wit, energy, and equanimity that informs his character. These days our attention is more likely to be captured by flagrant disparities between the person and the work: the discovery of the repugnant pasts of Jauss, Schneider/Schwerte, and de Man has allowed more than one commentator to reaffirm the eternal separation of the life and work. In these instances, useful judgments can be produced only with the keenest consciousness of the hypercomplexity of the case. The phenomenon has become rather familiar: smart men who behave badly can defend themselves, and their interpreters can defend them, with tireless will and endless subtlety. Such persons cause immense trouble, and the productiveness of the trouble they cause is inefficient. How happy is the case, then, when one can salute a work full of intelligence, knowledge, and generosity as part of a continuum that extends from the personality.

* * *

The Reader, the American translation of Bernhard Schlink's novel *Der Vorleser*, has inspired in America an interest and scrutiny at least as lively as in Germany.[1] For example: in October 1998, twenty-five members of the faculty of Princeton University came voluntarily to a seminar convened in order to discuss Schlink's book. In one sense, the keen reception of this work at a place one hour away from New York is not surprising since *The Reader* ends with the mention of a German-Jewish emigrée in New York, who, the only survivor of a wartime atrocity, is unwilling to accept the money left her by her captor. "Using it for something to do with the Holocaust would really seem like an absolution to me," she says, "and that is something I neither wish nor care to grant." (214) The question then arises for the American reader, and especially for the Jewish American reader who puts himself in her place: Shall I too reject this gesture and with it, perhaps, the book that means to offer it, as if using it for something to

---

[1] Bernhard Schlink, *Der Vorleser* (Zurich: Diogenes, 1995); *The Reader*, trans. by Carol Brown Janeway (New York: Random House, 1997).

do with the Holocaust would really seem like an absolution to me, and that is something I neither wish nor care to grant to Schlink's enterprise? Like Kafka's work, according to Adorno, *The Reader* hits you with the force of an onrushing locomotive (one could say "streetcar"): you must interpret it to save yourself – or at the least in order not to accept, *without further thought*, complicity with the Jewish woman who rejects a well-meant effort of reconciliation.

With this sentence I've implied that it's possible to say confidently enough what acts in *The Reader* are "well-meant" and what, presumably, are not so regarded in the authorial, *bzw.* narratorial perspective (this "*bzw.*" in turn harbors additional difficulties!). But the reader never really has this certainty. The motives of the woman Hanna, a former member of the SS who in 1944-45 served as a concentration camp guard at "a small camp near Cracow, a satellite camp for Auschwitz" (105) and is subsequently convicted of a horrible crime, are not established – the scrappy evidence of her inner life is recorded by the narrator with a studied neutrality that comes easily to him, an intellectual and scholar who is as such obligated not to allege a knowledge that he cannot have.

The narrator, who is foregrounded as the teller of the story, is named Michael Berg, but he has a disturbingly intimate relation to the author Bernhard Schlink. In many respects they are the same person – both were born in 1944, and both became legal scholars who also write stories. In this way, the often opaque and apathetic narration, which might be chalked up to a kind of compositional awkwardness, becomes guaranteed by the *real* experience of the author, acquires the verisimilitude of speech of a *real* member of a group of young liberals who – while torn by their dislike of the noisy, cheaply-produced condemnations of the German past by their fellows, things set down in rage in so-called *Vaterliteratur* – at the same time feel obliged to testify. As such, Michael Berg will be inclined to a quiet sort of speech, a speech punctuated by doubts, as if "tout condamner, c'est rien du tout comprendre."

On the other hand, important features of the narrator's biography do not match those of the author. Michael Berg does not himself figure as a published author; and, unlike Schlink, who (according to the blurb on *The Reader*) is in real life a judge, Berg refuses to practice law. More than this, even as a private person, he refuses to judge. The reader's predicament is severe: in the first case, where Berg = Schlink, we are entitled to read this coded meditation on the inescapable emotional involvement of Holocaust-judgers with the perpetrators as a general, an exemplary judgment on this matter. In the second case, in which Berg is not = Schlink, what we have is only a partial and pathological meditation on the matter without general applicability. Is the scruple that prevents Berg from despising and condemning Hanna a decisive result of the honey-heavy memories of his sexual happiness with her as an adolescent? Or is this scruple the exemplary one of the passionate sympathy owed to the criminal by her judge, if the criminal is to be justly judged? Impossible to say: it runs both ways and all ways.

There's even more to this obstacle – Berg's refusal to pronounce judgment – than his attachment to Hanna, to the sweetness of his memories. He thinks he has *no right* to judge: he thinks he has lost the right because he betrayed her during the time they were lovers. He disowned her in his mind, by preferring companions of his own age and class to her. Once he saw her standing near the swimming pool when he was with his friends, and he did not acknowledge her (80). The next day she was gone: she'd left her job, her city – and him, and he's sickened by a sense of shame and guilt. From now on he can live only in a spirit of alienation and withdrawal, with a self-protective emotional caution bordering on autism. When they were lovers, he abandoned her, he thinks – and he can't unthink this, even when he's been "enlightened." He cannot seem to be enlightened by the truth that she abandoned him, not in retaliation because he first abandoned her but because she was fleeing from her past and her troubles as an illiterate. And the matter, for the reader, doesn't get any easier: as an older law student, Berg was unable to approach Hanna in order to get her consent to plead with the judge of her case on her behalf even though he had information that might have mitigated her offense. He cannot act toward her because he is pathologically entangled with her;[2] and in this legacy of traces of too-satisfied desire and too-inhibited action, we have a powerful metaphor of implication, of "implication" in both strong senses: everything in this novel *implies* the Holocaust and its judgers, and everything in the novel guiltily *implicates* the protagonists in it, including even the secondary figures, like the narrator's father, who cannot urge his son to do the right thing, and Hanna's judge, who is a *terrible simplificateur*. The result for everyone involved in this story is a kind of numbness of too much conceptual perplexity (limitless reference) and too much moral perplexity (limitless involvement): who then among us shall cast the first stone? "Wie kann denn ein Mensch überhaupt schuldig sein," asks Josef K. of the prison chaplain, in Kafka's *Prozeß*: "Wir sind hier doch alle Menschen, einer wie der andere."[3] The distribution of roles and guilt is imponderable; judgment is not available to the living.

I shall give a few examples, first, of this boundless mingling of details to the Holocaust that eludes analysis and petrifies judgment. At the outset, the narrator becomes sick alongside a house on the street. Hanna, a former concentration camp guard, rescues him, but her mercy feels like "an assault" (4). On his returning to her a year later, she puts him to work bringing up scuttles of coke from the basement; he fumbles, and the coke comes down on him, blackening his face and clothes. Subsequently, one could think of the act as a reference cast backwards to the firing up of crematoria and forwards to the narrator's involvement with a woman responsible for a mass murder of Jews by letting them burn to death. The heap of lumps of coal which fall onto the boy are like so much shit

---

[2] Hanna's criminal act was committed in 1944, the year Michael was born (he is born into the resonances of her act, as it were), yet 1944 is also the year Schlink was born.

[3] Franz Kafka, *Der Proceß*, Roman, in der Fassung der Handschrift, Malcolm Pasley (Hrsg.), (Frankfurt: S. Fischer, 1990), 289. "How can any person in general be guilty? We're all human, after all, each and every one of us." Franz Kafka, *The Trial*, trans. by Breon Mitchell (New York: Schocken, 1998), 213.

(and his original hepatitis is a dirty disease): the re-reader thinks of Auschwitz and this woman's involvement in it.[4]

Hanna is employed as a ticket puncher in a streetcar, where she wears a paramilitary uniform. Her taste for paramilitary uniforms shows up in her dress when she appears in court for sentencing. She is illiterate; that is why she needs people to read to her; and as she needs Michael, she needed Jewish women during the war to read to her, whom she pampered and maltreated (and also used sexually?) before finally sending them to the gas chamber. And Michael, of course, who here has seemed to many American readers, but not to me, her *sexual* victim, is, as her reader, the eponymous hero of the novel.[5]

Such allusions saturate the book. The name of the victimized narrator, Michael Berg, could be Jewish; the woman who pushes him around, when she is not bathing or making love to him, is Hanna Schmitz, whose name is the feminine counterpart, for the American reader, of "Johannes Schmitz" – "John Smith" or Everyone – every German, especially of her generation. Hanna's smacking Mi-

---

[4] I owe several of these observations to Daniel Mendelson.

[5] Where did Schlink come across the topic of adults reading aloud? There is a remarkable discussion of the matter in Goethe's *Die Wahlverwandtschaften*, in which Eduard is shown indulging his liking to read aloud before an assembled company. Eduard cannot endure someone else looking into his text, and because Charlotte suddenly does, he offers a vehement argument on behalf of the claim that to read aloud is to be reading one's own thoughts aloud – in other words, telling someone something. "Wenn ich Jemand vorlese, ist es denn nicht als wenn ich ihm mündlich etwas vortrüge? Das Geschriebene, das Gedruckte tritt an die Stelle meines eigenen Sinnes, meines eigenen Herzens . . . " Johann Wolfgang Goethe, *Die Leiden des jungen Werthers, Die Wahlverwandtschaften, Kleine Prosa, Epen*, edited by Waltraud Wiethölter, *Sämtliche Werke* I,8 (Frankfurt a. M.: Deutscher Klassiker Verlag), 298-99. Is Schlink implying – it is impossible to know certainly – that Michael's unwillingness in later years to "write" anything more personal to Hanna than tape recordings of his reading aloud from classics of German literature should be exempt from the reader's judgment that he is thereby decisively withholding from her a personal word? "Reading aloud was my way of speaking to her, with her" (190), he writes, adopting Eduard's position for his own, a position that would exculpate him.

Where did Schlink come across the topic of an eastern German's illiteracy (Hanna is a Rumanian German). On October 27, 1911, in Prague, Kafka wrote in his diaries about a story told him by Löwy concerning a friend of his, "der das Lesen als etwas Üppiges verachtet, selbst nicht lesen kann, und Löwy mit Ironie bittet, ihm einen Brief vorzulesen, den er bekommen hat." [Franz Kafka: *Tagebücher*, in der Fassung der Handschrift, Hans-Gerd Koch, Michael Müller und Malcolm Pasley (Hrsg.) (Frankfurt: S. Fischer, 1990), 200]. On December 8, 1911, Kafka further remarks: "Vorlesen eines Briefs aus Warschau, in dem ein junger Warschauer Jud über den Niedergang des jüdischen Teaters klagt . . . (Ibid., 281-2). In fact, the novel mentions Kafka as one of the writers that Michael reads to Hanna, and a number of its formulations will strike any reader of Kafka as familiar, viz. "Did I fall in love with her as the price for her having gone to bed with me?" (27) and "But the finger I pointed at her turned back to me" (170); and there is the dominant theme, for half the novel, of a relation carried out as an "exchange of notes" and, here, cassettes (191). So the point about the topic of illiteracy stemming from Kafka, while only a surmise, is not a weak surmise; it is one more such moment in a text that accommodates endless surmises as to its bearing on the thesis of the universal implicatedness of the Holocaust in everyday life.

chael in the face with a leather belt has an SS sadistic brutality about it; their love affair, which is short on language and rational enjoyment, is also a kind of training camp for Michael's melancholy – indeed, his learning to be a victim of a woman's rage.[6] I want to make this point explicitly.

Early in their relation, Michael thought of surprising Hanna, pleasantly, by getting onto the streetcar where she worked. She was in the front car chatting with the conductor, and so he waited for her to come to him in the empty second car. But she did not, and, after a while, feeling bewildered and despised, he got out and went back miserably to her rooms. On seeing him, she turned her scorn on him, accusing him of not "wanting to know" her. (47). On the account we're given, he has done nothing wrong except practice a certain reserve; but Hanna requires, as best we can understand her requirements, a plainer display of devotion. So she punishes him with her sarcasms and orders him out. At this point, Michael "became uncertain. Could she be right, not objectively, but subjectively? Could she have, must she have misunderstood me? Had I hurt her unintentionally, against my will, but hurt her anyway?" (48). In hurting her, he would have "betrayed" her. But on a soberer account, it looks as if she has beaten this pity, this *Fürsorge*, into him. Michael's self-inculpation is weak magical thinking – it is "slave" thinking – intending to erase or mitigate the threatening rage he senses in his oppressor.

This scene is less damaging than the second event of "betrayal," at the swimming pool, which Berg remembers as disastrous and which appears to incapacitate his feeling life forever. The first scene pains him less because it ends on a note of the erasure of differences calling for discrimination and judgment: the two of them wind up in a warm bath before they make love. Once, in the beginning of their relation, she took hold of his naked body and warmed him. Then came their first public outing – on the streetcar – with its quarreling and distress. Thereafter, she ordered him out of her rooms, but he needs to have the original sensation of physical warmth, which translates as: the mood that makes judgment superfluous.

Note, however, that in the second scene of betrayal, at the swimming pool, he is again seated at some distance from her while she stands. He has by now been "trained" to get up and go to her – or has he? Subliminally assured by the presence of schoolmates of his own class, he does not. He does not, out of the power of his assured social identity. Thereafter, he again concludes he has betrayed her. The phrase "not wanting to know her" reoccurs to him. In fact he has betrayed her only according to her notion of betrayal; he has once again refused to jump up and go to her in circumstances that, according to his lights, don't warrant it, circumstances that require – according to her lights – a leap of faith into the goodness of submission.[7] But he has been *trained* to think of himself as a betrayer.

---

[6] I owe this aperçu to Judith Lewin.
[7] "lights" that must remain to him and to the reader altogether obscure.

This is meant as a demonstration of the all-pervading power play that Kafka, in *Der Verschollene*, puts this way: "Everybody used his power to abuse his inferiors. Once you got used to it, it sounded no different from the steady striking of the clock."[8]

I have been writing at some length about a specific moment of Michael's training in subalternhood as an instance of the novel's copious allusiveness to issues of cruelty and submission bearing on the Nazi tormentor and the Jew. This boundarylessness of involvement and implication is made intelligible and efficient by the moral mechanism at work throughout.[9] The principle reads: those who are bad and can be seen as bad can be made to seem better (this is Hanna the war criminal); those who are good and can be seen as good can be made to seem worse.

Hanna first. What is after all the grand design that grounds this sea of details, suggestions, allusions – even contradictions?[10] They are the gestures that inform the opening and the closing events. At the outset Hanna is good through the force of a powerful gesture: she prepares a bath for Michael and then "receives" him, in the towel she holds in her arms and in her naked body veiled by the towel. Their first sex together cures him; the next day he returns to school from which he's been away, for months, on account of sickness. Afterwards, their showering together becomes a ritual mingling of her qualities as a lover and of her maternal qualities; from the beginning she calls him "kid (*Jungchen*)" and then tries out "my kid (*mein Jungchen*)." The shower washes away her body perfume, the perfume of the woman he wants as his lover, but it is also a preparation for having sex. Meanwhile, her "reception" of him is not passive. When they make love for the first time, she is on top of him, and she makes him scream.

These are acts of giving – of her body, "the recesses of her body," of her warmth, of a readiness to be reconciled (though there is selfishness and aggressiveness in them). She gives her body – and she gives again at the end. She has learned to read; she has discovered the names of the horrors in which she has involved herself and some of which she has committed. Her burgeoning inner life corresponds to Michael's increasing numbness. After, as it so happens, the

---

[8] in the fragment called "Ausreise Brunelda's." "Jeder nützte seine Macht aus und beschimpfte den Niedrigen. War man einmal daran gewöhnt, klang es nicht anders als das regelmäßige Uhrenschlagen." (Franz Kafka, *Der Verschollene*, Roman, in der Fassung der Handschrift, Jost Schillemeit (Hrsg.), (Frankfurt: S. Fischer, 1983), 384.

[9] On the boundarylessness of the book: the central image is the house on the Bahnhofstraße: it is the formative place. But Michael's dreamwork unsettles it, dislocates it, and he finds it in his nightmares, everywhere. In his dream he does not go in, in a way suggestive of his behavior at the concentration camp Struthof-Natzweiler, as Froma Zeitlin has observed, where a building, formerly a gas chamber, "was closed, and I didn't remember if I had gone inside it on my first visit (155)." The scene on the *Bahnhofstraße* of Michael's bliss and trauma is also the horror of the camp, which, in another sense, morally speaking, is everywhere.

[10] We are not responsible for our love for our parents (170), yet our love for our parents makes us "irrevocably complicit in their crimes" (171).

grown-up Michael will not write to her and this way acknowledge the authority Hanna has acquired through painstaking intellectual and moral effort, she hangs herself. But she has not failed first to bequeath her savings, in an act of generosity, to the one woman who has survived her crime. It does not diminish the gesture that the woman refuses it. These twin columns of giving supply the main architecture of the book, and it supports the war criminal Hanna: she gives in the beginning and she gives at the end. And even if this architecture is not simple (it is cluttered and overdetermined), still there are supporting signs enough of the effort of the narrator to raise her up.

She is the beneficiary of a naivety throughout in regard to "literature," viz., as soon as Hanna, in prison, learns to read, her body starts to disintegrate, but she continues to read. Her relation to literature, unlike those who have been educated in the ordinary way, is immediate and authentic. Like the written version of their story that "wanted" to be born, she wants to have written herself: she "wanted to give [her years of imprisonment] . . . her own meaning, and she wanted this giving of meaning to be recognized" (212). The means she chooses is literary – reading literature and writing letters – and she is good at what she does. Michael tells her, "What nice letters you wrote me" (198), and, indeed, "her remarks about literature often landed astonishingly on the mark" (189). Her relation to literature is so good, it's more than implied, on the strength of her immediate relation to oral literature, one that the narrator supports:

> "When I began writing myself, I read these pieces aloud to her, as well. I waited until I had dictated my handwritten text, and revised the typewritten version, and had the feeling that now it was finished. When I read it aloud, I could tell if the feeling was right or not. And if not, I could revise it and record a new version over the old. But I didn't like doing that. I wanted to have my reading be the culmination. Hanna became the court before which I once again concentrated all my energies, all my creativity, all my critical imagination."

Throughout this development, "Hanna's voice stayed young" (202).

Doesn't the imputed integrity of Hanna's relation to books and to writing carry over into her presence in *this* book? It is an argument in advance against any ill-intentioned criticism offered by *bildungsbürgerliche* readers, whose relation to literature is allegedly without her directness and intensity of purpose.

In the novel, there is this one striking instance of sagacity and depth – and it's she who says it: only the dead may judge, for they alone are beyond implication: the wisdom of it goes over to her alone. It is not for the whole line of literate, cultivated upper-bourgeois German types – professors, judges – who are shown to be no better than they are: they are without principle, without ground. Either they will not judge, or they make judgments on the authority that they expect from themselves (at some time it had been assigned to them, and now they have assigned it to themselves). Their judgments are not good judgments, or they are not equal to the magnitude of Hanna's crime – and by implication to all the crimes of the Holocaust. All this leads to an erasure of a sense of degree, a universal disproportion in the assignment of roles and guilt.

Finally, Hanna is the beneficiary of another crux, turning on the validity of a series of equations having to do with love and complicity between the generations of parents alive and active during the Nazi period and their children. In focusing on this knot, we focus too on what seems a matter of great or greatest importance for Schlink – his quarrel with his own generation. It is easy to see Michael Berg's view on Hanna as singular, as pathological, since relatively few readers will have come to his story from a love affair at fifteen with a "beautiful" ex-SS guard (12). Not only is Michael's loyalty, born of sexual attachment, a distraction from the clearest judgment, but there is, as I've stressed, the additional pathology of his "guilt" at having abandoned Hanna. There is, however, another side to this guilt. A psychiatrist with whom Berg later has an affair asks him whether or not "it did not strike [him] . . . that [his] . . . mother hardly appeared in [his] story at all" (174). The answer he doesn't dare give is that Hanna has replaced her. She is, in the various ways suggested, a symbol of a more nearly appropriate nurture (she bathes and hugs Michael and tells him to study hard; as a result he's cured of his hepatitis, goes back to school, and finishes his studies). And so, if one cannot condemn with impunity the actions of the parent (or parent surrogate) whom one has loved, since by virtue of this love one is already "complicit" (171), then the argument which necessarily implicates the younger generation of judgers in the older (including Hanna) will seem to have a good deal of merit.

That is one reading. Another one proceeds by dint of what the novel deliberately leaves out of account, a factor that would complicate into uncertainty the view of Hanna's worthiness. This factor is present through the very emphasis which conceals it: to put it barbarously, this is the novel's logocentrism, which only appears to run at odds with the prevailing atmosphere of the elusiveness and insubstantialness of fact. Schlink writes, as he attempts to solve the riddle of the erotic attraction that Hanna first exerted on him:

> "I knew none of this – if indeed I know any of it now and am not just making patterns in the air. But as I thought back then on what had excited me, the excitement came back. To solve the riddle, I made myself remember the whole encounter, and then the distance I had created by turning it into a riddle dissolved, and I saw it all again, and again I couldn't take my eyes off her."

This sequence is worth examining. Michael Berg narrates the following story about writing his memoir. In the beginning of the writing process, he focused, in a fascinated way, on an image that memory tossed up. Then he retreated from the image to watch it become the basis of a riddle: how can that image have so fascinated the boy he was, for whom the image was no mere image? Determined "to solve the riddle," he called up the entire encounter, the entire sequence of images, and repossessed "it all" in its full presence. This constellation was no longer the answer to a riddle; it was the thing itself – "her." Thereafter, we are led to believe, he undertook, as we might say, "to write it all down." But what is crucial in this mythified account is that, according to this narrator, the act of writing it all down adds nothing to, and subtracts nothing from, the image. At the close, Michael even risks saying that their "right," their "true" story *has written itself*, has given birth to itself, on the strength of its will to be: the narrator is its midwife only (217). This is an extraordinary claim, impossible to take at face value.

The claim that the act of remembering adds no interpretation to the fact-like image, in this context, is not morally neutral. It helps support the narrator's view that, in this novel, no act of condemnation may take place. This means, more importantly, that we are seeing enacted the narrator's claim of not being able to condemn. But the selection of materials, including the withholding of materials, can bring the reader to a different sort of conclusion. By withholding information that bears on Hanna's crime – was she in a position to save the Jews trapped in the burning church? did she have a key? what did she think and what did she do at the time? – the narrator makes it impossible to judge her, at the same time that he disguises as the impossibility of judging her the more personal and particular claim of his not *wanting* to judge, a desire that would be proved in the novel, as I am saying, by multiple acts of withholding: *facts* are withheld, while the claim is made that the narrator, in his remembering, even in the act of writing, has withheld only his interpretation of the facts.

As a result the reader is left suspended between two senses. One is the sense that he has facts enough to take a view – and then he will conclude of Hanna that too much is said on her behalf: the world can do without this portrait of the SS with a human body. Or he can say, at the same time, that the ill-assumed moral superiority of those who come later deserves some study and correction (this is also true). Then again, quite on the other hand, he will say: this novel (or is it life?) is too full of incompletenesses, hesitations, and opaque places, produced wilfully or otherwise, to permit any such judgment whatsoever. Both alternatives are alive at the end of this honorably open work.

Ernestine Schlant

Postmodernism on Both Sides of the Atlantic

> I take particular pleasure in dedication this paper to Walter Hinderer since it was at his invitation that I first contributed some of these thoughts to a conference.

Not so long ago intellectual discourse in the United States and in Europe centered on answering the question "what is postmodernism?" The question first arose in relation to architecture and soon began to engage scholars in the fields of philosophy, particularly aesthetics and epistemology, and those concerned with the definition and history of cultural, social, and intellectual movements. On the American side of the Atlantic, the critique of postmodernism has tended to include, in addition to architecture and literature, popular and mass culture, i.e. film, TV, videos, as well as the wide range of classical, popular, and rock music and practically all social, economic, and cultural phenomena associated with a post-industrial, hi-tech, cybernetic society.

A definition of postmodernism is therefore not a small order.[1]1 I would like to present the positions on both sides of the Atlantic, give a flavor of the controversies, and conclude with an overview of the implications and prospects of postmodern world view.

Postmodernism is seen in response and in opposition to modernism which, roughly speaking, dominated the first half of our century.[2] Even before the word "postmodernism" gained currency, early discussions centered on what was to become one of the chief criteria for it on this side of the Atlantic, namely its relation to mass culture and to marginalized aspects of cultural and social life. Here, postmodernism traces its roots to "camp," institutionalized in Susan Sontag's essay of 1964, "Notes on Camp,"[3] in which she defines camp as the "good taste of bad taste," celebrates artifice, stylization, and exaggeration as the core elements of this new aesthetics, and proclaims a love of things-being-what-

---

[1] On the philosophical implications of the word "postmodemism" and its historical foundations, see Emst Behler, "Moderism and Postmodemism in Contemporary Thought," in his *Irony and the Discourse of Modernity* (Seattle: University of Washington Press, 1990).

[2] On periodization see for example Andreas Huyssen, "The Search for Tradition: Avant-garde and Postmodernism in the 1970s" in his *After the Great Divide.. Modemism, Mass Culture, Postmodernism* (Bloomington: Indiana University Press, 1986) 16Off.

[3] Susan Sontag, "Notes on'Camp,'" in her *Against Interpretation* (New York: Dell Publishing Co., 1964) 275-92.

they-are-not. Of equal importance is Leslie Fiedler's iconoclastic essay of 1970, "Cross the Border – Close the Gap,‚'where the border and the gap are those that exist between high art (the art of modernism) and mass culture. What charcterizes this thrust of American postmodernism is an aesthetics and politics of inclusion that draws its vitality from a continuous infusion of energy through the constant absorption of new fields. Based on the assumption that all pieces of this gigantic puzzle are of equal importance, this inclusiveness abolishes dominant values and canonized hierarchies, as evident in the increasing political prominence of minorities, or, in the field of literary criticism, in the vigorous attacks on established canons and master narratives. In literature, the proliferation of minority literatures (ethnic minority literatures as well as feminist and gay literature, or children's literature) and the upgrading of minor canons such as science fiction, the detective novel, or *Trivialliteratur* are equally indicative of a society that struggles to give voice to its cultural and social diversity. In the texts, attention has focused on the ubiquitous use of parody, pastiche, deliberate imitation, and on the "playful" use of "quotations" from other writers. Citations, montages, and collages of other writers' texts have been an element of much literature, including that of modernism. What distinguishes the postmodern use from that of modernism is their political stance: borrowing from clearly identifiable authors or styles no longer thematizes, as it did for Thomas Mann, the problem of artistic exhaustion or sterility, nor does it impose structure and reference points, even if they are ironically refracted, as it did for James Joyce. In postmodern literature, citations, montages, etc. express the deliberate, political intent of deconstructing modernism with its austere insistence on the autonomy of the work of art and its hermetic status and self-sufficiency in favor of dismantling hierarchies, icons, and valuations.

Yet it was architecture, the most conspicuous of the art, that spearheaded postmodern sensitivities. Here, the blatant turn away from the modernist austerity of functionalist purity stimulated debate as architecture appropriated not only the icons of popular culture (Disney architecture) but the stylistic vocabulary of earlier periods. This resulted in a

> mannerist postmodernism (Michael Graves), a baroque postmodernism (the Japanese), a rococo postmodernism (Charles Moore), a neoclassicist postmodernism (the French, particularly Christian de Portzamparc), and probably even a "high modernist" postmodernism in which modernism is itself the object of the postmodernist pastiche.[5]

It should not surprise that critics, mostly from the European side of the Atlantic, insisted that this inclusiveness resulted in eclecticism, even randomness, and

---

[4] Leslie Fiedler, "Cross the Border -- Close the Gap" in his *The Collected Essays of Leslie Fiedler, vol.* 11 (New York: Stein and Day, 1971) 461-85.

[5] Frederic James, foreword to Jean-François Lyotard, *The Postmodern Coondition: A Report on Knowledge,* tr. Geoff Bennington and Brian Massumi (Minneapolis: University of Minnesota Press, 1984) xviii.

ultimately produces indifference. On this side of the Atlantic, this inclusiveness was seen as enrichment. Frederic Jameson, who does not usually see the consume-driven novelties of capitalist society in a positive light, takes issue with the austere impositions of modernism in favor of postmodernism when he says:

> This is a rich and creative movement, of the greatest aesthetic play and delight, that can perhaps be most rapidly characterized as a whole by two important features: first, the falling away of the protopolitical vocation and the terrorist stance of the older modernism and, second, the eclipse of all of the affect (depth, anxiety, terror, the emotions of the monumental) that marked high modernism and its replacement by what Coleridge would have called fancy or Schiller aesthetic play, a commitment to surface and to the superficial in all the senses of the word.[6]

In France and Germany, postmodernism took the "high road" of intellectual discourse, of philosophical language analysis and semiotics and bypassed the cultural and social phenomena of the United States. Discussion focused less on the inclusiveness of "cross the border – close the gap" (perhaps because, in these fairly homogeneous societies, one could ignore the social and political implications of these demands). Instead, intellectual discourse followed a path that was first suggested by Ferdinand de Saussure: it focused on the severance of signifier and signified and ultimately invited a re-valuation of Western culture and civilization. In poststructuralism and deconstruction, both of which can be considered the progeny of postmodemism, French philosophers started to explore rigorously the implications of such a severance. They legitimized their positions by going back to Nietzsche and Heidegger, attracted by Nietzsche's dictum that "facts are fictions" and by Heidegger's radical historicism. In his polemical study *The Postmodern Condition: A Report on Knowledge* of 1979, Jean-François Lyotard then repudiated the legacy of the Enlightenment. He expressed a profound skepticism toward metanarratives when he spoke of "that severe reexamination which postmodernity imposes on the thought of the Enlightenment, on the idea of a unitary end of history and of a subject."[7] Hierarchical distinctions (for example between different cultures or different fields of inquiry) must be abolished. The French cultural sociologist Jean Baudrillard then built on the radical severance of signifier and signified (which he saw already operating in Plato) to substantiate his theory of simulacra and simulations – for him the dominant phenomena in a cybernetic society without metanarratives. He maintained that "simulation is no longer that of a territory, referential being or a substance. It is the generation by models of a real without origin or reality: a hyperreal."[8] This simulation echoed and developed Susan Sontag's definition of "camp," the cult

---

[6] Ibid.
[7] Jean-François Lyotard, *The Postmodern Condition: A Report on Knowledge*, tr. Geoff Bennington and Brian Massumi, foreword Frederic Jameson (Minneapolis: University of Minnesota Press, 1984) 73. Referenced in the text as PC.
[8] Jean Baudrillard, "Simulacra and Simulation" in his *Selected Writings*, ed. and introd. Mark Poster (Stanford, CA: Stanford University Press, 1988).

of "things-being-what-theyare-not," but it also radicalized her definition when Baudrillard continued: "It is no longer a question of imitation, nor of reduplication, nor even of parody. It is rather a question of substituting signs of the real for the real itself" (167).

In the Federal Republic, the debates were reactive rather than original and drew for their theorizing on art created decades earlier. Peter Bürger, author of the seminal study *Theorie der Avantgarde* of 1974, traced the problematics of postmodernism back to the avantgarde movements of the interwar years, to Dada, futurism, and surrealism and in his essay of 1987, "Der Alltag, die Allegorie und die Avantgarde" he criticized the aesthetics of inclusion which would lead to a leveling of opposites:

> Universalisierung des Zitats, Allegorie ohne Verweisung, Verselbständigung des Signifikanten, Aufgehen der Kunst im total asthetisierten Alltag – all diese Versuche der Bestimmung der Postmoderne haben eines gemein: sie behaupten die Einebnung von Oppositionen.[9]

In a fairly rigidly structured and closed society playfulness and openness could not be understood as enrichments but were seen as threats. The pressures for inclusion and decenteredness led to apocalyptic presentiments.[10]

One of the great philosophical controversies on postmodernism took place on the continent in the late 1970s and early 1980s between Lyotard and Jürgen Habermas, with American philosophers arbitrating and proposing their own alternatives. In this controversy, Habermas presented himself essentially as a "modernist," evident in the title of his *Streitschrift:* "Die Moderne – ein unvollendetes Projekt."[11] He argued essentially that abandoning metanarratives will deprive us of a grounding in theoretical approaches which alone allow Irrational criticism" and he insisted, ultimately, on distinctions and values. Richard Rorty, whose American pragmatism agreed with Lyotard's abolition of metanarratives, nevertheless sympathized with Habermas' "philosophy of consensus" when he opted for a "communicative consensus" as the vital force "which drives ... culture."[12] In explicating the controversies between Lyotard and Habermas and the philosophical traditions that contextualize their stands, Rorty offered his own

---

[9] Peter Bürger, "Der Alltag, die Allegorie und die Avantgarde" in Christa and Peter Bürger, eds., *Postmoderne: Alltag, Allegorie und Avantgarde* (Frankfurt/Main: Suhrkamp, 1987) 196.

[10] In the opinion of Ingeborg Hoesterey, however, these apocalyptic presentiments have energized the political debate. She states: "Diese Vorstellung vom postmodernen als einem apokalyptischen Bewußtsein ist inzwischen zu einem produktiven Topos in der bundesdeutschen Postmoderne-Debatte geworden, den die Grünen in politische Energie umgesetzt haben." Ingeborg Hoesterey, "Literatur zur Postmoderne," *The German Quarterly* 62 (Fall 1989) 507.

[11] Jürgen Habermas, "Die Moderne – ein unvollendetes Projekt" in his *Die Moderne – ein unvollendetes Projekt. Philosophisch-politische Aufsdtze 1977-1990* (Leipzig: Reclam Verlag, 1990) 32-54.

[12] Richard Rorty, "Habermas and Lyotard on Postmodernity," *Praxis International* 4, i (April 1984) 41 and 42.

postmodern position – a position that can dispense with Habermas' demands for universalistic criteria without abandoning the need for socially guiding values. But instead of deriving these values from the idealistic tradition that is traced back to Descartes, he suggested a recovery of Baconian, non-Cartesian attitudes that would play out in social practice as "untheoretical sorts of narrative discourse which make up the political speech of the Western democracies" and he drew the conclusion that "[it] would be better to be frankly ethnocentric" (35).

Ihab Hassan has perhaps most clearly formulated the differences between modernism and postmodernism – differences that project the outlines of a "brave new world" as it emerges from the old order. He proposes and opposed:

> ...closed and conjunctive form – open, disjunctive antiform; purpose – play; design – chance; hierarchy – anarchy; art object/the finished work – process/performance/ happening; distance – participation; centering – dispersal; genry/boundary – text/intertext; symptom – desire; metaphysics – irony; determinacy – indeterminacy; transcendence – immanence; genital/phallic – polymorphous/androgynous; a thinking in origins/causes – difference/differance/trace.[13]

The openness and decenteredness of postmodernism can clearly be threatening. Hassan understands postmodernism as a force that includes even as it abolishes hierarchies and that might well cause rejection in less open societies who might respond to the all-engulfing inclusiveness with apocalyptic premonitions. Perhaps one of the major distinguishing characteristics of postmodernism on both sides of the Atlantic is the joyfulness with which the inclusiveness is celebrated on this side, while on the European side inclusiveness is seen as a negative, disruptive force. But this joyfulness also demands courage: courage to face the many problems inherent in inclusiveness and courage to live in a world without a center.

> As an artistic and philosophical, erotic and social phenomenon, postmodernism veers toward open, playful, optative, disjunctive, displaced, or indeterminate forms, a discourse of fragments, an ideology of fracture, a will to unmaking, an invocation of silence – veers toward all these and yet implies their very opposites, their antithetical realities.[14]

What appears to be decisive to the emergent postmodern configuration is the committal to do without foundational, asituational, representational, and hypostatising-stabilising closures, objectivist or subjectivist. It is possible to put a skeptical or nihilistic construction on this, but to insist on it, I venture to say, would amount to settling for a limited outlook on a larger prospect. Notwithstanding continual theory-regresssions and paradigm-regressions, unsurprising in

---

[13] Ihab Hassan, "The Question of Postmodernism," *Performing Arts Journal* 16 (1981) 30-37.
[14] Ibid.

the light of the immense challenges of resituating the sociala-cultrual heritage, I think we can identify as postennodern *a certain valuerational opening to the human world* – inclusively, to all of it, and to everything related to it – *as home*, though a home whose plan we do not have and which we have never quite (and will never quite) finish building and fitting to ourselves, just as we who build it and for whom it is to be fit change with every alteration of it, with every bit and construction and deconstruction.[15]

The multi-directional crosscurrents in the definition of postmodernism are best caught by Andreas Huyssen and Klaus Scherpe when they point out the Gerrnan-French controversies and then show how these controversies disappear in a united front vis-d-vis the United States.

> Die deutschen Diskussionen scheinen viel stärker von traditionellen Dichotomien wie Fortschritt/Rückschritt, Vemunft/Mythos, links/rechts, Geschichte/Geschichtsverlust, Verstand/Sinne, etc. bestimmt zu sein, aus denen sich dann eine absolute Gegenüberstellung von Moderne und Postmoderne ergibt. Das jüngstdeutsche Kulturräsonnement, leicht erregbar zum Beispiel durch neue Philosophie und Poststrukturalismus aus Frankreich, hat eines dort nicht gelernt, das Denken in Differenzen statt in emphatischen Oppositionen. ... Wie komplex und widersprüchlich die Rede von der Postmoderne sein kann, zeigt sich ... schon daran, daß zu dieser deutschen Wiederbelebung von Mythos, Essentialismus und Fundamentalismus die französische Kritik an jeglichem Ursprungs- und Quellendenken absolut quer liegt. Beide aber, so scheint es, gehören zu dem, was heute übergreifend als postmodern bezeichnet wird.[16]

And they cut to the core of the "hüben-drüben"-controversy when they continue:

> Der Versuch, solche... Aspekte [der Postmoderne] zu benennen, aber ist unumgänglich, wenn man nicht einfach in blinde Apologetik oder moralisierende Verurteilung der Postmoderne verfallen will. Besonders die letztere Haltung verkntipft sich in Europa dabei hdufig mit einem ebenso uninformierten wie bildungsarroganten Antiamerikanismus, der aus der Geschichte der deutschen Kulturkritik sattsam bekannt ist (9).

In a culture of rapid and accelerating changes, postmodernism may no longer be the dominant intellectual force. Yet the *éminence grise* behind postmodernism and postmodern society is very much and increasingly the shaper of future developments. This is cybernetics and information technology. We live in a society of instant communication that has created not only new forms of business and the manner in which all business is conducted, but that has impinged on our personal relations, on our work- and leisure time; these systems determine how we hear or see, and they constantly pioneer new ways of "simplifying"

---

[15] John Fekete, ed. and introd., *Life After Postmodernism* (New York: St. Martin's Press, 1987) X-xi.

[16] Andreas Huyssen and Klaus R. Scherpe, eds., *Postmoderne: Zeichen eines kulturellen Wandels* (Reinbek bei Hamburg: Rowohlt, 1986) 9.

communication, in the process restructuring our sensual repertoire and the manner in which it functions; these systems have a profound influence on how we learn, how we decide what to learn, and what constitutes knowledge. Again, Lyotard has raised these questions most poignantly:

> ... it is common knowledge that the miniaturization and commercialization of machines is already chainging the way in which learning is acquired, classified, made availablel, and exploited. It is reasonable to suppose that the proliferation of information-processing machines is having, and will continue to have, as much as an effect on the circulation of learning as did advancements in human circulation (transportation systems), and later, in the circulation of sounds and visual images (the media)... (PC, 4)

Lyotard concludes that "... along with the hegemony of computers comes a certain logic, and therefore a certain set of prescriptions determining which statements are accepted as 'knowledge' statements" and he sees the consequences of the "proliferation of informationprocessing machines" in these terms:

> We may thus expect a thorough exteriorization of knowledge with respect to the "knower," at whatever point he or she may occupy in the knowledge process. The old principle that the acquisition of knowledge is indissociable from the training (Bildung) of minds, or even of individuals, is becoming obsolete and will become ever more so (PC, 4).

Lyotard's discussion of postmodern knowledge as exteriorization shows how far the reaches of postmodernism extend and how significant they will be in shaping our future, long after postmodemism as a culturally distinct phase has been absorbed into subsequent developments. Ultimately, the question should be asked whether postmodernism is a cultural and aesthetic phenomenon that will eventually lose its current position of prominence or whether it is "a social phenomenon, perhaps eve a mutation in Western humanism,"[17] "a mutation and the dawning of a wholly new social structure" (PC, xiii).

The inclusiveness characteristic of postmodernism, the breaking down of social hierarchies and aesthetic canons, the skepticism toward metanarratives, the ubiquity of computer technology with the creation and transfer of new knowledge as much as new kinds of knowledge, and the abolition of inner/outer boundaries through "media machines" have consequences that extend beyond the current debates over definitions and into a future that may not exist since it will be sublated into a continuous now. These very aspects of postmodernism tend toward a) the destruction of time and history through simultaneity; b) the destruction of place and local identity through instant ubiquity; c) the destruction of a sensually accessible reality through image and simulacrum; d) and a resultant de-realization of our world, including ourselves.

The inclusiveness and decenteredness of a pluralistic society enhance the effects of this cybernetic revolution: the simultaneous availability in our artificial environ-

---

[17] Matei Calinescu, *Five Faces of Modernity: Modernism, Avant-Garde, Decadence, Kitsch, Postmodernism* (Durham: NC: Duke University Press, 1987) 280.

ments of cultures, religions, fashions, foods (on and off the TV screen) has abolished any sense of local identity. On the high side of culture, we are at most *Bildungstouristen* rushing through overcrowded museums, sold on being entertained through the consume of artefacts, more profoundly affected by the condition of the bathrooms than the works of art on display; on the popular end, we may pick and chose among restaurants and neighborhoods, always guided by the search for the "authentic" local flavor, only rarely realizing that we are moving in the world of Baudrillard's hyperreal. At the same time, the minorities living in Europe (for example the Turks in Germany or the Algerians in France) will not go away but will eventually break open the homogeneous societies that believe they can marginalize them.

The inclusiveness and decenteredness of postmodem society, the instant accessibilities and simultaneous availabilities at the price of de-realization are, in my opinion, the qualities that will remain with us and catapult us forward; and as the speed increases, we will find ourselves in a continuous now. For some of us, this may appear to be a pessimistic outlook, conjuring up the apocalypse, the end of the world as we know it. But nostalgia and the fear that inspires conservatism, as well as the desire to find familiar footing in a world that seems increasingly unfamiliar to us, cannot sustain themselves indefinitely, although they can cause great social and political upheaval while they are struggling to hold on.

It is clear that postmodernism as we have defined it will not continue in its present form (if indeed we have not already passed out of its early manifestations); it is equally clear that the United States has spearheaded culturally – and continues to implement in often agonizing and shamefully circuitous ways – the society of the future: a society of inclusiveness and instantaneity, composed of fragments that reconstitute in fluid, constantly shifting patterns, with individual parts arranged in eclectic assemblages of bits and bytes of multi-purpose functions, operating under the impact of de-realization, even as de-realization absorbs all domaines. It will be, and in fact is now, a society of advocacy groups, seemingly without metanarratives, trying to get along by consensual arrangements and democractic processes in perennial ad hoc configurations. This may well be the model for future societies that want to succees (and not vanish like species that become extinct because they cannot adapt, or that are preserved in some kind of artificially arranged "natural" habitats, fossilized, musealized).

To show that these prospects can be invigorating, not traumatizing, I would like to conclude with a quote from Richard Rorty, philosopher from this side of the Atlantic, who insists that there is no need for metanarratives in order for societies to continue to flourish: "What is needed is a sort of intellectual analogue io civic virtue – tolerance, irony, and a willingness to let spheres of culture flourish..."[18]

---

[18] Richard Rorty, "Habermas and Lyotard on Postmodemity," *Praxis International* 4, i (April 1984) 38.

Mark W. Roche

The Tragicomic Absence of Tragedy

The distinguishing features of an epoch can often be recognized by analyzing not only what is contained within but also what is absent. Virtually absent in contemporary European and American literature is tragedy. My paper discusses and evaluates four reasons for this absence, two having to do with broader social and intellectual-historical developments and two more directly connected to aesthetic considerations. I then consider this absence within the broader rubric of tragedy and comedy.

First, tragedy requires an individual subject who experiences responsibility and guilt, but the modern era has increasingly questioned the individual as an agent of history (owing to the elevation of broader economic, social, and political forces) and has tended to divorce guilt from the realm of metaphysics and viewed it increasingly in psychological terms. In the wake of this portrayal of the individual as a victim, we see instead of tragedy an elevation of comedy and what we might call the drama of suffering, a serious portrayal of suffering divorced from greatness.

Second, tragedy requires normative moral positions. The contemporary world increasingly questions whether we can ground a hierarchy of moral values. Without such values tragedy becomes difficult, if not impossible. Whereas some recent attempts at tragedy do embrace moral values, they often recognize only one value, not a more complex hierarchy of values. This weakens the moral and aesthetic intensity of the tragic conflict.

Third, if the essence of tragedy is greatness that inevitably leads to suffering, then tragedy functions in tandem with an understanding of art as organic, a view that has been increasingly criticized as either fascist or musty or both. This critique of the organic is misdirected for a number of reasons.

Fourth, the avant-garde has increasingly seen itself as being in opposition to the age and has thus sought to create art that is no longer to be identified with tradition or with the norms of society, which has resulted in fewer tragedies. However, an interesting paradox emerges, such that we can recognize in central aspects of contemporary literature a hidden and unintentional mimesis. Surprisingly, if one wanted to counter the tendencies of the age, tragedy would be a fitting genre.

The absence of tragedy could be viewed as itself tragic, and it certainly shares an element of tragedy, namely, loss. However, the dissolution of tragedy is more complex and not without elements of comedy. Let me now turn to each of these issues in greater detail.

I.

I define tragedy as an action in which the hero's greatness leads inexorably to suffering.[1] Tragedy contrasts what is substantial and great with the negative consequences of this greatness. By substantial I mean that which is aligned with virtues, ambition, charity, courage, or justice, for example. As Kurt von Fritz has argued (3-14), the concept of *hamartia* is best understood not as a tragic flaw but rather as action according to an immanent necessity that nonetheless leads to catastrophe. The tragic hero is not essentially weak, but strong. He is not simply the victim of fate but is responsible for his actions, and to the extent that in doing the good, he also violates a competing good, he is guilty. Hegel defines tragedy as the collision of two substantive positions, each of which is justified, yet each of which is wrong to the extent that it fails either to recognize the validity of the other position or to grant it its moment of truth. Here, too, greatness inevitably leads to suffering. Max Scheler captures this dialectic in his discussion of the tragic knot: whatever leads to greatness and allows the hero to realize a positive value also engenders suffering and destroys the positive value. Icarus is the mythological symbol for this: the very glue that holds his wings together melts in the same degree to which he approaches the sun. Reinhold Niebuhr adds: "The word tragic is commonly used very loosely. It usually designates what is not tragic at all but pitiful. In true tragedy the hero [...] suffers because he is strong and not because he is weak. He involves himself in guilt not by his vice but by his virtue" (156). This organic concept of tragedy allows for a wide variety of ways in which the link between greatness and suffering may be developed, and it can be said to capture the essence of tragedy from the Greeks to the 19th century and beyond.

One of the great insights of the past two centuries has been the extent to which the individual is defined by systemic factors – economic, social, and political forces. As a result of this stress on the external, the concept of individual responsibility has been weakened. Already Hegel recognized that in the modern

---

[1] For a more detailed discussion of tragedy, including references to the history of scholarship on tragedy, see my recent book, *Tragedy and Comedy*. For references to other views on the modern dissolution of tragedy, see esp. 403. The topic received much attention from the 1950s to the 1980s but has increasingly been ignored, perhaps because the dissolution of tragedy is now taken much more matter-of-factly and as final. My account is not meant to be exhaustive, but highlights four major obstacles to the resurgence of tragedy. The first two points raised – the dissolution of individual responsibility and of a complex hierarchy of moral values – are frequently cited in appeals to extrinsic factors influencing art, though perhaps not with the particular slant I give them here. The final two points – the abandonment of the organic and the hidden mimetic nature of contemporary art – are less frequently cited and certainly not in the way I develop my argument here.

era the individual is not in as strong a position to change the course of events as in earlier, more heroic eras before the advent of rationalization and bureaucracy. According to Hegel, the strength of any one individual is limited by ties to the existing order. After discussing justice, morality, and law, he states: "Der Einzelne ist jetzt nicht mehr der Träger und die ausschließende Wirklichkeit dieser Mächte wie im Heroentum" (13:255). In another passage he suggests: "Dergleichen allgemeine Weltzwecke, wie sie Karl Moor und Wallenstein verfolgen, lassen sich überhaupt nicht durch *ein* Individuum in *der Art* durchführen, daß die anderen zu gehorsamen Instrumenten werden, sondern sie setzen sich durch sich selber teils mit dem Willen vieler, teils gegen und ohne ihr Bewußtsein durch" (15:558; cf. 7:179-80 and 12:45-46). In *Theaterprobleme*, Friedrich Dürrenmatt extends Hegel's reflections, persuasively arguing that the individual in today's complex, bureaucratic, and decentralized society has even less chance to assert power and assume responsibility. According to Dürrenmatt, in such a world only comedy is possible. The development Hegel and Dürrenmatt describe makes responsibility more complex, power more difficult to wield; it does not, however, eliminate the two.

The diminution of responsibility and with it the loss of tragedy relate not only to objective developments but to changes in world-view. The concept of identification with a higher cause, which is integral to tragedy, has met resistance by way of the contemporary overvaluation of particularity; few today are willing to identify with heroes who sacrifice themselves for the universal. This is related to what Richard Sennett has called "the fall of public man": the public sphere, the realm of social action, has lost prestige and been partially replaced by persons reflecting on their private psyches and unable to transcend a "tyranny of intimacy," that is, a life ruled by singularities, particularities, and a preoccupation with one's own private identity. Even those ostensibly concerned with the public are often viewed or view themselves not by way of their impersonal relation to substance but by way of their emotions, style, and personal intentions. Such characters often border on the comic.

In this century, tragedy has increasingly given way not only to comedy but to what I call the drama of suffering. This genre presupposes that suffering is primarily the result of external forces and that guilt is related to psychological imbalance. In the drama of suffering we may see a tragic flaw but rarely tragic greatness, and so I do not consider such works tragedies. The hero is the victim of bad luck or arbitrary whims. The turn of events may be ironic, but it does not derive from greatness. Camus' *Le Malentendu*, in the author's own view "an attempt to create a modern tragedy" (vii), is a good example. After twenty years a son returns home to help his mother and sister, does not reveal his identity, and is murdered for his money. The hero dies despite his goodness, but not as a result of his goodness. At play are the arbitrariness and absurdity of fate, forces that have been evoked in literature from ancient times onward but which seem to have gained increasing attention in modernity, especially when reconfigured as the weight of institutional forces on the individual.

Ludwig Marcuse elevates the modern drama of suffering, which he calls "die tragische Tragödie," insofar as suffering is given no meaning, no context, no reason: "Die absolute Tragik der tragischen Tragödie ist das Leid ohne Sinn" (17-18). Marcuse continues his definition: "die moderne Tragödie ist nur noch ein Schrei der Kreatur; nicht Überwindung, nicht Abschwächung des Leids: nur Verdichtung und Formulierung, als letzte, einzig noch mögliche Reaktion" (20). Tragedy becomes simple suffering – removed from greatness, from causality, from its position within any overarching narrative. Recognizing neither an overarching order nor any normative values that might give meaning to suffering, many contemporary theories of tragedy, like Marcuse's, along with an abundance of contemporary "tragedies," elevate suffering and the broader forces that elicit suffering. Suffering becomes the whole of tragedy.

Though the simple depiction of the suffering individual does not necessarily imply great art and though it lacks the truly tragic dimensions of greatness and conflict, it can serve other purposes. Tragedy may include interesting character studies, including the individual's reaction to pain, and social criticism, in particular, analyses of the social forces that trigger suffering; nonetheless, the drama of suffering may be even better situated to develop these spheres. The brilliance of Eugene O'Neill, to take one example, lies in his ability to explore the psychology of trust and suffering and to awaken the emotions of his audience. Having freed himself from the organic link between greatness and suffering, he shifts his focus elsewhere. So, too, the naturalist drama of Europe, which attends far more than traditional tragedy to the social and psychological causes of suffering. Not every depiction of a sick and troubled soul, not every representation of a political and social victim is tragic; suffering that derives from a pathological incapacity or an arbitrary act of oppression hardly derives from greatness. Yet, it may draw our attention to a range of human activity otherwise overlooked.

Several levels of suffering exist. On the lowest level is pathetic suffering: the protagonist suffers needlessly and narcissistically, and he and others take this suffering seriously. Above this and more or less on an equal level with one another are serious suffering without greatness, as in the drama of suffering, and insignificant suffering presented with wit, which corresponds to the transformation of mere suffering into comedy. The greatness of Chekhov lies partly in his ability to hover between these two moments – showing, as for example in *The Cherry Orchard*, sympathy for weak and suffering characters as well as misdirected persons, but also viewing them with an eye to their inconsistencies and so also with irony and humor. Higher still is unearned suffering that is carried with nobility and greatness, and highest of all is tragic or organic suffering, that is, suffering caused by greatness, but this structure is virtually absent in contemporary literature.

II.

Another anti-tragic dimension of modernity is the tendency to shift values in new circumstances, to abandon, rather than reaffirm, a position in a time of crisis. This derives partly from the shattering of a moral tradition, partly from a sense of liberation. The tendency is also comprehensible in the light of so many positions in the past having been falsely presented as absolute, when in truth they were merely historical and contingent. This understandable skepticism has, however, also led to positions that recognize no moral standards whatsoever. The view that there is no objective validity to matters of right and wrong is inimical not only to moral responsibility but to tragedy as well. Tragedy as a collision of two goods is impossible in a society that sees morality as a matter of mere convention. Though a drama may portray the conflict of two values, tragedy is not possible if these values are viewed, as they tend to be today, as contingent and arbitrary. The concept of one historical norm pushing aside another allows for tragedy only if the moments of validity in the two paradigms are recognized, as in John Ford's beautiful film *The Man Who Shot Liberty Valance*.

Modernity is wedded to the idea that one cannot ground a hierarchy of moral values. Those who affirm a normative position often do so without recourse to alternatives or critique and without any sense of the shades of value in a complex world of competing claims. In drama goods are often embraced singularly and in melodramatic opposition to evil. The hero is good, and the alternative is simply evil. The result is a weakening of the tragic ideal of a conflict of two values and the elevation of a form of tragedy I call the tragedy of self-sacrifice. The tragedy of self-sacrifice realizes the unambiguous conflict between good and evil, with the good hero suffering because of his goodness but without a sense of competing goods. In works such as T. S. Eliot's *Murder in the Cathedral* or Arthur Miller's *The Crucible*, the hero is noble and good, and evil lies clearly on the other side. Though self-sacrifice is morally ennobling, it is dramatically weak – owing to the simplicity and nonambiguity of the conflict. Tragic self-sacrifice is a common form of subplot; this subordination derives primarily from its undramatic and thus inherently economical character. In the twentieth century, this type of subplot is especially frequent. Consider, for example, Kattrin in Brecht's *Mutter Courage*, Athi in Brecht's *Herr Puntila und sein Knecht Matti*, Celia in T. S. Eliot's *The Cocktail Party*, or Lili Tofler in Peter Weiss's *Die Ermittlung*. In these and other twentieth-century works the introduction of a finite tragedy of self-sacrifice derives from the belief, first, that heroic consistency and adherence to virtue are the exception rather than the norm, and second, that the tragic act is accomplished not by the individual at the center of society but by someone on the perimeter. Indeed, in two of these works the tragic hero never even appears on stage.

The strength of self-sacrifice is its moral legitimacy, its primary weakness the simplicity of conflict. The unambiguous contrast between good and evil often weakens the potential richness of the work, reducing complex art and intricate questions to an almost black and white formula. Not surprisingly, among the tragedies of the greatest dramatist of all time, Shakespeare, we find not a single tragedy of self-sacrifice; his sense of drama was too intense, his sense of morality too complex. The audience has unadulterated compassion for the hero of self-sacrifice (there is no awareness of the complexity of action or of moral choice) and clear disdain for the enemy (there is no awareness of the good that sometimes lies hidden behind the facade of evil). Rolf Hochhuth's *Der Stellvertreter*, considered by many the one tragedy in postwar German literature, is weakened by the clearly evil nature of the other, in this case the pope. It is an admirable and a good work, but not a great one. Britain's most recent major contribution to tragedy, Robert Bolt's *A Man for All Seasons*, a play about Sir Thomas More, is likewise a noble but undramatic tragedy of self-sacrifice.

Several other potential deficiencies can be recognized in the genre. Tragic self-sacrifice can become sentimental and melodramatic because of the weakened conflict and occasional introduction of a moment of self-pity. Self-sacrifice can become antidramatic in the additional sense that the hero follows his course with an almost automatic progression. The last minute frailty and humanness of such tragic heroes as John Proctor and Riccardo Fontana try to guard against this uncomplicated structure, but the tendency of the subgenre is clearly undramatic. Moreover, the tragedy of self-sacrifice can easily be misread to be presenting what Vittorio Hösle has criticized as an inverse power positivism: if you suffer, you are just (63). The lesson of the tragedy of self-sacrifice differs: if you recognize what is just, then you must follow through, even if it means that you will suffer for your actions. In the tragedy of self-sacrifice we recognize the morally good but not a more complex and nuanced sense of competing goods. The philosophical complexity and aesthetic intensity of tragedy are thereby diminished.

III.

Tragedy has traditionally been associated – and justly so, I would argue – with a concept of art as organic. Not only is there in tragedy a causal relation between greatness and suffering, but also the various parts of the tragic artwork stand in an organic relation to one another. The concept of the organic has at least three interrelated dimensions. First, all the parts of an artwork have a certain autonomy, which renders them interesting to us in and of themselves. When we see a dramatic performance, the individual scenes have intrinsic value and contain diverse features. Second, each part of the work is connected to the others; they fit or belong together such that there is no part that is not expressive of the whole. The word microcosm is fully appropriate here. Everything necessary is present; everything superfluous is absent. Third, and this brings together the truth of the first two moments, the artwork is not just a set of relations, it is more than the sum of its parts; every part belongs to the whole and contributes to the whole such that, despite the interest they garner as parts, their full meaning evolves only from their position within the totality of the artwork and slowly becomes recognizable in this way. The partial dimensions of the artwork are interesting in and of themselves; they appear completely independent and contingent, but in the process of exploration and interpretation, they assume an element of connectedness and necessity, such that the parts gain a richer identity in the whole. What may appear to be simple chance and externality reveals itself for the interpreter to be interconnected. Any alteration of a part would imply an alteration of the whole, and the many find their truth in the one (cf. Aristotle, *Poetics*, ch. 7).

The organic relationship of part and whole is reminiscent of living biological structures; in this sense the interdependence of the organic suggests vitality and dynamism. The elevation of the organic also relates to the sequential development of a work. Aristotle privileges organic over episodic plots (*Poetics*, ch. 9). His argument is simple, but compelling: that which is probable or necessary has a more privileged status than that which is arbitrary, which is not to say that art must be predictable. On the contrary, Aristotle elevates those plots that, even as they follow the law of cause and effect, are still able to surprise us. He privileges an action that is whole and complete and resembles a living organism in all its unity (*Poetics*, ch. 23). This elevation of the organic begins already with Plato and extends beyond Aristotle to the classical literary criticism of Horace and Pseudo-Longinus and into the period of German idealism. It fades, however, or is directly countered, in the modern and contemporary eras, which tend to elevate the arbitrary and contingent, two categories that are more frequently associated with comedy than tragedy.

In tragedy the organic expresses itself above all in the structure whereby greatness leads inexorably to suffering; the two are not accidentally related. In modernity, as I have suggested, this connection is often severed, such that suffering has no intrinsic connection to greatness; it is arbitrary. This weakens the organic and thus the aesthetic dimension. In many cases we recognize a movement of the aesthetic away from the organic, as in open drama, which has its place within the variety of aesthetic expressions but which seems to lack a requisite element of great art. However, the hermeneutic process sometimes leads to recognition of common themes and motifs in the individual scenes; the organic remains, although it is initially hidden and ultimately looser. One of the tasks of a critic is to show how the various parts of an artwork relate to one another, if often in very complex ways.

The modern critique of the classical dictum that all elements should relate to one another in such a way as to be like a living being (Plato, *Phaedrus*, 264C) or to form a single organism (Pseudo-Longinus, *On the Sublime*, ch. 10) intensified in the postwar period, primarily in the wake of the national socialist elevation of organic art. This critique has not been without its impact on tragedy and can be countered with a variety of arguments. First, the abuse of a theory cannot be taken as an argument against the theory itself, unless there is a necessary connection between the two, which is lacking in this case: not all organic art stems from cultures that revoke human rights, as is evident from the importance of organic art both for the literature of German classicism, with its elevation of humanity and cosmopolitanism, and in the revival of classical architecture in the early American republic; and not all fascist regimes privilege classical art, as is clear from the connections between the avant-garde and fascism in Italy. Second, advocates of organic art have often failed to recognize that many seemingly dissonant and negative works are in fact organic, but organic in a complex way and on a metalevel, insofar as dissonance serves a higher meaning or insofar as an artwork may be the negation of a negation; in short, such critics often fail to grasp the complex beauty of much of modern and contemporary art. This failure of perception does not mean that the works of modern art rejected by the National Socialists are not in a complex way organic. Third, the particular manifestation of organicism in national socialist art tends to involve an elevation of the whole at the expense of the integrity of the particular: the creation of types, rather than individuals, mirrors the political effort to submerge, rather than sublate, the individual within the whole; in this sense national socialist art lacks the balance of a desirable organicism. This lack of balance between part and whole is sometimes reinforced by a lack of measure; one thinks of the elevation of the monumental. Fourth, there are at least two uses of organic, which must be distinguished: the first concerns itself with artwork aesthetics; the second belongs in the realm of production aesthetics and has to do with the idea that art is generated through an organic process of growth, of ripening. This second form of the organic is not a necessary corollary to the first (a work can integrate part and whole and have been developed by any number of means), and it is truly unimportant from the perspective of artwork aesthetics. Yet precisely this concept of the organic, as defined by the sphere of production, developed into the vague idea of a privileged destiny for the German nation. The organic in the sphere of production is not equivalent to the organic in the artwork, nor is it necessary to recognize the organic in production. The separation between production and artwork aesthetics is brought home by the fact that the National Socialists virtually ignored the organic in the autonomous artwork and stressed instead the organic in the historical development of the German nation. And even if one should want to retain the idea that the past history of an entity has an organic unity or developmental logic, one needn't equate this with nature or with nationalism. Fifth, art includes among its possibilities not only dissonant art, ruled by the negation of negativity, but also the creation of models with which one can identify and which contribute to the formation and cultivation of a collective identity; there may be a valid human urge toward a more affirmative art of this kind, and it would be both morally irresponsible and strategically unwise to leave the creation and appreciation of such art solely in the hands of those whose world-view violates universal principles of justice.

The more original the work, the more difficult it is to recognize the constituent moments and their meaningful interconnections. We must be very broad in our capacity to grasp new interconnections, but we needn't endorse everything that calls itself art. Indeed, the greatness of the organic model is that it mediates between what one might call the arbitrarily mechanical and the arbitrarily autonomous. The increasing abandonment of the organic has been reinforced by the mistaken sense that the organic involves a constraining and mechanical concept of art. The mechanical, which is to be distinguished from the organic, does prescribe certain formulas for an artwork, which may involve precepts concerning diction, plot, length, types of characters, or numbers of acts. The artist is expected to fulfill these criteria and is essentially beholden to the notion that the parts of the work are primary to the whole. Such a model allows little room for the creativity of the individual artist and the modulation of convention. A second model moves to the extreme opposite end, elevating the autonomy of each work and bracketing its relation to any and all aesthetic principles. The autonomous model rejects even the idea of the interconnection of parts; art is free of constitutive elements and of the integration of parts into a meaningful whole. Instead, whatever we call art is art. Not only does this theory eliminate any possibility of evaluation, in an age of overproduction it steals our attention from truly great works and makes us slaves to whatever is produced or thrust before us. Its transformation of a given model into infinite, arbitrary possibilities is characteristic of a negative or an antithetical stance. Justly recognizing that some poetic constraints are arbitrary, the autonomous model mistakenly fails to recognize anything that transcends the arbitrary. The organic, in contrast, suggests that the constituent elements of a great artwork – from language, to theme, to structure – are variable, but that what remains common is the transformation of the elements into a meaningful whole. In this sense it allows for the freedom of creativity but guards against the arbitrariness of absolute autonomy. All great art has an organic dimension, however complex, and tragedy is especially tied to the organic by way of the connection between greatness and suffering. In this sense it contrasts with comedy, which tends to have a looser structure and often thematizes and elevates the accidental and coincidental.

IV.

A fourth reason for the disappearance of tragedy is the idea that tragedy is too idealizing a form of art. The idea is mistaken. Tragedy is not idealizing in the sense of consistently portraying only what should be. Its characters, though admirable, are not perfect and suffer for their actions. Further, tragedy wrestles with difficult, often troubling, circumstances and events. Also tragedy is not necessarily connected to socially elevated heroes, as was once stipulated by poetics. Many modern and contemporary works justly extend the range of our sympathy to characters earlier not treated in tragedy. It is essential to distinguish the arbitrary convention of the superiority of rank from the legitimate elevation of moral worth and formal strength and the just recognition that even a humble person can be the carrier of extraordinary virtues. Likewise, realistic drama in the formal sense, drama without verse, is entirely compatible with tragedy.

Moreover, there is a paradox at the core of the argument that art should not be idealizing. It reduces art to what is, thus evoking the question, in what way is art then avant-garde? Art can relate to reality in at least three ways. First, art might be beholden to external reality, in which case we recognize a stress on mimesis as correctness or fidelity to reality, on art as the mirror of nature and society. This definition of art initially makes one wonder, what value or justification art could possibly have. However, if we recast this definition as art's exposing those parts of reality that are otherwise veiled to us, we can readily embrace it. Second, art might negate reality by measuring it as deficient against a higher moral standard; in this relationship, satire in the broadest sense is operative. Art may make conscious for its audience the errors of an age. Third, art may be attentive to a higher reality. In this sense it is neither a lens onto the hidden aspects of reality, nor directly critical of reality; it sketches an ideal to counter reality.

The dissolution of tragedy is related to a paradoxical and unacknowledged elevation of the first form of art, the mimetic model. If the contemporary age is chaotic and without meaning, the elevation of the arbitrary is a derivative mirror of the age, not an act of opposition. In this way seemingly avant-garde art may merely reproduce a less than desirable reality. In a more complex sense as well the extreme elevation of autonomy, including the severing of a connection between beauty and truth, contains a mimetic dimension. Autonomous art, which may not reveal a higher truth of any kind, mimics the broader historical development, whereby a holistic universe is split into autonomous subsystems of value, "war is war," "business is business," "l'art pour l'art." The autonomous artist does not resist his age as much as participate in the general subsplintering of values. Much of contemporary art sees itself as being independent of reality, but this is illusory. Our age is characterized by the proliferation of multiple subsystems of culture, of which art is one, and the artist's would-be distance from society only fulfills the expectation that he operate within his own autonomous sphere. The idea that art is not beholden to any normative definition but is instead whatever the artist and his recipients decide to call art also reinforces the idea that art is ironically mimetic of the age, which can hardly be characterized by its emphasis on normative values. Indeed, we recognize in this aesthetic autonomy a mirror of not only the non-normative thinking of the age, but also the non-organic structure of contemporary ethical life: the autonomous spheres do not relate to any overarching concept of morality.

Contemporary art tends to be more critical than idealizing. This tendency may be said to serve an important societal function in an age where much invites critical reflection, but this focus only on critique, this act of remaining within the sphere of a negation of negativity, as it becomes the dominant parameter of art, prevents us from achieving and recognizing the full range of artistic possibilities that contemporaries of other generations have enjoyed more abundantly than we. If our age is dissonant, and dominant art mirrors this dissonance, then a truly non-mimetic, avant-garde art must also portray what is counter to dissonance, a higher reality. We might reformulate a phrase of Hegel's and propose that art is its age captured in sensuous presentation. This would explain the very strong desire toward negativity and the ugly in contemporary art. But just as Hegel's definition of philosophy as its age captured in thought has been justly criticized as quietistic, so, too, is this definition of art inadequate. One must also show alternatives, and the critic is right to expect of contemporary art both immersion in what is and reflection on what should be. In an age that lacks multiple manifestations of synthesis, this other task is not easy, but it remains desirable. We already know a great deal about evil in its various guises, but we know far less about the ideal good. By sublating the ugly or the dissonant, art can both counter reality and approximate a higher form of beauty. If what humanity needs today is a greater sense of transcendence and insight into human dignity, it does not help when such a large number of contemporary works portray human banality and baseness, especially when they are viewed not in their inadequacy, but cynically as the only alternatives available to humanity. Tragedy is part of what is excluded in this emphasis on the ugly, the dissonant, the particular. Despite its immersion in suffering, tragedy transcends this sphere and points us toward a higher realm.

V.

One might think that the inability to write tragedies in the present is itself the greatest tragedy and marks profound insight into the genuine suffering of contemporaries and the false grandeur of earlier generations. Is the loss of tragedy itself tragic? The answer must be yes, if one means by tragedy simply loss and abandonment of what is great. If, however, this loss is contingent, certainly understandable, but in no way necessary, then it falls under the category of a large-scale tragicomedy. Loss it is, but it is not without its moments of comedy. Not surprisingly, contemporary manifestations of "tragedy" in the form of the drama of suffering give abundant evidence of comic elements, among them the idea that the individual does not direct events, but is moved around by forces beyond his or her control (in comedy this structure tends to result in harmony, not disaster); the idea that the individual is not strong enough to realize the ends he posits for himself (which may reflect the weakness of the individual as much as the dominance of fate); and above all a preoccupation with one's own private subjectivity, weakness, and suffering. Comic figures tend to extol their suffering not only because they seek to claim for themselves tragic grandeur but also because suffering is an eminently particular sensation, and the comic protagonist is preoccupied with the particular at the expense of the universal. When reflection on the contemporary absence of tragedy envisages itself as tragic, it borders on the comic. The disappearance of tragedy may say more about our own particular limitations than it does about the objective limits of tragedy. I do not want to suggest that we are not enriched by great dramas of suffering or great comic works, but I do want to suggest that we are impoverished when our artists cannot rise to the level of tragedy and that this lack is no more tragic than it is comic.

In a world that has abandoned the concept of the absolute, the more appropriate genre may be comedy, which, it might be argued, has the same telos as tragedy but reaches it via the backdoor, through its ironization of untenable positions. Comedy evokes via negation the values sketched in tragedy, as the unspoken standards against which we measure the comic hero's follies. Hegel comments insightfully that in comedy a reduced reality is portrayed in such a way that it destroys itself, so that in this self-destruction "das Wahre sich als feste, bleibende Macht aus diesem Widerscheine zeigen könne und der Seite der Torheit und Unvernunft nicht die Kraft eines direkten Gegensatzes gegen das in sich Wahrhaftige gelassen werde" (14:120). Seemingly lost values are recognized after we pass through their negation. Comedy makes explicit for the audience, it objectifies, the errors of the age and so helps society's efforts to transcend them. The comic negation of the various forms of negativity – indulgence, nonmeaning, frivolity, brutality, monotony – leads to truth. Knowledge of error as error frees us from the compulsion to continue to err. Our recognition of the tragicomic loss of tragedy, therefore, may be a first gesture toward its overcoming. Until such a time, the genre of tragedy will remain merely historical and distant, performances of great tragedies will focus on the mere fact of suffering, contemporary artists will have only a reduced sphere of subject matter and forms, and audiences will be kept from experiencing the aesthetic emotions unique to great tragedy.

Works Cited

Camus, Albert. "Author's Preface (December 1957)." In *Caligula and Three Other Plays*. New York: Vintage, 1958: v-x.

Fritz, Kurt von. *Antike und moderne Tragödie: Neun Abhandlungen*. Berlin: de Gruyter, 1962.

Hegel, G. W. F. *Werke in zwanzig Bänden*. Ed. Eva Moldenhauer and Karl Markus Michel. Frankfurt: Suhramp, 1978.

Hösle, Vittorio. *Die Vollendung der Tragödie im Spätwerk des Sophokles. Ästhetischhistorische Bemerkungen zur Struktur der attischen Tragödie*. Stuttgart-Bad Cannstatt: Frommann-Holzboog, 1984.

Marcuse, Ludwig. *Die Welt der Tragödie*. Berlin: Schneider, 1923.

Niebuhr, Reinhold. *Beyond Tragedy: Essays on the Christian Interpretation of History*. New York: Scribner's Sons, 1941.

Roche, Mark W. *Tragedy and Comedy: A Systematic Study and a Critique of Hegel*. Albany: State University of New York Press, 1998.

Scheler, Max. "Zum Phänomen des Tragischen." *Abhandlungen und Aufsätze*. Leipzig: Verlag der weissen Bücher, 1915: 1:275-315.

Sennett, Richard. *The Fall of Public Man: On the Social Psychology of Capitalism*. New York: Vintage, 1978.

Wilhelm Voßkamp

Deutsche Zeitgeschichte als Literatur

Zur Typologie historischen Erzählens in der Gegenwart[1]

I.

Das Vergangene – auch das jüngst Vergangene – existiert nur in der Erinnerung oder in der Darstellung. Die (ästhetische) Vergegenwärtigung des zurückliegenden Geschehens ist die Voraussetzung für jede visuelle oder erzählende Darstellung der Geschichte. Die basale Operation des Erzählens bleibt die Bedingung der Möglichkeit dafür, von einer historischen Realität zu einer ‚textuellen Realität' zu gelangen.[2]

Erst seit der Aufklärung findet sich eine Zweiteilung des historischen Erzählens: einerseits als moderne Historiographie im Zeichen umfassender Verwissenschaftlichung und andererseits als fiktive Erzählung, als (moderner) Roman[3]. Entscheidend ist dabei die „Differenz von historischer und dichterischer Gegen-

---

[1] Erscheint auch in den „Berichten und Abhandlungen" der Berlin-Brandenburgischen Akademie. Berlin 1999.

[2] Vgl. dazu vor allem Hayden White, Metahistory. The historical Imagination in Nineteenth Century Europe. Baltimore, London 1973; dt. Übersetzung: Metahistory. Die historische Einbildungskraft im 19. Jahrhundert in Europa. Frankfurt/Main 1991; Ders.: Auch Klio dichtet oder die Fiktion des Faktischen. Studien zur Tropologie des historischen Diskurses. Einführung von Reinhart Koselleck. Stuttgart 1986; Ders.: Die Bedeutung der Form. Erzählstrukturen in der Geschichtsschreibung. Frankfurt/Main 1990. Außerdem: Geschichte – Ereignis und Erzählung. Hg. v. Reinhart Koselleck und Wolf-Dieter Stempel. München 1973 (Poetik und Hermeneutik V); Theorie und Erzählung in der Geschichte. Hg. v. Jürgen Kocka und Thomas Nipperdey. München 1979; Formen der Geschichtsschreibung. Hg. v. Reinhart Koselleck, Heinrich Lutz und Jörn Rüsen. München 1982. Zur literaturwissenschaftlichen Diskussion im Zeichen des historischen Romans vgl. vor allem: Hans Vilmar Geppert, der „andere" historische Roman. Theorie und Strukturen einer diskontinuierlichen Gattung. Tübingen 1976; Harro Müller, Geschichte zwischen Kairos und Katastrophe. Historische Romane im 20. Jahrhundert. Frankfurt/Main 1988; Gerhard Kebbel, Geschichtengeneratoren. Lektüren zur Poetik des historischen Romans. Tübingen 1992; Anne Kuhlmann, Revolution als „Geschichte": Alfred Döblins „November 1918". Eine programmatische Lektüre des historischen Romans. Tübingen 1997.

[3] Vgl. vor allem Karlheinz Stierle, Erfahrung und narrative Form. Bemerkungen zu ihrem Zusammenhang in Fiktion und Historiographie. In: Theorie und Erzählung in der Geschichte, S. 85-118; Wolfgang Hardtwig, Die Verwissenschaftlichung der Historie und die Ästhetisierung der Darstellung. In: Formen der Geschichtsschreibung, S. 147-191.

standsauffassung", die den historischen *Roman* erst ermöglicht. Er ist „gleichsam die *freie Geschichte*", wie Novalis betont hat[4].

Ablesen läßt sich dieser Ausdifferenzierungsprozeß an Wilhelm von Humboldts Abhandlung „Über die Aufgabe des Geschichtsschreibers" (1821): „Wenn auch der Künstler und Geschichtsschreiber beide darstellend und nachahmend sind, so ist ihr Ziel doch durchaus verschieden. Jener streift nur die flüchtige Erscheinung von der Wirklichkeit ab, berührt sie nur, um sich aller Wirklichkeit zu entschwingen; dieser sucht bloß sie, und muß sich in sie vertiefen."[5] Das Nicht-Übereinstimmen von Fiktion und Historie wird fortan für jedes fiktive Erzählen betont, in dem von geschichtlichen Ereignissen die Rede ist. Der „poetische Kampf mit dem historischen Stoff", wie es Schiller formuliert hat, muß im Zeichen des Zwiespalts und Widerspruchs zwischen Fiktion und Historie in der Erzählkunst gewonnen werden. Die literaturwissenschaftliche Diskussion der letzten Jahre hat sich deshalb auf Fragen des „Hiatus von Geschichte und Fiktion" vor allem im modernen historischen Roman konzentriert und insbesondere das Diskontinuierliche des Erzählens hervorgehoben[6]. Dem korrespondiert eine vornehmlich durch Hayden White angeregte Diskussion über die ästhetischen Momente der Geschichtsschreibung, deren narrative Modellierungen wiederum auf die historische Wissenschaft als Kunst verweisen: „Kunst aber ist nach wie vor auch der Historie aufgegeben; Kunst ist ihre Form."[7]

Die Darstellung *zeitgeschichtlicher* Ereignisse unterscheidet sich strukturell nicht von der Darstellung historischer Geschehnisse im historischen Roman. Auch die Verarbeitung und das Zitieren von Ereignissen der jüngsten Geschichte in der Literatur läßt die Differenz zur „Zeitgeschichte" als historiographischer Disziplin erkennbar bleiben. Diesen Sachverhalt im deutschen Roman der letzten fünfzig Jahre möchte ich an einigen Beispielen erläutern und dann die Frage stellen, ob und in welcher Weise eine (fiktive) Literatur unter differenten Bedingungen der literarischen Produktion und Rezeption in West- und Ostdeutschland (gerade in der DDR) eine spezifische Autorität gewinnen konnte.

---

[4] Zit. Hans Vilmar Geppert, Der „andere" historische Roman, S. 40.

[5] Wilhelm von Humboldt, Werke. Hg. v. Andreas Flitner und Klaus Giel. Bd. I. Darmstadt 1960, S. 594.

[6] Vgl. vor allem Hans Vilmar Geppert, Der „andere" historische Roman.

[7] Ulrich Raulff, Die Historie und ihre Bilder. In: Wissenschaftskolleg zu Berlin. Jahrbuch 1996/97. Berlin 1998, S. 319. Zur Vorgeschichte dieser Diskussion im 18. und 19. Jahrhundert vgl. Wilhelm Voßkamp, Romantheorie in Deutschland. Von Martin Opitz bis Friedrich von Blanckenburg. Stuttgart 1973; und Daniel Fulda, Wissenschaft aus Kunst. Die Entstehung der modernen deutschen Geschichtsschreibung 1760-1860. Berlin, New York 1996. Zur aktuellen Diskussion: Siegfried Kohlhammer, Die Welt im Viererpack. Zu Hayden White. In: Merkur 52, 1998, S. 898-907 („Postmoderne. Eine Bilanz").

II.

Bei einem generellen Überblick über die deutsche Literaturentwicklung nach dem Zweiten Weltkrieg fällt gerade unter Gesichtspunkten zeitgeschichtlicher Darstellung – trotz konträrer historischer Voraussetzungen bis zum Jahr 1989: Zensur und literaturpolitische Lenkung einerseits und literarischer Markt (mit allen Gefahren der „Anbiederung, Gefallsucht [...] und Schlichtheit der Gedanken" andererseits (Jurek Becker) – *das Gemeinsame* der thematischen Gegenstände und Motive auf. Das gilt insbesondere im Blick auf die Forderung nach bewußter Zeitgenossenschaft und der damit im Osten wie im Westen empfundenen Verpflichtung, sich den Ereignissen vor allem des Dritten Reichs und der Nachkriegszeit im geteilten Deutschland zu stellen.[8]

Die literarischen Formen und ästhetischen Vergegenwärtigungen sind indes so verschieden wie die vielfältigen individuellen Artikulationen der einzelnen Autorinnen und Autoren. Versucht man eine *idealtypische Klassifikation* der Formgeschichte des Erzählens von Zeitgeschichte in Deutschland vom Ende des Zweiten Weltkriegs bis zur deutschen Vereinigung, so lassen sich drei Hauptvarianten unterscheiden:

Eine Form des *narrativ-auktorialen Erzählens* (die die Tradition des „Realismus" fortsetzt und fortschreibt), eine *pikareske oder autobiographische Erzählweise* des ‚personal view point' (die im Zeichen von Verfremdung oder Authentizität des Ich steht) und eine *rekapitulierend-dokumentarische Form* der Darstellung (die die Möglichkeiten der narrativen Darstellung von Zeitgeschichte problematisiert und mittels Formen von Deskription und Reflexion in Frage stellt).[9]

---

[8] Zur Periodisierung und zu den „Orientierungspunkten" 1945 und 1989 vgl. Zwei Wendezeiten. Blicke auf die deutsche Literatur 1945 und 1989. Hg. v. Walter Erhart/Dirk Niefanger. Tübingen 1997; Bernhard Zimmermann, Epochen in der Literaturgeschichtsschreibung. In: Deutsche Literatur zwischen 1945 und 1995. Eine Sozialgeschichte. Hg. v. Horst Albert Glaser. Bern, Stuttgart, Wien 1997, S. 713-724.

[9] Bei den im folgenden kurz diskutierten literarischen Texten geht es um einzelne charakteristische Beispiele – nicht um Vollständigkeit oder um den Anspruch auf Repräsentativität. Zur Literaturgeschichte 1945-1989 vgl. Geschichte der deutschen Literatur von 1945 bis zur Gegenwart. Hg. v. Wilfried Barner. München 1994; Gegenwartsliteratur seit 1968. Hg. v. Klaus Briegleb und Sigrid Weigel. München 1992; Literatur in der BRD bis 1967. Hg. v. Ludwig Fischer. München 1986; Ralf Schnell, Die Literatur der Bundesrepublik. Autoren, Geschichte, Literaturbetrieb. Stuttgart 1986; Literatur der DDR in Einzeldarstellungen. 3. Bde. Hg. v. einem Autorenkollektiv unter der Leitung von Hans Jürgen Geerdts. Berlin 1976 und 1987; Wolfgang Emmerich, Kleine Literaturgeschichte der DDR 1945-1988. Frankfurt/Main 1989; Die Literatur der DDR. Hg. v. Hans-Jürgen Schmitt. München, Wien 1983. Ein umfangreiches Literaturverzeichnis findet sich in der von Wilfried Barner herausgegebenen Literaturgeschichte; vgl. hier vor allem zur Erzählprosa (S. 1018-1026). Darüber hinaus: Wolfgang Emmerich, Die andere deutsche Literatur: Aufsätze zur Literatur aus der DDR. Opladen 1994; Volker Wehdeking, Die deutsche Einheit und die Schriftsteller. Literarische Verarbeitung der Wende seit 1989. Stuttgart, Berlin, Köln 1995.

1. *Narrativ-auktoriale Erzählweisen*

Nichts charakterisiert die literarische Darstellung von Zeitgeschichte – sowohl in West- als auch in Ostdeutschland – deutlicher als eine „realistische" Schreibweise. Bezeichnungen wie „deutsche Kalligraphie" oder „Trümmerliteratur" (Heinrich Böll), „magischer Realismus" (Alfred Andersch), „blanker Realismus" (Walter Kolbenhoff) und „sozialistischer Realismus" oder – seit der Berliner Kafka-Konferenz 1983 – „sozialistischer kritischer Realismus" (Dieter Schlenstedt) sind dafür charakteristisch. Alle genannten Realismus-Konzeptionen gehen davon aus, daß die soziale Welt in ihren politischen und ökonomischen Prozessen vom Subjekt „auf der symbolischen Ebene [...] als gestaltbar erscheint".[10] Verbunden damit ist die Forderung nach einer getreuen, „objektiven" Darstellung, die die historischen Geschehnisse plastisch und anschaulich vergegenwärtigt und so jene Wirklichkeitsillusion erzeugt, die sich möglichst wenig von der empirischen Realität unterscheidet. Ganz ähnlich wie im Roman des 19. Jahrhunderts „herrscht das Ideal einer Darstellung, die das Dargestellte ästhetisch so *erscheinen* lassen möchte, wie es real *ist*", und der Text soll möglichst „wie einen Makel verbergen, was er ist – ein Produkt des Erzählers."[11] Identifikationen und Projektionen bieten dem Leser Möglichkeiten des Engagements und der Distanzierung.

Eine zusätzliche Zielsetzung erhält der Realismus dann, wenn er als ein „sozialistischer" definiert wird. Ein „durchgängig wertender Zugang zur Welt" (Parteilichkeit)[12], das Festhalten am Widerspiegelungspostulat und die Forderung nach Volkstümlichkeit unter Berücksichtigung der Wiedergabe typischer Charaktere und typischer Umstände bedingen eine handlungsbestimmte, kontinuierliche und lineare Erzählweise, bei der (auktoriale) Erzähler dominiert und die sozialpädagogische Funktion, gerade im Blick auf den „positiven Helden", hervortreten muß. Am Postulat der geforderten „Volkstümlichkeit" hat Uwe Johnson 1964 auch präzise die unterschiedlichen Funktionen der Literatur in Ost- und Westdeutschland beschrieben: „Die Literatur in der DDR hat [...] die Aufgabe, das Bewußtsein ihrer Leser von der Lage zu verändern. Eine ganz ausgesprochen sozialaktivistische Aufgabe. Eine solche hat die westdeutsche, westlich deutsch sprechende Literatur nicht. Das wirkt sich auf die Ästhetik aus. Dieser uralte Widerspruch zwischen dem Fortschritt der künstlerischen Form und dem Zurückbleiben der Aufnahmefähigkeit beim Publikum, diesen Widerspruch hat die ostdeutsche Literatur im allgemeinen und persönlichen Fall ganz

---

[10] Gunter Gebauer / Christoph Wulf, Mimesis. Kultur -Kunst – Gesellschaft. Reinbek bei Hamburg 1992, S. 312.

[11] Winfried Hellmann, Objektivität, Subjektivität und Erzählkunst. Zur Romantheorie Friedrich Spielhagens. In: Deutsche Romantheorien. Beiträge zu einer historischen Poetik des Romans in Deutschland. Hg. v. Reinhold Grimm. Framkfurt/Main, Bonn 1968, S. 183 und 184.

[12] Vgl. Hans Günther, Die Verstaatlichung der Literatur. Entstehung und Funktionsweise des sozialistisch-realistischen Kanons in der sowjetischen Literatur der dreißiger Jahre. Stuttgart 1984, S. 20; vgl. auch S. 107-111.

radikal zerschlagen, indem dort eine gewisse Grenze der Verständlichkeit vorgeschrieben ist, man hat vereinbart: Das ist der Begriff der Volkstümlichkeit. Während die westliche Literatur versucht, ihren neuen Inhalten Beschreibungsformen zu gewinnen, die den Inhalten adäquat sind und die die Aufnahmefähigkeit [...] nicht immer berücksichtigen. So kommt es dazu, daß ein westdeutscher Schriftsteller einen Satz, den sein ostdeutscher Kollege geschrieben hat, im schlimmsten Fall nicht versteht oder im besseren Fall sagt: Diese Schreibweise ist vergangen, hinter der Zeit."[13]

Vergleicht man einzelne beispielhafte Ausprägungen „realistischen" Schreibens in West- und Ostdeutschland unter Gesichtspunkten der literarischen Darstellung von Zeitgeschichte, so lassen sich entsprechend bemerkenswerte Unterschiede in der ästhetischen Realisation beobachten. So wird in *Heinrich Bölls* Schlüsselroman „*Billard um halbzehn*" (1959) die Zeit zwischen 1907 und 1958 im Medium einer Familiengeschichte erzählt, deren Mittelpunkt die Hauptfigur Robert Fähmel bildet (der regelmäßig morgens um halb zehn Billard spielt). Es zeigt sich indes, daß Böll die Familiengeschichte Fähmels in einen heilsgeschichtlichen Kontext stellt. „Die erste Zelle dieses Romans ist [...] entstanden aus einer historischen Begebenheit. Im Jahre 1934 [...] ließ Göring [...] in Köln vier junge Kommunisten durch Handbeil hinrichten. Der jüngste von ihnen war siebzehn oder gerade achtzehn, so alt wie ich damals war, als ich gerade anfing, mich im Schreiben zu versuchen.[...]. Das Ganze war als Kurzgeschichte gedacht [...]. Das Thema hat sich dann vielfach verwandelt, als ich in Gent den Altar der Gebrüder van Eyck sah, in dessen Mitte das Gotteslamm steht [...]"[14]. Dieser Hinweis Heinrich Bölls macht die Dichotomie verständlich, die den Roman in der Charakterisierung des „Sakraments der Büffel" einerseits und des Symbols der Lämmer andererseits prägt. Die Gegenüberstellung totalitärer Tendenzen und des Mißbrauchs des Sakralen mit urchristlichen Vorstellungen einer Gemeinschaft, die sich auf die Bergpredigt beruft, ist konstitutiv für eine literarische Technik der Motivverkettungen, die sich von einem durch mimetische Widerspiegelung bestimmten Realismus distanziert.

Anders in zwei in der DDR etwa gleichzeitig mit Bölls „Billard um halbzehn" erschienenen Romanen von *Bruno Apitz* und Dieter Noll. Apitz erzählt im Roman „*Nackt unter Wölfen*" (1958) die spannende Geschichte der Rettung eines dreijährigen Kindes, das ein polnischer Häftling, der in das KZ Buchenwald verlegt wird, in seinem Koffer mitbringt. Es geht um den exemplarischen Fall eines Konflikts zwischen dem Anspruch einer Gruppe von Menschen und dem Recht des einzelnen auf Leben, den Apitz präzise – bis in die komplizierte Syntax hinein – darstellt. „Die schwere Last der Entscheidung zwischen zwei

---

[13] Zit. Wolfgang Emmerich, Kleine Literaturgeschichte der DDR. Erweiterte Neuausgabe. Leipzig 1996, S. 519f.
[14] Vgl. Heinrich Böll im Gespräch mit Horst Bienek, in: Horst Bienek, Werkstattgespräche mit Schriftstellern. München 1962, S. 142. Böll hat im Gespräch mit Manfred Durzak betont, daß er in seiner Jugend „viel mehr durch Malerei beinflußt worden sei als durch Literatur" (Manfred Durzak, Gespräche über den Roman. Formbestimmungen und Analysen. Frankfurt/Main 1976, S. 151).

Pflichten drückte auf Höfels Herz, und schmerzhaft erkannte er, wie allein er in diesem Augenblick war."[15]

Abgesehen von stilistischen Unbeholfenheiten und der allzu symbolischen Verweisfunktion (vom Sieg über den Faschismus zum Sozialismus), macht bereits dieser Roman von Apitz auf ein Modell aufmerksam, das in der Aufbau- und Wandlungsliteratur der DDR in den 60er Jahren eine große Rolle gespielt hat. Es ist die Tradition des deutschen Entwicklungs- und Bildungsromans, der als literarischer Rahmen geeignet erschien, um die Wandlung zum Sozialismus zu veranschaulichen[16].

Dieter Nolls sehr erfolgreiches Buch *„Die Abenteuer des Werner Holt"* (1960/63) ist dafür ein besonders charakteristisches Beispiel. Die Geschichte Werner Holts, eines jungen Mannes aus bürgerlicher Familie (die erfolgversprechende Karriere des Vaters führt zu einem schnellen Ende, nachdem er sich weigert, bei IG-Farben an Versuchen mit Giftstoffen zu arbeiten) wird als die Geschichte eines Protagonisten aus den Bildungsromanen des 18. und 19. Jahrhunderts erzählt – als eines Schwärmers, der „schon immer viel gelesen" hat und dessen Imaginationen mit der Wirklichkeit nicht übereinstimmen. Fortschreitende und zunehmende Desillusionierung ist das zentrale Motiv. Nach dem Abbruch der Schulzeit sind es die unmittelbaren Kriegserfahrungen als Flakhelfer und Panzersoldat in den letzten chaotischen Monaten des Krieges, die den ‚Helden' vollständig ernüchtern: „Ich hab' es mir anders gedacht: reinigend, befreiend und heroisch [...] nicht so sinnlos. [...] Lüge! Die Bücher haben alle gelogen."[17] Der Desillusionierungsprozeß mündet in einen abrupten Wandel: „Vielleicht muß das so sein (...), damit wir endlich wir selbst werden. Vielleicht muß es so sein, daß alles dies erst über uns selbst kommt: Elend, Zerstörung, Qual und Tod [...]"[18].

Im zweiten Band des Romans, der die Jahre 1945 und 1946 thematisiert, kann dann der Wechsel zum Sozialismus vorgeführt werden. Dieter Noll hat in Anlehnung an die Tradition des deutschen Bildungsromans den Zusammenhang zwischen dem erzählten Geschehen und der erwarteten Wirkung auf das Lesepublikum selbst hervorgehoben: „Die Entwicklung des Helden soll in ihrer Richtung so eindeutig, in ihrem Verlauf so kompliziert als möglich sein. Denn wenn es gelingt, den Bürgersohn Werner Holt auf überzeugende und glaubhafte Weise in einen dem kämpfenden Proletariat treu verbundenen, bewußten Bürger unserer Republik zu verwandeln, so wird sein Weg erstens einleuchten als notwendiger und einziger Weg für den gutwilligen Deutschen unserer Zeit, zweitens

---

[15] Zit. Ausgabe: Bruno Apitz, Nackt unter Wölfen. Roman mit zwölf Zeichnungen von Fritz Cremer. Frankfurt/Main 1984; hier S. 55.

[16] Zur Entstehung und Funktion des Bildungsromans vgl. Wilhelm Voßkamp, „Bildungsbücher": Zur Entstehung und Funktion des deutschen Bildungsromans. In: Die Fürstliche Bibliothek Corvey. Ihre Bedeutung für eine neue Sicht der Literatur des 19. Jahrhunderts. Hg. v. Rainer Schöwerling und Hartmut Steinecke. München 1992, S. 134-146.

[17] Zit. Ausgabe: Dieter Noll, Die Abenteuer des Werner Holt. Roman einer Jugend. Köln 1982, S. 406 und 407.

[18] Ebd., S. 409

für jeden Leser glaubhaft möglich sein und drittens darf die Entwicklung keines Lesers komplizierter verlaufen als die meines Romanhelden."[19]

Daß sich diese – im Rahmen des „sozialistischen Realismus" dargestellte Desillusionierungs-, Entwicklungs- und Wandlungsthematik in durchaus konträrer Weise auch auf die Situation des „realen Sozialismus" in der DDR beziehen ließ, hat Volker Braun in seiner *„Unvollendeten Geschichte"* (1976/77) gezeigt. Hier ist es die (,negative') Desillusionierung einer jungen Frau, die den Einspruch der sozialistischen Gesellschaft erfährt und den Konflikt zwischen dem angeblich politisch Opportunen und menschlich Notwendigen in ihrer Person austragen muß. Volker Braun nimmt das Modell des Bildungsromans (als der konfliktreichen Auseinandersetzung des einzelnen mit der sozialen Wirklichkeit) auf, *ohne* zu einem (versöhnlichen) Ende zu kommen. Die Geschichte bleibt „unvollendet" – allerdings möchte Volker Braun „der Geschichte zur Vollendung [...] verhelfen"[20]; er gibt ihr damit eine utopische Perspektive.

Kein anderer Schriftsteller der deutschen Gegenwartsliteratur hat sich selbst so nachdrücklich in die Tradition des realistischen Schreibens des 19. Jahrhunderts gestellt wie *Uwe Johnson*[21]. Deshalb können seine Romane in vieler Hinsicht als Quintessenz eines narrativ-auktorialen Erzählens von Zeitgeschichte angesehen werden. Den Abschluß und Höhepunkt bilden die *„Jahrestage"* (1970-1983). Sie nehmen nicht nur Motive und Themen früherer Romane – etwa der „Mutmaßungen über Jakob" (1959) – auf, sie beziehen ebenso Traditionen des Entwicklungs- und Desillusionierungsromans im Medium der Familiengeschichte mit ein wie symbolisch verweisende Elemente auf mehreren Zeitebenen in der Spannung zwischen dem mecklenburgischen Jericho und der Metropole New York. Das literarische Modell bilden Tagebücher in der Zeit vom 21. August 1967 bis zum 20. August 1968. In den täglichen Eintragungen wird versucht, das „Bewußtsein Gesine Cresphals darzustellen – was es alles enthält an Vergangenheit und Gegenwart"[22]. Dies bedeutet die literarische Verknüpfung

---

[19] Zit. nach: Horst Haase u.a., Geschichte der deutschen Literatur. Literatur der DDR. Berlin 1976, S. 333.

[20] Fritz Rudolf Fries, Laudatio für Volker Braun und Paul Gratzik. In: Sinn und Form 32, 1980, S. 542. – Daß die Tendenz zur Verkürzung des Abstandes „Zwischen der Literatur und der Erfahrung" durchaus auch an Autoren der westdeutschen Romanliteratur ablesbar ist, hat Thomas Steinfeld am Beispiel Martin Walsers betont: „Unter den zeitgenössischen deutschen Schriftstellern ist er derjenige, dem am meisten am Einverständnis mit seinen Lesern, an einem nachvollziehbaren Verhältnis zwischen seinen Werken und einem gesellschaftlichen Schicksal liegt. Er will kopfnickend gelesen werden" (F A Z, 10. Mai 1997, Nr. 107, Literturblatt).

[21] „Was aber Fakten und Details betrifft, so steht in seinen Büchern nichts, was nicht recherchiert ist. [...] Diese Art von Zuverlässigkeit gehörte zum handwerklichen Ehrgeiz, den er ganz ernst nahm. [...] Auch die mögliche Realität mußte faktisch korrekt sein" (Manfred Bierwisch, 25 Jahre mit Ossian. In: Johnson-Jahrbuch 1, 1994, S. 40). vgl. insgesamt: Norbert Mecklenburg, Die Erzählkunst Uwe Johnsons – „Jahrestage" und andere Prosa. Frankfurt/Main 1997.

[22] So Uwe Johnson zur Intention seines Buches im Gespräch mit Dieter E. Zimmer (das Gespräch mit dem Autor: Uwe Johnson. Eine Bewußtseinsinventur. In: Die Zeit 26. 11. 1971;

zweier Zeitebenen (1967/68, Anfang der 30er Jahre) und die Vergegenwärtigung einer vierfachen Topographie (New York, Jerichow in Mecklenburg, Prag und Vietnam), vornehmlich im Medium der ‚New York Times', die nicht nur die meisten Daten liefert, sondern als durchgehendes Motiv den Roman weitgehend strukturiert.

Johnson geht in seiner reflektiert-aufgeklärten, realistischen Schreibweise von der erfahrenen und erfahrbaren Wirklichkeit aus, indem er „gesellschaftliche Erfahrung festhalten" möchte und die „Priorität des Inhalts gegenüber der Form" betont: „Die Geschichte muß sich die Form auf den Leib gezogen haben. Die Form hat lediglich die Aufgabe, die Geschichte unbeschädigt zur Welt zu bringen. Sie darf vom Inhalt nicht mehr ablösbar sein."[23] Norbert Mecklenburg spricht von einer „funktionalistischen Poetik" – „in Gegenstellung zu einer ästhetizistischen", bei der sich die literarischen Mittel verselbständigen[24].

Das gilt insbesondere für die Darstellung von Zeitgeschichte: das Dritte Reich, das Ost-West-Verhältnis und die deutsche Teilung, der Vietnamkrieg. Johnson transzendiert – bei aller Konkretion im einzelnen (etwa bei der Darstellung der Ermordung Robert Kennedys und Martin Luther Kings oder der amerikanischen Bombardierungen in Vietnam) – literarische Formen und Konzepte des „sozialistischen" Realismus. Er orientiert sich vielmehr an Autoren der klassischen Moderne (Döblin und Faulkner) und versucht, mit Hilfe von Verknüpfungstechniken auf unterschiedlichen Zeitebenen Simultaneität zu erreichen, jene Simultaneität, die auch an Techniken des dokumentarischen Schreibens erinnert und das narrative, auf Kontinuität und Linearität gerichtete Erzählen überschreitet. Bemerkenswert ist zudem eine spezifische Form der allegorischen Selbstthematisierung von Geschichte, die im Naturbild die Spannung von Verrätselung und Enträtselung des Geschehens versinnbildlicht: „Lange Wellen treiben schräg gegen den Strand, wölben Buckel mit Muskelsträngen, heben zitternde Kämme, die im grünsten Stand kippen. Der straffe Überschlag, schon weißlich gestriemt, umwickelt einen runden Hohlraum Luft, der von der klaren Masse zerdrückt wird, als sei da ein Geheimnis gemacht und zerstört worden."[25] Zeitgeschichtliche Darstellung verweist in der Selbstreflexion auf ein kontingentes Moment, das nur in der Naturmetapher veranschaulicht werden kann.[26]

---

zit. nach: Geschichte der deutschen Literatur von 1945 bis zur Gegenwart. Hg. v. Wilfried Barner, S. 410).

[23] Zit. Norbert Mecklenburg, Die Erzählkunst Uwe Johnsons, S. 23f.

[24] Ebd., S. 24.

[25] Uwe Johnson, Jahrestage. Aus dem Leben von Gesine Cresspahl. Frankfurt/Main 1970, S. 7 (Romananfang).

[26] In welchem Maße die Erfahrung von Geschichte eine Form der Selbstwahrnehmung bei Johnson darstellt, hat Anke-Marie Lohmeier betont („Jericho in New York. Provinz und Welt in Uwe Johnsons ‚Jahrestagen'". In: Jahrbuch für Internationale Germanistik XXIX 1997, S. 62-75).

2. Pikareske oder autobiographische Schreibweisen des ‚personal view point'

Je mehr die Skepsis gegenüber totalisierenden Er-Erzählungen aus einer distanzierten Perspektive des epischen Präteritums zunimmt, desto häufiger rücken autobiographische Schreibweisen als Medium der literarischen Darstellung von Zeitgeschichte in den Mittelpunkt: in der auf Verfremdung zielenden fiktiven Autobiographie der pikaresken Tradition oder in der die Identitätsfrage thematisierenden Vergegenwärtigung von authentischen Selbstlebensbeschreibungen. Beide Varianten verzichten auf den all- oder vielwissenden Erzähler. Das Spannungsverhältnis zwischen dem errzählten und dem erzählenden Ich wird vielmehr zum konstitutiven Modell jeden autobiographischen Schreibens. Das Nachdenken über das Aufschreiben des eigenen Lebens im Moment des Erzählens bedingt zudem eine dauernde Selbstthematisierung des Schreibens und ihres Mediums, der Sprache.[27]

Die gesellschaftsgeschichtlich orientierte und gesellschaftskritisch intendierte Variante autobiographischen Schreibens läßt sich vornehmlich in der pikaresken Romantradition finden. Dafür gibt es unter Gesichtspunkten der literarisch-sinnlichen Vergegenwärtigung von Zeitgeschichte kein überzeugenderes Beispiel in der deutschen Literatur als der 1959 erschienene Roman „Die Blechtrommel" von *Günter Grass*.[28] Der Roman geht auf ironische Distanz zum deutschen Bildungsroman – „Wilhelm Meister", auf Blech getrommelt"[29] – indem er sich die europäische Tradition des Schelmenromans zunutze macht und Grimmelshausens „Simplicissimus" zum Vorbild nimmt.[30] In der fingierten Autobiographie der Homunculus-Figur Oskar Matzerath, der unter Mordverdacht steht und sein Leben in einer Heil- und Pflegeanstalt zubringt, wird dessen Lebensgeschichte von der Zeugung auf einem kaschubischen Kartoffelacker 1899 bis zur Verhaftung des 28-Jährigen 1952 in Paris erzählt. Die Lebensgeschichte reflektiert deutsche Geschichte: die Kristallnacht, die Kriegsjahre, beginnend mit

---

[27] Zur autobiographischen Literatur vgl. insgesamt Philippe Lejeune, Le pacte autobiographique. Paris 1975, und den Sammelband: die Autobiographie. Hg. v. Günter Niggl. Darmstadt 1989. – Neuere autobiographische Texte mit zeitgeschichtlichem Impuls dokumentieren die große Bandbreite gegenwärtigen historischen Erzählens. Auffallend sind Übergänge von einer dokumentarisch-soziologischen Darstellung (vgl. etwa Heinz Bude, Das Altern einer Generation. Die Jahrgänge 1938-1948. Frankfurt/Main 1995) zu Formen pikaresken Erzählens mit Anklängen an Günter Grass und Thomas Bernhard (vgl. Hans-Ulrich Treichel, Der Verlorene. Frankfurt/Main 1998). Daß Erinnerungs- und Trauerarbeit zentrale Motive autobiographischen Schreibens sind, läßt sich insbesondere an W. G. Sebalds „Die Ausgewanderten. Vier lange Erzählungen" (Frankfurt/Main 1992) ablesen (vgl. vor allem die Erzählung über Paul Bereyter: S. 39-93 in der Taschenbuchausgabe 1994).
[28] vgl. auch Martin Walsers frühe satirische Zeitromane (etwa „Halbzeit" oder „Das Einhorn").
[29] Hans Magnus Enzensbergers Rezension in: Gert Loschütz, Von Buch zu Buch – Günter Grass in der Kritik. Eine Dokumentation. Neuwied, Berlin 1968, S. 8-12.
[30] „Der Abentheurliche Simplicissimus Teutsch" (1669). In: Grimmelshausen, Der Abentheurliche Simplicissimus Teutsch und Continuatio des abentheurlichen Simplicissimi. Hg. v. Rolf Tarot. Tübingen 1967.

dem Überfall auf die polnische Post in Danzig, schließlich die Flucht und Nachkriegszeit in Düsseldorf. Der sich über einen Zeitraum von zwei Jahren hinziehende Erzählvorgang (bis 1954) bietet zudem die Möglichkeit, die Schwierigkeiten der Vergegenwärtigung des Vergangenen im selbstkritisch-ironischen Dialog mit einem Wärter der Anstalt zu thematisieren.

Was auf den ersten Blick als Verengung des Erfahrungs- und Bewußtseinshorizonts der Erzählerfigur erscheinen mag, erweist sich bei näherer Beobachtung als eine die Grenzen des „realistischen" Erzählens sprengende Möglichkeit, die Wahrscheinlichkeits- und Plausibilitätsregeln zu überspringen. Ein durch moralische Normen und Vorstellungen unbelasteter Blick aus der Froschperspektive, der mit ironischen Floskeln legitimiert wird („‚Fragen Sie mich nicht, woher ich das weiß.' Oskar wußte so ziemlich alles."), erlaubt jenen scharfsichtigen und verfremdenden Blick, der einem auf das Ganze gerichteten Er-Erzähler verwehrt bliebe.[31] Grass negiert – im Anschluß an seine hauptsächlichen Vorbilder Grimmelshausen, Melville und Döblin – einen „geschlossenen, wohl ausgewogenen Roman": „Vereinfachen, Zurechtschlagen und -schneiden auf Handlung ist nicht Sache des Epikers. Im Roman heißt es schichten, häufen, wälzen, schieben; im Drama, dem jetzigen, auf die Handlung hin verarmten, handlungsverbohrten ‚voran'! Vorwärts ist niemals die Parole des Romans."[32]

Das Pendant zur Verabschiedung des auf Wahrscheinlichkeit gerichteten Erzählens ist – der pikaresken Tradition folgend – die permanente selbstkritische Thematisierung des Erzählers, die zusätzlich in der Figur des Musikclowns Bebra (der eine Liliputanergruppe leitet und sich jeweils an die politischen Verhältnisse anpaßt und den Oskar periodisch trifft) gesteigert wird: „Bebra stand dem Reichspropagandaministerium nahe, trat [...] in den Privatgemächern Göbbels und Görings auf und versuchte mir diese Entgleisung auf verschiedenste Art zu erklären und zu entschuldigen. Da erzählte er von einflußreichen Stellungen der Hofnarren im Mittelalter, zeigte mir Reproduktionen nach Bildern spanischer Maler [...]"[33]. Der Verweis auf andere Medien (ein umfangreiches Photoalbum, das auf der Flucht aus Danzig gerettet wird, bildet einen roten Faden der Erzäh-

---

[31] Hans Magnus Enzensberger: „Was ein so beschaffener Realismus leistet, zeigt sich beispielsweise an der zeitgeschichtlichen Grundierung des Romans. Ich kenne keine epische Darstellung des Hitlerregimes, die sich an Prägnanz und Triftigkeit mit der vergleichen ließe, welche Grass, gleichsam nebenbei und ohne das mindeste antifaschistische Aufheben zu machen, in der ‚Blechtrommel' liefert. Grass ist kein Moralist. Fast unparteiisch schlitzt er die ‚welthistorischen' Jahre zwischen 1933 und 1945 auf und zeigt ihr Unterfutter in seiner ganzen Schäbigkeit. Seine Blindheit gegen alles Ideologische feit ihn vor einer Versuchung, der so viele Schriftsteller erliegen, der nämlich, die Nazis zu dämonisieren. Grass stellt sie in ihrer wahren Aura dar, die nichts Luziferisches hat: in der Aura des Miefs" (in: Gert Loschütz, Von Buch zu Buch, S. 10).
[32] Günter Grass, Über meinen Lehrer Döblin. Rede zum 10 Todestag Döblins am 26. 06. 1967 in Berlin – der hier Döblins „Bemerkungen zum Roman" zitiert (Günter Grass, Essays und Reden I. 1955-1969; Werkausgabe. Hg. v. Volker Neuhaus und Daniela Hermes. Bd. 14. Göttingen 1997, S. 268).
[33] Günter Grass, Die Blechtrommel. zit Ausgabe: Frankfurt/Main 1962, S. 253.

lung) ist ebenso bemerkenswert wie die Reflexion des Künstlertums in der Narrenrolle. In ihr wird das Nicht-Aussprechbare formulierbar.

Wie provozierend und riskant pikareske Formen literarischer Darstellung von Zeitgeschichte sein können, die mittels „Stil" auf die Zeit reagieren, läßt sich an *Fritz Rudolf Fries'* Roman „*Der Weg nach Oobliadooh*" ablesen. Der 1961 begonnene, 1966 im Westen erschienene und erst 1989 in der DDR publizierte Text gehört zu jenen „Phantasiestücken" in der Tradition Jean Pauls und E.T.A. Hoffmanns, die in der Biographie zweier Freunde (Paasch und Arlecq [vgl. arlecchino]) das „nicht gelebte Leben" und das Ineinander von Wünschen und Tagträumen in der DDR thematisiert. Die Suche nach Oobliadooh, dem Sehnsuchtsland aus einem Jazz-Song von Dizzie Gillespie, wird auch hier aus der Perspektive der Psychiatrischen Anstalt – die Narrenfreiheit verbürgt – dargestellt, um dem „dramatischen Faltenwurf der Zeitgeschichte" auf die Spur zu kommen: „Arlecq, historisch [...] . Arlecq, an seinem Schreibtisch, notierte sich nichtgelebte Biographien, um zu sehen, was dann noch übrig bliebe. Also: keine psychologischen Konflikte großen Stils. Die Generationsfrage hatte den Krieg nicht überdauert. Wo gab es den jungen Mann, der sich bildend die Welt bereist. Die jähen Untiefen der Liebe. Die Große Metaphysische Frage. Der Klassenkampf. Der Sturm auf die Barrikaden. Die Apotheose der Fortschrittsgläubigkeit. Und er hat nicht für umsonst sein Leben gegeben."[34] Fries geht in der ironischen Zuspitzung und sarkastischen Dekonstruktion des Zeitgeschichtsdiskurses über die Narrenperspektive der „Blechtrommel" hinaus: „Wie einfach, denkt Arlecq schreibend, nun die Geburtsstunde des Anarchisten Arlecq, des großen Verächters, anzuzeigen, oder auch, ihn etwa nach Bergen-Belsen, Maidanek, Auschwitz zu versetzen. Das Leben bietet immer eine Chance."[35]

Diese Radikalität im Infragestellen des Erzählens von Zeitgeschichte im Medium autobiographischer Vergegenwärtigung erreichen nur wenige Texte im Genre der Selbstlebensbeschreibung, die auf personale Authentizität setzt. Texte von Christa Wolf („Nachdenken über Christa T.", „Kindheitsmuster" und Wolfgang Hilbigs Roman „Ich" (1993) mögen hier stellvertretend genannt sein. Im Roman „*Kindheitsmuster*" (1976) bricht *Christa Wolf* mit Formen des linearen Erzählens, indem sie auf Diskontinuität, Verfahren der Polyperspektivität und Sprachreflexion setzt. Die Einheit des autobiographischen Ich wird sowohl über eine Pluralisierung der Zeitebenen (dreißiger und vierziger Jahre, 1971 in Polen, Zeit der Abfassung des Texts 1972-1975) als auch über eine Dreifachperspektivierung in der Aufspaltung des Redegestus der Hauptfigur („sie", „du", „ich")

---

[34] Fritz Rudolf Fries, Der Weg nach Oobliadooh. zit. Ausg. Leipzig 1993, S. 65.
[35] Ebd., S. 71. Vgl. dazu auch: „Oobliadooh? Das ist kein Land Utopia, da liegt keine Nebelgrenze dazwischen. Mit ein paar Wegmarken finde jeder hin. Doch verlaufen da Seitenwege, Nebenpfade, Schienen, über denen noch der Schnee vom vorigen Jahr liegt. Jeder will nach Oobliadooh. Von dort erhofft man, was man nicht hat. Und sucht Verwandlung in seiner Existenz" (Frit Rudolf Fries, Fährt dieser Zug nach Oobliadooh? Auskünfte nicht nur für Reisende. In: F.R. Fries, Bemerkungen anhand eines Fundes oder Das Mädchen aus der Flasche. Texte zur Literatur. Berlin, Weimar 1985, S. 270. – Zur Tradition des pikaresken Erzählens nach der Vereinigung vgl. Thomas Brussig, Helden wie wir. Berlin 1995.

thematisiert und problematisiert. Erinnerungs- und Trauerarbeit sind Voraussetzungen für einen Selbstvergegenwärtigungsprozeß, der das Vermögen des Gedächtnisses in den Mittelpunkt rückt. „Das Vergangene ist nicht tot; es ist nicht einmal vergangen."[36] Christa Wolf hat dies – in der Tradition sprachreflektorischer und sprachkritischer Texte der Moderne – vornehmlich am Beispiel der Darstellungsprobleme des Erinnerten deutlich gemacht: „Im Kreuzverhör mit Dir selbst zeigt sich der wirkliche Grund der Sprachstörung. Zwischen dem Selbstgespräch und der Anrede findet eine bestürzende Lautverschiebung statt, eine fatale Veränderung der grammatischen Bezüge. Ich, Du, sie, in Gedanken ineinanderschwimmend, sollen im ausgesprochenen Satz einander entfremdet werden. Der Brust-Ton, den die Sprache anzustreben scheint, verdorrt unter der erlernten Technik der Stimmbänder. Sprach-Ekel. Ihm gegenüber der fast unzähmbare Hang zum Gebetsmühlengeklapper: In der *gleichen* Person."[37] Wird das Sprachproblem in dieser Weise zugespitzt, muß auch die Darstellung der Zeitgeschichte als Lebensgeschichte in den Prozeß der Selbstbefragung einbezogen werden: „Auffallend ist, daß wir in eigener Sache entweder romanhaft lügen oder stockend und mit belegter Stimme sprechen."[38] Gegen die „Verfälschung der Geschichte zum Traktat" setzt Christa Wolf auf wahrheitsgetreue Erfindung mittels eigener Erfahrung, die sich im Erzählvorgang konkretisiert. Daß dies auch dann noch gilt, wenn der Mythos „in die (gedachten) sozialen und historischen Koordinaten" rückgeführt wird, veranschaulichen die Bücher „Kassandra" (1983) und „Medea" (1996)[39].

Zugespitzter und politisch brisanter hat *Wolfgang Hilbig* in seinem Roman „*Ich*" (1993) das Medium der fingierten Autobiographie (und Biographie) für eine zeitgeschichtliche Diagnose der zuende gehenden DDR und eine radikale Analyse der Identitätsproblematik genutzt. Hilbig schildert das schizophrene Leben und Wirken eines Schriftstellers als Stasi-Spitzel, der seine Tätigkeit detailliert beschreibt. In der Stimme des Spitzels wird die Literatur zum Mittel für den Selbstbetrug, indem das Ich in staatlichen Besitz übergeht. Damit wird jener Prozeß der Depersonalisierung des einzelnen deutlich, der die (ideologische) Basis des Sozialismus vollständig demaskiert. Werden die Grenzen zwischen Schein und Wirklichkeit fließend, befindet man sich im Zustand der Simulation: „[...] wann, fragte ich mich, war es soweit, daß wir den Dingen, die wir aufklärten, keine eindeutigen Zuordnungen mehr abgewinnen konnten: ob sie noch in den Bereich der Simulation gehören, ob sie schon im Ansatz Wirklichkeit geworden waren. Die Wörter noch und schon drückten die Crux aus: konnte aus der Simulation die Wirklichkeit werden, und wo war der Übergang? Konnte, was *noch* Simulation war, *schon* in Wirklichkeit übergegangen sein, bevor wir es aufgeklärt hatten? Konnte Simulation Wirklichkeit werden, konnte

---

[36] Christa Wolf, Kindheitsmuster. zit. Ausg. Neuwied 1979, S. 9.
[37] Ebd.
[38] Ebd.
[39] Vgl. Christa Wolf, Voraussetzung einer Erzählung: Kassandra. Darmstadt, Neuwied 1983, S. 111.

uns die Wirklichkeit mit Simulation antworten."[40] Der Depersonalisierung und ‚Auslöschung' des Ich korrespondiert „eine Metawelt der Zeichen, deren Simulationen [...] wirklicher scheinen als alle Wirklichkeit [...]."[41]

Indem Hilbig den kontinuierlichen Prozeß der Ich-Zerstörung – das „Ich" des Romantitels steht in Anführungsstrichen – in der Funktionärstätigkeit des Stasi-Spitzels vorführt, wird eine Kernfrage der historischen Situation der untergehenden DDR gestellt.

3. Dokumentarische Schreibweisen

Auch jene literarische Schreibweise, die sich am deutlichsten von allen Formen des nachahmenden und identifikatorischen Erzählens distanziert – die dokumentarische – geht von der zeitgeschichtlichen Realität aus. Diese wird in erster Linie als eine „sekundäre, sprachlich [und filmisch] schon verarbeitete Wirklichkeit [...]" gesehen.[42] Die sprachlichen und visuellen Interpretationen der Wirklichkeit sind ein Element der zeitgenössischen Gegenwart mit realitätsbildender und realitätsstabilisierender Funktion.

An diesem Punkt setzen Konzeption und ästhetische Verfahren der auf die zwanziger Jahre (etwa bei Sergej Tretjakow) zurückgehenden Dokumentarliteratur ein.[43] Am Beispiel von Alexander Kluges Texten und Filmen läßt sich das insbesondere beobachten. Gegenüber den erstarrten und normierten Bewußtseins- und Wahrnehmungstechniken spricht Kluge von der Notwendigkeit, ein „radikal analytisches Verfahren" zu entwickeln, das die individuellen Wahrnehmungsfähigkeiten von Lesern und Zuschauern mobilisiere. Allein der Verstoß „gegen den angeblichen Realismus des Gewohnheitsblicks" gewährleiste eine Darstellungsweise, die – in der Tradition und Fortschreibung Brechts und Adornos (in einem operativen Sinn) – den Namen ‚realistisch' verdiene: „Das Motiv für Realismus ist nie Bestätigung der Wirklichkeit, sondern Protest. [...] Antagonistisch ist also nicht nur die Realität als Gegenstand, sondern auch jede menschliche Verarbeitungsweise dieser Realität, gleich ob sie innerhalb der Realitätszusammenhänge sich abarbeitet, oder ob sie sich über die Sache stellt. Das, was das Realistische daran ist, der Antirealismus des Motivs (Protest, Widerstand), produziert das Unrealistische daran".[44]

---

[40] Wolfgang Hilbig, „Ich". Frankfurt/Main 1993, S. 45.

[41] Reinhard Baumgart, Quasi-Stasi. Zu dem Roman „Ich". In: Wolfgang Hilbig, Materialien zu Leben und Werk. Hg. v. Uwe Wittstock. Frankfurt/Main 1994,, S. 218.

[42] Reinhard Baumgart, Aussichten des Romans oder Hat Literatur Zukunft? Frankfurter Vorlesungen. Neuwied, Berlin 1968, S. 45: „Um der Deutlichkeit zuliebe zu übertreiben: Sprache setzt hier keine Fiktionen mehr, sie besteht aus Fertigteilen, diese collagieren sich zum Muster". Vgl. dazu auch: Helmut Heissenbüttel, Über Literatur. Olten, Freiburg 1966.

[43] Vgl. den zusammenfassenden Artikel von Walter Fähnders, Dokumentarliteratur. In: Reallexikon der deutschen Literaturwissenschaft. Bd. I. Berlin, New York 1997, S. 383-385.

[44] Alexander Kluge, Kommentare zum antagonistischen Realismusbegriff. In: Gelegenheitsarbeit einer Sklavin. Zur Realistischen Methode. Frankfurt/Main 1975, S. 208-209;

Die ästhetischen Konsequenzen, die daraus gezogen werden, lassen sich im Werk Kluges im einzelnen ablesen. Es sind intertextuelle und intermediale Techniken der Darbietung, die auf ‚novellistische' Geschlossenheit verzichten und Formen der Collage, die heterogene Bruchstücke der Realität neu zusammenfügt, bevorzugen. Dies bedeutet allerdings, daß jeweils eine Auswahl aus dem vorgegebenen Material getroffen werden muß, und daß sich das Ergebnis der zeitgeschichtlichen Analyse erst in der ästhetischen Konstruktion als plausibel erweisen kann. Das Inszenieren der Sprachdokumente im Sinne der „Konstruktion" bezieht sich zugleich auf den für Kluge zentralen und konstitutiven Rezeptionsprozeß beim Leser und Zuschauer. Texte und Filme entstehen erst im Kopf des Zuschauers und Lesers. Nur hier lassen sich operative Möglichkeiten einer „Umproduktion der Öffentlichkeit" anvisieren.

Betrachtet man einzelne literarische Texte bei Kluge, so lassen sich durchgehend biographische Schreibweisen und Formen der Montage mit historischem Material finden. In den *„Lebensläufe[n]"* (zuerst 1962) handelt es sich um die Vergegenwärtigung von Daten und Dokumenten, die die einzelnen Figuren collageartig charakterisieren. Die Sprache des Dokuments, der Gutachten oder der unterschiedlichen behördlichen Notizen und amtlichen Hinweise bleibt erhalten. Dadurch entsteht der Eindruck eines Protokolls zur Person, einer Bestandsaufnahme zur jeweiligen Lebensgeschichte. Kluges Intention besteht darin, „aus sehr verschiedenen Aspekten die Frage nach der Tradition" zu stellen: „Es handelt sich um Lebensläufe, teils erfunden, teils nicht erfunden; zusammen ergeben sie eine traurige Geschichte"[45]. Typische Vertreter des geschichts- und bewußtseinsbildenden deutschen Bürgertums (Juristen, Militärs, Gelehrte) werden in ihrem Verhalten während der Hitler-Zeit und nach dem Ende des Krieges vorgestellt. Lassen sich Verallgemeinerungen im Verhalten der deutschen Führungsschicht gegenüber dem Nationalsozialismus feststellen? Unter welchen Voraussetzungen war der Übergang in die Zeit nach dem Zweiten Weltkrieg möglich?

Zu den wichtigsten Faktoren rechnet Kluge eine deutsche Mentalität der Anpassung und schnellen Beruhigung, die er mit dem Stichwort „Kalmierung" umschreibt. Zudem taucht ein Grundmotiv auch in anderen Texten (etwa in den „Lernprozessen mit tödlichem Ausgang") immer wieder auf, das des übergeordneten gesellschaftlichen Sinnentzugs: „Sinnentzug. Eine gesellschaftliche Situation, in der das kollektive Lebensprogramm von Menschen schneller zerfällt, als die Menschen neue Lebensprogramme produzieren können"[46].

Das Bemühen um eine dokumentarisch-authentische Vergegenwärtigung von Zeitgeschichte läßt sich insbesondere an Alexander Kluges *„Schlachtbeschrei-*

---

außerdem Alexander Kluge, Die schärfste Ideologie: Daß die Realität sich auf ihren realistischen Charakter beruft. In: Alexander Kluge. Hg. v. Thomas Böhm-Christl. Frankfurt/Main 1983, S. 291-298.

[45] Vorwort zur ersten Ausgabe der „Lebensläufe". Stuttgart 1962, S. 5. Erweiterte Ausgabe: Lebensläufe. Anwesenheitsliste für eine Beerdigung. Frankfurt/Main 1974.

[46] Alexander Kluge, Lernprozesse mit tödlichem Ausgang. Frankfurt/Main 1973, S. 5.

bung" (zuerst 1964) ablesen[47]. Auch hier spielt das kombinierende Arrangieren von unterschiedlichem Text- und Datenmaterial die entscheidende Rolle. Im Sinne einer Poetik der „offenen Baustelle" verbindet Kluge unterschiedliches historisch-dokumentarisches Material zu einer vielperspektivischen literarischen Collage. Die Quellenzeugnisse werden so ausgewählt und neu geordnet, daß in der ersten Textgruppe ausschließlich authentisch belegbare Zeugnisse zur Schlacht von Stalingrad (Passagen aus Kriegstagebüchern, Tagesparolen des Reichspressechefs oder Predigten von Militärgeistlichen) präsentiert werden; in der zweiten wechselt Kluge die Rolle des Quellenherausgebers zu der eines Interviewers (unmittelbar beteiligte Soldaten werden aus einem Abstand von etwa zwanzig Jahren befragt); im dritten Teil übernimmt Kluge die Funktion eines Historikers, der die Ereignisse zwischen Ende 1942 und Anfang 1943 tagebuchartig-chronologisch belegt, aber auch kritisch hinterfragt, so daß erste Hypothesen im Blick auf die genaue Erforschung der Ursachen möglich sind. Diese Ursachenforschung steht dann folgerichtig im letzten Teil des Buchs, der neben den dekuvrierenden Sprachzitaten psychologische Analysen und kurze Portraitskizzen der Hauptbeteiligten enthält.

Auch wenn der „Appellstruktur" der Texte erheblicher Spielraum eingeräumt wird, so zielt die Leserlenkung Kluges doch auf eine Hauptthese von der fatalen Rolle der preußischen Militärtradition und dem durch das „Führerprinzip" pervertierten absoluten Gehorsamsprinzip. Die Darstellung Kluges verlängert die zeitgeschichtliche Perspektive in eine historische: „Das Buch beschreibt den organisatorischen Aufbau eines Unglücks. Es geht um das bekannte Unglück von St. Die Ursachen liegen 30 Tage oder 300 Jahre zurück". Erst eine „Langzeit"-Analyse offenbart den Stellenwert der aktuellen Gegenwartsgeschichte.[48]

Zeitgeschichte bleibt auch im nichterzählenden Dokumentieren und auf die Ursachenforschung gerichteten Argumentieren – das läßt sich an Alexander Kluges Texten und Filmen exemplarisch ablesen – ein Deutungs- und Darstellungsproblem. Darüber hinaus verweist Kluges Anstrengung auf Walter Benja-

---

[47] Schlachtbeschreibung. Olten, Freiburg 1964; mit neuem Titel, textidentisch mit der Erstausgabe: Der Untergang der Sechsten Armee (Schlachtbeschreibung). München 1969; Erweiterte Neuausgabe: Schlachtbeschreibung. Der organisatorische Aufbau eines Unglücks. o.O. 1978.

[48] Vorwort zur ersten Ausgabe 1964; dazu Wilhelm Voßkamp, Alexander Kluge. In: Deutsche Literatur der Gegenwart in Einzeldarstellungen. Bd. II. Hg. v. Dietrich Weber. Stuttgart 1977, S. 308f, und Alexander Kluges Replik in der Neuausgabe (Frankfurt/Main 1978, S. 295f.). – Walter Kempowskis kollektives Tagebuch über Stalingrad als einer ebenso sammelnden wie ordnenden Tätigkeit – und des geduldigen Zuhörens – kennzeichnet ein vergleichbares Konzept des historischen Erzählens: „Das ECHOLOT gehört jenen, die geduldig den Stimmen lauschen, die in der Stratosphäre stehen. Das Zuhören kann es möglich machen, daß wir endlich ins Reine kommen miteinander. Wer eine Formel für den Krebsgang der Menschheit sucht – mit dem ECHOLOT holt er sie aus der Tiefe. Die alten Geschichten ergeben – zusammengerüttelt – das Zauberwort, mit dem wir unsere Epoche bezeichnen und versiegeln könnten". (Walter Kempowski, das ECHOLOT. Ein kollektives Tagebuch Januar und Februar 1943. Bd. I. 1.-17. Januar 1943. München 1993; S. 7).

mins geschichtstheoretisches Diktum von der momentanen „Stillstellung des Geschehens", um die rettenden Momente zu sammeln und „Teile der Vergangenheit, die auf Erlösung verweisen, aus ihrem Kontinuum herauszubrechen". Im „Eingedenken" kann Vergangenheit erfahren und in der Arbeit an Geschichte produktiv gemacht werden: „Nur dem Geschichtsschreiber wohnt die Gabe bei, im Vergangenen den Funken der Hoffnung anzufachen, der davon durchdrungen ist: auch die Toten werden vor dem Feind, wenn er siegt, nicht sicher sein. Und dieser Feind hat zu siegen nicht aufgehört".[49]

Daß dies die implizite und explizite Intention der *„Ästhetik des Widerstands"* (1975, 1978, 1981) ist, kann im Rahmen dieses Vortrags nur noch erwähnt werden. Im magnum opus von Peter Weiss läßt sich – mit Uwe Johnsons „Jahrestagen" vergleichbar – eine Zusammenführung der zuvor skizzierten Formen des *narrativ-auktorialen, autobiographisch-biographischen* und *dokumentarischen* Erzählens erkennen. Peter Weiss, der von einer „Wunschbiographie" gesprochen hat, versucht jene umfassende literarische Aneignung von Geschichte im 20. Jahrhundert, die nicht nur den linken Widerstand gegen Hitler (zuerst in Berlin und dann im Spanischen Bürgerkrieg) darstellt, sondern zugleich den Kampf gegen den Faschismus im Medium der Kunst reflektiert: Der Pergamonfries, Dantes „Divina Comedia", Dürers „Melancholia", Géricaults „Floß der Medusa" und Picassos „Guernia" bilden intermediale Modelle der Darstellung des Schreckens.[50] Das individuelle Grauen erscheint als Teil des Kollektiven, das Besondere wird mit dem Allgemeinen vermittelt. „Die Antinomien zwischen Bild und Begriff, zwischen Kunst und Politik, [...] zwischen Traum und Wachen, zwischen Ästhetik und Moral [...] sind dabei prinzipiell nicht auflösbar, sondern nur überführbar in die immer prekäre Bewegungsform eines literarischen Werks".[51]

Die Doppeldeutigkeit des Titels unterstreicht ebenso die Ästhetik des *Widerstands* wie die *Ästhetik* des Widerstands.[52]

---

[49] Walter Benjamin, Über den Begriff Geschichte. In: W. Benjamin, Gesammelte Schriften I, II. Hg. v. Rolf Tiedemann und Hermann Schweppenhäuser. Frankfurt/Main 1974, S. 691-704; hier S. 695 (These VI). vgl. dazu Wilhelm Voßkamp, Auf der Suche nach Identität: Alexander Kluges ‚Patriotin' und die Interpretation der deutschen Geschichte um 1800. In: Zeitgenossenschaft. Zur deutschsprachigen Literatur im 20. Jahrhundert. FS für Egon Schwarz, Hg. v. Paul Michael Lützeler in Verbindung mit Herbert Lehnert und Gerhild S. Williams. Frankfurt/Main 1987, S. 266-277.

[50] Vgl.: Die Bilderwelt des Peter Weiss. Hg. v. Alexander Honold und Ulrich Schreiber. Hamburg 1995 (Argument-Sonderband N.F., Bd. 227).

[51] Karl Heinz Götze, Poetik des Abgrunds und Kunst des Widerstands. Grundmuster der Bildwelt von Peter Weiss. Opladen 1995, S. 211;

[52] Vgl. auch den Literaturbericht von Michael Hofmann, Artikulierte Erinnerung. Neuere Untersuchungen zu Peter Weiss' „Ästhetik des Widerstands". In: Weimarer Beiträge 38, 1992, S. 587-600.

III.

In den jüngst erschienenen Tagebüchern von Stefan Heym („*Der Winter unseres Mißvergnügens*"[53]), Fritz Rudolf Fries („*Im Jahr des Hahns*"[54]) und Manfred Krug („*Abgehauen*"[55]) kann man – am Beispiel der Reaktionen auf die Ausbürgerung Wolf Biermanns – beobachten, daß und warum „jedes Wort [...] Folgen" hat.[56] Besitzt das ‚literarische' Wort eine besondere Autorität? Läßt sich von einer spezifischen Wirkung der *literarischen Darstellung von Zeitgeschichte* gegenüber der wissenschaftlichen Historiographie sprechen? Immerhin hoffte Brecht, dichtend, ohne ihn hätten die Herrschenden sicherer gesessen.

Diese Frage läßt sich im Blick auf die hier diskutierten Probleme der literarischen Darstellung von Zeitgeschichte in Deutschland nicht pauschal beantworten – selbst wenn man mit Hans Magnus Enzensberger davon ausgeht, daß den deutschen Autoren nach dem Zweiten Weltkrieg eine *gemeinsame* moralische Verpflichtung zufiel (eine „sanitäre Aufgabe der Intellektuellen, nach dem Ende des Faschismus, die ganze ideologische Müllabfuhr, eine recht langwierige und mühsame Arbeit").[57]

Nach dem Entstehen zweier deutscher Staaten dominieren unterschiedliche Funktionen: Die DDR-Literatur bildete nicht nur einen „Tummelplatz" abweichender Ansichten von der Welt" (Günter Kunert), sie übernahm auch eine Ersatzfunktion der Öffentlichkeit: „In einer Umgebung, in der es keine auch nur annähernd freie Medien gab, in der alle Zeitungen, Rundfunksender und Fernsehstationen denselben Chefredakteur hatten, in der jede von der Parteilinie abweichende Ansicht kleinlich behindert wurde, in einer solchen Umgebung blieben Bücher der letzte öffentliche Ort, an dem noch Meinungsverschiedenheiten ausgetragen wurden. *Das* machte die Leute gierig auf Bücher, genauer – auf die Bücher der Abweichler. Hinter dem Interesse verbarg sich also keine Affinität zur Literatur, keine Sprachverliebtheit, nicht die Lust, ein ästhetisches Bedürfnis zu stillen; es war das Interesse an den eigenen öffentlichen Angelegenheiten, das auf andere Weise nicht befriedigt werden konnte".[58] Jurek Becker, von dem diese – auch von der Stasi indirekt bestätigte Einschätzung der literarischen Situation stammt, hebt auch die zweite Eigenart der DDR-Literatur hervor: „Ohne Zensur, behaupte ich, wäre sie eine ganz und gar normale deutsche Literatur gewesen, mit möglicherweise leicht erhöhtem Anteil an Verfechtern des Sozialismus. So aber war sie fixiert auf die Zensur, in einem mit den Jahren

---

[53] Stefan Heym, Der Winter unsers Mißvergnügens. Aus den Aufzeichnungen des UV Diversant. München 1996.
[54] Fritz Rudolf Fries, Im Jahr des Hahns. Tagebücher. Leipzig 1996.
[55] Manfred Krug, Abgehauen. Ein Mittschnitt und Ein Tagebuch. Düsseldorf 1996. Außerdem: Adolf Endler, Tarzan am Prenzlauer Berg. Sudelblätter 1981-1983. Leipzig 1994.
[56] Stefan Heym, Der Winter unsers Mißvergnügens, S. 36 und S. 38.
[57] Zit.: Wolfgang Emmerich, Kleine Literaturgeschichte der DDR. Erweiterte Neuausgabe. Leipzig 1996, S. 525.
[58] Jurek Becker, Die Wiedervereinigung der deutschen Literatur. In: The German Quaterly 63, 1990, S. 360.

zunehmenden Maße. Jedes in der DDR geschriebene Buch – wovon immer es handelt und welche Intention ihm immer zugrunde lag – war zugleich eine Reaktion auf die Zensur".[59]

Charakerisiert man das Verhältnis von Literatur und Macht mit dem von Richard Sennett geprägten Begriff der „Ablehnungsbindung"[60], so bildet das Pendant zur Zensur die Dissidenz. „Man war auf das Dissidentische scharf. Wenn ein Text in der DDR nicht die Billigung des Zensors fand, verbesserten sich auf dem westdeutschen Markt schlagartig seine Chancen. Mit der Zensurbehörde in Konflikt zu geraten, das war für einen DDR-Autor eine nahezu selbstverständliche Voraussetzung, um am Literaturbetrieb der Bundesrepublik teilzunehmen".[61] Das Schema von Zensur und Dissidenz ist auf paradoxe Weise auch ein gesamtdeutsches Thema; der westdeutschen Literatur kam eine Mitspielerrolle zu. Dies bis zum Jahr 1987, dem Jahr des zehnten und letzten Schriftstellerkongresses der DDR als Günther de Bruyn und Christoph Hein das sog. „Druckgenehmigungsverfahren" öffentlich als das kritisierten was es war: Zensur. Damit endet auch die fatale und häufig vertrackte ‚Zusammenarbeit' von Schriftstellern und Zensoren.

Die genauere Funktionsbestimmung der Literatur – auch der literarischen Darstellung von Zeitgeschichte – bleibt eine Aufgabe der Literaturgeschichtsschreibung.[62] Zu bedenken ist dabei, daß fiktive Literatur als eine ausgezeichnete Schreibweise ihre Rolle und Funktion vornehmlich über ihren Formgehalt und weniger über ihren Sachgehalt finden kann. Gerade die beschriebenen avancierten literarischen Techniken (Diskontinuität des Erzählens, Bilderreichtum, Vieldeutigkeit, Intertextualität/Dialogizität und Selbstreferentialität) sind Mittel der ästhetischen Verrätselung, die nur im konkreten Lesevollzug entziffert werden können. Es galt deshalb, die „Interpretationsregeln" herauszufinden und bewußt anzuwenden. Das Kryptische der Literatur in ihrer ästhetischen Differenzqualität ist der Umschlagplatz für ihre Autorität. Wird Zeitgeschichte in Literatur ‚verwandelt', muß Geschichte in eine unendliche Kette von Fragen überführt werden.[63]

Thomas Lehr hat im Roman „*Die Erhörung*" (1994) die Rollen des Historikers und Dichters scharfsinnig gegenüber- gestellt und wechselseitig aufeinander bezogen, wenn er den *Historiker* im Kampf mit der in ungeheuren Materialmengen sedimentierten Zeit schildert und den *Dichter* Novalis zitieren läßt: „Die Geschichte ist ein Verbrennen. Man sollte das wörtlich nehmen. Jede Epoche

---

[59] Ebd.
[60] Vgl. Nikolaus Wegmann, Engagierte Literatur? Zur Poetik des Klartexts. In: Systemtheorie der Literatur. Hg. v. Jürgen Fohrmann und Harro Müller. München 1996, S. 345-365.
[61] Jurek Becker, Die Wiedervereinigung der deutschen Literatur, S. 361.
[62] Vgl. Simone Barck, Martina Langermann und Siegfried Lokaties, Die DDR – eine verhinderte Literaturgesellschaft? In: Die DDR als Geschichte. Fragen – Hypothesen – Perspektiven. Hg. v. Jürgen Kocka und Martin Sabrow. Berlin 1994
[63] Vgl. Gerhard Kebbel, Geschichtengeneratoren. Lektüren zur Poetik des historischen Romans. Tübingen 1992.

steht noch in ihrem Brand! Ich will eine Erinnerung, die die Zeit im Feuer aufsucht und brennend zurückkehrt! Man muß in jeden Winkel gehen, auf den Grund, zu allen. Staunend wie ein Kind, aber auch pedantisch und knochenkalt wie ein Beamter des Jüngsten Gerichts!"[64] Dies ist der „Sehepunkt" der Literatur.

---

[64] Thomas Lehr, Die Erhörung. Berlin 1994, S. 89 und S. 20.

Stéphane Moses

Zur Poetik des Witzes

Man weiß, daß das Wort „Witz" ursprünglich eine gewisse Geisteshaltung bezeichnete, die man ungefähr mit Begriffen wie „Scharfsinn", „Gedankenschärfe", oder besser noch mit dem Adjektiv „geistreich" umschreiben könnte. Dies war in der Tat Sinn des Wortes „Witz" im 18. Jahrhundert, wo er dem französischen Wort „esprit" entsprach. Seit dem Ende des 18. Jahrhunderts bezeichnet das Wort „Witz" eine Kurzgeschichte oder eine Anekdote, die auf eine komische Pointe hinsteuert. Insofern bildet der Witz eine spezifische literarische Gattung, und zwar eine mit besonderen Merkmalen versehene Form der Erzählung. Daher muß der Witz als spezifische narrative Form sorgfältig vom Begriff des Humors unterschieden werden. Dieser bezeichnet nämlich eine gewisse geistige Haltung, eine bestimmte Form von psychischer Intentionalität, während der Witz, wie gesagt, eine besondere Art der Erzählung ist. Wollte man die Terminologie der generativen Linguistik benutzen, so könnte man sagen, der Humor sei eine gewisse „Kompetenz", der Witz dagegen eine „Performanz". Dementsprechend wäre der Humor die Fähigkeit, geistreich zu denken und zu reden, die Erzählung eines Witzes dagegen die Aktualisierung dieser Fähigkeit. Die Erzählung eines Witzes entspricht aber nicht nur jener linguistischen Definition der „Performanz": Sie ist auch nach dem im Englischen gebräuchlichen Wortsinn eine „performance", also eine Darbietung. Schon Freud hatte in seinem Buch über den Witz darauf hingewiesen, daß dieser wesentlich als eine Form mündlicher Kommunikation zu verstehen sei, die einen Erzähler und einen Zuhörer voraussetzt[1]. Aber da der Hörer eines Witzes ihn meistens weitererzählt, so bilde sich allmählich eine narrative Tradition, die man ohne weiteres als einen Initiationsprozeß bezeichnen kann. Die Erzählung eines Witzes ist nämlich etwas ganz anderes als die Erzählung einer beliebigen Anekdote: Einen Witz erzählen heißt, den Hörer in eine geheime Bruderschaft aufnehmen, nämlich in die unterirdische Gemeinde derjenigen, „die die Geschichte kennen". Daher erscheint das Erzählen eines Witzes, wie alle Initiationsriten, als die immer neue und jedes Mal verschiedene Aktualisierung eines ursprünglichen narrativen Schemas. Diese Neuaktualisierung einer vorgegebenen Urform ist für das Wesen des Witzes konstitutiv. Damit ein Witz zu seiner vollen Geltung kommen kann, muß er nämlich erst einmal inszeniert werden und verlangt eine narrative Technik, die ein geradezu angeborenes Talent voraussetzt. Man weiß, daß es keine sicherere

---

[1] Sigmund Freud: *Der Witz und seine Beziehung zum Unbewußten*, Studienausgabe, Band IV, Frankfurt a.M. 1982, S. 135ff.

Methode gibt, einen Witz zu verderben, als ihn schlecht zu erzählen. Umgekehrt läßt sich der wesentlich mündliche Charakter des Witzes an dem Gefühl der Frustration erkennen, das man fast unweigerlich verspürt, wenn man ihn nur liest. Die Verschriftlichung eines Witzes, seine Einschränkung auf die Struktur eines bloßen Textes, reduziert ihn nämlich auf seine reine Buchstäblichkeit: Er wirkt dann meistens banal und büßt jene subversive Kraft ein, die den Zuhörer eines erzählten Witzes aus dem engen Bereich der Alltagslogik gewaltsam heraustreibt.

Ob ein Witz nun aber gut oder schlecht sei, so schafft die bloße Tatsache, daß er erzählt wird, eine völlig einzigartige Situation, und zwar jene feine Mitwisserschaft, die die Welt des Witzes kennzeichnet. Wie in jedem Initiationsritus besteht die Einweihung genau darin, daß sie verkündet wird. Formulierungen wie „Kennen Sie den?" oder „Ich hab' noch einen" sind als Einweihungsformeln zu verstehen, mit denen der Sprecher dem Hörer verspricht, ein esoterisches Wissen mit ihm zu teilen, das bis dahin nur einer privilegierten Kaste vorbehalten war. Dabei handelt es sich nicht allein darum, einen besonderen Wissensinhalt zu vermitteln, sondern vor allem darum, dem frisch Eingeweihten das Dasein einer parallelen Tradition zu enthüllen, der eine ganz andere Denkform zugrunde liegt, als die der vorherrschenden Doxa. Tatsächlich wird die Welt des Witzes ja von einer ganz eigenen Logik beherrscht, die die klassischen Denkform des rationalen Diskurses systematisch herausfordert und untergräbt. Der Witz destabilisiert unsere Denkgewohnheiten und stößt uns in eine völlig andere Welt hinein. Dies erklärt denn auch den kurzen Moments des Zögerns, in dem die Reflexe des Hörers, dem der Witz erzählt wird, wie blockiert werden. In jenen Augenblicken, in denen unsere Reaktionen gehemmt sind, kommt das Gefühl der Entfremdung, ja vielleicht sogar die Wahrnehmung des Abgrundes zum Vorschein, der die Welt des Witzes von dem uns vertrauten, logischen Raum trennt. Dies Zögern ist zugleich auch ein Zeichen der Hilflosigkeit, mit der wir auf die Entdeckung einer radikalen Alterität reagieren, die dennoch nach unserem Verständnis verlangt, und trotz ihrer Andersheit Anspruch darauf erhebt, von uns wahrgenommen zu werden.

II.

Diese allgemeinen Überlegungen sollen es uns erlauben, die Affinität des Witzes mit gewissen Aspekten des jüdischen Daseins besser zu verstehen. Die mündliche Überlieferung einer spezifischen Denkform, die von der herrschenden kulturellen Tradition absolut verschieden ist, das scheinbare Infragestellen der gewöhnlichen Denk- und Argumentationsweisen, wobei keineswegs auf vernünftiges Denken verzichtet wird, die Bezugnahme auf eine andere Denkweise, die aber nicht theoretisch dargelegt wird, sondern die Form von kurzen Erzählungen annimmt, und vor allem die Tatsache, daß es sich dabei um eine Initiations-Kultur handelt, die einem auserwählten Kreise vorbehalten sind, dies alles sind

Momente, die die „Witzkultur" mit wesentlichen Zügen der jüdischen Geheimlehre verbinden.
Natürlich handelt es sich beim Witz um eine ganz profane Geheimlehre. Zudem bestimmt sich die Gemeinschaft der Eingeweihten hinsichtlich des Witzes zumindest nicht prinzipiell über ethnische oder nationale Zugehörigkeit. Allerdings trägt eine große Zahl von Witzen kulturelle Markierungen, und dies nicht nur, weil sie die Mitglieder verschiedener ethnischer Gruppen in Szene setzen, sondern weil sie innerhalb einer bestimmten Kultur hervorgebracht werden und nur innerhalb dieser wirklich verstanden (oder zumindest vollends geschätzt) werden können. Andererseits aber ist die Qualität eines Witzes eine Funktion seiner Universalität, das heißt seiner Möglichkeit, außerhalb der spezifischen Kultur verstanden zu werden, in der er entstand. Diese Spannung zwischen Besonderem und Allgemeinem vermittelt bestimmten Witzen- und der „jüdische Witz" ist hier vielleicht ein paradigmatisches Beispiel – ihre ganz eigene Aura. Dieser Typus von Witzen zeichnet sich dadurch aus, daß auf das uns Fremde verwiesen wird (eine Kultur, eine Geschichte, eine andersartige Mentalität), wobei aber zugleich in uns vertraute Akzente geweckt werden. Es ist nun genau diese Dualität von Besonderem und Allgemeinem, die den jüdischen Witz charakterisiert. Vom Innern der jüdischen Kultur her betrachtet, stellt der Witz wohl eine säkularisierte Version der esoterischen Tradition dar. In seiner mündlichen Weitergabe, in dem für ihn wichtigen Moment der Vertrautheit, in seiner Neigung, Schwächen und Komisches der jüdischen Gesellschaft selbst zu entlarven, spiegelt sich die Randexistenz der mystischen Tradition wider: ihre Differenz gegenüber den offiziellen religiösen Autoritäten[2] sowie das subversive Moment der von ihr dem anerkannten Diskurs der „offiziellen" Orthodoxie gegenüber entfalteten Lehre. Der jüdische Witz, sofern er als säkulares Substitut der religiösen Geheimlehre verstanden wird, ist deshalb wesentlich ein Produkt der jüdischen Emanzipation, das heißt der Moderne. So gesehen ist er grundsätzlich mit den Paradoxa und Widersprüchen der aus der Emanzipation hervorgegangenen jüdischen Gesellschaft verbunden und kann nur von jenen vollends verstanden werden, die diese Erfahrung teilen. Zugleich ist es aber eine Tatsache, daß die Form von „Geist", die im jüdischen Witz zu Wort kommt, und die scheinbar so spezifisch ist, durch seine verschiedenen Transformationen hindurch (vom jüdischen Witz Galliziens, den Freud besonders zu schätzen schien, bis zum jüdischen Humor New Yorks) ein Publikum unterschiedlichster Herkunft zu berühren vermochte. Es ist, als ob die historische Erfahrung von Außenseitertum, von Selbstverspottung und Protest, von jenem Maß an Fremdheit zeugte, das jeder Mensch in seinem Innersten trägt.[3]

---

[2] Gershom Scholem: „Religiös Autorität und Mystik", in: *Zur Kabbala und ihrer Symbolik*, Zürich 1960, S: 11-48
[3] Vgl. dazu die Analysen von Julia Kristeva in ihrem Buch *Étrangers à nous-mêmes*, Paris 1988.

III.

Das Gefühl innerer Zerissenheit, das der jüdische Witz transportiert, die von ihm inszenierte Spannung zwischen den beiden Polen jüdischer Identität – Treue gegenüber der Herkunft und Eintritt in die moderne Welt –, die von ihm geschaffene Distanz jeder dieser beiden Tendenzen gegenüber, dieses zugleich sarkastische und schmerzhafte Spiel, spiegelt sehr genau die historische und soziale Situation des sich assimlierenden europäischen Judentums wider. Im 19. und am Anfang des 20. Jahrhunderts waren dessen symbolische Orte Berlin und Wien, zwei weltbürgerliche Hauptstädte, in denen Gemeinschaften verschiedenster Herkunft sowie Individuen mit jüdischen Identitäten aller möglichen Schattierungen lebten, von strengster Orthodoxie bis zu vollendeter Assimlilation. Es ist bekannt, daß unter den vielen von Freud in seinem 1905 erschienen Buch über den Witz gesammelten „lustigen Geschichten" ein großer Teil „jüdische Geschichten" sind. Diese Anekdoten, die zumeist Juden aus Galizien in Szene setzen, drücken den aufgeklärten Gesichtspunkt emanzipierter Wiener Juden aus gegenüber den traditionellen Juden (das heißt in den Augen jener: noch primitiven Juden) aus der genannten Grenzprovinz Österreich-Ungarns. Der sarkastische oder bestenfalls väterlich herablassende Blick des assimilierten Wiener Bürgertums auf ihre als zurückgeblieben, vulgär und abergläubig angesehenen Glaubensbrüder zeugt a contrario von der hohen Auffassung, die es von seinem eigenen sozialen und intellektuellen Status hatte. Freuds Art, diese Geschichten zu erzählen, zeugt demgegenüber von Gefühlen der Zuneigung, ja Zärtlichkeit für diese Ostjuden (zu denen er seiner Herkunft nach selber gehörte), auch wenn er nicht vergißt, über ihre Schwächen zu lächeln. So werden hier gerade die Arroganz der guten jüdischen Gesellschaft Wiens, ihr Mangel an Bewußtsein für die eigenen Widersprüche, die Mechanismen der Verneinung entlarvt, die die ihr Angehörigen dazu bringen, ihrer eigenen Herkunft zu entfliehen. Man muß sehr aufmerksam die Kommentare lesen, die jede diese Andekdoten begleiten, um die Komplexität der kritischen Bewegung zu erfassen, dieser verdoppelten Selbstverspottung, in der sich Freuds eigene Gespaltenheit erkennen läßt. Als Beispiel können wir den Witz vom Schnorrer nehmen, der auf der Treppe eines reichen Mannes einen Kollegen trifft; der Kollege rät ab, weiterzugehen: „Geh' heute nicht hinauf, der Baron ist schlecht aufgelegt, er gibt niemand mehr als einen Gulden' – ‚Ich werde doch hinaufgehen', sagt der erste Schnorrer. ‚Warum soll ich ihm einen Gulden schenken? Schenkt er mir was?'" Freud läßt auf diesen Witz den folgenden Kommentar folgen:

„Dieser Witz bedient sich der Technik des Widersinns, indem er den Schnorrer in demselben Moment behaupten läßt, der Baron schenke ihm nichts, in dem er sich anschickt, um das Geschenk zu betteln. Aber der Widersinn ist nur ein scheinbarer; es ist beinahe richtig, daß ihm der Reiche nichts schenkt, da er durch das Gesetz verpflichtet ist, ihm Almosen zu geben, und ihm, strenge genommen dankbar sein muß, daß er ihm die Gelegenheit zum Wohltun verschafft. Die gemeine bürgerliche Auffassung des Almosen liegt hier mit der religiösen im Streit.[4] Freud schlägt hier also zwei Interpretationsmodelle vor: Das erste, das des Widersinns, betont einen der Charakterzüge, die die assimilierten Juden den üblicherweise den Ostjuden zuschrieben (und vor allem den Juden Galiziens), nämlich deren Unverschämtheit. Das zweite ist ein religiöses Modell, das die Einstellung des Schnorrers im Namen des jüdischen Gesetzes legitimiert, auf das sich die Ostjuden ja berufen. Es ist in diesem Fall nun deutlich sichtbar, daß Freud das zweite Modell vorzieht.

Fünfzig Jahre vor dem Erscheinen von Freuds Buch über den Witz hatte Heirich Heine in einem der Gedichte aus den „Hebräischen Melodien" mit wilder Selbstironie die Meinungswechsel und die Unehrlichkeit seiner Glaubensgenossen entlarvt, die nach völliger Assimilation strebten und sich darum bemühten, bis zur letzten Spur ihre jüdische Herkunft auszuwischen. In einem Abschnitt seines großen Gedichtes „Jehuda Halevy" setzt Heine einen seiner Zeitgenossen, den Publizisten und Juristen Julius Eduard Hitzig (1780-1847) in Szene, der, Sohn einer großbürgerlichen jüdischen Familie aus Berlin mit dem Namen Itzig, zum Christentum übergetreten war und seinen Namen in Hitzig umgewandelt hatte.[5] Julius Eduard Hitzig war ein Freund des Schriftstellers Adalbert von Chamisso, des Autors der fantastischen Erzählung *Peter Schlemihl*, deren Held seinen Schatten dem Teufel verkaufte. Heine gibt in seinem Gedicht vor, sich bei Chamisso nach dem Ursprung des Namens Schlemihl erkundigt zu haben, der im Jüdisch-Deutschen etwa Pechvogel, Unglücksrabe, Tollpatsch bedeutet; Chamisso habe Heine auf seinen Freund Hitzig verwiesen:

> Zu Berlin vor vielen Jahren
> Wandt' ich mich deshalb an unsern
> Freund Chamisso, suchte Auskunft
> Beim Dekane der Schlemihle.
>
> Doch er konnt' mich nicht befried'gen
> Und verwies mich drob an Hitzig
> Der ihm den Familiennamen
> Seines schattenlosen Peters
>
> Einst verraten. Alsbald nahm ich
> Eine Droschke und ich rollte
> Zu dem Kriminalrat Hitzig
> Welcher eh'mals Itzig hieß –
>
> Als er noch ein Itzig war,

---

[4] *Der Witz*, S. 107.

[5] Nach anderen Quellen hat bereits Elias Daniel Itzig, der Vater Julius Eduards, im Jahre 1812 seinen Namen in Hitzig umgewandelt (Vgl. Heinrich Heine, *Historisch-kritische Gesamtausgabe der Werke*, hrsg. von Manfred Winfuhr, Band 3/2, Düsseldorf 1992, S. 926).

> Träumte ihm, er säh geschrieben
> An dem Himmel seinen Namen
> Und davor den Buchstab H.
>
> „Was bedeutet dieses H?"
> Frug er sich – „etwa Herr Itzig
> Oder Heil'ger Itzig? Heil'ger
> Ist ein schöner Titel – aber
>
> In Berlin nicht passend" – Endlich
> Grübelnsmüd nannt er' sich Hitzig,
> Und nur die Getreuen wußten:
> In dem Hitzig steckt ein Heil'ger.

Diese wenigen Strophen, die nur eine kurze, losgelöste Episode innerhalb des Gedichtes darstellen, können als eine Satire der jüdischen Assimilation verstanden werden, oder zumindest eines seiner extremsten Aspekte, von Taufe und Namensänderung. Der Text, wie eine wirkliche Kurzgeschichte komponiert, schließt mit einer außergewöhnlich subtilen Pointe, die ihm die literarische Struktur und komische Qualität eines wirklichen Witzes verleiht. Zunächst wird der Namenswechsel – ein radikaler Assimilationsvorgang seit jener Zeit – als ein zutiefst widersprüchlicher Akt entlarvt: Einerseits ist er eine Art Metamorphose, der Übergang einer Art in eine andere (ein „Itzig" wird zu einem „Hitzig"), doch andererseits handelt es sich bei ihm um den unmöglichen Versuch, die Spuren der vorherigen Identität auszulöschen; dieser Versuch zeigt sich als unmöglich, insofern der Erzähler, der hier in gewisser Weise im Namen des historischen Gedächtnisses spricht, an die Zeit erinnert, als Hitzig „noch ein Itzig war". Dieser Erinnerung unterstreicht darüber hinaus die Absurdität einer Namensänderung, in der der ursprüngliche Name Itzig jiddisches und jüdisch-deutsches Diminutiv von Isaak) im neuen Namen (zumindest für Eingeweihte) deutlich lesbar bleibt, genau wie, nach der Traumtheorie Freuds, der latente im manifesten Sinn. Die himmlische Erscheinung des Buchstabens H verweist ironisch auf beide Aspekte der Akkulturation, den sozialen (*Herr* Hitzig) und den religiösen (*Heiliger* Iltzig), während der Traumcharakter der Erscheinung zweifellos das Utopische des Wunsches nach Assimilierung andeutet, dieses pathetischen Strebens nach einem im Vergessen der Herkunft liegenden Glück, das von Gershom Scholem in einem seiner letzen Aufsätze so erhellend dargelegt wurde.[6] Der Übertritt zum Christentum, das letzte Stadium der Integration in die herrschende Kultur wird mittels einer hyperbolischen Ausweitung ins Lächerliche gezogen, indem der Erzähler seiner Hauptfigur den Wunsch zuschreibt, nicht nur einfacher Christ, sondern unmittelbar zu einem Heiligen zu werden.

---

[6] Gershom Scholem: „Zur Sozialpsychologie der Juden in Deutschland 1900-1930", in: *Judaica 4*, Frankfurt a.M. 1984, S. 229-261.

Die Schlußpointe der Geschichte, die ihr die Qualität eines wirklichen Witzes vermittelt, versteckt und zeigt sich zugleich im Reim – oder eher im nicht-Reim – Hitzig/Heil'ger des zweiten und des vierten Verses der letzten Strophe:

> Grübelnsmüd nannt' er sich Hitzig,
> Und nur die Getreuen wußten:
> In dem Hitzig steckt ein Heil'ger.

Auch wenn das Gedicht, dem dieser Abschnitt entstammt, nicht gereimt ist, erwartet der Leser aufgrund des semantischen Kontextes dieses Abschnitts geradezu notwendig den Reim Hitzig/Itzig:

> Grübelnsmüd nannt' er sich Hitzig,
> Und nur die Getreuen wußten:
> In dem Hitzig steckt ein Itzig,

Und dies ist natürlich die eigentliche Absicht der vorliegenden Aussage: Nur die Eingeweihten kennen die Geschichte der Konversion des vormaligen Itzigs und seiner Namensänderung. Diese Absicht der Aussage bleibt aber rein implizit, oder genauer: sie ist zugleich verdeckt; und aufgrund dieser offenbaren Verschleierung ist sie doppelt enthüllt. Das Fehlen des erwarteten Reimes schafft die Wirkung einer enttäuschten Erwartung, einer phonetischen und semantischen Frustration, die, statt die Kraft der Doublette Hitzig/Itzig abzuschwächen, diese im Gegenteil in ihrer Wirksamkeit verdoppelt. Auch hier zeigt sich also, wie in Freuds Traumtheorie, die latente Bedeutung als die Wahrheit der manifesten. Diese ist jedoch weit davon entfernt, willkürlich zu sein, der nicht-Reim Hitzig/Heil'ger begnügt sich nicht damit, die wahre Absicht des Witzes zugleich zu verschleiern und zu enthüllen, sie fügt ihr eine zweite komische Absicht hinzu, weniger explizit als die erste, aber genauso erbarmungslos: Nur die Eingeweihten kennen das versteckte Motiv von Itzigs Konversion, nämlich die Versuchung, ein Heiliger zu sein.

IV

Die beiden von uns zitierten Texte, der von Freud wie der von Heine, illustrieren die für den jüdischen Witz so kennzeichnende Tendenz zur Selbstverspottung. Freud hatte festgestellt, daß die oft ungewöhnliche, komische Kraft dieser Witze darin gründet, daß sie, wenn sie die Schwächen und das Lächerliche der jüdischen Gesellschaft beleuchten, doch gerade von Juden erfunden und erzählt werden. Wenn diese Geschichten von nicht-Juden erfunden worden wären oder von ihnen erzählt würden, dann nähmen sie sofort einen ganz anderen Charakter an, den übler Späße oder brutaler Schwänke, insofern sie nun nichts anderes als die Ablehnung und die Agressivität gegenüber dem Fremden ausdrückten.

Nach Freud (der sich hier implizit auf die von Jean-Paul in seiner *Vorschule der Ästhetik* entwickelte romantische Humortheorie bezieht) realisiert die Selbstkritik im Gegensatz dazu die wesentliche Bedingung der Möglichkeit der „Witzarbeit" (ein Begriff, den Freud in Anlehnung an den der „Traumarbeit" gebildet hat), nämlich seinen subjektiven Aspekt, oder eher die Verdoppelung der Subjektivität, die sich aus der Zugehörigkeit des Erzählers zum Thema seines humorvollen Diskurses ergibt[7]. Unter den unzählbaren Figuren der Selbstverspottung im jüdischen Witz ist eine der beredtesten die, welche die Ambivalenz oder eher doppelte Ambivalenz des Verhältnisses von Juden zu nicht-Juden einerseits, zu ihren Glaubensgenossen andererseits anspricht. In seinem Buch über den Witz erzählt Freud die folgende Geschichte:

"Ein galizischer Jude fährt in der Eisenbahn und hat es sich recht bequem gemacht, den Rock aufgeknöpft, die Füße auf die Bank gelegt. Da steigt ein modern gekleideter Herr ein. Sofort nimmt sich der Jude zusammen, setzt sich in bescheidene Positur. Der Fremde blättert in einem Buch, rechnet, besinnt sich und richtet plötzlich an den Juden die Frage: 'Ich bitte Sie, wann haben wir Jomkipur?' (Versöhnungstag) 'Asoi' sagt der Jude und legt die Füße wieder auf die Bank, ehe er die Antwort gibt."[8] Dieser Witz, der ein Klassiker des jüdischen Humors geworden ist, brandmarkt die Unverschämtheit und Hemmungslosigkeit, die das Verhältnis von Juden untereinander so oft kennzeichnet, und zwar selbst wenn sie die Regeln des guten Benehmens sehr wohl kennen und bestrebt sind, diese im Verhältnis zu nicht-Juden genauestens zu befolgen. Auf einer tieferen Ebene entlarvt er aber auch die Aggressivität, die es, wie in jeder Diskriminierung und Verfolgung ausgesetzten Minderheit, innerhalb der jüdischen Gesellschaft gibt. Minderheiten haben in der Tat die Tendenz, innerhalb ihrer Gruppe gewaltsame Verhaltensmechanismen zu entwickeln, die jene reproduzieren, denen sie selbst ausgesetzt sind. Spiegeleffekt, Umkehr des erlittenen Hasses in Selbsthaß: Die latente Gewalt der Juden untereinander übersetzt die symbolische Verinnerlichung des Gesichtspunktes des Anderen, des Verfolgers, unter dessen Augen man zu leben gezwungen ist. Wie zufällig straft die erbarmungslose Selbstkritik (in der jedoch eine Art resignierter Zärtlichkeit nicht fehlt), die in diesem Witz zum Ausdruck kommt, in bitterer Weise die antisemitische Wahnvorstellung einer allmächtigen jüdischen Solidarität Lügen. Selbst dort, wo es eine solche Solidarität zu geben scheint, wird sie nichtsdestoweniger durch das unwiderstehliche Prinzip des „A soi" abgeschwächt, wenn nicht völlig in Frage gestellt.

In diesen Zusammenhang gehört auch einer der berühmtesten Witze in der Geschichte des jüdischen Humors, ein Witz, dessen Erfinder Groucho Marx ist, auch wenn er in keinem seiner Filme erzählt wird. Das erste Mal wurde er von Arthur Marx, dem Sohn des Schauspielers erzählt, in dem 1954 veröffentlichten *Life with Groucho*, einem Buch, das dem Gedächtnis seines Vaters gewidmet ist. Arthur Marx berichtet dort die folgende Anekdote: Groucho war Mitglied eines

---

[7] *Der Witz*, S. 106f.
[8] Idem, S. 78.

sehr eleganten Clubs in Hollywood geworden, des Friar's Club. Als er sich nach einigen Monaten klar wurde, daß ihm die Atmosphäre des Clubs nicht gefiel, sandte er dem Direktor das folgende Telegramm: „Ich bitte Sie, meinen Rücktritt anzunehmen. Ich weigere mich, zu einem Club zu gehören, der bereit ist, mich als eines seiner Mitglieder zuzulassen."[9] Dieselbe Anekdote wurde einige Jahre später von Groucho Marx selbst in seiner 1959 erschienenen Autobiographie *Groucho and me* wieder aufgegriffen und dann von Woody Allen zweimal in seinem Film *Any Hall* aus dem Jahre 1977 erzählt. Obwohl dieser klassisch gewordene Witz vielmals untersucht worden ist, hat erstaunlicherweise niemand daran gedacht, ihn in den Kontext der jüdischen Assimilierung und ihrer spezifischen Psychopathologie zu stellen. Man kann als Ausgangspunkt sicherlich die Tatsache nehmen, daß die Zugehörigkeit zu einem der Clubs der High society in den Vereinigten Staaten ein hervorragender Ausweis gelungener sozialer Integration ist. Man kann hinzufügen – und dies ist für die Interpretation des Witzes natürlich entscheidend –, daß eine gewisse Zahl dieser Clubs, und zwar gerade unter den exklusivsten, Schwarze und Juden nicht als Mitglieder zulassen. Es ist klar, daß, sofern einer dieser eleganten Clubs einen jüdischen oder schwarzen Bewerber aufnimmt, dieser Club nicht zu den rassistischen oder antisemitischen zählt. Die Aufnahme in einen solchen Club wäre für einen Juden oder Schwarzen, der nach vollkommener Integration strebt, also nur ein Teilerfolg. Denn es ist von vornherein klar, daß eine Gruppe – oder allgemeiner eine Gesellschaft – von demokratischem und liberalem Typus von ihren eigenen Grundsätzen her die Integration von Minderheiten fördert. Man darf dementsprechend annehmen, daß Groucho Marx nicht das einzige jüdische Mitglied des Friar's Club war. Daher erklärt sich seine tiefgehende Frustration: Wenn ein Jude von dem Bedürfnis geleitet wird, sich in der herrschenden Kultur zu verlieren, dann kann er kaum damit zufrieden sein, sich wieder in der Gesellschaft von anderen Juden zu finden. Der Witz entlarvt also das Paradox, das in dem Wunsch nach völliger Assimilierung liegt: Dieser Wunsch ist in Wahrheit grenzen- und endlos, denn seine vom guten Willen der Mitmenschen abhängige Befriedigung ist notwendig dazu verurteilt, sich selbst zu negieren. Die diesem Paradox zugrundeliegende Logik, die auch Groucho Marxs Formulierung bestimmt, läßt sich in der folgenden Aussage zusammenfassen: „Ich akzeptiere die nicht, die mich akzeptieren" oder anders herum: „Ich akzeptiere nur die, die mich nicht akzeptieren". Dies ist die psychische Bewegung, die Woody Allen in *Any Hall* seinen Beziehungen zu Frauen unterlegt ("Ich kann keine Frau begehren, die mich will; Ich kann nur Frauen begehren, die mich nicht wollen"), die im Fall von Groucho Marx aber auf eine viel allgemeinere soziale Dialektik verweist: auf den nicht unterdrückbaren Wunsch aufzuhören, man selbst zu sein, auf den Willen zur Verschmelzung mit dem absolut anderen, mit dem, der mich ablehnt, der mich zurückweist, und der mich zur Verzweiflung in meinem monadischen Selbst eingeschlossen sein läßt.

---

[9] Richard Raskin: *Life is Like a Glass of Tea, Studies of Classic Jewish Jokes*, Philadelphia/Jerusalem 1992, S: 121-129.

Diese Flucht vor sich selbst ist natürlich da Kennzeichen eines abgrundtiefen Selbsthasses: „Ich bin nicht bereit, zu einem Club zu gehören, der Leute wie mich aufnimmt", wie es in der klareren und ausdrücklicheren Variante aus Woody Allens Film heißt. Dieser Wille, sein eigenes Selbst zu verleugnen, seine Identität mit der des anderen, des Verfolgers, zu vertauschen, war bereits der Wille Hitzigs in Heines Gedicht, der sich nicht damit begnügt, ein einfacher Christ unter anderen zu sein (er liefe das Risiko, sich unter anderen Konvertierten wiederzufinden), sondern sogleich von der höchsten Würde träumt, die einem Christen erreichbar ist, der Würde eines Heiligen.

V.

Die bereits von Freud herausgestellte Besonderheit des jüdischen Witzes, das Inszenieren einer virulenten Kritik der Juden durch Juden selbst, weist auf die diesem Typ von Humor inhärente metaphysische Dimension. Wenn Heine Hitzigs Konversion ins Lächerliche zieht, dann macht er sich zugleich über seinen eigenen Übertritt zum Christentum lustig. Gleichermaßen legt Groucho Marx, als er seine berühmte Formulierung vorbringt, den Finger auf die Aporie, in der er selbst eingeschlossen ist.

Freud hatte sich, als er den Selbstbezug als notwendige Bedingung der Hervorbringung von Witzen herausstellte (eine Bedingung, die der jüdische Witz in geradezu paradigmatischer Weise erfüllt), auf die romantische Humortheorie Jean Pauls bezogen. Diese kann nun nur vor dem spekulativen Horizont des deutschen Idealismus und im besondere der Kantischen Unterscheidung zwischen sinnlicher und intelligibler Welt verstanden werden. Diese sich auch im Innern des Menschen wiederfindende Dualität war von den deutschen Romantikern als radikale Trennung zwischen dem Wirklichen und dem Idealen interpretiert worden, zwischen dem empirisch Gegebenen und dem Absoluten. Jean Pauls Humortheorie in der *Vorschule der Ästhetik* gründet ihrerseits in der Entgegensetzung von einer als ärmlich und eng erlebten Wirklichkeit und einem Ideal unerreichbarer Vollkommenheit. Der romantische Humor geht demgemäß aus der Gegenüberstellung von Wirklichem und Idealem hervor, genauer gesagt: aus der Wahrnehmung des Wirklichen vom Gesichtspunkt des Idealen. Indem der Humorist die alltägliche Wirklichkeit am Absoluten mißt, legt er versteckte Lächerlichkeiten bloß. Seinem Verlangen nach Vollkommenheit gegenüber, erschient ihm das Wirkliche in allen seinen Einzelheiten lächerlich und grotesk. In diesem Sinne ist der romantische Humor Anzeichen eines Bruchs, eines ursprünglichen Risses inmitten des Seins, oder eher noch: eines Exils des Seins außerhalb der in der Erfahrung gegebenen Welt.

Für Jean-Paul genügt diese als objektiv angenommene Dualität jedoch nicht, um dem Phänomen des Humors gerecht zu werden. Dieser wird erst dann möglich, wenn eine weitere Bedingung erfüllt ist, und zwar die Verinnerlichung dieses Bruchs, seine Verlagerung in die Subjektivität hinein. Ohne diesen Verinnerlichungsprozess würde das Schauspiel des Abgrundes, der die Wirklichkeit vom Ideal trennt, durch und durch tragisch wirken. Um Humor hervorzubringen, muß das Subjekt selbst mitten in dem Riß zwischen dem Wirklichen und dem Idealen stehen, dieser muß es durchziehen und es zerreißen, kurz gesagt: Das Subjekt muß zugleich Subjekt und Objekt seinen eigenen Denkens sein. Humor gibt es erst dann, so Jean Paul, wenn das Subjekt sich in das vernichtende Urteil mit einschließt, das es über die Welt fällt.

Diese Theorie läßt gewiß die metaphysische Dimension des jüdischen Witzes erkennen, erschöpft aber nicht dessen letzten Tiefen. Der romantische Humor zieht eine eindeutige Grenzlinie zwischen dem Wirklichen und dem Idealen, zwischen dem Relativen und dem Absoluten. Diese Grenze, die das Innere des Subjekts durchzieht, trennt in ihm zwischen seinem endlichen und seinem unendlichen Teil. Im jüdischen Witz wird dagegen gerade dieser Begriff der Grenze selbst in Frage gestellt. In dem Maße nämlich, in dem der jüdische Witz wesentlich selbst-reflektiv ist, insofern die von ihm ausgedrückte Kritik den Erzähler mit einschließt, hat dieser seinen Ort zugleich innerhalb und außerhalb des vom Witz entfalteten Themas. Es gibt keine bestimmte Grenze, die erlaubte, in ihm zwischen Subjekt und Objekt des Witzes zu unterscheiden; und selbst wenn die Frage der Grenze unaufhörlich gestellt wird, kann sie nicht im Sinne der binären Logik gestellt werden: Wenn Freud die Geschichte vom Schnorrer erzählt (Schenkt er mir 'was) nimmt er den Platz eines unabhängigen Erzählers ein oder identifiziert er sich mit der Einstellung seines Helden? Wenn Heine die Konversion Hitzigs verspottet, macht er sich nicht zugleich über sich selbst lustig? Zwischen der kritischen Position des Erzählers und der Figur, die die verschiedenen Symptome der jüdischen Psychopathologie in einer zwischen Überlieferung und Neuem zerissenen Welt verkörpert, ist die Grenze beweglich, fließend, unsicher. Und dies vor allem deshalb, weil die Welt, in der der jüdische Witz entstanden ist, selbst in diesem „Zwischen", in diesem „no man's land" schwankender Grenzen liegt, die den Raum des Judentums von der Moderne trennen und ihn zugleich mir ihr verbinden. So gesehen verkündet der jüdische Witz also nicht den Triumph des Un-Sinns, sondern den einer anderen Logik, der das Prinzip des Widerspruchs-Prinzips und das Gesetz des ausgeschlossenen Dritten fremd ist. Für den jüdischen Witz gibt es einen Bereich – und das ist der Bereich, in dem sich das menschliche Leben abspielt –, wo die Dinge zugleich sie selbst und ihr Gegenteil sein können. Besser als jeder andere veranschaulicht der folgende Witz die Gesetze, die in diesem Bereich herrschen:

> "Zwei Juden gehen auf dem Land spazieren. Der eine trägt einen Regenschirm, der andere hat keinen. Plötzlich bricht ein Unwetter los. Der zweite ruft dem ersten zu: 'Schnell, öffne deinen Regenschirm!' Der erste antwortet: 'Das würde nichts nützen, er ist vollkommen durchlöchert.' Sein Begleiter fragt ihn: 'Ja aber, warum hast du denn *diesen* Regenschirm mitgenommen?' Und der erste antwortet, sichtlich verärgert: 'Konnte ich etwa wissen, daß es regnen würde?'"[10]

---

[10] Idem, S. 238-240.

Diese Geschichte untergräbt vollkommen die Gesetze der formalen Logik, auf der das abendländische Denken beruht. Diese kennt in einer ungewissen Situation, wie der hier angedeuteten, ('Wird es regnen, oder wird es nicht regnen?') nur zwei mögliche Antworten: „Ja, es wird regnen" oder „nein, es wird nicht regnen". Im ersten Fall fordert die Logik dazu auf, den Schirm mitzunehmen, im zweiten, ihn zu Hause zu lassen. Die implizite Logik des Witzes geht ganz anders vor: Wenn ich meinen Regenschirm mitnehme und es regnet nicht, dann habe ich mich ganz unnütz damit beschwert; wenn ich ihn nicht mitnehme, und es fängt zu regnen an, dann werde ich naß. Beide Lösungen sind also schlecht, denn beide implizieren ein Risiko. In einer unentscheidbaren Situation (denn auf die Frage „Wird es regnen? kann weder mit ja noch mit nein geantwortet werden) hilft die Logik des ausgeschlossenen Dritten nicht weiter. Die einzige logisch konsistente Lösung ist deshalb, die Unsicherheit in die Antwort zu integrieren: Ein Regenschirm wird für den Fall, daß es regnet, mitgenommen, aber für den Fall, daß es nicht regnet, wird ein durchlöcherter gewählt. Wenn man bereit ist, zuzugeben, daß das menschliche Leben fast ausschließlich aus solch unsicheren Lagen besteht, dann wird man ohne große Probleme anerkennen, daß das Paradigma des durchlöcherten Schirmes das einzige ist, das uns erlaubt, vernünftig zu leben.

Wolf Lepenies

Der Killervirus oder:
Ein Mittel gegen Festschriften

Nichts ist heutzutage leichter, als Bücher zu schreiben. Unsere Putzfrau beispielsweise nimmt sich jeden Sommer sechs Wochen Urlaub und fährt an die Côte d'Azur. Angeblich kuriert Virginia in Sanary-sur-Mer ihr Asthma – von dem ich in Berlin nie auch nur die geringsten Symptome entdeckt habe –, in Wahrheit aber, dessen bin ich mir jetzt ganz sicher, schreibt sie dort an ihrem ersten Buch. Denn als ich letzte Woche überraschend nach Hause kam – ich war auf Lesereise für mein neuestes *opus magnum* gegangen, aber die Veranstaltung mußte abgesagt werden, weil nicht ein einziger Zuhörer erschienen war – überraschte ich Virginia, die zu dieser Zeit eigentlich bügeln sollte, beim Korrekturlesen. Ich bin sicher: in spätestens zwei Monaten werde ich ihr Buch in Händen halten, einen Krimi oder eine Studie über die Geschichte der Asthmaheilungen in der Provence. Mir wird das Buch gefallen. Denn Virginia bügelt Hemden wie keine andere.

Das Ozonloch vergrößert sich stetig. Schlimm genug. Die größte Umweltkatastrophe aber ist das unaufhaltsame Anschwellen des Bücherbergs. Der Grund dafür ist anthropologischer Natur: der Mensch ist das einzige Tier, das keine Bücher wegwerfen kann. (Bücherverbrennungen sind kein Gegenbeispiel: sie zeigen nur, zu welchen Perversionen der *homo sapiens scribens aut legens* fähig ist.)

Weil ich meine Kinder wieder einmal sehen wollte, habe ich vergangenen Monat versucht, ein paar Bücher wegzuwerfen, die mir seit langem die Sicht auf die Familie versperrten. Mit zitternden Händen packte ich schließlich ein halbes Dutzend Plastiksäcke in meinen Wagen, aber ich kam noch nicht einmal dazu sie auszuladen, weil ich auf unserer Müllkippe einen riesigen Bücherberg entdeckte, vor dem ein großes Schild aufgepflanzt war: „Bücher – weggeworfen von Professor Hans Schmidt (der Name ist natürlich erfunden) am 8. Februar 1999." Ich ging zu dem verantwortlichen Müllmann – er hat zwei Gedichtsammlungen veröffentlicht und arbeitet an seinem ersten Roman – und drückte ihm gegenüber meine Besorgnis über den sich rapide beschleunigenden Zerfall unserer Zivilisation aus, bevor ich mit meinen Plastiksäcken wieder nach Hause fuhr.

Ich muß mit einer Menge von Büchern leben. Verantwortlich dafür ist im wesentlichen mein Zahnarzt. Jeder weiß – da jedermann George Steiner liest –, was der Ausdruck 'Suhrkamp-Kultur' bedeutet. Aber kaum einer hat so schmerzlich wie ich erfahren, welches Unbehagen diese Kultur bereiten kann. Der Suhrkamp Verlag ist zu Recht berühmt, und George Steiner, der noch berühmter ist, wollte bestimmt etwas Nettes sagen, als er von der Suhrkamp-Kultur sprach. Doch dann erklärte der Verleger, der Verlag wolle fortan nicht nur für eine schmale Elite produzieren, sondern eine größere Leserzahl erreichen, „beispielsweise den Zahnarzt in Oldenburg." Diese Kampagne war so erfolgreich, daß in den kommenden fünf Jahren die deutschen Zahnärzte nach Auskunft des Statistischen Bundesamtes 48,6% ihres Bruttogewinns für Bücher ausgaben. Aber jetzt braucht mein Zahnarzt mehr Platz für Plomben. Er ist, wie es sein Berufsstand mit sich bringt, überzeugter Sadist. Wann immer ich in seine Sprechstunde komme – und das geschieht leider sehr häufig – verspricht er mir, mir nicht weh zu tun, wenn ich anschließend ein paar Bücher mitnehme. Jetzt sitze ich an meinem Schreibtisch, und mit ihren knallbunten Zähnen grinsen seine Bücher mir entgegen und ich verfluche das Haus Suhrkamp, das für mich die gleiche Rolle spielt wie das Haus Usher für Edgar Allan Poe.

Die Schwierigkeiten mit dem Wegwerfen von Büchern beginnen früh. Man kann sie nicht wegwerfen, ohne vorher einen Blick hineingeworfen zu haben. Bücher, in denen der eigene Name steht, sind sicher. Man müßte, um sie wegzuwerfen, den eigenen Namen auslöschen. Wer tut das schon? Dann kommen die Bücher, die man so heftig angestrichen und kommentiert hat, daß selbst der Dümmste ihren ursprünglichen Besitzer identifizieren kann. Das kann ausgesprochen peinlich werden, wie im Falle eines Freundes, der Freuds Abhandlungen zur Sexualtheorie mit Beispielen aus seinem Leben illustriert hatte und diese in einem Aufsatz eines Kollegen – mit Angabe der Quelle, wie es sich gehört – wiederfand.

Als der berühmte französische Forschungsreisende Pierre Poivre – sein Heimatland verdankt ihm die Bekanntschaft mit vielen Gewürzen – gefragt wurde, warum er nicht seine Autobiographie oder wenigstens einen Reisebericht schreibe, antwortete er mit dem klassischen Satz: „Il y a déjà assez de livres!" Was würde Pierre Poivre, ein wahrer *voyageur-philosophe*, zu der uns heutzutage umwallenden Bücherflut sagen?

In ganz Europa ist es nicht mehr möglich, einen normalen Buchladen von einem Antiquariat zu unterscheiden. Daß alte Bücher angepriesen werden, als ob sie frisch aus der Druckerpresse kämen, mag als raffinierte Verkaufsstrategie durchgehen. Bedrückender ist die Tatsache, daß selbst ein Regal verlagsneuer Bücher in wenigen Wochen alt aussieht. Die deutsche Sprache hat das passende Wort für diese blitzschnelle Transsubstantiation jeden Lesestoffs gefunden: wir leben im Zeitalter des *Modernen Antiquariats*.

Der Grund für die Bücherschwemme liegt mitnichten darin, daß die Leute so viel lesen wollen. Die Leser sind nicht dafür verantwortlich, daß die Welt allmählich unter einem Bücherberg verschwindet. Verantwortlich dafür ist die *Stampomanie*, die Sucht gedruckt zu werden, die aus immer mehr Menschen immer mehr Autoren macht. Die Menschen vom Schreiben abzuhalten – darin liegt eine der vornehmsten Aufgaben unserer Zeit.

Der Killervirus

Dr. Johnson war äußerst unvorsichtig, als er behauptete, es sei die Pflicht eines jeden Schreibenden, die Welt ein wenig besser zu machen. Diese Äußerung hat tausende zu der Illusion verleitet, sie könnten die Welt schon dadurch bessern, daß sie Bücher schrieben. Die Welt ist dadurch aber nicht besser, sie ist nur voller geworden. Die Welt als Buch – das ist eine überholte Metapher. Die Welt ist kein Buch mehr, die Welt ist ein Papierkorb.

Natürlich haben viele Schlaumeier versucht, diese Entwicklung zu verhindern. Der Baron Grimm beispielsweise verdient schon deshalb einen herausragenden Platz unter den Aufklärern, weil er seinen Kollegen den strengen Rat erteilte: „Ihre eigene Bibliothek kann gar nicht klein genug sein!" Klug war Disraelis Rat, ein Buch selbst zu schreiben, wenn man eines zu lesen wünschte – womit er, wohl ohne es zu kennen, und weniger aus Geldmangel als aus einem Übermaß an Snobismus, Jean Pauls Schulmeisterlein Wuz nachahmte. Thomas Hardys Ratschlag, Vorworte zu schreiben, die dazu passenden Bücher aber wegzulassen, ist wohlbekannt. Nur hat er seinen eigenen Ratschlag nicht befolgt. Zu loben sind Honoré de Balzacs Geliebte. Wir wissen, was der große Mann ausrief, wenn er, ermüdet von einer neuen Liaison, Schwierigkeiten hatte, die Feder zu halten: „Mein Gott, diese Nacht habe ich ein Buch verloren!" Man stelle sich vor, wie die *Comédie Humaine*, diese entzückende Sammlung schmaler Romane, ausschauen würde, wenn die Frauen Balzac weniger geliebt hätten.

Endlos ist die Reihe derer, die unfehlbare Medizinen gegen das Büchermachen erfanden: dazu gehören Stefan Georges apodiktischer Ausspruch, 50 Bücher in einer Bibliothek seien genug, der Rest sei nichts als Bildung, bis zu Friedländers Vorschlag, jeden, der bis zum 40. Lebensjahr noch nichts publiziert habe, automatisch zu habilitieren. Keiner dieser Vorschläge hat etwas genutzt, und bis heute ist kein Wissenschaftler davon zu überzeugen, daß er der Menschheit auf zweierlei Weise dienen kann: indem er, wenn es halt gar nicht anders geht, gute Bücher schreibt oder schlechte Bücher nicht schreibt.

Wir nähern uns dem Kern des Problems. Nicht zuletzt akademische Autoren sind daran schuld, daß wir alle miteinander nicht auf die Warnung achten: „Publish and Perish!", sondern zu unser aller Nachteil das gegenteilige Motto befolgen. Deutschland trägt dabei für die katastrophale Bücherschwemme eine besondere Verantwortung, weil bei uns eine Epidemie besonders schlimme Auswüchse angenommen hat, die in der medizinischen Fachliteratur als *Festschriftfieber* gekennzeichnet wird. Vor hundert Jahren kamen lediglich Wissenschaftler in den Genuß einer Festschrift, die das Mindestalter von 95 Jahren erreicht hatten. Heute bekommen schon 40jährige eine Festschrift, wenn sie das erste Ordinariat antreten. Da jeder, dem einmal eine Festschrift gewidmet wurde, zu Recht die nächste Festschrift nach Ablauf der üblichen Fünfjahresfrist erwarten kann, da ferner jeder, der zu einer Festschrift beiträgt, berechtigt ist, selbst mit einer Festschrift geehrt zu werden, und da schließlich die mittlere Lebensdauer des deutschen Professors bei 90,2 Jahren liegt, was eine publikationsfähige Lebensdauer von 74,8 Jahren bedeutet, wird klar, daß hier in der Tat nur von einer 'Epidemie' die Rede sein.

Das Verbot von Festschriften wird nicht weiterhelfen. Eine frühere Bundesregierung ist mit einem entsprechenden Gesetzentwurf gescheitert, weil die Hälfte des Bundestages aus Autoren und Lektoren bestand. Auch die AFL, die Anti-Festschrift-Liga, die, wenn ich nicht irre, von Wolfgang Raible und Harald Weinrich begründet wurde, hat nicht recht funktioniert. Jedenfalls sind viele bekannte Kollegen mit roten und gelb-roten Karten aus dieser Liga ausgeschieden, weil sie sich schließlich doch zu einem Festschriftenbeitrag umstimmen ließen – was im Fußball dem Nachtreten oder dem seitlichen Hineingrätschen entspricht. Für mich selbst habe ich glücklicherweise eine Lösung gefunden.

Schon vor Jahren schrieb ich eine Kolumne, in der ich öffentlich erklärte, an keiner Festschrift mehr mitwirken zu wollen. Eine Woche später wurde ich gebeten, mich an drei Festschriften zu beteiligen. Die drei Einladungsbriefe trugen im allgemeinen Teil fast den gleichen Wortlaut: „Sehr verehrter Herr ... Gerade haben wir, wie stets mit der größten Bewunderung und Sympathie, Ihre hochgeschätzte Kolumne in der ... gelesen. Wir stimmen Ihnen, was die notwendige Bekämpfung der Festschriftenepidemie angeht, voll und ganz und zu. Gleichzeitig sind wir davon überzeugt, daß Sie dem Projekt, das wir Ihnen heute vortragen wollen, nicht entziehen werden. Herr Kollege X, der, wie Sie wissen, in drei Wochen sein Y. Lebensjahr vollendet, würde sich für seinen Lebensabend keinen schöneren Ausklang denken könne, als einen Beitrag aus Ihrer Feder zum Thema – nun wird es speziell – „Heine, Helmholtz und Hebbel. Alliteration und verpaßte Interdisziplinarität in der deutschen Geistesgeschichte", der, einzeilig und absatzlos geschrieben, den Umfang von 65 Schreibmaschinenseiten freilich nicht überschreiten dürfte, etc.

In zwei Fällen konnte ich – aus Gründen, die ich öffentlich nicht nennen möchte – nicht absagen. Da ich in offener Feldschlacht geschlagen worden war, begann ich, gezwungenermaßen, meinen Guerillakrieg. Die erste Festschrift sollte einem Theologen, die zweite einem Biologen gewidmet sein. Ich schrieb, ohne auch nur ein Wort zu ändern, den gleichen Beitrag für beide Festschriften. Eigentlich schrieb ich ihn nicht, sondern schrieb ihn ab, denn ich hatte dasselbe Manuskript schon vor acht Jahren zur Festschrift für einen Berliner Unternehmer beigesteuert, der in seiner kargen Freizeit unter einem Pseudonym die Berliner Philharmoniker dirigiert. Ich bin ziemlich stolz auf mich. Wieviele Soziologen gibt es schon, die einen absolut widerstandsfähigen Killervirus erfunden haben?

Walter Hinderer

Schriftenverzeichnis

Bücher und Editionen

Die „Todeserkenntnis" in Hermann Brochs „Tod des Vergil". München: Uni-Druck, 1961 (Diss.).

Ludwig Börne: Menzel der Franzosenfresser und andere Schriften. Hrsg. v. W.H. Frankfurt a.M.: Insel Verlag, sammlung insel 45, 1969.

Christoph Martin Wieland: Hann und Gulpenheh; Schach Lolo. Hrsg. v. W.H. Stuttgart: Reclam Verlag, 1970.

Moderne amerikanische Literaturtheorien. Hrsg. v. W.H. u. Joseph Strelka. Frankfurt a.M.: S. Fischer Verlag, 1970.

Deutsche Reden. Hrsg. v. W.H. Stuttgart: Reclam Verlag, 1973.

Die Sickingen-Debatte. Hrsg. v. W.H. Neuwied-Berlin: Luchterhand Verlag, 1974.

Elemente der Literaturkritik. Kronberg/Ts.: Scriptor Verlag, 1976.

Büchner-Kommentar zum dichterischen Werk. München: Winkler-Verlag, 1977.

Geschichte der politischen Lyrik in Deutschland. Hrsg. v. W.H. Stuttgart: Reclam Verlag, 1978.

Schillers Dramen: Neue Interpretationen Hrsg. v. W. H. Stuttgart: Reclam Verlag, 1979. Revidierte Neuausgabe: *Interpretationen: Schillers Dramen.*
Reclam Verlag 1992.

Der Mensch in der Geschichte. Ein Versuch über Schillers „Wallenstein". Kronberg/Ts.: Athenäum Verlag, 1980.

Goethes Dramen: Neue Interpretationen. Hrsg. v. W.H. Stuttgart: Reclam Verlag 1980. Revidierte Neuausgabe: *Interpretationen: Goethes Dramen*. Reclam Verlag 1992.

Über deutsche Literatur und Rede. Historische Interpretationen. München: Wilhelm Fink Verlag, 1981.

Kleists Dramen: Neue Interpretationen. Hrsg. v. W.H. Stuttgart: Reclam Verlag, 1981.

Heinrich von Kleist. Plays. Ed. by W.H. w. Foreword by E.L. Doctorow. New York: The Continuum Publishing Company, 1982.

Literarische Profile. Deutsche Dichter von Grimmelshausen bis Brecht. Hrsg. v. W.H. Königstein/Ts.: Athenäum Verlag, 1982.

Friedrich Schiller. Plays. Ed by W.H. w. Preface by Gordon Craig. New York: The Continuum Publishing Company, 1983.

Geschichte der deutsche Lyrik vom Mittelalter bis zur Gegenwart. Hrsg. v. W.H. Stuttgart: Reclam Verlag, 1983. Erweitere Neuauflage: Würzburg: Königshausen und Neumann 2000

Brechts Dramen: Neue Interpretationen. Hrsg. v. W.H. Stuttgart: Reclam Verlag, 1984. Revidierte Neuausgabe: *Interpretationen: Brechts Dramen*. Reclam Verlag 1995.

Georg Büchner. Complete Works and Letters. Ed. by W.H. with Henry Schmidt. New York: The Continuum Publishing Company, 1986.

Friedrich Schiller. „Wallenstein" and „Maria Stuart". Ed. by W.H. New York: The Continuum Publishing Company, 1991.

Friedrich Schiller. Essays Ed. by W.H. and Daniel O. Dahlstrom New York: The Continuum Publishing Company, 1993.

Arbeit an der Gegenwart. Zur deutschen Literatur nach 1945. Würzburg: Verlag Königshausen und Neumann, 1994.

Brechts Dramen. Interpretationen. Hrsg. v. W.H. Stuttgart: Verlag Philipp Reclam jun., 1995.

Codierungen von Liebe in der Kunstperiode. Hrsg. v. W.H. Würzburg: Verlag Königshausen & Neumann, 1997.

Kleists Dramen. Literaturstudium. Interpretationen. Hrsg. v. W.H. Stuttgart: Verlag Philipp Reclam jun., 1997.

Kleists Novellen. Literaturstudium. Interpretationen. Hrsg. v. W.H. Stuttgart: Verlag Philipp Reclam jun., 1998.

Aufsätze

„Theory, Conception, and Interpretation of the Symbol." In: *Perspectives in Literary Symbolism.* Hrsg. v. J. Strelka. University Park, Pa.: Pennsylvania State University Press, 1968, pp. 83-127.

„Literary Value Judgments and Value Cognition." In: *Problems of Literary Evaluation.* Hrsg. v. J. Strelka. University Park, Pa.: Pennsylvania State University, 1969, pp. 54-79.

„Ludwig Börne, der Apostel der Freiheit." In: *Ludwig Börne: Menzel der Franzosenfresser.* Hrsg. v. W.H., Frankfurt 1969, pp. 7-38.

„‚Ein Augenblick Fürst hat das Mark des ganzen Daseins verschlungen': Zum Problem der Person und der Existenz in Schillers ‚Die Verschwörung des Fiesco zu Genua'." In: *Jahrbuch der deutschen Schillergesellschaft,* Stuttgart, 1970, pp. 230-274.

„Der undeutsche Klassiker." In: *Wieland: Hann und Gulpenheh; Schach Lolo.* Hrsg. v. W.H., Stuttgart 1970, pp. 39-54.

„Zur Situation der deutschen Literaturkritik." In: *Die deutsche Gegenwartsliteratur.* Hrsg. v. Manfred Durzak. Stuttgart: Reclam Verlag, 1971, pp. 300-321.

„Zwischen Person und Existenz: Vergleichende Bemerkungen zu Schillers philosophischer Anthropologie." In: *Germanisch-Romanische Monatsschrift* III (September 1971), pp. 257-268.

„Der Klassikbegriff in der marxistischen Literaturkritik von Franz Mehring bis zu den Weimarer Beiträgen." In: *Die deutsche Klassiklegende.* Hrsg. v. R. Grimm and J. Hermand. Bad Homburg: Athenäum Verlag, 1971, pp. 141-175.

„Von den Grenzen moderner politischer Lyrik." In: *Akzente* VI (Dezember 1971), pp. 505-519. Reprint in: *Theorie der politischen Dichtung.* Hrsg. v. Peter Stein München: Nymphenburger Verlags-anstalt, 1973, pp. 167-180.

„Grundzüge des ‚Tod des Vergil'." In: *Hermann Brochs Romane.* Hrsg. v. Manfred Durzak. München: Fink Verlag, 1972, pp. 89-134.

„Sprache und Methode: Zur politischen Lyrik der 60er Jahre." In: *Experiment und Revolte.* Hrsg. v. Wolfgang Paulsen. Heidelberg: Lothar Stiehm Verlag, 1972, pp. 98-143.

„Probleme politischer Lyrik heute." In: *Poesie und Politik.* Hrsg. v. Wolfgang Kuttenkeuler. Stuttgart: W. Kohlhammer Verlag, 1972, pp. 91-136.

„Die Debatte über ‚Franz von Sickingen' von Ferdinand Lassalle." In: *Germanisch-Romanische Monatsschrift* II (1973), pp. 178-186.

„Über deutsche Rhetorik und Beredsamkeit." In: *Deutsche Reden.* Hrsg. v. W.H., Stuttgart 1973, pp. 15-60.

„Nazarener oder Hellene: Die politisch-ästhetische Fehde zwischen Börne und Heine." In: *Monatshefte* IV (Winter 1974), pp. 355-365.

„Die Frankfurter Judengasse und das Ghetto Europas: Der praktische Hintergrund von Ludwig Börnes emanzipativem Patriotismus." In: *Germanisch-Romanische Monatsschrift* IV (1974), pp. 421-429.

„Die Sickingen-Debatte als Modell: Eine kritische Zusammenfassung." In: *Die Sickingen-Debatte.* Hrsg. v. W.H., Neuwied-Berlin 1974, pp. 353-397.

„Wielands Beiträge zu Schillers ästhetischer Erziehung." In: *Jahrbuch der deutschen Schillergesellschaft*, 1974, pp. 348-387.

„‚Ein Gefühl der Fremde': Amerika-Perspektiven bei Max Frisch." In: *Das Amerikabild in der deutschen Literatur.* Hrsg. v. Bauschinger/Denkler/Malsch. Stuttgart: Reclam Verlag, 1975, pp. 353-367.

„Lenz: Der Hofmeister." In: *Die deutsche Komödie.* Hrsg. v. W. Hinck. Düsseldorf: August Bagel Verlag, 1976, pp. 66-88.

„Pathos und Passion: Die Leiddarstellung in Büchners ‚Lenz'." In: *Festschrift für Hermann Meyer.* Tübingen: Niemeyer Verlag, 1976, pp. 474-494.

„Wielands Beiträge zur deutschen Klassik." In: *Deutsche Literatur zur Zeit der Klassik.* Hrsg. v. K.O. Conrady. Stuttgart: Reclam Verlag, 1977, pp. 44-74.

„Ulrich Bräker." In: Benno von Wiese, *Deutsche Dichter von der Aufklärung bis zur Klassik*. Berlin: Erich Schmidt Verlag, 1977, pp. 371-392.

„Verlust der Wirklichkeit: Eine Ortsbestimmung der westdeutschen Lyrik nach 1945." In: *Estratto da Annali - Studi Tedeschi II* (1977), pp. 117-167.

„Versuch über den Begriff und die Theorie politischer Lyrik." In: *Geschichte der politischen Lyrik in Deutschland*. Hrsg. v. W.H. Stuttgart 1978, pp. 9-42.

„Freiheit und Gesellschaft beim jungen Schiller." In: *Sturm und Drang*. Hrsg. v. W. Hinck. Kronberg/Ts.: Athenäum Verlag, 1978, pp. 230-256. Revidierte Neuauflage: *Sturm und Drang*. Hrsg. v. Walter Hinck. Frankfurt am Main: Athenäum Verlag GmbH, 1989, pp. 230-256.

„,Ein Gefühl der Fremde': Amerika-Perspektiven bei Max Frisch." in: *Materialien zu Max Frisch „Stiller"*. Hrsg. v. Walter Schmidt. Frankfurt a.M.: Suhrkamp Verlag, 1978, pp. 297-304 (reprint).

„Wallenstein." In: *Schillers Dramen: Neue Interpretationen*. Hrsg. v. W.H., Stuttgart: Reclam Verlag 1979, pp. 126-173. Überarbeitete und erweiterte Neuauflage: *Schillers Dramen. Interpretationen*. Hrsg. v. W.H. Stuttgart: Reclam Verlag 1992, pp. 202-279.

„Die Suppe der Nützlichkeit oder mit Speck fängt man Ratten. Zu Heinrich Heines Gedicht ,Die Wanderratten'." In: *Geschichte im Gedicht. Texte und Interpretationen*. Hrsg. v. W. Hinck. Frankfurt a.M.: Suhrkamp Verlag, 1978, pp. 118-127.

„Auch eine Ornithologie der Kritik. Geflügelte Variationen auf ein altes Thema." In: *Literatur und Kritik*. Hrsg. v. W. Jens. Stuttgart: Deutsche Verlagsanstalt, 1980, pp. 191-204.

„Portrait Büchners." In: *Deutsche Literatur. Eine Sozialgeschichte*. Vol. 6. Hrsg. v. H.A. Glaser. Reinbek bei Hamburg: Rowohlt Verlag, 1980, 310-321.

„Torquato Tasso." In: *Goethes Dramen: Neue Interpretationen*. Hrsg. v. W.H., Stuttgart: Reclam Verlag, 1980, pp. 169-196. Überarbeitete und erweiterte Neuauflage: *Interpretationen. Goethes Dramen*. Hrsg. v. W.H., Stuttgart 1992, pp. 199-257.

„,Komm! ins Offene, Freund!': Tendenzen der westdeutschen Lyrik nach 1965." In: *Deutsche Literatur in der Bundesrepublik seit 1945*. Hrsg. v. P.M. Lützeler and Egon Schwarz. Königstein/Ts.: Athenäum Verlag, 1980, pp. 13-29.

„‚Das seltsame Zeichen der Zeit'. Einführende Bemerkungen zu Heinrich von Kleist." In: *Kleists Dramen*. Hrsg. v. W.H. Stuttgart: Reclam Verlag, 1981, pp. 9-23.

„Hochhuth und Schiller oder: Die Rettung des Menschen." In: *Rolf Hochhuth – Eingriff in die Zeitgeschichte. Essays zum Werk*. Hrsg. v. Walter Hinck. Reinbek bei Hamburg: Rowohlt Verlag, 1981, pp. 59-78.

„Plädoyer für den Einzelgänger: Schiller und Hochhuth." In: *Friedrich Schiller. Ein Symposium*. Hrsg. v. Wolfgang Wittkowski. Tübingen: Max Niemeyer Verlag, 1981, pp. 329-340.

„Der schöne Traum von der politischen Regeneration: Schillers *Wallenstein* Trilogie. In: *Deutsche Dramen*. Hrsg. v. Harro Müller-Michaels. Königstein/Ts.: Athenäum, 1981, vol. 1, pp. 31-51. Überarbeitete Neuauflage: *Deutsche Dramen. Interpretationen Band I. Von Lessing bis Grillparzer*. Hrsg. v. Harro Müller-Michaels. Weinheim: Belz Athenäum Verlag, 1994, pp. 31-51.

„Jenseits von Eden: Zu Schillers ‚Wilhelm Tell'." In: *Geschichte als Schauspiel*. Hrsg. v. Walter Hinck. Frankfurt a.M.: Suhrkamp Verlag, 1981, pp. 133-146.

„Utopische Elemente in Schillers ästhetischer Anthropologie." In: *Literarische Utopie-Entwürfe*. Hrsg. v. Hiltrud Gnüg. Frankfurt a.M.: Suhrkamp Verlag, 1982, pp. 173-186.

Anläufe, sich vom Heinrich von Keist ein Bild zu machen." In: *Literarische Profile*. Hrsg. v. W. H., Königstein/Ts. 1982, pp. 115-131.

„Form ist eine Ausdehnung von Inhalt. Zu Nicolas Borns Gedicht ‚Da hat er gelernt was Krieg ist sagt er'." In: *Gedichte und Interpretationen*. Vol. 6. (Gegenwart) Stuttgart: Reclam Verlag, 1982, pp. 374-385.

„Wittgenstein für Anfänger? Anmerkungen zu Peter Handkes linguistischem Theater." In: *Jahrbuch der deutschen Schillergesellschaft* XXVI (1982), pp. 467-488.

„Ist das epische Theater etwa eine ‚moralische Anstalt'?". Bemerkungen zu Brechts kritischer Aneignung von Schillers Dramaturgie. In: *Probleme der Moderne. Studien zur deutschen Literatur von Nietzsche bis Brecht. Festschrift für Walter Sokel*. Hrsg. v. B. Bennett, A. Kaes, W.J. Lillyman. Tübingen: Max Niemeyer Verlag, 1982, pp. 459-475.

„Georg Büchners ‚Lenz'." In: *Romane und Erzählungen zwischen Romantik und Realismus* Hrsg. v. P.M. Lützeler. Stuttgart: Reclam Verlag, 1983, pp. 268-294.

„Stichworte zum Problemfeld einer Gattung." In: *Geschichte der deutschen Lyrik.* Hrsg. v. W.H., Stuttgart 1983, pp. 7-19.

„Dieses Schwanstück der Schöpfung': Büchners ‚Dantons Tod' und die Nachtwachen des Bonaventura." In: *Georg Büchner Jahrbuch* II (1982). Hrsg. v. H. Gersch, T.M. Mayer, G. Österle. Frankfurt a.M.: 1983, pp. 316-342.

„Republik oder Monarchie? Anmerkungen zu Schillers politischer Denkungsart." In: *Literatur in der Demokratie. Für Walter Jens zum 60. Geburtstag.* München: Kindler Verlag, 1983, pp. 305-314.

„Das Gehirn der Bevölkerung arbeitet in vollem Lichte'. Brechts ‚Die Tage der Commune'." In: *Brechts Dramen: Neue Interpretationen.* Hrsg. v. W.H., Stuttgart: Reclam Verlag, 1984, pp. 217-243.

„Ecce poeta rhetor: Vorgreifliche Bemerkungen über Hans Magnus Enzensbergers Poesie und Prosa." In: *Hans Magnus Enzensberger.* Hrsg. v. Reinhold Grimm. Frankfurt a.M.: Suhrkamp Verlag, 1984, pp. 189-203.

„Christoph Martin Wieland und das deutsche Drama des 18. Jahrhunderts." In: *Jahrbuch der deutschen Schillergesellschaft* XXVIII (1984), pp. 117-143.

„‚Über was dann gleich spräche man wie': Kritische Ansichten über Ansichten der Kritik heute. Eine heimliche Hommage." In: *Gründlich verstehen. Literaturkrik heute.* Hrsg. v. F.J. Görtz and Gert Ueding. Frankfurt a.M.: Suhrkamp Verlag, 1985, pp. 73-92.

„Die Damen des Hauses: Eine Perspektive von Schillers ‚Wallenstein'." In: *Monatshefte* 77 (1985), pp. 393-402.

„Produzierte und erfahrene Fremde. Zu den Funktionen des Amerika-Themas bei Bertolt Brecht." In: *Das Fremde und das Eigene. Polegomena zu einer interkulturellen Germanistik.* Hrsg. v. Alois Wierlacher. München: Iudicium Verlag, 1985, pp. 47-64.

„Inferno am Pazifik. Bertolt Brechts kalifornische Alpträume." In: *Weimar am Pazifik. Festschrift für Werner Vordtriede.* Hrsg. v. Dieter Borchmeyer und Till Heimeran. Tübingen: Max Niemeyer Verlag, 1985, pp. 137-145.

„Die projizierte Kontroverse: Text und Kontext von Schillers Bürger-Kritik". In: *Akten des VII. Internationalen Germanisten Kongresses, Göttingen 1985. Bd. 2. Formen und Formgeschichte des Streitens. Der Literaturstreit.* Hrsg. v. F.J. Worstbrock und H. Koopmann. Tübingen 1986. S. 180-188.

„Schiller und Bürger. Die ästhetische Kontroverse als Paradigma." In: *Jahrbuch des Freien Deutschen Hochstifts*. Tübingen 1986, pp. 130-154.

„Die sentimentalische Operation. Bemerkungen zu Schillers Lyriktheorie." In: *Jahrbuch 1985/86. Wissenschaftskolleg - Institute for Advanced Study - zu Berlin*. Hrsg. v. Peter Wapnewski. Berlin 1987, pp. 281-289.

„Der Aufstand der Marionetten: Zu Arthur Schnitzlers Groteske: ‚Der grüne Kakadu'." In: *Zeitgenossenschaft. Zur deutschsprachigen Literatur im 20. Jahrhundert. Festschrift für Egon Schwarz zum 65. Geburtstag*. Hrsg. v. P.M. Lützeler. Frankfurt a.M.: Athenäum Verlag, 1987, pp. 12-32.

„Reflexionen über den Mythos." In: *Brochs theoretisches Werk*. Hrsg. v. P.M. Lützeler u. Michael Kessler. Frankfurt a.M.: Suhrkamp Verlag, 1988, pp. 49-68.

„Christoph Martin Wieland." In: *Deutsche Dichter. Aufklärung und Empfindsamkeit*. Hrsg. v. G. E. Grimm und F. R. Max. Stuttgart: Philipp Reclam Verlag, 1988, pp. 266-293.

„Ulrich Bräker". In: *Deutsche Dichter. Aufklärung und Empfindsamkeit*. Hrsg. v. G.E. Grimm und F.R. Max. Stuttgart: Philipp Reclam Verlag, 1988, pp. 301-309.

„Shakespeare als ästhetisches Modell bei Schiller, Büchner und Brecht." In: *Etudes Allemandes et Autrichiennes. Hommage à Richard Thieberge*. Publications de la Faculté des lettres et Sciences Humaine de Nice. No. 37. Les Belles lettres. Paris 1989, pp. 217-226.

„Ludwig Börne." In: *Deutsche Dichter. Romantik, Biedermeier und Vormärz*. (Vol.V) Hrsg. v. G.E. Grimm u. F.R. Max. Stuttgart: Philipp Reclam Verlag, 1989, pp. 251-261.

„Die mythische Erbschaft der Dichtung. Über Hermann Brochs ‚Tod des Vergil'." In: *Romane von gestern - heute gelesen*. Bd. 3. Hrsg. v. Marcel Reich-Ranicki. Frankfurt a.M.: S. Fischer Verlag, 1990, pp. 335-343.

„Büchners ‚Lenz'." In: *Interpretationen. Georg Büchner*. Stuttgart: Philipp Reclam Verlag, 1990, pp. 63-117.

„Aspects of Schiller's Philosophy of Art." In: *Philosophy and Art*. Volume 23. Hrsg. v. Daniel O. Dahlstrom. Washington, D.C.: The Catholic University of America Press, 1991, pp. 193-208.

„Deutsches Theater der Revolution". In: *German Quarterly*, Vol. 64, No. 2, Spring 1991, pp. 207-219.

„Festschriftliche Bemerkungen zur Codierung von Liebe in Büchners ‚Dantons Tod'". In: *„Was in den alten Büchern steht...": Neue Interpretationen von der Aufklärung zur Moderne. Festschrift für Reinhold Grimm*. Hrsg. v. Karl-Heinz J. Schoeps and Christopher J. Wickham (Forschungen zur Literatur- und Kulturgeschichte. Hrsg. v. Helmut Kreuzer and Karl Riha. Vol. 32). Frankfurt a.M. - Bern - New York - Paris: Peter Lang, 1991, pp. 151-165.

„Schiller". In: *Literatur Lexikon*. Bd. 10. Hrsg. v. Walther Killy. Gütersloh - München: Bertelsmann Lexikon Verlag, 1991. pp. 229-241.

„Arbeit an der Gegenwart. Apokalyptische Signale in Günter Kunerts Lyrik von 1966 bis 1990". In: *Europa / Europe*. September-October 1991 (Leuven), pp. 32-63.

„The Challenge of the Past: Turning Points in the Intellectual and Literary Reflections of West Germany, 1945-1985". In: *Legacies and Ambiguities. Postwar Fiction and Culture in West Germany and Japan*. Ed. by Ernestine Schlant and J. Thomas Rimer. Washington - Baltimore: Woodrow Wilson Center Press / Johns Hopkins University Press, 1991, pp. 81-98.

„Aspekte des Fremden im Umkreis der deutschen Klassik". In: *Begegnung mit dem ‚Fremden'. Grenzen - Traditionen - Vergleiche*. Akten des VIII. Internationalen Germanisten-Kongresses Tokyo 1990. Vol. 7. Hrsg. v. Yoshinori Shichiji. München: Iudicium Verlag, 1991, pp. 114-121.

„Die Philosophie der Ärzte und die Rhetorik der Dichter. Zu Schillers und Büchners ideologisch-ästethischen Positionen." In: *Zeitschrift für deutsche Philologie*, 109. Band, Heft 4, 1990, pp. 502-520. (Teildruck in: *Wege zu Georg Büchner. Internationales Kolloquium der Akademie der Wissenschaften (Berlin-Ost)*. Hrsg. v. Henri Poschmann. New York - Paris - Wien: Peter Lang, 1992, pp. 27-44.

„Schaffen heißt: Seinem Schicksal Gestalt geben:. Apokalyptische Aspekte in Günter Kunerts Gedichtsammlungen ‚Unterwegs nach Utopia', ‚Abtötungsverfahren' ‚Stilleben' und ‚Fremd daheim'. In: *Günter Kunert. Beiträge zu seinem Werk*. Hrsg. v. Manfred Durzak and Helmut Steinecke. München: Hanser Verlag, 1992, pp. 22-39.

„Götz von Berlichingen". In: *Interpretationen. Goethes Dramen*. Hrsg. v. W. H. Stuttgart: Reclam Verlag 1992, pp. 13-65.

„Die Räuber". In: *Schillers Dramen. Interpretationen*. Hrsg. v. W.H. Stuttgart: Reclam Verlag 1992, pp. 11-67.

„Schiller, Chicago, and China: The Function of Foreign Elements in Brecht's ‚In the Jungle of the Cities'. In: *Traditions of Experiment from the Enlightenment to the Present. Essays in Honor of Peter Demetz.* Ed. by Nancy Kaiser and David E. Wellbery. Ann Arbor: The University of Michigan Press, 1992, pp. 225-238.

„Alfred Andersch: Sansibar oder der letzte Grund". In: *Interpretationen, Romane des 20. Jahrhunderts.* Stuttgart: Philipp Reclam jun., 1993. pp. 59-92.

„Arbeit an der Gegenwart. Apokalyptische Signale in Günter Kunerts Lyrik von 1966-1990". In: *Lyriker Treffen Münster. Gedichte und Aufsätze 1987 - 1989 - 1991.* Hrsg. v. Lothar Jordan und Winfried Woesler. Bielefeld: Aisthesis Verlag, 1993, pp. 456-477.

„Das Phantom des Herrn Kannitverstan. Methodische Überlegungen zu einer interkulturellen Literaturwissenschaft als Fremdheitswissenschaft". In: *Kulturthema Fremdheit. Leitbegriffe und Problemfelder kulturwissenschaftlicher Fremdheitsforschung.* Hrsg. v. Alois Wierlacher. München: Iudicium Verlag, 1993, pp. 199-217.

„Christoph Martin Wieland". In: *Deutsche Dichter. Leben und Werk deutschsprachiger Autoren vom Mittelalter bis zur Gegenwart.* Hrsg. v. Gunter E. Grimm and Frank Rainer Max. Stuttgart: Philipp Reclam jun., 1993. pp. 180-189.

„Ludwig Börne". In: *Deutsche Dichter. Leben und Werk deutschsprachiger Autoren vom Mittelalter bis zur Gegenwart.* Hrsg. v. Gunter E. Grimm u. Frank Rainer Max. Stuttgart: Philipp Reclam jun., 1993. pp. 365-371.

„Nationalismus und Kosmopolitismus. Die Intellektuellendebatte um die deutsche Vereinigung und die europäische Option". In: *Erfahrungen und Modelle interkultureller Praxis.* Hrsg. v. Gonthier Louis Fink and Bernd Thum. München: Iudicium Verlag, 1993, pp. 1-12.

„Auf die Spitze getrieben. Die politischen Schriften von Karl Jaspers". In: *Revision. Denker des 20. Jahrhunderts auf dem Prüfstand. Eine ZEIT-Serie.* Hrsg. v. Ulrich Greiner. Hildesheim: Claassen Verlg GmbH, 1993, pp. 144-149.

„Politische Dichtung". In: *Literatur Lexikon.* Bd. 14. Hrsg. v. Walther Killy. Gütersloh - München: Bertelsmann Lexikon Verlag, 1993. pp. 222-225.

„Die Rhetorik der Parabel. Zu ihrem ästhetischen Funktionszusammenhang und Funktionswechsel bei Friedrich Schiller". In: *Fabel und Parabel. Kulturgeschichtliche Prozesse im 18. Jahrhundert.* Hrsg. v. Theo Elm and Peter Hasubek. München: Wilhelm Fink Verlag, 1994, pp. 109-127.

„Die Depotenzierung der Vernunft: Kompensationsmuster im präromantischen und romantischen Diskurs". In: *Romantisches Erzählen*. Hrsg. v. Gerhard Neumann. Würzburg: Verlag Königshausen/Neumann, 1995, pp. 25-64.

„,Den Dichtern geht es wie dem Araukaner'. Anmerkungen zu Günter Kunerts Poetik". In: *Kunert Werkstatt. Materialien und Studien zu Günter Kunerts literarischem Werk.* Hrsg. v. Manfred Durzak und Manfred Keune. Bielefeld: Aisthesis Verlag, 1995, pp. 153-167.

„,Das Röcheln der Mona Lisa'. Aspekte von Ernst Jandls Lyrik im Kontext der sechziger Jahre." In: *Text + Kritik. Zeitschrift für Literatur.* Hrsg. v. Heinz Ludwig Arnold. Heft 129 *ERNST JANDL*. Januar 1996, pp. 31-36.

„Im babylonischen Turm, oder: Steine aus dem Glashaus". Amerikas Kampf um den Kanon und um kulturelle Einheit". In: *Neue Rundschau. Der postkoloniale Blick. Eine neue Weltliteratur?* 107. Jahrgang 1996, Heft 1, pp. 70-81.

„Die Entmündigung der Mündigkeit. Zum Paradigmawechsel eines anthropologischen Konzepts im philosophischen und literarischen Diskurs der Kunstperiode". In: *Literatur und Erfahrungswandel 1789 - 1830*. Hrsg. v. Rainer Schöwerling, Hartmut Steinecke und Günter Tiggesbäumker. München: Wilhelm Fink Verlag, 1996, pp. 79-101.

„,Das Reich der Schatten'". In: *Interpretationen. Gedichte von Friedrich Schiller.* Hrsg. v. Norbert Oellers. Stuttgart: Philipp Reclam Verlag, 1996, pp. 123-148.

„Literatur als Anweisung zum Fremdverstehen". In: *Deutsch in und für Asien. IDV-Regionaltagung Asien - Beijing 94.* Hrsg. v. Huang Guozhen. Beijing: Internatinal Culture Publishing Corporation, 1996, pp. 309-313.

„,Torquato Tasso'". In: *Goethe-Handbuch. Vol. II. Dramen.* Hrsg. v. Bernd Witte, Theo Buck, Hans-Dietrich Dahnke, Regine Otto u. Peter Schmidt. Suttgart: J.B. Metzler Verlag, 1997, pp. 229-257.

„Zur Liebesauffassung der Kunstperiode". In: *Codierungen von Liebe in der Kunstperiode.* Hrsg. v. W.H. Würzburg: Verlag Königshausen & Neumann, 1997, pp. 7-33.

„Liebessemantik als Provokation". In: *Codierungen von Liebe in der Kunstperiode.* Hrsg. v. W.H. Würzburg: Verlag Königshausen & Neumann, 1997, pp. 311-338.

„Prinz Friedrich von Homburg. ,Zweideutige Vorfälle'". In: *Kleists Dramen. Literaturstudium. Interpretationen.* Hrsg. v. W.H. Stuttgart: Verlag Philipp Reclam jun. Stuttgart, 1997, pp. 144-183.

"Literarische-Aesthetische Auftakte zur romantischen Musik". In: Jahrbuch der deutschen Schillergesellschaft, 1997, pp. 210-235.

Essays und Feuilletons

"Über die Reflexion im modernen Roman." In: *Streitzeitschrift*. Frankfurt a.M.: Europäische Verlagsanstalt, 1962, pp. 41-44.

"Vom Don Juan der Erkenntnis (Der Essayist Erich Heller)." In: *Der Monat* (S. Fischer Verlag), Vol. 19, No. 226 (July 1967). pp. 57-64.

"Das klassische Chamäleon: Christoph Martin Wieland" (Klassikerausgaben – kritisch betrachtet). In: *Die Zeit* (Hamburg), No. 47, Nov. 22, 1968.

"Adam Müller und die Rhetorik in Deutschland." In: *Der Monat* (S. Fischer Verlag), Vol. 20 No. 243 (Dezember 1968), pp. 80-86.

"Der Dichter der Revolution: Georg Büchner" (Klassikerausgaben – kritisch betrachtet). In: *Die Zeit* (Hamburg) No. 47, Nov. 25, 1969.

"Friedrich Hölderlin" (Klassikerausgaben. – kritisch betrachtet). In: *Die Zeit* (Hamburg), No. 12, Mar. 20, 1970.

"Von Methoden und Sachen." In: *Moderne amerikanische Literatur- theorien*. Hrsg. v. W.H. and Peter Strelka, pp. 517-527.

"Sturm und Drang" (Klassikerausgaben – kritisch betrachtet). In: *Die Zeit* (Hamburg), No. 13, Mar. 21, 1975.

"Von den Schwierigkeiten, Wirklichkeit zu dichten." In: Proceedings of the 42nd Annual Meeting of the AATG, Bonn, Germany, June 27-Jul. 2, 1974. Philadelphia, 1975, p. 64.

"Die Funktion der Personen im ‚Tod des Vergil'." In: P.M. Lützeler, *Materialien zu Hermann Brochs ‚Tod des Vergil.'* Frankfurt a.M.: Suhrkamp Verlag, 1976, pp. 280-294 (Wiederabdruck).

"Ein bürgerliches Schicksalslied." In: *Reiz der Wörter. Anthologie zum 150jährigen Bestehen des Reclam Verlags*. Stuttgart: Reclam Verlag, 1978, pp. 106-109.

„König Lear" von Günter Grass." In: *Frankfurter Anthologie. Gedichte und Interpretationen.* Hrsg. v. M. Reich-Ranicki. Frankfurt a.M: Insel Verlag, 1978, pp. 233-236. Wiederabdruck in: *Hundert Gedichte werden vorgestellt.* Ed. B. M. Reich-Ranicki. Gürtersloh: Deutsche Buchgemeinschaft, 1983, pp. 203-206. Wiederabdruck in: *1000 Deutsche Gedichte und ihre Interpretationen. Neunter Band. Von Erich Fried bis Hans Magnus Enzensberger.* Hrsg. v. Marcel Reich-Ranicki. Frankfurt a.M. - Leipzig: Insel Verlag 1994, pp. 225-228. Wiederabdruck in: *1000 Deutsche Gedichte und ihre Interpretationen. Neunter Band. Von Erich Fried bis Hans Magnus Enzensberger.* Hrsg. v. Marcel Reich-Ranicki. Frankfurt a.M. - Leipzig: Insel Verlag 1994, pp. 191-194.

„Johann Christian Günther: Als Leonore die Unterredung eiligst unterbrechen mußte." In: *Frankfurter Anthologie. Gedichte und Interpretationen.* Vol. 4. Frankfurt a.M.: Insel Verlag, 1979, pp. 23-26. Wiederabdruck in: *1000 Deutsche Gedichte und ihre Interpretationen. Erster Band. Von Walther von der Volgelweide bis Matthias Claudius.* Hrsg. v. Marcel Reich-Ranicki. Frankfurt a.M. - Leipzig: Insel Verlag 1994, pp. 191-194.

„Der Wahrheit eine Gasse oder: Ein schüchterner Versuch ein Denkmal zu beschreiben (eine Begegnung mit Karl Jaspers)." In: *Für Klaus Piper zum 70. Geburstag.* München und Zürich: R. Piper Verlag, 1981, pp. 151-157.

„Unromantischer Weg nach Innen. Paul Flemings ‚An sich'." In: *Frankfurter Anthologie. Gedichte und Interpretationen.* Band 6. Hrsg. v. M. Reich-Ranicki. Frankfurt a. M: Insel Verlag, 1982, pp. 61-64. Wiederabdruck in: *1000 Deutsche Gedichte und ihre Interpretationen. Erster Band. Von Walther von der Vogelweide bis Matthias Claudius.* Hrsg. v. Marcel Reich-Ranicki. Frankfurt a.M. - Leipzig: Insel Verlag 1994, pp. 119-122.

„Im Wechsel das Vollendete. Friedrich Hölderlins ‚Sokrates und Alkibiades'." In: *Frankfurter Anthologie. Gedichte und Interpretationen.* Band 6. Hrsg. v. M. Reich-Ranicki. Frankfurt a.M.: Insel Verlag, 1982, pp. 61-64. Wiederabdruck in: *1000 Deutsche Gedichte und ihre Interpretationen. Dritter Band. Von Friedrich Schiller bis Joseph von Eichendorff.* Hrsg. v. Marcel Reich-Ranicki. Frankfurt a.M. - Leipzig: Insel Verlag 1994, pp. 121-124.

„Über Friedrich Mayröckers Gedichtband ‚Gute Nacht, guten Morgen'." *Das sollten Sie lesen.* Hrsg. v. Jürgen Lodemann. Frankfurt a.M.: Suhrkamp Verlag, 1982, pp. 94-96. Wiederabdruck in: *Ein Büchertagebuch.* Hrsg. v. Frankfurter Allgemeine Zeitung. Frankfurt a.M.: 1983, pp. 88-89.

„Liebe im Zeilensprung. Ulla Hahns ‚Anständiges Sonnett'." In: *Frankfurter Anthologie. Gedichte und Interpretationen.* Vol. 7. Hrsg. v. M. Reich-Ranicki. Frankfurt a.M.: Insel Verlag, 1983, pp. 263-266. Wiederabdruck in: *1000 Deutsche Gedichte und ihre Interpretationen. Zehnter Band. Von Sarah Kirsch bis heute.*

Hrsg. v. Marcel Reich-Ranicki. Frankfurt a.M. - Leipzig: Insel Verlag 1994, pp. 439-442.

"Der undeutsche Klassiker. Zum 250. Geburtstag von Christoph Martin Wieland." In: *Frankfurter Allgemeine Zeitung*, No. 204, Sept. 3, 1983.

"Irdische Gesänge eines Cherubs. Friedrich Gottlieb Klopstocks 'Das Rosenband'." In: *Frankfurter Anthologie. Gedichte und Interpretationen*. Band 8. Hrsg. v. M. Reich-Ranicki. Frankfurt a.M.: Insel Verlag, 1984, pp. 31-34. Wiederabdruck in: *1000 Deutsche Gedichte und ihre Interpretationen. Erster Band. Von Walther von der Vogelweide bis Matthias Claudius*. Hrsg. v. Marcel Reich-Raniki. Frankfurt a.M. - Leipzig: Insel Verlag 1994, pp. 225-228.

"'Die mythische Erbschaft der Dichtung': Über Hermann Brochs 'Tod des Vergil'." In: *Frankfurter Allgemeine Zeitung*, No. 274, Dec. 4, 1984.

"Poesie zum Beißen und Kauen." In: *Friederike Mayröcker*. Hrsg. v. Siegfried J. Schmidt. Frankfurt: Suhrkamp Verlag, 1984, pp. 101-104 (reprint).

Vier Gedichtinterpretationen (Günther, Klopstock, Hölderlin, Hahn). In: *Über die Liebe*. Gedichte und Interpretationen. Hrsg. v. M. Reich-Ranicki. Frankfurt a.M.: Insel Verlag (insel taschenbuch 794) 1985, pp. 56-58, pp. 68-71, pp. 108-111, pp. 303-306. (reprint).

"Der arme Mann aus dem Toggenburg. Zum zweihundertfünfzigsten Geburtstag Ulrich Bräkers". In: *Frankfurter Allgemeine Zeitung*, No. 296. December 21, 1985.

"Ich schlug mich gegenseitig tot. Zum hundertsten Geburtstag des Schriftstellers Jacob von Hoddis". In: *Frankfurter Allgemeine Zeitung*, No. 113, May 16, 1986.

"Der Poet der Tagesgeschichte. Ludwig Börne zum zweihundertsten Geburtstag". In: *Süddeutsche Zeitung*, No. 117, May 24/25, 1986.

"Ein Romancier wider Willen. Zum 100. Geburtstag von Hermann Broch". In: *Frankfurter Allgemeine Zeitung*, No. 254, November 1, 1986.

"Der Mann ohne Schatten. Zum 150. Geburtstag von Adalbert von Chamisso". In: *Süddeutsche Zeitung*. No. 191, August 20/21, 1988.
Translation into French: "L'homme sans ombre. Le 150e anniversaire de la mort de Chamisso". In: *La Tribune d'Allemagne*, Vingt/cinquiè année / No.1227, September 18, 1988.

"Margarete Hansmanns 'Pfad in Eftalu'. In: *Frankfurter Anthologie. Gedichte und Interpretationen*, Vo. 11. Hrsg. v. M. Reich-Ranicki. Frankfurt a.M.: Insel Verlag,

1988, pp. 203-206. Reprint in: *1000 Deutsche Gedichte und ihre Interpretationen. Neunter Band. Von Erich Fried bis Hans Magnus Enzensberger.* Hrsg. v. Marcel Reich-Ranicki. Frankfurt a.M. - Leipzig: Insel Verlag 1994, pp. 35-38.

„Peter Härtlings verwegene Augenblicke." in: *Auskunft für Leser.* Hrsg. v. M. Lüdke. Darmstadt: Luchterhand Literaturverlag, 1988, pp. 196-199.

„Die Gedichte der Rose Ausländer." In: *Ein Büchertagebuch.* Hrsg. v. Frankfurter Allgemeine Zeitung. Frankfurt a.M. 1988, p. 144.

„The Opening of the Cultural Mind. Some Observations on Inter-cultural Germanistik." In: *German Studies in the USA; A Critique of „Germanistik".* Proceedings. DAAD, Consortium for Atlantic Studies. Tempe, Arizona 1989, pp. 23-28.

„Bertolt Brecht: Vom Sprengen des Gartens." In: *Frankfurter Anthologie. Gedichte und Interpretationen,* Vol. 12, Hrsg. v. M. Reich-Ranicki. Frankfurt a.M.: Insel Verlag, 1989, pp. 183-186. Wiederabdruck in: *1000 Deutsche Gedichte und ihre Interpretationen. Siebter Band. Von Bertolt Brecht bis Marie Luise Kaschnitz.* Hrsg. v. Marcel Reich-Ranicki. Frankfurt a.M. - Leipzig: Insel Verlag 1994, pp. 327-330.

„Über Luise Schmidt." In: *Peter-Huchel-Preis 1989. Jahrbuch.* Hrsg. v. Bernhard Rübenach. Bühl-Moos: Elster Verlag, 1989, p. 59.

Portrait von Martin Opitz zu seinem 350. Todestag. In: *Süddeutsche Zeitung.* Feuilleton-Beilage, August 19/20, 1989, p. 100.

„Ketzer und Dichter." Porträt von Quirinus Kuhlmann zu seinem 300. Todestag. In: *Süddeutsche Zeitung* Feuilleton-Beilag, September 30 / October 1, 1989, p. 155.

„Zwischen Frost und Glut. Karl Immermann, Autor des Romans ‚Münchhausen', starb vor 150 Jahren." In: *Süddeutsche Zeitung,* Feuilleton-Beilage, August 25/26, 1990, p. 130.

Über den Literaturkritiker Marcel Reich-Ranicki. In *Literatur-Lexikon. Autoren und Werke deutscher Sprache,* Vol. 9. Hrsg. v. Walther Killy. Gütersloh/München: Bertelsmanns Lexikon Verlag, 1991, p. 344-345.

„Friedrich von Schiller: Die Worte des Wahns". In: *Frankfurter Anthologie. Gedichte und Interpretationen,* Band 14. Hrsg. v. Marcel Reich-Ranicki. Frankfurt a.M. - Leipzig: Insel Verlag, 1991, pp. 91-95. Wiederabdruck in: *1000 Deutsche Gedichte und ihre Interpretationen. Dritter Band. Von Friedrich Schiller bis Joseph von Eichendorff*. Hrsg. v. Marcel Reich-Ranicki. Frakfurt a.M. - Leipzig: Insel Verlag 1994, pp. 43-47.

„Peter Härtling: Unreine Elegie". In: *Frankfurter Anthologie. Gedichte und Interpretationen*, Band 14. Hrsg. v. Marcel Reich-Ranicki. Frankfurt a.M. - Leipzig: Insel Verlag, 1991, pp. 247-250. Wiederabdruck in: *1000 Deutsche Gedichte und ihre Interpretationen. Neunter Band. Von Erich Fried bis Hans Magnus Enzensberger*. Hrsg. v. Marcel Reich-Ranicki. Frankfurt a.M. - Leipzig: Insel Verlag 1994, pp. 457-460.

„Heinrich Heine: Das Fräulein stand am Meere". In: *Frankfurter Anthologie. Gedichte und Interpretationen*, Band 15. Hrsg. v. Marcel Reich-Ranicki. Frankfurt a.M. - Leipzig: Insel Verlag 1992, pp. 87-90. Wiederabdruck in: *1000 Deutsche Gedichte und ihre Interpretationen. Vierter Band*. Hrsg. v. Marcel Reich-Ranicki. Frankfurt a.M. - Leipzig: Insel Verlag 1994, pp. 41-44.

„Auf die Spitze getrieben. Über die politischen Schriften von Karl Jaspers". In: *Die Zeit*, No. 40, September 25, 1992.

„Die zwei Flügel des Gedichts". Über Günter Kunerts Gedicht „Unterwegs nach Utopia I". In: *Frankfurter Anthologie. Gedichte und Interpretationen*. Band 17. Hrsg. v. Marcel Reich-Ranicki. Frankfurt a.M. - Leipzig: Insel Verlag, 1994, pp. 209-212. Wiederabdruck in: *1000 Deutsche Gedichte und Ihre Interpretationen. Neunter Band. Von Erich Fried bis Hans Magnus Enzensberger*. Hrsg. v. Marcel Reich-Ranicki. Frankfurt a.M. - Leipzig: Insel Verlag 1994, pp. 351-354.

„Vierzehn Nothelfer für ein geistliches Gespräch. Ernste und heitere Sprachspiele: ‚Am Marterpfahl der Irokesen', Ulrike Längles literarisches Debüt". In: *Ein Bücher Tagebuch*. Frankfurt a.M.: Frankfurter Allgemeine, 1993, pp. 79-81, (Wiederabdruck).